1

Industrie-kaufleute

Lernsituationen

Lernfelder 1 – 5

Autoren:
Hans-Peter von den Bergen
Kai Franke
Clemens Kaesler
Hans-Peter Klein
Michael Rottmeier
Gisbert Weleda

unter Mitarbeit der
Verlagsredaktion

Cornelsen

1 Industrie-kaufleute

Verlagsredaktion: Jenny Bartz, Sascha Heinrich, Dörte Lütvogt, Sabine Schneider, Rebecca Syme
Außenredaktion: text.[Marke] Katja Müllenmeister, Hamburg
Bildredaktion: Joscha Belling, Gertha Maly
Umschlaggestaltung und Layoutkonzept: Ungermeyer
Technische Umsetzung: zweiband.media, Berlin

Dieses Buch wurde erstellt unter Verwendung von Materialien von Senta Amann, Maria Auer, Anja Brunnett, Roland Budde, Roman Capaul, Wolfang Diemer, Oliver Dillmann, Uta Eichborn, Peter Engelhardft, Markus Fleitmann, Christian Fritz, Bettina Glania, Claudia Grosch, Sonja Hallstein, Sandra Hamella, Marita Herrmann, Richard Hilger, Markus Hillebrand, Christine Hinterthür, Ariane Hoffmann, Hans-Peter Hrdina, Franca Johannsen, Ludger Katt, Michael Klein, Antje Kost, Susanne Lange, Antje Licht, Jörg Martin, Ute Morgenstern, Klaus Otte, Elena Pestel, Michael Piek, Roswitha Pütz, Alexander Rauch, Bernhard Rausch, Ekkard Schenkwitz, Thomas Schmitz-Kaltenthale, Benjamin Schmorl, Josef Schnettler, Heike Scholz, Anja Seiler, Alexander Siegmund, Claudia Simons-Kövér, Alfons Steffes-lai, Mandy Viering, Petra Walenciak, Insa Wenke, Ralf Wimmers, Petra Zedler, Carsten Zehm.

Sämtliche Personenbezeichnungen in diesem Band (z. B. „Schüler", „Lehrerin") gelten selbstverständlich für alle Geschlechter.

www.cornelsen.de

1. Auflage, 1. Druck 2024

Alle Drucke dieser Auflage sind inhaltlich unverändert und können im Unterricht nebeneinander verwendet werden.

Druck: AZ Druck und Datentechnik GmbH, Kempten

ISBN 978-3-06-451798-1

PEFC
PEFC/04-31-2260
PEFC-zertifiziert
Dieses Produkt stammt aus nachhaltig bewirtschafteten Wäldern und kontrollierten Quellen
www.pefc.de

Inhaltsverzeichnis

LF 4 Beschaffungsprozesse planen, steuern und kontrollieren

LF 5 Wertströme buchhalterisch dokumentieren und auswerten

Die Fly Bike Werke GmbH

1 Unternehmensporträt

Jan Ullmann und Björn Ries, die Gesellschafter der Fly Bike Werke GmbH, sind seit frühester Jugend befreundet und hatten immer ein gemeinsames Hobby, das Radrennfahren. Die Väter der beiden Amateur-Rennfahrer waren schon frühzeitig im Fahrradmarkt aktiv. Dirk Ries, Vater von Björn Ries, betrieb in Oldenburg einen Fahrradeinzelhandel, wobei Rennräder für den Amateurbereich einen Schwerpunkt in seinem Sortiment darstellten. Klaus Ullmann, Vater von Jan Ullmann, produzierte in Oldenburg Standardfahrradrahmen aus Stahl für die Fahrradindustrie.

1982 übernahm Jan Ullmann von seinem Vater das Unternehmen Fahrrad Ullmann. 1997 gründete Jan Ullmann die Fly Bike Werke GmbH (als sogenannte Ein-Mann-GmbH). Die Aufgaben eines Geschäftsführers übertrug er an den ebenfalls radsportbegeisterten Hans Peters, der zum Jahresende 2022 aus Altersgründen aus dem Unternehmen ausschied und dem Ewa Nowak als Geschäftsführerin nachfolgte. Hauptziele der Fly Bike Werke GmbH sind und waren immer die Produktion und der Absatz von hochwertigen, langlebigen Fahrrädern mit Gewinn.

Der Zwang zu modernen Fertigungsmethoden und die damit verbundenen Investitionen erhöhten den Kapitalbedarf schon kurz nach Gründung des Unternehmens erheblich. Da traf es sich gut, dass Jan Ullmann seinen alten Freund Björn Ries bei einem Radrennen traf und von seinen Sorgen erzählte. Der aufgrund eines erfolgreichen Berufslebens vermögende Björn Ries war spontan bereit, sich an der Fly Bike Werke GmbH zu beteiligen, und trat Anfang 2001 als weiterer Gesellschafter in die GmbH ein. Basis für die Geschäftstätigkeit der Fly Bike Werke GmbH ist der Gesellschaftsvertrag ab Seite 8.

Modellunternehmen Fly Bike Werke GmbH		
Rechtsform und Unternehmensgröße, Handelsregistereintrag	Gesellschaft mit beschränkter Haftung (GmbH) Kleine Kapitalgesellschaft gem. § 267 HGB Oldenburg HRB 2134	
Gesellschafter und Geschäftsanteile	Herr Jan Ullmann 200.000,00 €	Herr Björn Ries 100.000,00 €
Geschäftsführerin	Frau Ewa Nowak	
Geschäftsjahr	Kalenderjahr (01. 01. bis 31. 12.)	
Umsatz Berichtsjahr	Ca. 6,9 Mio. €	
Bankverbindungen	– Bank 3000 Oldenburg BAN: DE67 3707 5020 2114 2536 66 BIC: 3000DENIXXX – Oldenburg-Bank IBAN: DE86 2804 0114 0112 3264 44 BIC: OLBADEOL261	
Kontakt	Post- und Lieferadresse: Rostocker Str. 334, 26121 Oldenburg Telefon 0441 8XX-0 Telefax 0441 8XX-9211 Internet: www.flybike-werke.dex E-Mail: mail@flybike-werke.dex	
Absatzprogramm	Produktionsprogramm	City-Räder, Mountainbikes, Rennräder, Jugendräder, Trekkingräder, Pedelecs
	Handelswaren	Fahrradbekleidung, Fahrradzubehör, Fahrradanhänger
	Dienstleistungen	Vermittlung von Fahrradreisen
Stoffe, Vorprodukte, Fremdbauteile (Beispiele)	Rohstoffe	Rohre und Bleche aus Stahl und Aluminium
	Hilfsstoffe	Lacke und Grundierungen, Schrauben und Kleinteile
	Betriebsstoffe	Strom, Gas, Wasser, Heizöl, Schmierstoffe
	Vorprodukte, Fremdbauteile	Räder, Beleuchtung, Sättel, Spezialrahmen, Federgabeln
Fertigungstypen und Fertigungsarten	– Fließ- bzw. Gruppenfertigung – Werkstattfertigung (Rennräder-Profi) – Serienfertigung – Einzelfertigung (Rennräder-Profi)	
Technische Anlagen und Maschinen (Beispiele)	Universalroboter, Rohrschneideanlage, Rahmenrichtmaschine, Schleifmaschine, Schweißmaschine, Montagebänder, Verpackungsmaschine, Lackierautomaten	
Mitarbeiter	12 Arbeiter, 26 Angestellte, 2 Auszubildende	
Kunden	Großhändler, Filialisten, Cash-and-Carry-Märkte im Inland, Großhändler im Ausland	
Lieferanten	Industriebetriebe und Spezialgroßhändler im In- und Ausland	
Verbände	Oldenburgische Industrie- und Handelskammer, Oldenburg (Pflichtmitgliedschaft); NORDMETALL e. V., Hamburg, Geschäftsstelle Oldenburg, Bezirksgruppe Nordwest (Arbeitgeberverband)	
Betriebsnummer für die Sozialversicherung	26 550 966	
Steuer-Nr. USt-Id.-Nr.	112/8870/0057 DE 236667691	

2 Gesellschaftsvertrag

– Gesellschaftsvertrag –

§ 1 Firma und Sitz der Gesellschaft
(1) Die Firma der Gesellschaft lautet:
Fly Bike Werke Gesellschaft mit beschränkter Haftung
(2) Sitz der Gesellschaft ist Oldenburg.

§ 2 Gegenstand des Unternehmens
Gegenstand des Unternehmens ist die Herstellung und der Handel mit Fahrrädern, Fahrradtei- len, Fahrradzubehör und Dienstleistungen im Fahrradmarkt. Die Gesellschaft darf andere Unternehmen gleicher oder ähnlicher Art übernehmen, vertreten und sich an solchen beteiligen; sie darf auch Zweigniederlassungen errichten.

§ 3 Stammkapital und Stammeinlage
(1) Das Stammkapital der Gesellschaft beträgt 350.000,00 DM
(in Worten: dreihundertfünfzigtausend Deutsche Mark).
(2) Der alleinige Gesellschafter, Herr Jan Ullmann, Oldenburg, leistet seine Einlage, indem er alle Vermögenswerte der Einzelunternehmung Fahrrad Ullmann in die Gesellschaft einbringt.

§ 4 Dauer der Gesellschaft, Geschäftsjahr
(1) Die Gesellschaft wird auf unbestimmte Zeit errichtet.
(2) Geschäftsjahr ist das Kalenderjahr.

§ 5 Geschäftsführung und Vertretung
(1) Die Gesellschaft hat einen oder mehrere Geschäftsführer. Sind mehrere Geschäftsführer bestellt, so wird die Gesellschaft durch je zwei Geschäftsführer gemeinschaftlich vertreten.
(2) Zum Geschäftsführer wird bestellt: Herr Hans Peters. Er ist von den Beschränkungen des § 181 BGB befreit.

§ 6 Jahresabschluss
Innerhalb der ersten drei Monate nach Abschluss eines Geschäftsjahres hat die Geschäftsführung den Jahresabschluss und den Lagebericht aufzustellen und zusammen mit einem Vorschlag zur Ergebnisverwendung dem Gesellschafter vorzulegen. Der Jahresabschluss ist nach den gesetzlichen Vorschriften zu erstellen.

§ 7 Bekanntmachungen
Bekanntmachungen der Gesellschaft werden im Bundesanzeiger veröffentlicht.

Oldenburg, 15. Februar 1997

Jan Ullmann

Änderungen des Gesellschaftsvertrages § 3 (1)
durch Gesellschafterbeschluss am 20. 05. 2000
Das Stammkapital der Gesellschaft wird auf 200.000,00 € (in Worten: zweihunderttausend Euro) erhöht. Die ausstehende Einlage ist zum offiziellen Umrechnungskurs von 1,95583 DM je Euro bis zum 31. 12. 2000 auf das Konto der Gesellschaft durch den Gesellschafter Jan Ullmann,
Oldenburg, einzuzahlen.

Oldenburg, 20. Mai 2000

Jan Ullmann

Änderungen des Gesellschaftsvertrages § 3 (1)
durch Gesellschafterbeschluss am 15. 12. 2000:

(1) Zu Beginn des Geschäftsjahres 2001 tritt Herr Björn Ries in die GmbH ein. Der Gesellschafter Ries leistet eine Einlage von 100.000,00 € (in Worten: einhunderttausend Euro). Das gezeichnete Kapital erhöht sich auf 300.000,00 € (in Worten: dreihunderttausend Euro). Davon übernehmen:
a) Herr Jan Ullmann, Oldenburg, 200.000,00 €.
b) Herr Björn Ries, Oldenburg, 100.000,00 €.
c) Herr Björn Ries leistet eine Kapitalrücklage in Höhe von 100.000,00 € für die erbrachten Vorleistungen von Herrn Jan Ullmann (Know-how, Firmenimage).

Ergänzung des Gesellschaftsvertrages um § 3 (3)
durch Gesellschafterbeschluss am 15. 12. 2000:

(3) Der Gesellschafter Björn Ries, Oldenburg, leistet seine Einlage in Geld. Seine Stammeinlage und die vereinbarte Kapitalrücklage sind zu Beginn des Geschäftsjahres 2001 zur freien Verfügung der Gesellschaft auf das Konto der Gesellschaft einzuzahlen.

Ergänzung des Gesellschaftsvertrages um § 4 (3)
durch Gesellschafterbeschluss am 15. 12. 2000:

(3) Jedem Gesellschafter steht ein Kündigungsrecht mit einjähriger Frist zum Jahresende zu.

Änderung des Gesellschaftsvertrages § 6 Jahresabschluss
durch Gesellschafterbeschluss am 15. 12. 2000:
Innerhalb der ersten drei Monate nach Abschluss eines Geschäftsjahres hat die Geschäftsführung den Jahresabschluss und den Lagebericht aufzustellen und zusammen mit einem Vorschlag zur Ergebnisverwendung der Gesellschafterversammlung vorzulegen. Der Jahresabschluss ist nach den gesetzlichen Vorschriften zu erstellen.

Ergänzung des Gesellschaftsvertrages um § 8
durch Gesellschafterbeschluss am 15. 12. 2000:

§ 8 Gesellschafterversammlung, Stimmrecht und Erfolgsbeteiligung

(1) Alljährlich findet innerhalb von 6 Monaten nach Schluss des vorangegangenen Rechnungsjahres eine ordentliche Gesellschafterversammlung statt. Diese beschließt über die
- Feststellung des Jahresabschlusses für das vorangegangene Geschäftsjahr,
- Verwendung der Ergebnisse der Unternehmung,
- Entlastung des/der Geschäftsführer/s,
- Wahl eines eventuell zu bestellenden Abschlussprüfers.

(2) Je 500,00 € eines Geschäftsanteils gewähren eine Stimme.

(3) 10 % eines Jahresüberschusses fließen ab 2001 in die Gewinnrücklage. Die Gewinnverteilung erfolgt im Verhältnis des gezeichneten Kapitals.

Änderung des Gesellschaftsvertrages § 5 (2)
durch Gesellschafterbeschluss am 15. 12. 2022:
Herr Hans Peters scheidet zum 31. 12. 2022 aus dem Unternehmen aus. Frau Ewa Nowak wird zum 01. 01. 2023 zur Geschäftsführerin ernannt.

Oldenburg, 15. Dezember 2022

Jan Ullmann *Björn Ries*

3 Absatzprogramm, Kunden, Preise

Das **Produktionsprogramm** der Fly Bike Werke GmbH umfasst zurzeit 14 verschiedene Fahrradmodelle. Das Produktionsprogramm wird durch Handelswaren und Dienstleistungen zum **Absatzprogramm** erweitert.

Produktionsprogramm

Modell	Artikel-Nr.	Modell-Name	unverbindl. Preis
City-Räder	101 102	City *Glide* City *Surf*	490,00 € 548,80 €
Trekkingräder	201 202 203	Trekking *Light* Trekking *Free* Trekking *Nature*	598,50 € 700,00 € 875,00 €
Mountainbikes	301 302 303	Mountain *Dispo* Mountain *Constitution* Mountain *Unlimited*	787,50 € 1.197,00 € 1.995,00 €
Rennräder	401 402	Renn *Fast* Renn *Superfast*	2.520,00 € 4.410,00 €
Kinderräder	501 502	Kinder *Twist* Kinder *Cool*	393,76 € 525,00 €
Pedelecs	601 602	E-City *Wind* E-Mountain *Sturm*	2.498,00 € 2.898,00 €

City-Rad Modell 102 Surf

Rennrad Modell 401 Fast

Mountainbike Modell 302 Constitution

Kinderrad Modell 502 Cool

Handelswaren und Dienstleistungsangebote der Fly Bike Werke GmbH

Handelswaren	Textilien aus Gore Tex (x = Größen S, M, L, XL, XXL)	– 701 x Shirts *STEFF superfast* – 702 x Shorts *STEFF superfast* – 703 x Jackets *STEFF superfast*
	Fahrradanhänger	– 601 Modell *Kelly* – 602 Modell *Mini* – 603 Modell *Max* – 604 Modell *Kids* – 605 Modell *Sven*
Dienstleistungen	Vermittlung von Radtouren/Reisen (Veranstalter: UIT und Rebbel)	– 901 Brandenburg und Mecklenburg-Vorpommern – 902 Rheinland-Pfalz (Mosel) – 903 Niedersachsen (Nordsee) – 904 Südtirol (Pässetour, Teilnahme an Dolomiti Open) – 905 Toskana (Kultur, Tour und Mee(h)r) – 906 Schweiz (Pässetour)

Kunden der Fly Bike Werke GmbH

Einzelhandel	Umsatzstarke Fachhandelsunternehmen mit eigenen Filialen und abgegrenzten Vertriebsgebieten in Deutschland
Großhandel national	Fahrradgroßhandelsunternehmen, die den Fahrradeinzelhandel in Deutschland beliefern
Großhandel Europa	Je ein Großhändler in Belgien, in den Niederlanden, in Österreich und der Schweiz, die dort landesweit den Fahrradeinzelhandel beliefern
Private-Label-Kunden	Eine Kaufhauskette und ein Cash-and-Carry-Konzern, die Fahrräder unter eigenem Markennamen (Private Label) vertreiben

Die Preise der Fahrräder werden von der Fly Bike Werke GmbH in Preislisten als unverbindliche Preisempfehlungen angegeben (zuzüglich Umsatzsteuer). Auf diese Preise erhalten die Wiederverkäufer (Kunden der Fly Bike Werke) Preisnachlässe in Form von **Rabatten, Boni** und **Skonto.** Auftragsfertigungen werden kundenindividuell kalkuliert.

Preisnachlässe

Rabattstaffel	
Stückzahl	Rabatt
1–10	27,5 %
11–50	29,0 %
51–100	30,0 %
101–250	31,0 %
251–500	32,0 %
> 500	33,0 %
Boni (Jahresboni bezogen auf den Zielverkaufspreis der Gesamtmenge)	
Abnahme von mindestens 1 000 Fahrrädern	1 %
Abnahme von mindestens 5 000 Fahrrädern	2 %
Skonto	
2 % bei Zahlung innerhalb von 8 Tagen	

4 Leistungserstellung

Die Fly Bike Werke GmbH produziert die meisten Fahrradrahmen und Fahrradgabeln selbst.

Der voll gefederte Y-Rahmen des Modells Unlimited wird zurzeit fremdbezogen. Dies gilt auch für die Federgabeln der Modelle Constitution und Unlimited, die von einem amerikanischen Lieferanten bezogen werden. Alle übrigen Teile werden ebenfalls fremdbezogen. Mit den Lieferanten sind hinsichtlich der technischen Spezifikationen der Bauteile und Baugruppen feste Vereinbarungen getroffen worden. Ein Hersteller liefert immer eine komplette Baugruppe (Komponentengruppe), der eine von der Fly Bike Werke GmbH vergebene Set-Nr. (Komponentennummer) zugeordnet wird.

Ein Fahrrad besteht bei Vollausstattung aus bis zu über 1 000 Einzelteilen. Der Fly Bike Werke GmbH ist es in Zusammenarbeit mit ihren Lieferanten gelungen, die notwendigen Teile in Baugruppen so zusammenzufassen, dass die Baugruppe (Komponente) komplett von einem Lieferanten zur Verfügung gestellt werden kann. Der Weltmarktführer für Fahrradteile, Tamino Inc., liefert z. B. für das Modell Dispo alle Teile für die Komponenten „Räder und Schaltung", „Antrieb" und „Bremsen". Das positive Image bestimmter Teilehersteller wird bei den Endverbrauchern auf das Fertigprodukt Fahrrad übertragen. Zu diesen Teileherstellern zählen z. B.

- Tamino Inc., Japan:
  (Ketten-)Schaltungen, Antriebe, Bremsen, Pedelec-Komponenten (Motoren, Akkus, Steuerungen)
- Dax AG, Deutschland:
  (Naben-)Schaltungen, Antriebe, Bremsen, Pedelec-Komponenten (Motoren, Akkus, Steuerungen)
- Sella SA, Italien: Sättel
- Shokk Ltd., USA: Federgabeln

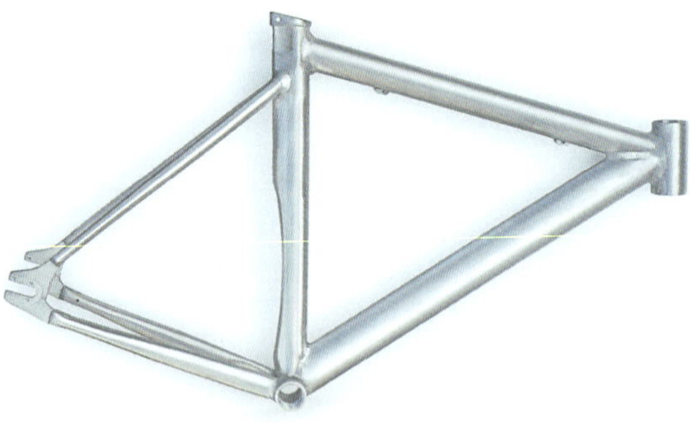

Eigenfertigung: Rahmen des Mountainbikes Dispo

5 Bilanz und GuV

Bilanz der Fly Bike Werke GmbH, Oldenburg,
zum 31.12.20XX (in €)

Aktiva	Vorjahr	Berichtsjahr	Passiva	Vorjahr	Berichtsjahr
A. Anlagevermögen			**A. Eigenkapital**	700.000,00	850.000,00
1. Grundstücke und Bauten	635.200,00	612.850,00	**B. Verbindlichkeiten**		
2. Technische Anlagen und Maschinen	224.904,00	131.870,00	1. Langfristige Bankverbindlichkeiten	639.000,00	602.000,00
3. Betriebs- und Geschäftsausstattung	138.371,00	97.505,00	2. Verbindlichkeiten aus Lieferungen und Leistungen	697.600,00	926.225,00
B. Umlaufvermögen			3. Sonstige Verbindlichkeiten	13.000,00	24.000,00
1. Roh-, Hilfs- und Betriebsstoffe	224.800,00	288.000,00			
2. Unfertige Erzeugnisse	36.000,00	48.000,00			
3. Fertige Erzeugnisse	72.900,00	140.000,00			
4. Handelswaren	0,00	4.000,00			
5. Forderungen aus Lieferungen und Leistungen	541.520,00	720.000,00			
6. Kasse	3.105,00	2.400,00			
7. Bankguthaben	172.800,00	357.600,00			
	2.049.600,00	2.402.225,00		2.049.600,00	2.402.225,00

Gewinn-und-Verlust-Rechnung zum 31.12.20XX

Gesamtkostenverfahren, Beträge in €	Vorjahr	Berichtsjahr
1. Umsatzerlöse	5.800.000,00	6.893.555,85
2. Erhöhung des Bestandes an Erzeugnissen	18.000,00	105.500,00
3. aktivierte Eigenleistungen	3.000,00	3.600,00
4. sonstige betriebliche Erträge	–	4.000,00
5. Materialaufwand mit Wareneinsatz	3.271.300,00	3.565.000,00
Rohergebnis	**2.549.700,00**	**3.441.655,85**
6. Personalaufwand	1.845.990,00	2.250.000,00
7. Abschreibungen	170.000,00	210.000,00
8. sonstige betriebliche Aufwendungen	324.000,00	344.000,00
Betriebsergebnis	**209.710,00**	**637.655,85**
9. Erträge aus Beteiligungen	–	–
10. Erträge aus anderen WP/Finanzanlagen	–	–
11. sonstige Zinsen	–	–
12. Abschreibungen auf WP des UV/Finanzanlagen	–	355.412,35
13. Zinsaufwendungen	60.480,00	47.628,00
9. bis 13. Finanzergebnis	– 60.480,00	– 403.040,35
14. Steuern vom Einkommen und vom Ertrag	47.230,00	82.115,50
15. Ergebnis nach Steuern	102.000,00	152.500,00
16. Sonstige Steuern	2.000,00	2.500,00
17. Jahresüberschuss/Jahresfehlbetrag	100.000,00	150.000,00

WP = Wertpapiere, UV = Umlaufvermögen

6 Organigramm

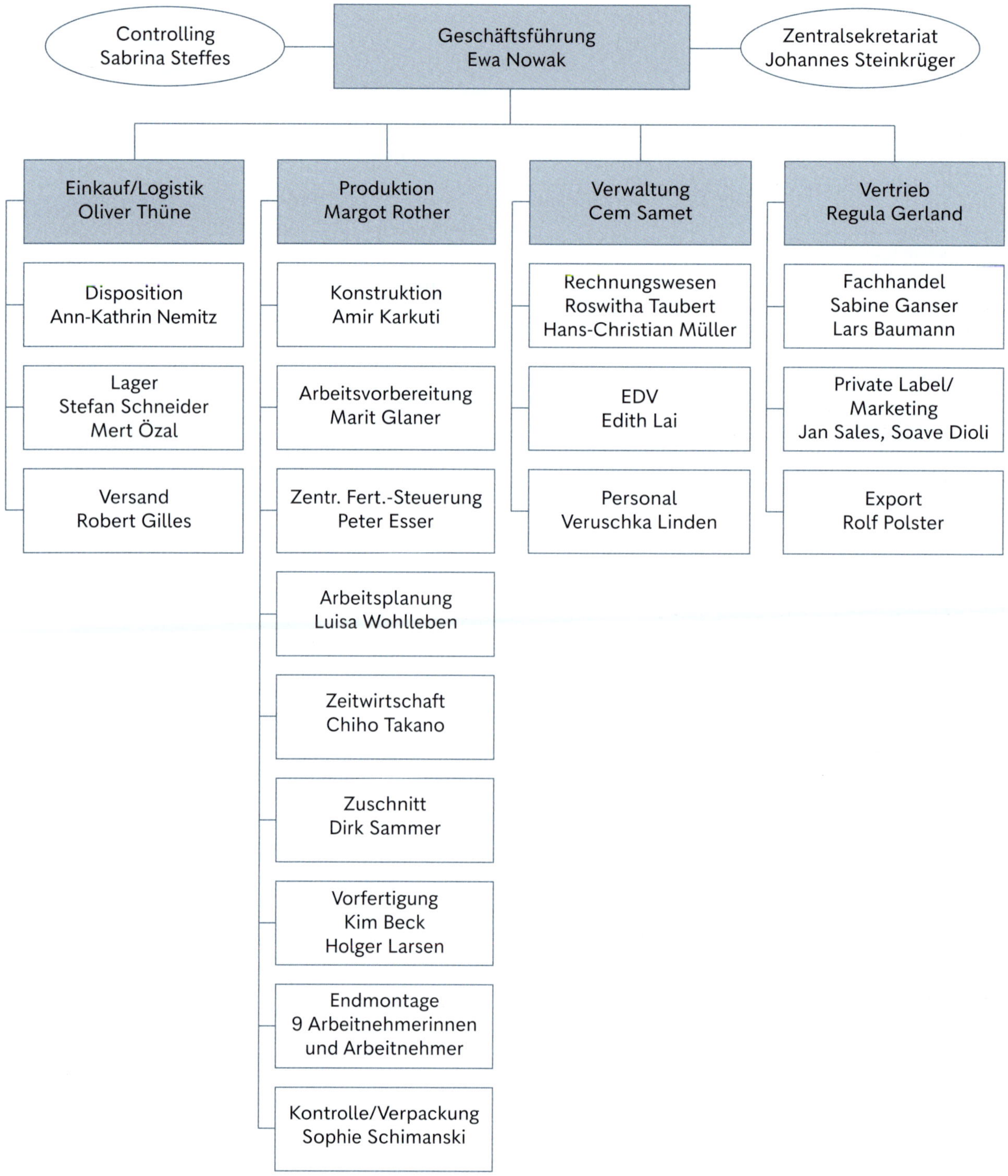

Sicherheitsbeauftragter:	Peter Esser
Umweltbeauftragter:	Oliver Thüne
Qualitätsbeauftragte:	Sophie Schimanski
Datenschutzbeauftragter:	Cem Samet
Betriebsratsmitglieder:	Sabine Ganser, Saskia Engel, Mahmoud El-Saadi
technischer Auszubildender:	Elias Schumacher
kfm. Auszubildende:	Jenny Liu

7 Kundenstammdaten der Fly Bike Werke GmbH

Kundenstammdaten der Fly Bike Werke GmbH

Kunden-Nr. Debitoren-Nr.	Firma Anschrift Telefon/Fax	Ansprechpartner Lieferanschrift Lieferart	Zahlungsbe-dingungen Zahlungsziel	Name der Bank IBAN BIC	Ansprechpartner FBW
10001 24001	Radbauer GmbH Augsburger Str. 21 80335 München Tel. 089 224XX6(8) Fax 089 224XX7	Herr Rosenheim Nymphenburgerstr. 42 80335 München Tel. 089 125XX0 Bahnfracht	2 % Skonto innerhalb von 8 Tagen 30 Tage Ziel	Argentum Bank Mün-chen IBAN: DE44 3478 9067 0043 6224 90 BIC: ARGEDEMUM02	Herr Baumann
10002 24002	Schöller & Co. OHG Fahrradhandel Parlamentsplatz 2 60385 Frankfurt a. M. Tel. 069 49XX0 Fax 069 49262XX3	Herr Kleine Mörfelder Landstr. 180 60589 Frankfurt a. M. Tel. 069 6312XX8 Bahnfracht	2 % Skonto innerhalb von 8 Tagen 30 Tage Ziel	CVB IBAN: DE73 5664 7823 0322 4000 21 BIC: CVERDEELXXX	Herr Baumann
10003 24003	Fahrradhandel Uwe Gross e. K. Am Wasserturm 4 66113 Saarbrücken Tel. 0681 685XX1 Fax 0681 68508XX2	Frau Geldert Dudweiler Landstr. 157 66123 Saarbrücken Tel. 0681 3908XX6 Bahnfracht	2 % Skonto innerhalb von 8 Tagen 30 Tage Ziel	Saarbrücken-Bank IBAN: DE30 7004 8912 0120 0045 69 BIC: SABADESBXXX	Herr Baumann
10004 24004	Zweirad Ritter GmbH Herzogstr. 70 40251 Düsseldorf Tel. 0211 37XX1 Fax 0211 3750XX7	Herr Grünert Gladbacher Str. 50 41462 Neuss Tel. 02131 544XX2 Bahnfracht	2 % Skonto innerhalb von 8 Tagen 30 Tage Ziel	Bank 3000 IBAN: DE17 3467 8375 2140 0226 79 BIC: 3000DENW891	Frau Ganser
10005 24005	Fahrrad & Motorrad GmbH Alter Hellweg 46 44379 Dortmund Tel. 0231 61XX1 Fax 0231 6170XX3	Frau Dunkel Alter Hellweg 46 44379 Dortmund Tel. 0231 617XX0 Bahnfracht	2 % Skonto innerhalb von 8 Tagen 30 Tage Ziel	Bank 3000 IBAN: DE78 2106 7845 0420 0067 99 BIC: 3000DENW672	Frau Ganser
10006 24006	Bike GmbH Leipziger Chaussee 12 39118 Magdeburg Tel. 0391 6212XX5(6) Fax 0391 6212XX0	Herr Gründel Am Hansehafen 5 39126 Magdeburg Tel. 0391 509XX1 Bahnfracht	2 % Skonto innerhalb von 8 Tagen 30 Tage Ziel	Camino Bank IBAN: DE49 6734 9003 0122 0033 44 BIC: CMNBDER4XXX	Herr Baumann
10007 24007	Zweiradhandelsgesell-schaft GmbH Unter den Linden 42 10178 Berlin Tel. 030 202XX0 Fax 030 20208XX0	Herr Wester Rosenthaler Str. 40 10178 Berlin Tel. 030 30880XX1 Bahnfracht	2 % Skonto innerhalb von 8 Tagen 30 Tage Ziel	ProBank Berlin IBAN: DE88 7856 3328 0010 0469 91 BIC: PROBDEB1KL2	Herr Baumann
10008 24008	Nordstrad Sportbeklei-dung GmbH Alter Markt 28 18055 Rostock Tel. 0381 4904XX6 Fax 0381 4904XX1	Frau Adams Alter Hafen Nord 325 18069 Rostock Tel. 0381 8112XX0 Bahnfracht	2 % Skonto innerhalb von 8 Tagen 30 Tage Ziel	Bank 3000 IBAN: DE03 0467 8743 0012 3006 66 BIC: 3000DENW124	Herr Baumann
10009 24009	Sachsenrad GmbH Bayreuther Str. 20 01277 Dresden Tel. 0351 4274XX0 Fax 0351 4274XX1	Frau Zeisig Bodenbacher Str. 81 01277 Dresden Tel. 0351 2540XX1 Bahnfracht	2 % Skonto innerhalb von 8 Tagen 30 Tage Ziel	TopBank IBAN: DE93 8842 6790 0669 200 51 BIC: TOPBDEBW842	Herr Baumann
20010 24010	EGZ Einkaufsgenossen-schaft Bonner Landstr. 512 50996 Köln Tel. 0221 934XX2 Fax 0221 934622XX0	Herr Kleinheisel Bonner Landstr. 523 50996 Köln Tel. 0221 934622XX1 Spedition	3 % Skonto innerhalb von 10 Tagen 30 Tage Ziel	TEMPUS Bank IBAN: DE26 5543 7920 0240 0066 92 BIC: TEMPDE15XXX	Frau Ganser

Kundenstammdaten der Fly Bike Werke GmbH

Kunden-Nr. Debitoren-Nr.	Firma Anschrift Telefon/Fax	Ansprechpartner Lieferanschrift Lieferart	Zahlungsbe-dingungen Zahlungsziel	Name der Bank IBAN BIC	Ansprechpartner FBW
20011 24011	Radplus GmbH Gütersloher Str. 102 33415 Verl Tel. 05246 45XX0 Fax 05246 4595XX1	Herr Reichenbach Gütersloher Str. 122 33415 Verl Tel. 05246 4591XX0 Spedition	3 % Skonto innerhalb von 10 Tagen 30 Tage Ziel	Wiedenbrücker Kreis-bank IBAN: DE71 6332 7845 0000 2453 98 BIC: WEKBDED2WDB	Frau Ganser
20012 24012	Bayernrad e. G. Schleißheimer Str. 20 85221 Dachau Tel. 08131 78XX1 Fax 08131 7807XX1	Herr Huber Münchner Str. 70 85221 Dachau Tel. 08131 5155XX0 Spedition	3 % Skonto innerhalb von 10 Tagen 30 Tage Ziel	Stadtbank Dachau IBAN: DE79 4389 8874 0000 6240 99 BIC: SBDAER4DAC	Herr Baumann
20014 24014	Multirad e. G. Großbeerenstr. 30 12107 Berlin Tel. 030 747XX0 Fax 030 74792XX1	Herr Brand Westfalenring 75 12207 Berlin Tel. 030 3007XX6 Spedition	3 % Skonto innerhalb von 10 Tagen 30 Tage Ziel	ProBank Berlin IBAN: DE31 7554 3293 0122 0005 67 BIC: PROBDEB1H46	Herr Baumann
30031 24031	Europarad N. V. Zandvoortstraat 16 2800 Mechelen Belgien Tel. +32 15 209XX1 Fax +32 15 209XX0	Herr van der Kracht Zandvoortstraat 16 2800 Mechelen Belgien Tel. +32 15 209XX1 Spedition	1,5 % Skonto innerhalb von 14 Tagen 60 Tage Ziel	L. S. T. Bank IBAN: BE98 6443 1226 3600 BIC: LSTBBEK1LST	Herr Polster
30032 24032	Jansen Import B.V. Groot Bollerweg 10 5928 NS Venlo Blerick Niederlande Tel. +31 77 3822XX0 Fax +31 77 8324XX1	Herr van Erp Groot Bollerweg 10 5928 NS Venlo-Blerick Niederlande Tel. +31 77 3822XX0 Spedition	1,5 % Skonto innerhalb von 14 Tagen 60 Tage Ziel	O. C. B. Nemo Bank IBAN: NL27 NEMO 0904 2428 35 BIC: NEMONL3V	Herr Polster
30033 24033	Austria Fahrradhandels-gesellschaft AG Rautenweg 182 1220 Wien Österreich Tel. +43 1 226XX7 Fax +43 1 2206XX5	Frau Czech Rautenweg 182 – 184 1220 Wien Österreich Tel. +43 1 226XX8 Bahnfracht	1,5 % Skonto innerhalb von 14 Tagen 60 Tage Ziel	ZETAG P. S. K. IBAN: AT56 7790 4237 1723 4648 BIC: ZETAATKK	Herr Polster
30034 24034	Velo AG Binzstr. 15 8045 Zürich Schweiz Tel. +41 1 4638XX6 Fax +41 1 4637XX0	Frau Alpi Binzstr. 16 8045 Zürich Schweiz Tel. +41 1 4638XX9 Bahnfracht	1,5 % Skonto innerhalb von 14 Tagen 60 Tage Ziel	Zürcher Bank IBAN: CH71 0427 5419 2031 4228 1 BIC: ZRCHCHJFXXX	Herr Polster
40021 24021	Hofkauf AG Emdener Str. 4 50735 Köln Tel. 0221 7122XX0 Fax 0221 7122XX399	Herr Thönnes Lagerzentrum Frankfurter Str. 40 51065 Köln Tel. 0221 7122XX333 Spedition	2 % Skonto innerhalb von 10 Tagen 45 Tage Ziel	Rhein-Bank Köln IBAN: DE79 4905 5532 0240 8521 22 BIC: RBNKDEK1XXX	Herr Sales
40022 24022	MaHro AG Altenessener Str. 611 45472 Essen, Ruhr Tel. 0201 343XX0 Fax 0201 343XX222	Herr Kunster Zwischenlager Mülheim Kruppstr. 60 45472 Mülheim a. d. Ruhr Tel. 0208 43XX0 Spedition	2 % Skonto innerhalb von 10 Tagen 45 Tage Ziel	Essener Stadtbank IBAN: DE94 7823 9475 0012 0003 99 BIC: SBESDE8E3XXX	Herr Sales

8 Lieferantenstammdaten der Fly Bike Werke GmbH

Lieferantenstammdaten der Fly Bike Werke GmbH

Liefer.-Nr. Kredito- ren-Nr.	Firma Anschrift Telefon/Fax	Ansprechpartner Lieferanschrift Lieferart	Name der Bank IBAN BIC	Lieferprogramm
60001 44001	Stahlwerke Krahler AG Karl-Kleppe-Str. 19 40474 Düsseldorf Tel. 0211 45899XX7 Fax 0211 45899XX24	Herr Greiner Tor 1 Karl-Kleppe-Str. 20 40474 Düsseldorf Tel. 0221 45899XX2 Spedition	Bank im Westen IBAN: DE40 765 4002 0000 0240 0337 12 BIC: WESTDEDD452	Stahlrohre, Bleche
60002 44002	Mannes AG Herner Str. 406 44807 Bochum Tel. 0234 904XX0 Fax 0234 904XX711	Herr Özman Herner Str. 405 44807 Bochum Tel. 0234 904XX333 Spedition	HypoUnion Bank IBAN: DE70 1254 0809 0079 9143 68 BIC: HYUNDEBOXXX	Stahlrohre
60003 44003	Alu-Werke Bonn AG St. Augustiner Str. 30 53225 Bonn Tel. 0228 464XX0 Fax 0228 464XX11	Herr Köllen Trier Str. 16 53115 Bonn Tel. 0228 617XX4 Spedition	CVB IBAN: DE87 5400 7638 0077 9982 46 BIC: CVERDEELXXX	Aluminiumrohre
60004 44004	Shokk Ltd. 401 Charcot Ave. San Jose, CA95131, USA Tel. +1 4 084357XX6 Fax +1 4 084357XX7	Mr. Temp Keine Rücksendungen Schiffsfracht	Diamond Bank N. A. SWIFT-Code (BIC): DIABUS01 Account Number: 77 892 346	Spezialfedergabeln
60005 44005	Hans Köller Spezialrahmenbau e. K. Lorenzstr. 10 18146 Rostock Tel. 0381 69XX0 Fax 0381 69XX777	Frau Reiz Lorenzstr. 10 18148 Rostock Tel. 0381 69XX341 Bahnfracht	Bank 3000 IBAN: DE32 90457 8445 0012 3002 41 BIC: BN30DENWXXX	Spezialfahrradrahmen und Spezialfederga- beln
62007 44007	Farbenfabrik AG Am Beyerwerk 144 51333 Leverkusen Tel. 0214 3XX Fax 0214 3XX11	Herr Gräulich Am Beyerwerk 144 51333 Leverkusen Tel. 0214 3XX99 Spedition	Leverkusen-Bank IBAN: DE88 4990 6324 0607 0037 12 BIC: LEBADEK9LEV	Lacke, Grundierungen
62008 44008	Kohlor GmbH Hafenstr. 125 67061 Ludwigshafen am Rhein Tel. 0621 582XX4 Fax 0621 582XX6	Frau Reineke Hafenstr. 190 67061 Ludwigshafen Tel. 0621 509XX1 Spedition	TEMPUS Bank IBAN: DE26 7880 9543 0099 7632 98 BIC: TEMPDE12XXX	Lacke, Grundierungen
71009 44009	Tamino Deutschland GmbH Immermannstr. 24 40210 Düsseldorf Tel. 0211 162XX6 Fax 0211 162XX9	Herr Freundlich Immermannstr. 24 40210 Düsseldorf Tel. 0211 162XX0 Spedition	The Okane Bank IBAN: DE93 3501 0245 0042 2996 33 BIC: OKABDEDDXXX	Schaltungen, Laufrä- der, Bremssysteme, Antriebssysteme (vollständige Systemkomponenten)
71010 44010	Tamino INC 3 – 77 Oimatsuchu, Sakei 590 – 77 Osaka, Japan Tel. +81 6 722233XX0 Fax +81 6 722233XX2	Mr. Wasabi Tamino Deutschland GmbH Immermannstr. 24 40210 Düsseldorf Tel. 0211 162XX0 Schiffsfracht	Hakkojo-Ichi-Bank SWIFT-Code (BIC): HAKKJPJZ Account No.: 702-4598321	Schaltungen, Lauf- räder, Bremssysteme, Antriebssysteme (vollständige Systemkomponenten)
71011 44011	Dax AG Rudolf-Diesel-Str. 25 97424 Düsseldorf Tel. 0211 80XX0 Fax 0211 80XX999	Herr Sachse Rudolf-Diesel-Str. 70 97424 Düsseldorf Tel. 0211 80XX326 Spedition	CVB IBAN: DE43 7102 8304 0404 0021 93 BIC: CVERDEELXXX	Schaltungen, Lauf- räder, Bremssysteme, Antriebssysteme (vollständige Systemkomponenten)
72012 44012	Schwalle KG Märkische Str. 36 44135 Dortmund Tel. 0231 52XX0 Fax 0231 52XX155	Herr Rille Märkische Str. 38 44135 Dortmund Tel. 0231 5281XX6 Spedition	Stadtbank Dortmund IBAN: DE43 5530 9433 0204 4001 23 BIC: SBDODEK9011	Reifen (Decken), Schläuche mit Venti- len, Felgenbänder
72013 44013	Continent AG Vahrenwalder Str. 99 30165 Hannover Tel. 0511 927XX1 Fax 0511 927XX1	Herr Rieger Vahrenwalder Str. 102 30165 Hannover Spedition	Bank 3000 IBAN: DE74 1028 4983 0124 4467 11 BIC: 3000DENWXXX	Reifen (Decken), Schläuche mit Ventilen, Felgenbänder
73014 44014	Ruhrwerke GmbH Lohrheidestr. 72 44866 Bochum Tel. 02327 3XX1 Fax 02327 3XX998	Frau Rieser Lohrheidestr. 72 44866 Bochum Tel. 02327 3XX974 Spedition	HypoUnion Bank IBAN: DE49 6332 8535 0079 2003 41 BIC: HYUNDEBO894	Lenker, Vorbauten, Metall- ausstattungen (Stän- der, Gepäckträger usw.)
73015 44015	Frikawerke GmbH & Co. KG Gertenstr. 19 58739 Wickede/Ruhr Tel. 02377 5XX0 Fax 02377 5XX319	Herr Stoll Gertenstr. 19 58739 Wickede/Ruhr Tel. 02377 5XX124 Spedition	Werler Kreisbank IBAN: DE13 6690 3844 0039 7226 11 BIC: KBWRDEH1WRL	Lenker, Vorbauten, Metall- ausstattungen (Stän- der, Gepäckträger usw.)
74016 44016	Sella SA Via San Pietro 22 – 24 10121 Torino Italien Tel. +39 11 4679XX1 Fax +39 11 4679XX7	Sig. Maletti Lieferanschrift Via San Pietro 22 – 24 10121 Torino Italien Tel. +39 11 4679XX4 Bahnfracht	HypoUnion Banca di Roma IBAN: IT69 H8B0 5300 4656 4566 1261 174 BIC: HYUNITZ3428	Sättel, Sattelstützen, Satteltaschen
75020 44020	Union Elektro AG Landsberger Str. 66 12623 Berlin Tel. 030 5628XX3 Fax 030 5628XX1	Herr Kraprich Landsberger Str. 67 12623 Berlin Tel. 030 5628XX2 Spedition	IKL-Bank IBAN: DE35 1001 0700 0160 9233 09 BIC: IKLBDE10XXX	Beleuchtungssysteme
76022 44022	Kunststoffe Graver AG Hans-Böckler-Str. 49 – 52 28217 Bremen Tel. 0421 399XX0 Fax 0421 399XX613	Herr Danielesen Hans-Böckler-Str. 49 – 52 28217 Bremen Tel. 0421 399XX666 Spedition	TopBank IBAN: DE24 7856 4439 C714 9002 09 BIC: TOPBDEBW125	Kunststoffausstattun- gen (Schutzbleche, Kettenschutz, Griffe usw.) und Kunststoff- verpackungen
77024 44024	Druckerei & Design Wolfgang Krause Cloppenburger Str. 450 26133 Oldenburg Tel. 0441 47XX1 Fax 0441 47XX2	Herr Krause Cloppenburger Str. 450 26133 Oldenburg Tel. 0441 47XX1 Spedition	Oldenburg-Bank IBAN: DE83 1009 7463 0100 0233 09 BIC: OLBADE98XXX	Abzüge, Drucksachen aller Art
78026 44026	Marmwik GmbH Den Haager Str. 1a 28259 Bremen Tel. 0421 576XX1 Fax 0421 576XX222	Herr Kleinreich Den Haager Str. 1b 28259 Bremen Tel. 0421 576XX289 Spedition	TopBank IBAN: DE54 6670 9340 0314 9113 11 BIC: TOPBDEBW785	Hochwertige Antriebs- und Bremssysteme
80027 44027	Metalle Köllner GmbH Altendorfer Str. 411 45143 Essen (Ruhr) Tel. 0201 627XX1 Fax 0201 627XX66	Herr Wiesel Altendorfer Str. 67 45143 Essen (Ruhr) Tel. 0201 627XX12 Spedition	Essener Stadtbank IBAN: DE62 1089 4510 0360 9235 55 BIC: SBESDEU7567	Kleinteile aus Metall (Schrauben, Unterleg- scheiben, Muttern, Anlötteile, Ausfallen- den usw.)
80030 44030	apv Augsburger Papier- veredelungsgesellschaft mbH Gumpelzhaimerstr. 3 – 5 86154 Augsburg Tel. 0821 546XX0 Fax 0821 546XX10	Frau Obermann Gumpelzhaimerstr. 3 – 5 86154 Augsburg Tel. 0821 546XX22 Bahnfracht	Vereinsbank Südost IBAN: DE28 8210 6501 0013 1956 87 BIC: VBSODEAU467	Verpackungen aus Papier und Karton
90032 44032	Cycle-Tools-Import GmbH Am Sandtorkai 30 20457 Hamburg Tel. 040 378XX1 Fax 040 378XX200	Herr Weeseler Am Sandtorkai 30 – 32 20457 Hamburg Tel. 040 378XX372 Spedition	Bankhaus Schwerzmann IBAN: DE90 0034 8452 0420 0039 89 BIC: BHSMDED1XXX	Fremdbauteile und Handelswaren aller Art für die Fahrradindustrie (Weltmarktproduktio- nen)
90034 44034	Fahrradteile International GmbH Borgwardstr. 16 28309 Bremen Tel. 0421 83XX1 Fax 0421 83XX344	Herr Itze Borgwardstr. 17 28309 Bremen Tel. 0421 83XX567 Spedition	TopBank IBAN: DE96 8945 0014 0700 9822 28 BIC: TOPBDEBW701	Fremdbauteile und Handelswaren aller Art für die Fahrradindustrie (Weltmarktproduktio- nen)

Lernsituation 1

Das Industrieunternehmen als Ausbildungsbetrieb kennenlernen

Jenny Liu befindet sich im Abschlussjahrgang ihrer Schule. Im Rahmen der Berufsorientierung werden in loser Folge Ausbildungsbetriebe unterschiedlicher Branchen von A wie Autohäuser bis Z wie Zahntechniker besucht. Heute steht das „I" für Industrieunternehmen mit einem Besuch der Fly Bike Werke GmbH auf dem Programm.

Die Betriebserkundung beginnt mit einer kleinen Einführungsveranstaltung, bei der den Schülerinnen und Schülern auch die Betriebsbroschüre ausgehändigt wird. Diese enthält eine Beschreibung des Unternehmens:

Die Fly Bike Werke GmbH stellt sich vor ...

FLY BIKE Werke GmbH

Die Fly Bike Werke GmbH wurde 1997 durch Jan Ullmann, einen begeisterten Radsportler, als Einmann-GmbH in Oldenburg gegründet. Anfang 2001 trat Björn Ries, ein alter Jugendfreund von Jan Ullmann, als weiterer Gesellschafter der GmbH bei und erhöhte durch seine Beteiligung die finanziellen Mittel der GmbH. Die alleinige Produktion von Rennrädern konnte somit in den folgenden Jahren erweitert werden, sodass das Sortiment der Fly Bike Werke GmbH nun auch Kinderräder, City-Räder, Mountainbikes, Trekkingräder und Pedelecs beinhaltet.

Darüber hinaus sind als Handelswaren Fahrradbekleidung, Fahrradzubehör und Fahrradanhänger erhältlich. Die aktuelle Geschäftsführerin, Frau Nowak, hat erst vor Kurzem entschieden, die Vermittlung von Fahrradreisen als weiteres Geschäftsfeld aufzunehmen. Dementsprechend sind die Umsatzerlöse der Fly Bike Werke GmbH kontinuierlich gestiegen und betrugen im letzten Geschäftsjahr bei einem Absatz von 17 500 Rädern fast 7 Mio. Euro.

Die Fly Bike Werke GmbH beschäftigt aktuell 40 Mitarbeitende und bildet je einen Auszubildenden im technischen und kaufmännischen Bereich aus. Seit dem Gründungsjahr besteht ein Betriebsrat, dieser setzt sich aus drei Personen zusammen.

Als Rohstoffe der Fahrradproduktion werden Rohre und Bleche aus Stahl und Aluminium bezogen, Hilfsstoffe sind u. a. Schweißdrähte und Lacke. Die Materialien werden sowohl aus dem Inland wie auch im außereuropäischen Ausland bei 23 verschiedenen Lieferanten eingekauft. Für die Produktion werden Metallverarbeitungsmaschinen und moderne Industrieroboter eingesetzt. Die Fly Bike Werke GmbH verkauft ihre Produkte vorwiegend an nationale Einzelhändler, allerdings wird der Auslandsvertrieb (Belgien, Niederlande, Österreich, Schweiz) über dortige Großhändler abgewickelt. Es gibt insgesamt ca. 20 regelmäßige Abnehmer.

Interessierte Kunden können sich seit Kurzem in dem neuen Showroom der Fly Bike Werke GmbH informieren. Neben der Besichtigung von ausgestellten Fahrradmodellen und Handelswaren ist auch ein detaillierter Blick mithilfe von Informationsdisplays auf die Produkte der Fly Bike Werke GmbH möglich.

Im Rahmen der Betriebserkundung sollen die Schülerinnen und Schüler wichtige Informationen über die Fly Bike Werke GmbH sammeln und auswerten. Hierzu wurde ihnen ein Erkundungsbogen ausgeteilt:

1. Erkundungsauftrag: Stellen Sie fest, ob die Fly Bike Werke GmbH über alle Merkmale eines Industriebetriebs verfügt. Markieren Sie in der Checkliste die vorhandenen Merkmale mit einem „✓", fehlende mit einem „✗":

Die Fly Bike Werke GmbH ...	
... produziert in hohen Stückzahlen	
... kennt oft die Endverbraucher (Fahrradnutzer) nicht, produziert für den anonymen Massenmarkt	
... der Geschäftsführer produziert die Fahrräder nicht selbst	
... hat mehrere Betriebsabteilungen	
... hat eine umfangreiche technische Ausstattung (Maschinen, Transporteinrichtungen und EDV-Steuerungssysteme)	
... arbeitet auch mit internationalen Zulieferern und Abnehmern	
... hat, was Umsatz und Mitarbeiterzahl betrifft, mindestens eine mittlere Betriebsgröße	

2. Erkundungsauftrag: Geben Sie Beispiele für bekannte Industriebranchen und geben Sie an, welcher Branche die Fly Bike Werke GmbH angehören.

....

....

....

3. Erkundungssauftrag: Stellen Sie fest, ob die Fly Bike Werke GmbH zur Konsumgüter- oder zur Investitionsgüterindustrie gehören, und begründen Sie Ihre Ansicht.

....

....

4. Erkundungsauftrag: Erkundigen Sie sich, welche Vorteile es für die Fly Bike Werke GmbH bietet, Handelswaren im Sortiment zu führen.

....

....

5. Erkundungsauftrag: Welche Betriebsabteilungen hat die Fly Bike Werke GmbH? Finden Sie zu jeder Betriebsabteilung zwei Aufgaben/Arbeiten, die dort täglich anfallen.
Hinweis: Nutzen Sie für diesen Erkundungsauftrag das Organigramm auf Seite 13.

....

....

6. Erkundungsauftrag: Wieso verkauft die Fly Bike Werke GmbH ihre Produkte an den Handel und nicht direkt an die Fahrradfahrer?

....

....

7. Erkundungsauftrag: Was vermuten Sie: In welchen technischen und kaufmännischen Berufen bilden Industriebetriebe die meisten Auszubildenden aus?

....

....

Während Jenny Liu sich noch in der Berufsfindungsphase befindet, hat das erste Ausbildungsjahr für die neuen Auszubildenden gerade begonnen. So tauschen die Nachwuchskräfte im Rahmen eines Kennenlern-Tages in der Berufsschule persönliche und betriebliche Informationen untereinander aus. Dabei soll auch der Teamgedanke gefördert werden.

1 Bilden Sie Gruppen mit drei bis vier Personen und füllen Sie das **Arbeitsblatt 1.1** aus. Werten Sie anschließend die Tabelle aus und finden Sie das Gruppenmitglied, das die meisten Gemeinsamkeiten/Interessen mit Ihnen teilt.

2 Verschaffen Sie sich in Ihrer Gruppe einen Überblick über Ihre Ausbildungsbetriebe und füllen Sie das **Arbeitsblatt 1.2** aus.

3 Sammeln Sie nun im Klassenplenum die „Highlights" aus den betrieblichen Informationen Ihrer Gruppen, z. B. in Form einer „Best-of-Liste". Erhebungsvorschläge (individuell ergänzbar) für diese Liste sind:
- Welcher Betrieb stellt die meisten/wichtigsten/teuersten Produkte her?
- In welcher Branche sind die meisten Betriebe angesiedelt?
- Welches ist der älteste (Ausbildungs-)Betrieb?
- Welcher Betrieb hat die meisten Auszubildenden?
- Welcher Betrieb bietet die meisten Ausbildungsberufe an?
- Welche Abteilung ist für die Auszubildenden (jetzt) am interessanten?

Arbeitsblatt 1.1 Azubi-Bingo

Interessen	Meine Antwort	Gruppenmitglied A	Gruppenmitglied B	Gruppenmitglied C
Wo bist du geboren?				
Welches Lieblingsfach hattest du bisher?				
Was isst du am liebsten?				
Welche Sportart magst du besonders?				
Was ist dein Lieblingsfilm?				
Wann stehst du am Wochenende auf?				
In welchem Land machst du am liebsten Urlaub?				
Wodurch hast du deine Ausbildungsstelle gefunden?				
Wie lange brauchst du morgens im Badezimmer?				

Arbeitsblatt 1.2 Betriebsvorstellung

Merkmale meines Ausbildungsbetriebs	Meine Antwort	Gruppenmitglied A	Gruppenmitglied B	Gruppenmitglied C
Welche Hauptprodukte stellt mein Betrieb her?				
Welcher Branche ist er zuzuordnen?				
Werden auch Handelswaren angeboten? (Welche?)				
Um welchen Industrietyp handelt es sich?				
Wann wurde der Betrieb gegründet?				
Wie viele Mitarbeitende hat mein Betrieb?				
Wie viele Auszubildende gibt es außer mir?				
In wie vielen und welchen Berufen wird sonst noch ausgebildet?				
Aus wie vielen Abteilungen besteht mein Betrieb?				
Welche Abteilung stelle ich mir am spannensten vor?				
Wie viele Standorte (Zweigstellen) hat mein Betrieb?				

Aufgaben

Aufgabe 1
Nicht alle Industrieunternehmen sind befugt, junge Menschen auszubilden. Erkundigen Sie sich, welche Voraussetzungen für eine Ausbildungsbefähigung vorliegen müssen und wer diese erteilt.

Aufgabe 2
Worin unterscheiden sich die Begriffe „Auszubildender" und „Ausbilder"? Mit welchen Anliegen können Sie sich an Ihren Ausbilder wenden?

Aufgabe 3
In welchen (anderen) Berufen bildet Ihr Betrieb sonst noch aus? Wie ist das Verhältnis zwischen technisch-gewerblichen und kaufmännischen Auszubildenden? Hat sich dies in den letzten Jahrzehnten deutlich verändert?

Aufgabe 4
Viele Industrieunternehmen haben stark von der Globalisierung mit ihren internationalen Geschäftskontakten profitiert. Wie wirkt sich dies auf die tägliche Arbeit und die Anforderungen an die Auszubildenden aus?

Aufgabe 5
Wieso haben Sie sich gerade für Ihren Ausbildungsbetrieb entschieden?
Markieren Sie das entsprechende Entscheidungsraster:

Entscheidungsgrund	trifft voll zu	trifft teilweise zu	trifft nicht zu
Betrieb liegt in der Nähe	☐	☐	☐
Betrieb bietet attraktive Ausbildung	☐	☐	☐
Betrieb hat gute Übernahmeaussichten	☐	☐	☐
Betrieb bietet überdurchschnittliche Sozialleistungen (Urlaub, gleitende Arbeitszeit etc.)	☐	☐	☐
persönliche Beziehung zu einem Betriebsangehörigen	☐	☐	☐
Betrieb wurde mir empfohlen (z. B. durch Arbeitsagentur)	☐	☐	☐
Betriebswahl war eher Zufall oder Verlegenheit	☐	☐	☐

Aufgabe 6
Führen Sie ein Partnerinterview durch, in dem Sie einander folgende Fragen stellen:

a Wie haben Sie sich vor Aufnahme der Ausbildung über den Betrieb und den Ausbildungsberuf informiert?
b Wie ist der erste Tag im Unternehmen abgelaufen?
c In welchem Bereich Ihres Ausbildungsunternehmens sind Sie zurzeit eingesetzt? Hat man Ihnen dort bereits eigene Aufgaben zugewiesen?
d Was hat Sie bisher am meisten überrascht/womit hatten Sie vorher nicht gerechnet?

Aufgabe 7
Finden Sie heraus, ob es in Ihrer Klasse Auszubildende gibt, mit deren Betrieb Ihr eigenes Unternehmen Geschäftskontakte unterhält. Wenn ja, beschreiben Sie die Art der Geschäftskontakte.

Aufgabe 8
Industriebetriebe „produzieren" nicht nur Sachgüter, sondern sie bieten ihren Kunden auch meist eine Reihe von Dienstleistungen an. Nennen Sie zwei Beispiele für solche Serviceleistungen.

Lernsituation 2

FK → LF 1 Kapitel 2

Eine Berufsausbildung beginnen

Die Schulzeit von Jenny Liu neigt sich bald dem Ende zu. Durch die Betriebserkundungen hat sie herausgefunden, dass sie die Vielfalt der Aufgaben in einem Industrieunternehmen besonders anspricht. Den letzten Anstoß, sich um eine Berufsausbildung zur Industriekauffrau zu bewerben, gibt ihr dann der folgende Zeitschriftenartikel:

Die neue A-Klasse

Konjunktur Der Wirtschaftsboom der vergangenen Jahre hat den Arbeitsmarkt verändert. Zusehends diktieren die Angestellten die Bedingungen, die Unternehmen fügen sich: Es gibt höhere Gehälter, zusätzlichen Urlaub – und mehr Freiheiten.

Einen Nachteil hat der Job von Larissa Groneberg dann doch: Sie muss tatsächlich auch arbeiten.

Ansonsten hat sie es gut getroffen: Sie ist bei IMS Gear in Donaueschingen angestellt. Die Firma beliefert Autozulieferer in aller Welt unter anderem mit Antrieben für Fensterheber und Sitze. Bereits während ihrer Ausbildung zur Industriekauffrau war Groneberg zufrieden mit der Ausstattung ihres Jobs: 35-Stunden-Woche, 30 Urlaubstage, betriebliche Altersvorsorge, vergünstigte Mitgliedschaft im Fitnessklub, kostenlose Sprachkurse – und ein vierwöchiger Mexikoaufenthalt auf Firmenkosten.

Seit dem Ende ihrer Ausbildung kümmert sich Groneberg um die Zollabwicklung für Exporte. „Nebenbei habe ich genug Freizeit, um mein Leben zu genießen“, sagt die 21-Jährige.

Und ausreichend Geld: Industriekaufleute im ersten Berufsjahr verdienen bei IMS Gear rund 45 000 Euro. Damit gehören sie in der Firma nicht einmal zu den Topverdienern unter den Berufsanfängern. Ein Haupt- oder Realschüler, der nach seiner Ausbildung als Industriemechaniker im Schichtbetrieb arbeitet, kann es im ersten Jahr nach der Lehre sogar auf mehr als 50 000 Euro bringen.

Sieht so die Zukunft aus?

Die Regel ist es noch nicht, aber der Trend ist eindeutig. Auch wenn es in einem der reichsten Länder der Welt noch immer zahlreiche Menschen gibt, die vom Boom nicht profitieren und sich mit schlecht bezahlten Jobs durchschlagen müssen: Der Arbeitsmarkt hat sich dramatisch gewandelt. Vor wenigen Jahren waren die meisten Deutschen froh, überhaupt eine Stelle zu haben. Entsprechend diktierten die Arbeitgeber die Bedingungen, die Arbeitnehmer fügten sich.

Weil die geburtenstarken Jahrgänge sich dem Rentenalter nähern und wenig Junge nachrücken, wird das Angebot an Arbeitskräften knapper. Verschärft wird die Entwicklung dadurch, dass die Bundesrepublik den ökonomischen Widrigkeiten Europas und der Welt trotzt und seit 2010 immer weiterwächst.

Der Effekt ist nicht nur ein statistischer. Die Arbeitnehmer bekommen ihn konkret zu spüren.

Sie sind in immer mehr Branchen und Regionen die eigentlichen Chefs. Sie bestimmen die Bedingungen, unter denen sie sich vorstellen können, eine Ausbildung anzufangen oder einen Job anzunehmen. Sie bekommen höhere Löhne und mehr Urlaub. Sie können im firmeneigenen Fitnessstudio trainieren, sich weiterbilden, im Ausland arbeiten.

Auch wenn die Digitalisierung der Arbeitswelt, künstliche Intelligenz und die Robotisierung des Alltags auf mittlere Sicht viele Jobs überflüssig machen können – erst einmal ist menschliche Arbeit zumindest in Deutschland nachgefragt wie selten und entsprechend teuer.

Von der Spirale nach oben haben nicht nur die schon lange umworbenen Hochqualifizierten etwas. Dank des Dauerbooms profitieren auch normale, durchschnittlich ausgebildete Arbeitnehmer.

Wer da als Arbeitgeber nicht mithalten kann, gerät zusehends in Nöte. Als Nico Müller einen Friseursalon in einer angesagten Ecke von Berlin eröffnete, dachte er, sein größtes Risiko seien ausbleibende Kunden. Heute weiß er, dass vor allem fehlende Mitarbeiter sein Wachstum bremsen. „Ich könnte sofort mehrere Leute einstellen“, sagt er, „aber ich finde niemanden.“

Wie dramatisch der Nachwuchsmangel in vielen Branchen ist, zeigt sich an der Zahl der Azubis: 2016 machten rund 22 000 Jugendliche eine Ausbildung zum Friseur. Vor 15 Jahren waren es noch doppelt so viele. Auch in anderen Branchen – vom Bäcker über den Maurer bis zum Buchhändler – ist die Entwicklung ähnlich.

Um den Trend zu stoppen, sind die Vergütungen für Azubis teils deutlich gestiegen. Der Nachwuchs wird auch sonst mehr umsorgt denn je: Inzwischen gibt es Betriebe, die Handys oder Autos versprechen oder auch mal eine Reise nach New York.

Geholfen hat all das nur bedingt. Schließlich sorgt nicht nur die demografische Entwicklung für einen Rückgang der Zahl an Jugendlichen, die für eine Berufsausbildung infrage kommen. Inzwischen ist jeder zweite Schulabgänger studienberechtigt.

Quelle: Der Spiegel 26/2017

1 Lesen Sie den Zeitungsartikel und sammeln Sie dann fünf Ihrer wichtigsten persönlichen Motive, weshalb Sie eine Berufsausbildung begonnen bzw. sich gegen andere Formen des beruflichen Einstiegs entschieden haben.
2 Bilden Sie anschließend Gruppen mit drei bis vier Mitgliedern und vergleichen Sie Ihre Ergebnisse in der Gruppe. Erstellen Sie gemeinsam eine Motivsammlung mit den sieben wichtigsten Gründen für eine Berufsausbildung. Schreiben Sie jedes dieser Motive auf eine Karte.
3 Diskutierten Sie anschließend in der Gruppe, welchen Nutzen der Ausbildungsbetrieb aus Ihrer Ausbildung ziehen kann, und formulieren Sie fünf Motive, die für eine Berufsausbildung aus Sicht des Ausbildungsbetriebs spricht. Schreiben Sie auch diese Motive auf eine Karte.
4 Ordnen Sie nun im Plenum Ihre Gruppenergebnisse verschiedenen Motivgruppen zu.

Beispiel:

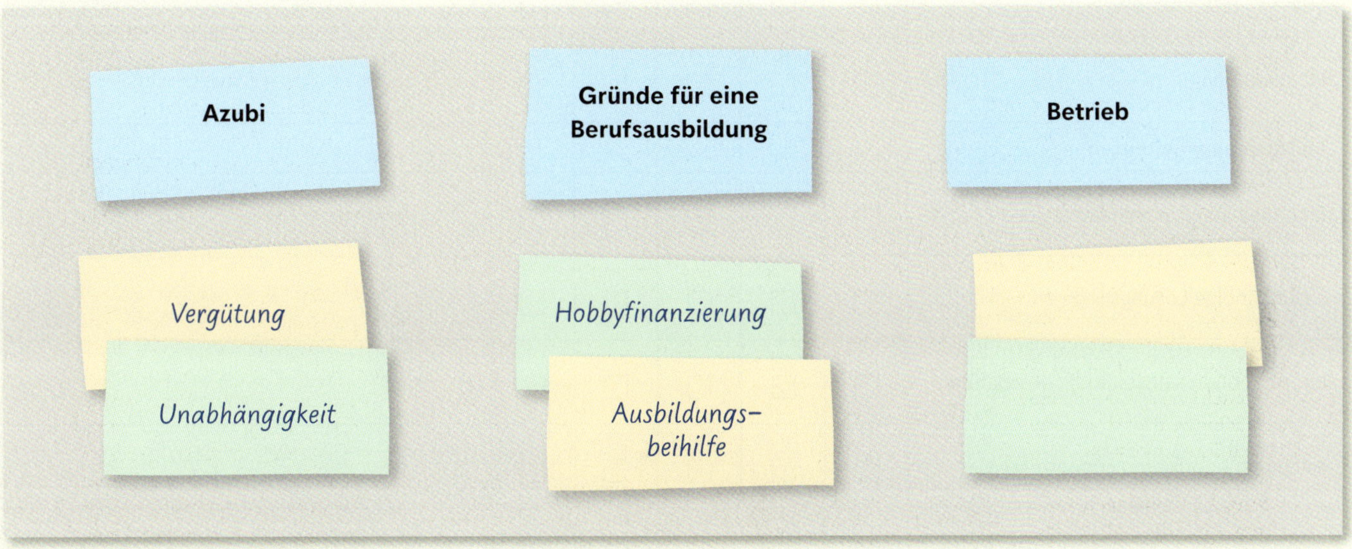

5 Diskutieren Sie ebenfalls im Plenum, wieso Betriebe oft keine hinreichende Anzahl von Auszubildenden finden. Führen Sie auch Verbesserungsvorschläge an.

Arbeitsblatt 2.1 Anforderungscheck (Blatt 1 von 2)

Im Rahmen Ihrer Ausbildung werden Ihnen in den nächsten Jahren die erforderlichen fachlichen Kompetenzen nach und nach vermittelt. Dennoch sollten Sie einige überfachliche Grundkenntnisse sowie ein Grundgerüst an Methoden- und Sozialkompetenzen mitbringen, um für die Anforderungen des Betriebs- und Schulalltags gut eingestellt zu sein.

1 Ergänzen Sie die folgende Aufstellung um weitere Kompetenzen, die Sie selbst für den Ausbildungsberuf Industriekaufmann/Industriekauffrau für bedeutend halten. Kreuzen Sie dann an, wie weit Sie sich selbst dabei sehen.
2 Machen Sie bei den bei Ihnen (noch) nicht ausreichend vorhandenen Merkmalen ein weiteres Kreuz auf der Skala, was zeigen soll, wo Sie am Ende der Ausbildung stehen wollen.
3 Formulieren Sie eine Idee, die Ihnen zur Verbesserung ihrer Fähigkeiten helfen könnte, und tragen Sie diese in die Tabelle ein.
4 Nennen Sie mindestens eine besondere Fähigkeit, die Sie besitzen und die sich nicht zu einer der Kategorien zuordnen lässt, die aber trotzdem hilfreich für Ihre Ausbildungszeit sein wird.

Arbeitsblatt 2.1 Anforderungscheck (Blatt 2 von 2)

Bereich	Meine Selbsteinschätzung (aktuell und als Ziel)					Ideen zur Verbesserung meiner Fähigkeiten
	--	-	0	+	++	
Grundkenntnisse						
Grundrechenarten	☐	☐	☐	☐	☐	
Prozentrechnung	☐	☐	☐	☐	☐	
Englisch sprachflüssig	☐	☐	☐	☐	☐	
PC-Bedienung	☐	☐	☐	☐	☐	
Methodenkompetenzen						
Erkennen von Zusammenhängen	☐	☐	☐	☐	☐	
eigenständige Lösungswege entwickeln	☐	☐	☐	☐	☐	
Informationen selbstständig beschaffen	☐	☐	☐	☐	☐	
Aufgaben priorisieren können	☐	☐	☐	☐	☐	
Zeitpläne realistisch erstellen und erfüllen	☐	☐	☐	☐	☐	
	☐	☐	☐	☐	☐	
	☐	☐	☐	☐	☐	
Sozialkompetenzen						
Konzentrationsfähigkeit	☐	☐	☐	☐	☐	
Bereitschaft zu Teamarbeit	☐	☐	☐	☐	☐	
Motivation und Ausdauer	☐	☐	☐	☐	☐	
	☐	☐	☐	☐	☐	
	☐	☐	☐	☐	☐	
besondere Fähigkeit:						

Arbeitsblatt 2.2 Duales System

Erarbeiten Sie mithilfe einer Internetrecherche und Ihrer Fachkunde (Seite 24–28) die wesentlichen Merkmale des Dualen Systems der Berufsausbildung:

Duales System der Berufsbildung		
Lernort Ausbildungsbetrieb		**Lernort Berufsschule**
	Welche Art von Kenntnissen wird vermittelt?	
	Wer ist für die Ausbildung zuständig?	
	Wo sind die Lerninhalte festgelegt?	Rahmenlehrplan Lehrpläne der Bundesländer
	Welche Stelle überwacht die Ausbildung?	
Abteilungsbeurteilungen Ausbildungszeugnis	**Wie werden die Ausbildungs-leistungen dokumentiert?**	
	Welcher Abschluss wird erreicht?	
	Wie ist eine professionelle fachliche Betreuung für die jeweiligen Ausbildungsberufe sichergestellt?	Berufsschullehrkraft mit Fachstudium und pädagogischer Ausbildung

Arbeitsblatt 2.3 Das Ausbildungsberufsbild von Industriekaufleuten

Stellen Sie die Eckpunkte des Berufsbildes der Industriekauffrau/des Industriekaufmanns dar.
Nutzen Sie dafür den Auszug aus der Ausbildungsordnung auf der folgenden Seite.

Name des staatlich anerkannten Ausbildungsberufs:

Bestehensregelung:

Ausbildungsdauer:

Bestimmungen meiner Ausbildungsordnung

Prüfungsteile:

Kernkompetenzen[1]:

Prüfungszeitpunkte:

[1] aus Platzgründen können weitere Inhalte hier noch ergänzt werden:

Aufgaben

Aufgabe 1
Das System der dualen Berufsausbildung ist weltweit einzigartig und zeigt seine Berechtigung u. a. durch eine vergleichsweise geringe Jugendarbeitslosigkeit.

a Recherchieren Sie, wie die berufliche Qualifikation in unseren Nachbarländern Frankreich, Niederlanden und Schweiz erfolgt.

b Wägen Sie die Vor- und Nachteile einer betriebspraktischen gegenüber einer rein schulischen/universitären Berufsbildung ab.

Aufgabe 2
Ihr/-e beste(r) Freund/-in hat nach langer Suche ebenfalls einen Ausbildungsplatz gefunden. Sie hat ein Vorstellungsgespräch in einem Callcenter absolviert, wo ihr/ihm die Ausbildung zum/zur Call-Center-Agent/-in vorgeschlagen wurde. Besonders begeistert hat ihn/sie, dass man so schnell damit Geld verdienen kann. Recherchieren Sie unter einem Ausbildungsportal (z. B. azubi.de) über diese Berufsausbildung („Onboarding“ genannt). Welche Unterschiede hat sie zu Ihrem Ausbildungsberuf?

Aufgabe 3
Es gibt auch Berufsabschlüsse, die ausschließlich an der Berufsschule erlangt werden können (z. B. Assistentenberufe). Die Betriebe stehen diesen Abschlüssen skeptisch gegenüber. Formulieren Sie Argumente, warum das so ist.

Aufgabe 4
Viele Schulabsolventen haben vor dem Abschluss ihres Ausbildungsvertrags auch ein Hochschulstudium erwogen und sich dann zunächst für eine Berufsausbildung entschieden. Wieso kann diese auch für einen späteren Studienbeginn hilfreich sein?

Aufgabe 5
Kaufmännische, technische und sozial-pflegerische Berufe haben in der Ausbildung nicht nur andere fachliche Inhalte, sondern setzen auch abweichende Schwerpunkte bei Grundkenntnissen, Methoden- und Sozialkompetenz. Versuchen Sie aus jedem dieser drei Bereiche für folgende Ausbildungsberufe die wichtigsten Befähigungen herauszustellen:

a Krankenpfleger

b Berufskraftfahrer

c Erzieher

d Elektroniker

Aufgabe 6
Beantworten Sie folgende Fragen zur Ausbildungsordnung:

a Was bedeutet die Aussage, dass Ihr Ausbildungsberuf staatlich anerkannt ist?

b Die Ausbildungsordnung legt als Ausbildungsdauer drei Jahre fest. Welche Gründe könnte es dafür geben?

c Warum beinhaltet das Ausbildungsberufsbild für Ihren Beruf die entsprechenden Inhalte?

d Untersuchen Sie die zeitliche Gliederung des Ausbildungsrahmenplans. Weshalb verteilen sich die sachlichen Inhalte der Ausbildung in der beschriebenen Weise auf die drei Ausbildungsjahre?

Aufgabe 7
Die aktuelle Ausbildungsordnung sieht eine gestreckte Abschlussprüfung, d.h. eine Prüfung in zwei Teilen mit einem großen zeitlichen Abstand, vor. Warum wählt man diese Form?

Aufgabe 8
Die Prüfungsteile gehen mit unterschiedlichem Gewicht in die Abschlussnote ein. Begründen Sie, warum die Unterschiede gerechtfertigt sind.

Aufgabe 9
Stellen Sie fest, ob die Auszubildenden (A - F) die Abschlussprüfung erfolgreich bestanden haben. Beurteilen Sie auch, ob in den Fällen, in denen „kein Bestehen“ festgestellt wurde, eine Nachprüfung möglich wäre.

	Ergebnis der Abschlussprüfungen				
	Teil 1	**Teil 2 Marketing/Vertrieb/Personal/SUK**	**Teil 2 Wiso**	**Teil 2 Fachaufgabe**	**Nachprüfung möglich?**
A	75%	78%	85%	75%	
B	45%	56%	60%	50%	
C	33%	51%	55%	53%	
D	69%	42%	70%	72%	
E	53%	40%	50%	50%	
F	67%	71%	66%	40%	

Lernsituation 3

FK → LF 1 Kapitel 3.1

Einen Ausbildungsvertrag prüfen

Nachdem bei Jenny Liu, mittlerweile 19 Jahre alt, das Interesse an einer Ausbildung zur Industriekauffrau geweckt wurde, ging alles sehr schnell. Gleich auf ihre erste Bewerbung hin wurde sie von der Fly Bike Werke GmbH, die sie bereits bei einer Betriebserkundung kennengelernt hatte, zu einem Vorstellungsgespräch eingeladen. Dies absolvierte sie derart überzeugend, dass sie schon am folgenden Tag die telefonische Zusage und die Ankündigung der Zusendung eines schriftlichen Ausbildungsvertrages erhielt. Aufgrund der Erkrankung der zuständigen Personalsachbearbeiterin verzögerte sich jedoch die Ausstellung des Ausbildungsvertrages, sodass schließlich ein in Personalfragen unkundiger Mitarbeiter aus dem Versand das übernehmen musste. Nun wundert sich Jenny Liu, dass außer dem Namen und der Anschrift der Vertragspartner, fast alles irgendwie anders ist, als es besprochen wurde. Insbesondere die Ausbildungszeit war doch nicht so lang.

Als sie kurze Zeit später auch noch erfährt, dass die IHK ihren Vertrag wegen „Verstößen gegen das Berufsbildungsgesetz" ablehnt, ist ihr Misstrauen völlig geweckt und sie schaut sich die entsprechenden Gesetzesbestimmungen einmal genauer an:

Berufsbildungsgesetz (BBiG)

§ 4 Anerkennung von Ausbildungsberufen
(1) Als Grundlage für eine geordnete und einheitliche Berufsausbildung kann das Bundesministerium für Wirtschaft und Energie ... Ausbildungsberufe staatlich anerkennen und hierfür Ausbildungsordnungen nach § 5 erlassen.
(2) Für einen anerkannten Ausbildungsberuf darf nur nach der Ausbildungsordnung ausgebildet werden.
(3) In anderen als anerkannten Ausbildungsberufen dürfen Jugendliche unter 18 Jahren nicht ausgebildet werden, soweit die Berufsausbildung nicht auf den Besuch weiterführender Bildungsgänge vorbereitet.

§ 5 Ausbildungsordnung
(1) Die Ausbildungsordnung hat festzulegen
1. die Bezeichnung des Ausbildungsberufes, der anerkannt wird,
2. die Ausbildungsdauer; sie soll nicht mehr als drei und nicht weniger als zwei Jahre betragen,

§ 10 Vertrag
(1) Wer andere Personen zur Berufsausbildung einstellt (Ausbildende), hat mit den Auszubildenden einen Berufsausbildungsvertrag zu schließen.

§ 12 Nichtige Vereinbarungen
(1) Eine Vereinbarung, die Auszubildende für die Zeit nach Beendigung des Berufsausbildungsverhältnisses in der Ausübung ihrer beruflichen Tätigkeit beschränkt, ist nichtig.
(2) Nichtig ist eine Vereinbarung über
1. die Verpflichtung Auszubildender, für die Berufsausbildung eine Entschädigung zu zahlen,
2. Vertragsstrafen,
3. den Ausschluss oder die Beschränkung von Schadensersatzansprüchen,
4. die Festsetzung der Höhe eines Schadensersatzes in Pauschbeträgen.

§ 17 Vergütungsanspruch und Mindestvergütung
(1) Ausbildende haben Auszubildenden eine angemessene Vergütung zu gewähren. Die Vergütung steigt mit fortschreitender Berufsausbildung, mindestens jährlich, an.

§ 20 Probezeit
Das Berufsausbildungsverhältnis beginnt mit der Probezeit. Sie muss mindestens einen Monat und darf höchstens vier Monate betragen.

Bundesurlaubsgesetz (BUrlG)

§ 3 Dauer des Urlaubs
(1) Der Urlaub beträgt jährlich mindestens 24 Werktage.
(2) Als Werktage gelten alle Kalendertage, die nicht Sonn- oder gesetzliche Feiertage sind.

1 Erläutern Sie, ob sich Jenny Liu auf die mündliche Vereinbarung hinsichtlich der Ausbildungszeit berufen kann.

2 Vervollständigen Sie mithilfe Ihrer Fachkunde (S. 31) die Checkliste zu den Mindestinhalten eines Berufsausbildungsvertrags und überprüfen Sie, ob diese im Vertrag von Jenny Liu vorliegen.

3 Prüfen Sie nun Jenny Lius Ausbildungsvertrag mithilfe der Gesetzesabschnitte aus dem Berufsbildungs- und Bundesurlaubsgesetz in Hinblick darauf,

- **a** welche vorgeschriebenen Vertragsinhalte fehlen,
- **b** gegen welche Gesetzesinhalte verstoßen wird,
- **c** wo irreführende Aussagen bestehen und geben Sie einen Verbesserungsvorschlag an.

4 Angenommen, der Betrieb würde Jenny Liu trotz eines ungültigen Ausbildungsvertrages als Auszubildende beschäftigen – welche Folgen wären hier zu erwarten?

Auszug aus dem abgelehnten Berufsausbildungsvertrag zwischen den Fly Bike Werken und Jenny Liu

Zwischen dem Ausbildenden (Ausbildungsbetrieb) und der/dem Auszubildenden wird nachstehender Berufsausbildungsvertrag zur Ausbildung im Ausbildungsberuf

Sachbearbeiterin Industrie

nach Maßgabe der Ausbildungsordnung geschlossen.

A – Ausbildungsdauer

Nach der Ausbildungsordnung beträgt die Ausbildungsdauer

48 Monate.

Auf die Ausbildungsdauer wird folgende Berufsausbildung

bzw. folgende berufliche Vorbildung

mit Monaten angerechnet.

Die Berufsausbildung wird in

[X] Vollzeit [ ] Teilzeit absolviert.

Das Ausbildungsverhältnis

beginnt am 01.08.20X4 und endet am: 31.07.20X8

Probezeit

Die Probezeit beträgt 6 Monate

B – Ausbildungsstätten

Die Ausbildung findet vorbehaltlich der Regelungen nach Abschnitt C dieses Vertrages in

Fly Bike Werke GmbH
Rostocker Straße 334, 26121 Oldenburg

Name/Anschrift des Ausbildungsbetriebs

und den mit dem Betriebssitz für die Ausbildung üblicherweise zusammenhängenden Arbeitsstellen statt.

Die zuständige Berufsschule ist

BBS Wirtschaft und Verwaltung, Oldenburg

Name der Berufsschule

C – Pflichten der/des Auszubildenden

1. Folgende Ausbildungsmaßnahmen sind außerhalb des Ausbildungsbetriebes wahrzunehmen:

09/20X4: Seminar Arbeitsrecht in Kiel
03/20X6: Seminar Datenschutz in Emden

2. Die Führung von schriftlichen oder elektronischen Ausbildungsnachweisen ist wie folgt vorzunehmen:

Der Ausbildungsnachweis (Berichtsheft) muss in schriftlicher Form erfolgen.

D – Vergütung und sonstige Leistungen

Höhe und Fälligkeit

[ ] Folgender Tarifvertrag ist für das Ausbildungsverhältnis zu berücksichtigen:

[X] Für das Ausbildungsverhältnis ist kein Tarifvertrag zu berücksichtigen.

Die Auszubildende/ der Auszubildende erhält folgende Vergütung im jeweiligen Ausbildungsjahr:

Euro	858,00	926,00	926,00	926,00
im	ersten	zweiten	dritten	vierten

E – Ausbildungszeit, Urlaub und Anrechnung

Tägliche und wöchentliche Ausbildungszeit

Regelmäßige tägliche Ausbildungszeit: Stunden.

Regelmäßige wöchentliche Arbeitszeit: 40 Stunden.

Urlaub

Folgender Urlaubsanspruch besteht:

im Kalenderjahr	20X4	20X5	20X6	20X7	20X8
Werktage	11	25	25	25	25

Feiertage werden auf den Urlaubsanspruch

[X] angerechnet [ ] nicht angerechnet

F – Sonstige Anmerkungen:

Wenn Frau Liu das Ausbildungsverhältnis vorzeitig kündigt, verpflichtet sie sich zur Zahlung eines Schadenersatzes von 500,00 Euro.

Fly Bike Werke GmbH
Rostocker Straße 334
26121 Oldenburg

Cem Samet

Stempel und Unterschrift des Ausbildenden

Oldenburg, den 15.05.20X4

Ort, Datum

Jenny Liu

Unterschrift der/des Auszubildenden

Unterschrift(en) der/des gesetzlichen Vertreter/s

Arbeitsblatt 3.1 Grundlagen des Berufsausbildungsvertrags

Berufsausbildungsvertrag		
gesetzliche Grundlage:		
Mindestinhalte:	**vorhanden**	**nicht vorhanden**
1. Art, sachliche und zeitliche Gliederung sowie Ziel der Berufsausbildung	☐	☐
2.	☐	☐
3.	☐	☐
4.	☐	☐
5.	☐	☐
6.	☐	☐
7.	☐	☐
8.	☐	☐
9.	☐	☐

Fehler im Vertrag	§ des Gesetzes	gültige Formulierung laut BBiG bzw. BUrlG wär ...

Aufgaben

Aufgabe 1

In § 4 des Ausbildungsvertrags werden besondere Vereinbarungen für Ausbildungsmaßnahmen getroffen. Diese sind auch im betrieblichen Ausbildungsplan eingetragen, der Jenny Liu kurz vor Beginn der Ausbildung zugesandt wurde.

Betrieblicher Ausbildungsplan – Ausbildungsjahrgang 20X4										Ausbildungsberuf: Industriekauffrau
Zeitraum	**8/20X4***	**8/20X4**	**9/20X4**	**9-12/20X4**	**12/20X4**	**1-3/20X5**	**4-6/20X5**	**7-8/20X5**	**9/20X5**	**Datum:**
Einführungsseminar										**1.8.–14.8**
Hausverwaltung										**15.8.–31.8.**
Seminar Arbeitsrecht										**1.9.–14.09.**
Sicherheitschulung										**15.9.–14.12.**
Schulung ERP-Software										**15.12.–31.12.**
Lagerverwaltung										**1.1.–31.3.**
Einkauf										**1.4.–30.6.**
Produktion										**1.7.–31.8.**
Fuhrparkmanagement										**1.9.–30.9.**
	10/20X5	**10–12/20X5**	**1–3/20X6**	**3/20X6**	**4–7/20X6**	**8–12/20X6**	**12/20X6**	**1–6/20X7**	**7/20X7**	
Seminar Jahresabschluss										**1.10.–14.10.**
Finanzbuchhaltung										**15.10.–31.12**
Kostenrechnung										**1.1.–23.3.**
Seminar Datenschutz										**24.3.–31.3.**
Marketingplanung										**1.4.–31.7.**
Vertrieb										**1.8.–15.12.**
Unternehmensplanspiel										**15.12.–31.12.**
Wunscheinsatz										**1.1.–30.6.**
Prüfung										**1.7.–...**

*** Grobplanung: Alle Termine ohne Berücksichtigung von Feiertagen, Wochenenden und Urlaub.**

Überprüfen Sie, ob der betriebliche Ausbildungsplan mit dem Ausbildungsrahmenplan der Ausbildungsordnung übereinstimmt und wo ggfs ein Korrekturbedarf besteht. Damit kein Kalender benötigt wird, gehen Sie von folgenden Zeitangaben aus:

2 Monate entsprechen 8–9 Wochen
3 Monate entsprechen 13–14 Wochen
4 Monate entsprechen 17–18 Wochen
6 Monate entsprechen 26 Wochen

Ausbildungsrahmenplan nach der Ausbildungsordnung von 20X4			
Zeitraum	1.–15. Ausbildungsmonat	16.–36. Ausbildungsmonat	Ausbildugsdauer in Wochen
Abschnitt A:			
Berufsprofilgebende Inhalte			
Leistungserstellung			18
Logisitik- und Lagerprozesse			14
Beschaffung			14
Marketingplanung			12
Vertrieb			14
Personal			14
Buchführung und Bilanzierung			5
Kosten- und Leistungsrechnung			10
Einsatzgebiet			26
Abschnitt B:			
Integrative Inhalte			
Betriebsorganisation			ohne Zeitangabe
Arbeitssicherheit/Gesundheitsschutz			ohne Zeitangabe
Umweltschutz			ohne Zeitangabe
Datenschutz und Datensicherheit			ohne Zeitangabe
Betriebliche Anwendungssysteme			5
Digitale Geschäftsprozesse			8
Kommunikationsgestaltung			8
Präsentation von Ergebnissen			8

Aufgabe 2
Auch wenn alle Rechtsvorgaben berücksichtigt werden, sind Ausbildungsrahmenplan und betrieblicher Ausbildungsplan nicht 1:1 deckungsgleich.

a Untersuchen Sie die zeitliche Gliederung des Ausbildungsrahmenplans. Weshalb verteilen sich die sachlichen Inhalte der Ausbildung in der beschriebenen Weise auf die drei Ausbildungsjahre?

b Welche Gründe könnte es dafür geben, dass der betriebliche Ausbildungsplan in einigen Zeitdimensionen abweicht und das selbst Auszubildenden eines Betriebes und Ausbildungsjahres oft unterschiedliche Ausbildungspläne haben?

Aufgabe 3
Die 16-jährige Esra erhält einen Ausbildungsvertrag zur Industriekauffrau. Wer muss den Ausbildungsvertrag unterschreiben?

Aufgabe 4
Wieso schreibt das Berufsbildungsgesetz eine Probezeit vor?

Aufgabe 5
Wie erfolgt nach einem abgeschlossenen Ausbildungsvertrag die Anmeldung zur Berufsschule?

Aufgabe 6
Sie wollen Ihre Ausbildung verkürzen. Stellen Sie dar, unter welchen Voraussetzungen das möglich ist.

Aufgabe 7
Die Ausbildung von Jan Reimers dauert laut Ausbildungsvertrag vom 01.08. 20X0 bis zum 31.07.20X4. Nachdem Jan bereits die schriftliche Abschlussprüfung erfolgreich gemeistert hat, besteht er auch am 15. Juni 20X4 die Praktische (mündliche) Abschlussprüfung. Wann endet für Jan die Ausbildung zum Industriekaufmann offiziell?

Aufgabe 8
Legen Sie fest, für welchen Personenkreis die folgenden Rechtsgrundlagen eines Ausbildungsverhältnisses wirksam sind:

Rechtsgrundlage	betroffener Personenkreis
Ausbildungsvertrag	
Berufsbildungsgesetz	
Ausbildungsordnung mit Ausbildungsrahmenplan	
Tarifvertrag	

Aufgabe 9

Bitte beantworten Sie die folgenden Fragen und füllen Sie das Kreuzworträtsel entsprechend aus.

1. Form, in der ein Ausbildungsvertrag zu erstellen ist
2. Bezeichnung des Ausbildungsbetriebes
3. Beginnzeit ohne Kündigungsschutz
4. Beliebter Ausbildungsberuf: ....kaufleute
5. Monatliches Entgelt
6. Aufsichtsinstitution (Abkürzung)
7. Ausbildung endet mit ....
8. Gesetzliche Grundlage
9. Unterschriftsverpflichtete bei Minderjährigen
10. Vereinbarte Vertragsdauer
11. Wichtiger Ausbildungsort neben dem Betrieb
12. Ausbildungsverantwortlicher im Betrieb
13. Vorgesehener Betriebsablauf (Dokument)
14. Zweitschrift des Vertrages

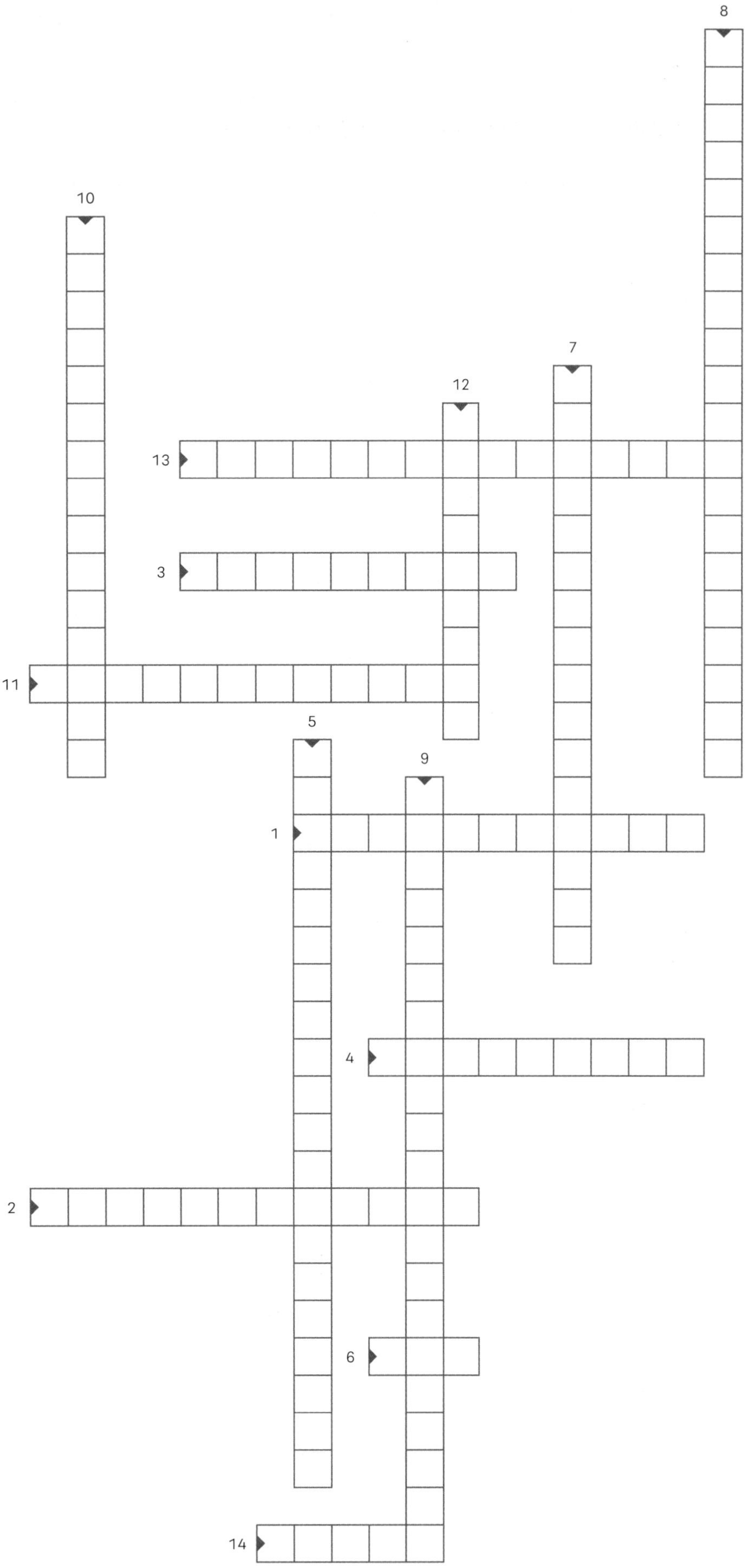

Lernsituation 4

FK → LF 1 Kapitel 3.1

Rechte und Pflichten im Ausbildungsverhältnis kennen und beachten

Lutz Lässig hat vor fünf Wochen seine Berufsausbildung als Industriekaufmann bei einem anderen Fahrradhersteller angetreten. Nachdem sich die Beschwerden aus der Betriebsabteilung, in der er zurzeit eingesetzt ist, häufen, hat ihn die Ausbilderin, Frau Simone Silver, zu einem Gespräch gebeten. Hierzu gibt es ein Gesprächsprotokoll:

Frau Silver: „Guten Tag, Herr Lässig. Der Anlass unseres Gesprächs ist weniger schön, wir müssen dringend über Ihr Verhalten sprechen. Allein letzte Woche sind Sie dreimal zu spät in der Abteilung erschienen. Auf Ihrem Schreibtisch stapeln sich unerledigte Arbeitsaufträge, stattdessen sollen Sie am PC immer wieder Computerspiele aufrufen."

Lutz Lässig: „Ich kann doch nichts dafür, dass die Bahn ständig Verspätung hat. Außerdem hat auch ein Auszubildender das Recht, sich zwischendurch mal zu entspannen."

Frau Silver: „Klar, aber dafür sind die Pausen da. Und Herr Heller, der Gruppenleiter, hat Sie bereits mehrfach aufgefordert, sich auf Ihre Arbeit zu konzentrieren. Ihr Arbeitsplatz quillt über und was gemacht wird, ist nur schlampig erledigt. Herr Heller verbringt mehr Zeit mit Nacharbeit Ihrer Vorgänge als mit seinen eigenen Aufgaben."

Lutz Lässig: „Dann muss er mir es eben noch mal erklären, diesmal aber richtig! Ich habe in dieser Abteilung noch keine Arbeitseinweisung oder sonstige Schulung erhalten."

Frau Silver: „Das wäre tatsächlich bedauerlich, aber um das festzustellen, können wir ja mal einen Blick in Ihre Aufzeichnungen werfen, nicht? Da steht doch drin, was im Rahmen der Berufsausbildung unterwiesen wurde und welche Tätigkeiten Sie ausgeübt haben."

Lutz Lässig: „Ja, äh, die hab ich gerade nicht dabei."

Frau Silver: „Dachte ich mir schon, sonst hätte ich sie ja zum Abzeichnen bekommen. Dabei sind Sie sonst doch deutlich mitteilsamer. Sie haben nach dem Azubi-Besuch in unserem Forschungslabor heimlich Handyfotos geschossen und diese in Instagramm kommentiert. Seien Sie froh, dass darauf keine unserer Produktneuheiten zu sehen war!"

Lutz Lässig: „Wieso? So ein bißchen kostenlose Werbung schadet doch keinem, oder? „

Frau Silver: „In diesem Fall doch. Außerdem benötigen Sie immer eine Erlaubnis für Bildaufnahmen im Betrieb, egal, wo und wann. Das ist mit dem Betriebsrat so vereinbart."

Lutz Lässig: „Lauter dumme Regeln, deren Sinn niemand versteht. Genau wie in der Berufsschule, die machen mir seit zwei Wochen Stress."

Frau Silver: „Wieso denn das? Ich hab auch einen Anruf Ihres Klassenlehrers auf Band, dass ich zurückrufen soll ..."

Lutz Lässig: „Ach, nur weil ich mal unentschuldigt einen Tag gefehlt hab. Kann ja passieren ..."

Frau Silver: „Wir im Betrieb haben aber keine Krankmeldung erhalten. Herr Lässig, ich weiß nicht, ob wir Ihre Ausbildung noch zum Erfolg führen. Da müsste sich einiges ändern!"

Arbeitsblatt 4.1 Pflichten des Auszubildenden

Lesen Sie das Gesprächsprotokoll und stellen Sie unter Nutzung der Fachkunde (Seite 32/33) sowie der Informationen der IHK (www.ihk.de) bestehende Pflichten des Auszubildenden und mögliche Verstöße fest.

Pflicht des Auszubildenden	Beispiele eines Verstoßes
	1. 2.
	1. 2.
	1. 2.
	1. 2.
	1. 2.
	1. 2.
	1. 2.

Arbeitsblatt 4.2 Pflichten des Ausbildenden

Auch der Ausbildende hat Pflichten, die in Ausnahmefällen verletzt werden können. Benennen Sie unter Nutzung der Fachkunde (Seite 32/33) sowie der Informationen der IHK (www.ihk.de), gegen welche Pflicht ggf. verstoßen wird.

Fall	Pflichtverstoß
Eine kaufmännische Auszubildende ist für die Innenreinigung der Firmenwagen zuständig.	
Für umfangreiche Inventurarbeiten wird ein Auszubildender drei Wochen am Stück täglich im Unternehmen beschäftigt.	
Eine Auszubildende möchte gerne in eine andere Betriebsabteilung wechseln und weiß nicht, an wen sie sich mit diesem Anliegen wenden kann.	
Aus hygienischen Gründen soll ein Auszubildender im Betrieb seine private Tastatur mitbringen und anschließen.	
Eine Auszubildende wird angehalten, ihr Berichtsheft in der nächsten Arbeitspause zu ergänzen.	
Nach der vorzeitigen Auflösung des Ausbildungsverhältnisses erhält der abgehende Auszubildende vom Betrieb lediglich eine Arbeitsbescheinigung.	
Eine auszubildende Industriekauffrau verbrennt sich bei einem „praktischen Tag“ in der Produktion die Hände, weil sie keine Sicherheitsbelehrung für den Umgang mit einer Heißpresse erhalten hat.	

Aufgaben

Aufgabe 1

Ein altes deutsches Sprichwort lautet: „Lehrjahre sind keine Herrenjahre." Erläutern Sie den Sinn dieses Sprichwortes und diskutieren Sie im Plenum, ob es heute noch Gültigkeit hat.

Aufgabe 2

Ben Pivohr (18 Jahre) wird in der Hopfen und Malz Brauerei AG seit drei Monaten zum Industriekaufmann ausgebildet. Seit Beginn der Ausbildung hat er fast täglich länger zu arbeiten. Zweimal stellte der Betrieb ihn bereits vom Berufsschulunterricht aus dringenden betrieblichen Gründen frei. Heute wird er von seinem derzeitigen Ausbildungsplatz kurzfristig zur Krankheitsvertretung in das Kundenservicezentrum versetzt. Ihm platzt der Kragen und er sagt zu seinem Ausbilder, Herrn Streußel: „Ich will hier ordentlich ausgebildet werden und nicht nur Lückenbüßer sein." Der Geschäftsführer Max Wendelin erfährt von diesem Vorkommnis und beordert Herrn Pivohr und Herrn Streußel zu einer Aussprache. Stellen Sie diese Aussprache als Rollenspiel nach.

Rollenkarte Herr Wendelin

„Ich musste als Jugendlicher auch hart arbeiten, mein Erfolg ist mir nicht in den Schoß gefallen. Als Chef erwarte ich, dass mein Azubi jederzeit Einsatzbereitschaft für den Betrieb zeigt."

Rollenkarte Herr Pivohr

„Ich möchte ordentlich ausgebildet und nicht nur ausgenutzt und als Lückenbüßer überall herumgeschubst werden."

Rollenkarte Herr Streußel

„Meine Azubis sollen so ausgebildet werden, dass sie am Ende der Ausbildung den Beruf beherrschen und die Prüfung bestehen. Aber betriebliche Erfordernisse sind auch extrem wichtig!"

Aufgabe 3

Nicht immer ist die Verletzung von Pflichten eindeutig zu bewerten, es gibt eine ganze Reihe von Grenzfällen. Bilden Sie sich für die folgenden Fälle zunächst eine eigene Meinung und diskutieren Sie anschließend mit ihren Tischnachbarn darüber, ob hier eine Pflichtverletzung vorliegt:

a Während die Fly Bike Werke GmbH die Schulbücher und Hefte ihrer Auszubildenden anstandslos bezahlt, müssen Auszubildende anderer Unternehmen diese oftmals aus eigener Tasche bezahlen.

b Ein Auszubildender wird gemahnt, weil er drei Tage hintereinander erst mit mehrstündiger Verspätung im Betrieb ankam. Er kann nachweisen, dass aufgrund eines Streiks nur ein Notbetrieb im Busverkehr bestand und es keine frühere Verbindung gab.

c Eine Auszubildende trifft zufällig am Abend ihren verheirateten Abteilungsleiter in Begleitung einer ebenfalls verheirateten Mitarbeiterin in einer eindeutigen Situation. Der Abteilungsleiter verlangt von ihr, darüber zu schweigen. Die Auszubildende hält sich nicht daran, was im Büro allerlei Wirbel verursacht.

d Wegen der anstehenden Fahrprüfung bittet der gerade erst vor einem Monat in das Unternehmen eingetretene Auszubildende um einen Tag Urlaub, der ihm aber verwehrt wird. Leider sind aber auch alle Ersatztermine an Arbeitstagen bzw. Schultagen vormittags.

e Bei einem „Tag der offenen Tür" soll eine kaufmännische Auszubildende den Gästen Getränke servieren. Sie weigert sich, weil dies nicht mit dem Ausbildungsziel vereinbar ist.

f Ein Auszubildender erbringt ständig schlechte Leistungen in der Berufsschule. Der Betrieb rügt seine mangelnde Lernbereitschaft, der Auszubildende weist auf eine bestehende Dyskalkulie (Rechenschwäche) hin, die er bereits beim Vorstellungsgespräch angegeben hatte.

g Ein Auszubildender im Vertrieb soll im Rahmen seiner Ausbildung heute an einer Vertragsverhandlung mit einem wichtigen Geschäftskunden teilnehmen. Laut Betriebsordnung ist bei „persönlichen Kundenkontakten auf eine angemessene Geschäftskleidung" zu achten. Der Auszubildende kommt in Jeans und ausgefranstem Pullover. Er besitzt gar keinen Anzug.

h Aufgrund eines Tippfehlers bestellt eine Auszubildende nicht 1 500, sondern 5 100 m Stahlrohre. Der Ausbildungsbetrieb will die überzähligen Rohre nicht bezahlen, sondern verweist den Lieferanten darauf, dass es sich hier (teilweise) um eine Privatbestellung der Auszubildenden handelt.

i Ein Auszubildender ist mit der schlechten Abteilungsbeurteilung von heute nicht einverstanden und will sich beratend an seine Ausbilderin wenden. Die ist jedoch erkrankt und es gibt keine Vertretung.

j Am ersten Ausbildungstag veranstaltet der Ausbildungsbetrieb im Lager einen Geschicklichkeitswettbewerb Es wird ein Parcours abgesteckt, den die Auszubildenden mit Elektro-Hubwagen (führerscheinfrei, max. 10 km/h) in möglichst kurzer Zeit durchfahren sollen. Ein Auszubildender verliert dabei das Gleichgewicht und verletzt sich.

Lernsituation 5

FK → LF 1 Kapitel 3.1

Ein Ausbildungsverhältnis beenden

Bei einem Klassentreffen von „Ehemaligen“ aus der Berufsschule sitzt der Industriekaufmann Gunnar Helsson auch mit früheren Mitschülern seines Ausbildungsjahrgangs zusammen. Interessanterweise stellen sie fest, dass sie zwar fast alle ihre Ausbildung zum 01.08.20X4 begonnen, sie aber alle an einem anderen Tag beendet haben.

Erstellen Sie im Klassenverband eine Informationstafel (Infoboard) über die Möglichkeiten zur Kündigung eines Ausbildungsverhältnisses. Nutzen Sie dazu die entsprechenden Informationsseiten der IHK (www.ihk.de) unter Verwendung entsprechender Stichworte. Gehen Sie dabei wie folgt vor:

1 Bilden Sie möglichst Vierer-Gruppen, in der jeweils eine Person für folgende Einträge verantwortlich ist:
- Gruppenmitglied A notiert auf gelben Informationskarten die regulären Kündigungsmöglichkeiten der Auszubildenden vor, in und nach der Probezeit (je 1 Karte).
- Gruppenmitglied B notiert auf blauen Informationskarten die regulären Kündigungsmöglichkeiten des Ausbildungsbetriebs vor und in der Probezeit (je 1 Karte).
- Gruppenmitglied C notiert auf grünen Informationskarten beispielhaft drei Gründe für eine Kündigung des Ausbildungsbetriebs „aus wichtigem Grund[1]“ (je 1 Karte).
- Gruppenmitglied D notiert auf roten Informationskarten beispielhaft drei Gründe für eine Kündigung des Auszubildenden „aus wichtigem Grund[1]“ (je 1 Karte).

2 Tragen Sie die Ergebnisse aus den Gruppen im Plenum zusammen, indem aus jeder Gruppe abwechselnd eine Karte an passender Stelle auf der Informationstafel platziert wird. Dies wird so lange fortgesetzt, bis das Board vollständig ist (bei „wichtigen Gründen“ jeweils maximal fünf Karten legen).

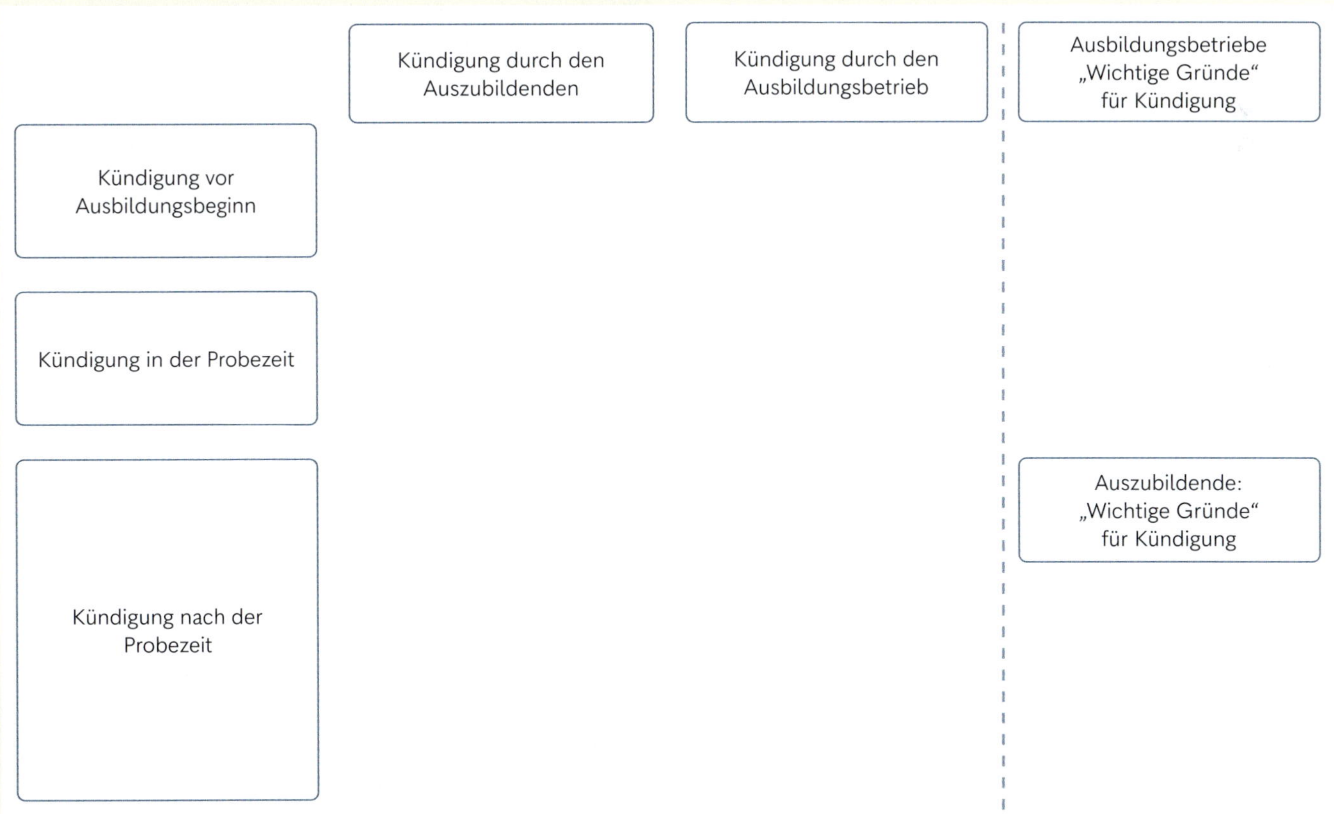

[1] Nach § 314 BGB liegt ein „wichtiger Grund“ vor, wenn einer Partei aufgrund der Umstände die Fortsetzung des Vertragsverhältnisses nicht zumutbar ist.

Aufgaben

Augabe 1
Ergänzen Sie eine Übersicht, wodurch ein Ausbildungsverhältnis beendet werden kann:

	Beschreibung	Beendigung der Ausbildung durch ...
Normalfall	Gunnar hat am 15.06.20X7 sein Fachgespräch erfolgreich absolviert.	
Sonderfall	Maike (Mitschülerin) hat sich nach der Probezeit mit ihrem Betrieb geeinigt, dass sie aus persönlichen Gründen (Umzug mit dem Freund) nach der Probezeit ohne Frist ausscheidet.	
Sonderfall	Max (Mitschüler) musste bereits in der Probezeit auf Initiative des Betriebs die Ausbildung abbrechen.	
Sonderfall	Pari hatte großes Pech. Im dritten Ausbildungsjahr teilte ihr der Geschäftsführer mit, dass die Firma in wirtschaftliche Schieflage geraten istund nicht mehr weitergeführt wird.	
Sonderfall	Arjun hatte einen zweijährigen Ausbildungsvertrag, war im Prüfungszeitraum und danach aber erkrankt und hat sich nicht um eine Verlängerung gekümmert.	

Aufgabe 2
Die Insolvenz eines Ausbildungsbetriebs kommt selten völlig überraschend. Erkundigen Sie sich, wie sich durch rechtzeitiges Handeln ein Abbruch der Berufsausbildung in diesem Fall vermeiden lässt.

Aufgabe 3
Die vertragliche Auflösung des Ausbildungsverhältnisses ist eine Alternative zur Kündigung, hierdurch wird der Auszubildende auch dann nicht schadensersatzpflichtig, wenn er den gleichen Ausbildungsweg bei einem anderen Unternehmen fortsetzen will. Ein Aufhebungsvertrag bietet aber auch Nachteile. Informieren Sie sich und stellen Sie diese dar.

Aufgabe 4
Viele Auszubildende halten insbesondere eine Kündigung nach der Probezeit für ungerecht. Klären Sie, welche Möglichkeiten es gibt, dagegen vorzugehen.

Aufgabe 5
Welche Anlässe können außer einem Nichtbestehen der Abschlussprüfung dazu führen, ein Ausbildungsverhältnis zu verlängern?

Aufgabe 6
Gegenüber der ursprünglich vorgesehenen Vertragsdauer kann ein erfolgreicher Berufsabschluss auch deutlich früher erreicht werden. Hierzu gibt es die Möglichkeiten der „Verkürzung“ (§ 8 BBiG) oder der „vorzeitigen Zulassung“ (§ 45 BBiG).
Stellen Sie durch Heranziehung des Gesetzestextes die beiden Möglichkeiten gegenüberund füllen Sie die unten abgebildete Tabelle aus.

	Verkürzung	Vorzeitige Zulassung
Änderung des Ausbildungsvertrages erforderlich?		
Antrag durch		
Voraussetzungen		
Frist der Beantragung		
Bewilligung		

Aufgabe 7
Prüfen Sie, ob und mit welcher Frist in den folgenden Fällen eine Kündigung des Ausbildungsverhältnisses möglich ist:

Beispiel	Kündigungsfrist
Tommy Streußel hat am 01.09. eine Ausbildung zum Industriekaufmann begonnen. Die Probezeit beträgt vier Monate. Tommy ist unzufrieden und möchte am 04.10. kündigen.	
Tommys Ausbildungsbetrieb ist unzufrieden mit ihm. Der Betrieb möchte ihm am 04.10. kündigen.	
Grit Maier hatte am 01.09. eine Ausbildung zur Industriekauffrau begonnen. Die Probezeit betrug vier Monate. Am 31.03. des nächsten Jahres hat Gerit 200 Euro aus der Kasse gestohlen. Der Betrieb möchte ihr deshalb sofort kündigen.	
Maren Radler, Auszubildende zur Industriekauffrau im zweiten Ausbildungsjahr, möchte nach Neuseeland auswandern und deshalb ihr Ausbildungsverhältnis kündigen.	
Maren Radler bleibt doch in Deutschland, möchte aber lieber eine Ausbildung zur Medizinischen Fachangestellten machen. Deshalb möchte sie ihr Ausbildungsverhältnis zur Industriekauffrau kündigen.	
Sören Stuff, Auszubildender zum Industriekaufmann im dritten Ausbildungsjahr, ist mit seinem Betrieb unzufrieden und möchte seine Ausbildung in einem anderen Betrieb fortsetzen. Deshalb will er seinem bisherigen Ausbildungsbetrieb kündigen.	
Laila Saleh befindet sich im zweiten Lehrjahr als Chemielaborantin und hat eine Pechsträhne: Gerade eben ist ihr wegen einer Infektionskrankheit für mehrere Wochen vom Gesundheitsamt den Zugang zum Firmenlabor verwehrt worden. Nun teilt ihr der Hautarzt mit, dass sie eine schwere Allergie gegen chemische Lösungsmittel entwickelt hat und den Kontakt zu solchen Stoffen meiden muss. Sie legt dies als Attest bei ihrem Ausbildungsbetrieb vor, der daraufhin kündigt.	
Stefan Handke soll in drei Wochen seine Ausbildungsstelle zum Industriekaufmann bei der Stühle AG antreten. Nun erhält er auch noch für den gleichen Ausbildungsberuf die Zusage der Fly Bike Werke GmbH und will deshalb die andere Ausbildungsstelle kündigen.	

Lernsituation 6

FK → LF 1 Kapitel 3.4

Arbeitsschutzbestimmungen erläutern

Zwei neu eingestellte Auszubildende der „Bonner Schnellbau GmbH“ unterhalten sich:

Überprüfen Sie mithilfe Ihrer Fachkunde (Seite 35–37) die geltenden arbeitsrechtlichen Bestimmungen für minderjährige und volljährige Auszubildende.

Arbeitsblatt 6.1 Arbeitsschutzbestimmungen

	Jugendliche (JArbSchG)	Volljährige (BBiG, ArbZG, BUrlG)
tägliche Arbeitszeit (JArbSchG und ArbZG)		
Wöchentliche Arbeitszeit (JArbSchG und ArbZG)		
Pausen (JArbSchG und ArbZG)		
Ruhezeit zwischen zwei Arbeitstagen (JArbSchG und ArbZG)		
Arbeitstage (JArbSchG und ArbZG)		
Wochenend- und Nachtarbeit (JArbSchG und ArbZG)		
Mindesturlaub (JArbSchG und BUrlG)		
Freistellung nach Berufsschulbesuch (JArbSchG und BBiG)		
Anrechnung Berufsschulbesuch auf Arbeitszeit (JArbSchG und BBiG)		

Aufgaben

Aufgabe 1
In den §§ 32 ff. des Jugendarbeitsschutzgesetzes (JarbSchG) wird verlangt, dass sich Jugendliche vor Eintritt in das Berufsleben ärztlich untersuchen lassen und darauf nach einem Jahr auch eine Nachuntersuchung zu folgen hat. Macht diese Vorschrift auch bei einer kaufmännischen Berufsausbildung Sinn, da hier keine körperlichen Anstrengungen gefordert werden?

Aufgabe 2
Prüfen Sie, ob und ggf. inwieweit der arbeitstägliche Einsatzplan der drei Jugendlichen den Bestimmungen des Jugendarbeitsschutzgesetzes (JArbSchG) widerspricht:

Name	Ahmed	Birgit	Claudia
Alter	15	16	17
Beginn der tgl. Arbeitszeit (Mo.–Fr.)	6.00	5.30	9.00
erste Pause	10.00–10.15	9.30–10.00	13.00–13.30
zweite Pause	12.00–12.45	12.00–12.30	15.00–15.15
Ende der tgl. Arbeitszeit (Mo.–Fr.)	15.30	14.30	17.45

Aufgabe 3
Welche der folgenden Fälle verstößt gegen das Arbeitszeitgesetz:

a In der nicht tarifgebundenen Autowerkstatt wird regelmäßig 8,5 Stunden von Montag bis Freitag gearbeitet.

b In einem landwirtschaftlichen Großunternehmen müssen die Beschäftigten um 20:00 Uhr die letzte Fütterung bereitstellen, während sie ab 5.00 Uhr zum Melken eingesetzt werden.

c In einem Industriebetrieb wurde die 35-Stunde-Woche eingeführt, dafür aber die Pause auf 1 Stunde verlängert, sodass die betriebliche Anwesenheitszeit unverändert blieb.

d Ein Hotel verlangt von seinen Angestellten, im regelmäßigen Turnus auch am Wochenende (Samstag und Sonntag, mit entsprechender Freizeit in der Woche) zu arbeiten.

Aufgabe 4
Renate Lauber wurde am 28. März 2007 geboren und schloss einen Ausbildungsvertrag mit Vertragsbeginn zum 1. September 2023. Die Ausbildungsdauer beträgt 3 Jahre und endet folglich am 31. August 2026.
Wie viele Werktage beträgt der gesetzliche Urlaubsanspruch von Renate? Beachten Sie dabei auch die jeweiligen Jahresanteile der Beschäftigung.

im Jahr 2023	Werktage
im Jahr 2024	Werktage
im Jahr 2025	Werktage
im Jahr 2026	Werktage

Aufgabe 5
Eine Auszubildende meldet ihre Schwangerschaft dem Ausbildenden, sie befindet sich noch in der Probezeit. Kann sie fristlos gekündigt werden?

Aufgabe 6
Prüfen Sie mithilfe Ihrer Fachkunde, welche Schutzvorschriften für Schwangere relevant sind. Gibt es keine besonderen Regelungen, markieren Sie dies mit einem Strich (—):

Mindesturlaub	
tägliche Arbeitszeit	
wöchentliche Arbeitszeit	
Pausen	
Ruhezeit zwischen zwei Arbeitstagen	
Wochenend- und Nachtarbeit	
verbotene Arbeiten	

Aufgabe 7
Nach der Probezeit besteht für alle Auszubildenden bereits ein umfassender Kündigungsschutz. Wieso soll eine schwangere Auszubildende dennoch ihre Schwangerschaft umgehend dem Ausbildungsbetrieb melden?

Aufgabe 8
Eine Mutter möchte sich intensiv um ihr Neugeborenes kümmern und beantragt für ein Jahr Erziehungsurlaub. Welche Wirkung hat dies auf ein bestehendes Ausbildungsverhältnis?

Aufgabe 9
Informieren Sie sich über Möglichkeiten, Kinderbetreuung und Fortführung einer begonnenen Berufsausbildung möglichst gut miteinander zu vereinbaren.

Aufgabe 10

Wurde in den folgenden Fällen eine Arbeitsschutzbestimmung verletzt?
Falls ja, geben Sie das Gesetz und die Bestimmung an:

Fall	Gesetz, gegen das verstoßen wird	Regelung, gegen die verstoßen wird
Da der Arbeitgeber des 19-jährigen Edgars aus dem Tarifvertrag ausgestiegen ist, muss er nun 6 Tage die Woche (Mo.–Sa.) arbeiten.		
Der 40-jährige Dreher Fritz hat mit seinem Arbeitgeber vereinbart, seine 8-Stunden-Schicht ohne Pause durchzuarbeiten.		
Der heutige Berufsschulbesuch des 17-jährigen Julius wird ihm mit 5 Stunden zu je 45 Minuten (= 3,75 Std.) auf seine Arbeitszeit angerechnet. Er hat an diesem Tag im Betrieb noch 4,25 Stunden zu arbeiten.		
Die 16-jährige Lina soll schon um 7.00 Uhr früh wieder auf der Arbeit erscheinen, obwohl sie am Vortag bis 19:00 gearbeitet hat.		
Weil nach einer Betriebsvereinbarung die Arbeitszeit am Freitag nur 6 Stunden beträgt, müssen auch jugendliche Auszubildende von Montag bis Donnerstag 8,5 Stunden arbeiten.		
Da heute die Berufsschule des 17-jährigen Alex erst um 9:30 Uhr beginnt, soll er vorher noch in den Betrieb kommen.		
Der 16-jährige Curd beginnt gerade eine Ausbildung zum Krankenpfleger und soll heute alle Röntgengeräte auf Funktion testen.		
Im Ausbildungsvertrag des 20-jährigen Amir beträgt der jährliche Urlaubsanspruch nur 20 Arbeitstage.		
Der 17-jährigen Carola, die zurzeit im Vertrieb arbeitet, wird für das Hereinholen von Kundenaufträgen eine Leistungsprämie gezahlt.		
Die im dritten Monat schwangere 22-jährige Elli lehnt vier angeordnete Überstunden an dem ansonsten arbeitsfreien Samstag kategorisch ab, weil sie „sich schonen soll".		
Augrund einer Krankheitswelle unter den Mitarbeitenden bittet ein leicht verzweifelter Betriebsleiter die junge Mutter Jasmin zwei Wochen nach der Geburt ihres zweiten Kindes darum, im Unternehmen „nach ihren Möglichkeiten" auszuhelfen.		

Aufgabe 11

Ermitteln Sie anhand der angegebenen Silben die gesuchten Begriffe.

ab-ak-al-ar-bä-be-be-be-beit-cke-en-en-fahr-fall-frei-fünf-ga-ge-he-hol-jahr-ko-kord-laub-neu-pau-rei-ru-rufs-schul-se-such-un-ur-zehn-zeit-zwei

1 Wofür sind (auch) jugendliche Auszubildende freizustellen? ....
2 Worauf hat der Jugendliche nach 4,5 Stunden Arbeit einen Anspruch? ....
3 Welche Arbeit ist Jugendlichen generell untersagt? ....
4 Was muss Jugendlichen zwischen zwei Arbeitstagen ausreichend gewährt werden? ....
5 Welcher Tag bestimmt den Urlaubsanspruch des Jugendlichen? ....
6 Wo dürfen Jugendliche ab 17 Jahren schon morgens um 4 Uhr beschäftigt werden? ....
7 Wie viele Sonntage im Monat müssen beschäftigungsfrei bleiben? ....
8 Welches Verbot für Jugendliche steht nicht im Jugendarbeitsschutzgesetz? ....
9 Ab welchem Lebensalter gilt das Jugendarbeitsschutzgesetz? ....
10 Womit sind gefährliche Arbeiten meist verbunden? ....
11 Was muss (auch) der jugendliche Auszubildende überwiegend in die Ferien legen? ....

Lernsituation 7

FK → LF 1 Kapitel 4

Betriebliche Mitbestimmung organisieren

Einige Mitarbeitende der Fly-Bike-Werke haben die folgende Newsticker-Mitteilung doch stark aufgewühlt:

#Bike-News

UPDATE – BIKE-BRANCHE OHNE POWER?
Immer mehr Firmen insolvent – was ist da los?

Was ist da los in der Bike-Branche? In den letzten Jahren gab es eigentlich ganz gute Nachrichten vom E-Bike-Markt. Die Verkaufszahlen erreichten für 2022 einen Rekord und die Nachfrage blieb weiter hoch. Allerdings hatten die Hersteller immer noch Schwierigkeiten mit Lieferengpässen.

Da sorgte die Insolvenz des deutschen Herstellers Prophete Ende 2022 für Aufsehen. Noch prominenter war die Insolvenz des niederländischen Herstellers Vanmoof. Es zeigte sich, dass nicht alle Hersteller in der Lage waren und weiterhin sind, sich an die Marktsituation anzupassen. Unternehmen wurden geschlossen oder übernommen und auch die Zahl der Insolvenzen mit offenem Ausgang steigt weiter deutlich an.

Update aus der Fahrradbranche: Pole Bicycles meldet Insolvenz an

Am 17.4.2024 hat der finnische Bike-Hersteller Pole Bicycles Insolvenz angemeldet. Das verkündete der Gründer Leo Kokkonen in einem Youtube-Video auf dem Kanal von „Rob rides EMTB". Die Eigentümer der Firma können Pole Bicycles nicht länger finanzieren, so Kokkonen.

„Da kommt noch was auf uns zu", meint der eine Kollege. „Wir sollten mit unserer Geschäftsführerin, Frau Nowak, mal ein intensives Gespräch darüber führen, wie wir unsere Arbeitsplätze erhalten können." „Ja", stimmt der andere Kollege zu. „Für solche Gespräche wäre vielleicht der Betriebsrat der richtige Ansprechpartner".
„Kann sein", erwidert der erste Kollege, „aber der kann da doch auch nichts ausrichten."

1 Belegen Sie mithilfe der Fachkunde (Seite 46/47), dass die Belegschaft der Fly Bike Werke GmbH berechtigt war, einen oder mehrere Betriebsräte zu wählen.

2 Erläutern Sie, warum in vielen berechtigten Unternehmen keine Betriebsratswahl durchgeführt wird.

3 Geben Sie an, welche der unten angegebenen Beschäftigten der Fly-Bike Werke GmbH bei einer Betriebsratswahl wahlberechtigt wären:

- **a** Kim Beck, 24, Arbeiterin in der Vorfertigung, seit 5 Monaten im Betrieb
- **b** Jenny Liu, 19, kaufmännische Auszubildende im 1. Lehrjahr
- **c** Edith Lai, 44, EDV-Betreuerin, Teilzeitkraft, seit 12 Jahren beschäftigt
- **d** Margot Rother, Produktionsleiterin, 51, seit 24 Jahren im Betrieb
- **e** Micha Müller, 15, Schulpraktikant
- **f** Miros Weszclek, 32, Leiharbeiter in der Endmontage, seit 4 Monaten beschäftigt
- **g** Sabine Ganser, 28, Vertriebsmitarbeiterin, seit 5 Jahren beschäftigt, momentan in Elternzeit
- **h** Mert Özal, 55, Lagerarbeiter, seit 3 Jahren beschäftigt, türkischer Staatsangehöriger
- **i** Elias Schumacher, 16, technischer Auszubildender im 1. Lehrjahr

4 Wer aus dem o. g. Personenkreis wäre als Betriebsrat wählbar?

Arbeitsblatt 7.1 Rechte des Betriebsrats

Erstellen Sie mithilfe Ihrer Fachkunde (Seite 48) eine Übersicht, welche Rechte dem Betriebsrat bei Personal- und Sachfragen zustehen. Lassen Sie dabei Kündigungen außer Acht!

Information und Beratung	Mitwirkung	Mitbestimmung
.... Angelegenheiten	.... Angelegenheiten (ohne Kündigung)	.... Angelegenheiten (ohne Kündigung)
Beispiele: – – – – – – –	Beispiele: – – –	Beispiele: – – – – – – – – –
Wirkung eines Widerspruchs:	Wirkung eines Widerspruchs:	Wirkung eines Widerspruchs:
	Aufhebung durch:	

Arbeitsblatt 7.2 Mitbestimmung des Betriebsrats bei Kündigungen

Ergänzen Sie die Rechtsfolge unterschiedlicher Reaktionen des Betriebsrates auf die Ankündigung des Arbeitgebers bei einer geplanten, ordentlichen Kündigung eines Arbeitnehmers.

Betriebsverfassungsgesetz (BetrVG)

§ 102 Mitbestimmung bei Kündigungen
(1) Der Betriebsrat ist vor jeder Kündigung zu hören. Der Arbeitgeber hat ihm die Gründe für die Kündigung mitzuteilen. Eine ohne Anhörung des Betriebsrats ausgesprochene Kündigung ist unwirksam.

(2) Hat der Betriebsrat gegen eine ordentliche Kündigung Bedenken, so hat er diese unter Angabe der Gründe dem Arbeitgeber spätestens innerhalb einer Woche schriftlich mitzuteilen. Äußert er sich innerhalb dieser Frist nicht, gilt seine Zustimmung zur Kündigung als erteilt. Hat der Betriebsrat gegen eine außerordentliche Kündigung Bedenken, so hat er diese unter Angabe der Gründe dem Arbeitgeber unverzüglich, spätestens jedoch innerhalb von drei Tagen, schriftlich mitzuteilen. Der Betriebsrat soll, soweit dies erforderlich erscheint, vor seiner Stellungnahme den betroffenen Arbeitnehmer hören. § 99 Abs. 1 Satz 3 gilt entsprechend.

(3) Der Betriebsrat kann innerhalb der Frist des Absatzes 2 Satz 1 der ordentlichen Kündigung widersprechen, wenn
1. der Arbeitgeber bei der Auswahl des zu kündigenden Arbeitnehmers soziale Gesichtspunkte nicht oder nicht ausreichend berücksichtigt hat,
2. die Kündigung gegen eine Richtlinie nach § 95 verstößt,
3. der zu kündigende Arbeitnehmer an einem anderen Arbeitsplatz im selben Betrieb oder in einem anderen Betrieb des Unternehmens weiterbeschäftigt werden kann,
4. die Weiterbeschäftigung des Arbeitnehmers nach zumutbaren Umschulungs- oder Fortbildungsmaßnahmen möglich ist oder
5. eine Weiterbeschäftigung des Arbeitnehmers unter geänderten Vertragsbedingungen möglich ist und der Arbeitnehmer sein Einverständnis hiermit erklärt hat.

(4) Kündigt der Arbeitgeber, obwohl der Betriebsrat nach Absatz 3 der Kündigung widersprochen hat, so hat er dem Arbeitnehmer mit der Kündigung eine Abschrift der Stellungnahme des Betriebsrats zuzuleiten.

(5) Hat der Betriebsrat einer ordentlichen Kündigung frist- und ordnungsgemäß widersprochen, und hat der Arbeitnehmer nach dem Kündigungsschutzgesetz Klage auf Feststellung erhoben, dass das Arbeitsverhältnis durch die Kündigung nicht aufgelöst ist, so muss der Arbeitgeber auf Verlangen des Arbeitnehmers diesen nach Ablauf der Kündigungsfrist bis zum rechtskräftigen Abschluss des Rechtsstreits bei unveränderten Arbeitsbedingungen weiterbeschäftigen. Auf Antrag des Arbeitgebers kann das Gericht ihn durch einstweilige Verfügung von der Verpflichtung zur Weiterbeschäftigung nach Satz 1 entbinden, wenn
1. die Klage des Arbeitnehmers keine hinreichende Aussicht auf Erfolg bietet oder mutwillig erscheint oder
2. die Weiterbeschäftigung des Arbeitnehmers zu einer unzumutbaren wirtschaftlichen Belastung des Arbeitgebers führen würde oder
3. der Widerspruch des Betriebsrats offensichtlich unbegründet war.

(6) Arbeitgeber und Betriebsrat können vereinbaren, dass Kündigungen der Zustimmung des Betriebsrats bedürfen und dass bei Meinungsverschiedenheiten über die Berechtigung der Nichterteilung der Zustimmung die Einigungsstelle entscheidet.

(7) Die Vorschriften über die Beteiligung des Betriebsrats nach dem Kündigungsschutzgesetz bleiben unberührt.

Betriebsrat äußert Bedenken	Betriebsrat erhebt Widerspruch		Betriebsrat reagiert nicht
Wirkung:	macht einen der Gründe aus § 102 Abs. 3 geltend	lehnt Kündigungen generell ab	Wirkung:
	Wirkung:	Wirkung:	

Von Beginn an unwirksam sind ordentliche Kündigungen, wenn

....

....

Die Berechtigung einer Kündigung kann festgestellt werden durch

....

....

Aufgaben

Aufgabe 1

Nun ist auch die Fly Bike Werke GmbH von der allgemeinen Krise in der Fahrradindustrie nicht verschont geblieben, auch ein engagierter Betriebsrat konnte den Zwang zur Rationalisierung und Kostenreduzierung nicht verleugnen. Letztlich haben die Gesellschafter der GmbH entschieden, durch Anschaffung zweier Industrieroboter das Team der Endmontage von 9 auf 4 Personen zu reduzieren Nach intensiven Gesprächen mit den Betroffenen konnte für eine Mitarbeiterin eine Ersatzstelle in der Warenannahme (Lager) gefunden werden, mit einem älteren Mitarbeiter wurde eine Vorruhestandsregelung gefunden. Dennoch müssen drei weitere Personen freigesetzt werden. Der § 102 Abs. 3 (1) des Betriebsverfassungsgesetzes (BetrVG) fordert bei betriebsbedingten Kündigungen eine angemessene Berücksichtigung sozialer Belange. Hierzu sollen Sie dem Betriebsrat eine sozial ausgewogene Liste der freizusetzenden Mitarbeitenden (Sozialauswahl) zur Begutachtung vorlegen. Hier nun die persönlichen Daten der sieben verbliebenen Mitarbeiter in der Endmontage.

a Bilden Sie 4er-Gruppen und erstellen Sie eine Wertetabelle. Notieren Sie zunächst, welche Gesichtspunkte Sie in der Sozialauswahl berücksichtigen wollen. Dann vergeben Sie für jeden dieser Gesichtspunkte entsprechende Sozialpunkte an die Mitarbeitenden. Je schutzbedürftiger eine Mitarbeiterin / ein Mitarbeiter ist, desto mehr Sozialpunkte erhält sie bzw. er.

b Ermitteln Sie für alle Mitarbeitenden die Summe der Sozialpunkte und treffen Sie damit eine Aussage, welche drei Mitarbeitenden am wenigsten schutzwürdig sind und deshalb freigesetzt werden können.

c Stellen Sie Ihre Sozialauswahl inkl. Wertetabelle den anderen Gruppen vor und diskutieren Sie im Plenum unterschiedliche Freisetzungsentscheidungen.

d Prüfen Sie in einem letzten Schritt, welche Kriterien der § 1 Abs. 3 des Kündigungsschutzgesetzes (KschG) bei der Sozialauswahl festlegt und inwieweit das Ihre Auswahl verändern würde. Prüfen Sie auch, ob ein Punkteschema allein eine Auswahl von Freisetzungen begründen kann.

Hilde Brüse,
44, verheiratet
2 Kinder (11,13),
seit 12 Jahren im
Betrieb

Dietmar Schulte,
51, lebt in Scheidung,
hat 3 Kinder aus
2 Beziehungen (16, 18
und 22 Jahre),
seit 4 Jahren im Betrieb

Darko Petrovic,
57, ledig,
seit 21 Jahren im
Betrieb

Hamsa Yilmaz,
24, verheiratet,
1 Kind (1 Jahr),
pflegebedürftiger Vater,
seit 6 Jahren im Betrieb

Malik Celik,
48, ledig,
seit 8 Jahren im
Betrieb, Vorarbeiter

Michaela Willmos, 31,
alleinerziehende Mutter
(Kind 4 Jahre), seit 5
Jahren im Betrieb

Oliver Junglein,
32, geschieden,
kinderlos, Diabetiker,
6 Jahre im
Betrieb

Aufgabe 2

Angenommen, die Fly Bike Werke GmbH würden neben dem Werk in Oldenburg weitere Geschäftsstellen in Hanau und Erding eröffnen.

a Wählen Sie aus der Übersicht Ihrer Fachkunde auf S. 48 Themen aus, für die weiterhin sinnvollerweise der Betriebsrat der Fly Bike Werke GmbH in Oldenburg zuständig bleibt.

b Welche Fragen sollten hingegen von einem Gesamtbetriebsrat mit der Unternehmensleitung besprochen oder verhandelt werden?

Aufgabe 3

Das Gesetz über die europäischen Betriebsräte (EBR) gewährt für die **bisherigen** Beteiligungsrechte der Belegschaft einen Bestandsschutz, falls der Betrieb seinen Hauptsitz im EU-Ausland nimmt. Wieso wirkt diese Regelung bei einem weiteren Unternehmenswachstum möglicherweise dennoch nachteilig?

Lernsituation 8

FK → LF 1 Kapitel 4.6

Die Interessen von Jugendlichen und Auszubildenden vertreten

In der Fly Bike Werke GmbH wurde vor Ausbruch der Branchenkrise tüchtig eingestellt. Bereits hinzukamen die Monteure Ralf Bichler (23), Noel Nagy (32) und die Hilfskraft Leif Frederiksen (16). Neben den bereits vorhandenen Auszubildenden im ersten Lehrjahr, Jenny Liu (19) und Elias Schumacher (16), wurden für das kommenden Ausbildungsjahr noch Marie de Tann (27) und Cord Barlitz (20) als neue Auszubildende ausgewählt.

Letztere sind heute von der Geschäftsleitung schon zu einem „Schnuppertag" in den Betrieb eingeladen worden und sitzen gerade in der Mittagspause mit den anderen Azubis zusammen, um sich ein paar Tipps für den späteren Ausbildungsbeginn geben zu lassen. Dabei kommt die Sprache auch auf so manchen Stolperstein.

Elias meint: „Die Ausbildung macht wirklich Spaß, aber ich bin jetzt schon zweimal in eine Abteilung gekommen, wo niemand vorher über meinen Einsatz informiert wurde." Jenny ergänzt: „Das stimmt. Herr Samet, unser Ausbilder, ist total nett, aber leider ständig erkrankt und damit nicht erreichbar." „Habt ihr denn keine Jugend- und Auszubildendenvertretung, die sich um so etwas kümmert?", wirft Marie ein. „Nein", antwortet Jenny, „unser Betriebsrat meint, das ginge bei uns nicht. Ich habe aber sowieso den Eindruck, dass er sich zuerst für die Belange der anderen Beschäftigten interessiert, und unsere hier ein bisschen unter die Räder kommen."

„Aber würde sich denn überhaupt jemand von uns trauen, unsere Probleme offen anzusprechen?", beendet Cord den Austausch. „Wer meckert, der fliegt oft. Und das ginge in meiner Probezeit doch besonders schnell."

1 Stellen Sie mithilfe Ihrer Fachkunde (Seite 52/53) zum heutigen Tag die Zahl der Wahlberechtigten für eine mögliche Jugend- und Auszubildendenvertretung (JAV) fest. Wäre jetzt eine Wahl möglich?
Hinweis: Alle hier nicht namentlich erwähnten Belegschaftsmitglieder der Fly Bike Werke GmbH können unbeachtet bleiben.

2 Wie verändert sich die Situation mit Beginn des kommenden Ausbildungsjahres?

3 Wer käme mit Beginn des kommenden Ausbildungsjahres als Kandidat oder Kandidatin einer JAV-Wahl infrage?

4 Kann eine mögliche JAV die Einsetzung eines aktiveren Ausbilders anstelle von Herrn Samet verlangen?

5 Befürchtet Cord zu Recht, dass er als möglicher JAV-Vertreter noch in der Probezeit gekündigt zu werden?

Arbeitsblatt 8.1 Merkmale der JAV

Vergleichen Sie mithilfe Ihrer Fachkunde (LF 1, Kap. 4.1 und 4.6) die Bestimmungen zum Betriebsrat mit denen zur JAV.

	Betriebsrat	JAV
Wahlberechtigte		
Wählbare		
sonstige Bedingung		
Amtsdauer		
Dauer des Kündigungsschutzes		
Name der einzuberufenden Wahl- und Informationsversammlung		
Vertretungsrecht gegenüber dem ...		

Aufgaben

Aufgabe 1

Die Mitarbeit in der JAV kann nicht nur die allgemeinen Anliegen der Jugendlichen und Auszubildenden fördern, sondern unterstützt auch die persönliche Entwicklung. Welche Vorteile könnten sie selbst aus dieser Aufgabe ziehen?

Aufgabe 2

Angenommen, Sie selbst seien als JAV-Vertretung eingesetzt: Was würden Sie gerne gegenüber dem Betriebsrat als Anliegen formulieren?

Aufgabe 3

Diskutieren Sie, ob die folgenden Anliegen im Verantwortungsbereich der JAV liegen:

a Ein Jugendlicher kritisiert, dass er bei der bestehenden Arbeitszeitregelung in der People Car AG seinen Bus am Feierabend nicht rechtzeitig erreicht. Der nächste Bus fährt eine halbe Stunde später.

b Eine türkische Auszubildende in der Versandabteilung beschwert sich, dass sie wegen ihres Kopftuches von Kolleginnen gemobbt wird.

c Die jugendlichen Raucher sind nicht damit einverstanden, dass sie sich zum Rauchen mittels Stechuhr abmelden müssen.

d Ein minderjähriger Auszubildender bemängelt, dass er im Lager regelmäßig bis zu zehn Stunden am Tag arbeiten muss.

e Ein Auszubildender macht den Vorschlag, für alle Auszubildenden des letzten Lehrjahres ein Prüfungsvorbereitungsseminar im Betrieb einzurichten.

f Zwei Jugendliche fordern die Einrichtung eines überdachten Fahrrad-Stellplatzes, da das Abstellen von Fahrrädern in der Tiefgarage untersagt ist.

Aufgabe 4

Ein Auszubildender wird in die JAV gewählt. Seine Amtszeit reicht jedoch ein Jahr über das Ende seiner Ausbildungszeit hinaus.
Endet sein Mandat mit dem Ende der Ausbildung oder kann er auch nach Ausbildungsende im Betrieb verbleiben und seine JAV-Aufgaben erfüllen?

Aufgabe 5

Wieso dürfen Jugendliche von 16 bis 17 Jahren zwar Betriebsrat und JAV wählen, aber nur in die JAV gewählt werden?

Aufgabe 6

Durch eine Gesetzesänderung können nun Auszubildende jeden Alters JAV-Vertreter werden. Diese Neuregelung wird durchaus kritisch gesehen. Welche Argumente führen die Kritiker an?

Aufgabe 7

Warum schließt der Gesetzgeber eine Direktvertretung der JAV gegenüber der Geschäftsführung aus?

Aufgabe 8

Sammeln Sie Argumente, die für die Wahl einer JAV sprechen. Entwickeln Sie daraus einen ansprechenden Text für einen Wahlaufruf.

Lernsituation 9

FK → LF 1 Kapitel 5.2.3

Kombinationen von Produktionsfaktoren vergleichen

Wie jedes Jahr organisiert die Fly Bike Werke GmbH eine Betriebsbesichtigung für Bewerber/-innen um einen Ausbildungsplatz und deren Eltern. Die Führung durch Büros und Werkshalle übernimmt Herr Esser, der dem Unternehmen bereits seit 35 Jahren angehört und deshalb auch viel von der Geschichte des Hauses zu erzählen weiß.

Herr Esser erzählt von seiner Ausbildungszeit, wo in der Werkshalle noch mehr als doppelt so viele Monteure beschäftigt waren. Diese konnten aber nicht einmal halb so viele Fahrräder montieren, wie das heute der Fall ist. Zug um Zug übernahmen immer mehr Halb- und Vollautomaten einzelne Montageschritte. Zum Schluss kam noch die automatische Förderanlage hinzu.

Auch in den Büros hat sich in dieser Zeit einiges getan. Das Schreibbüro wurde aufgelöst, die Abteilungen Konstruktion, Produktionssteuerung und Rechnungswesen radikal verkleinert. Heute erledigen Computer mit entsprechender Software große Teile der Aufgaben.

Natürlich werfen die Erzählungen von Herrn Esser bei den Besuchern einige Fragen auf: „Ist das nicht schlimm, dass so viele Arbeitsplätze verloren gehen?“, meint einer. „Sind diese ganzen Maschinen und Automaten nicht viel zu teuer?“, meint ein anderer. „Ich glaube“, setzt Herr Esser mit seiner Antwort an, „hätten wir das nicht getan, dann gäbe es die Fly Bike Werke GmbH heute gar nicht mehr!“

1 Erstellen Sie eine Übersicht über die Produktionsfaktoren in der Fahrradproduktion und überlegen Sie, wie sich die Anteile der Produktionsfaktoren im Verlaufe der Zeit verändert haben. Nutzen Sie hierfür Arbeitsblatt 9.1.

2 Die Veränderung der Arbeitswelt ist durch das betriebliche Streben nach kostenoptimaler Herstellung bestimmt. Insbesondere die Produktionsfaktoren „Betriebsmittel“ und „ausführende Arbeit“ lassen sich gegenseitig in bestimmten Grenzen substituieren (austauschen). Ermitteln Sie in Arbeitsblatt 9.2 die günstigsten Mensch-Maschinen-Kombinationen „damals“ und „heute“.

3 Wie ist die Aussage von Herrn Esser zu verstehen, dass es ohne den hohen Anteil an Maschinenarbeit die Fly Bike Werke GmbH heute gar nicht mehr gäbe?

Arbeitsblatt 9.1 Produktionsfaktoren in der Fahrradproduktion

Erstellen Sie eine Übersicht über die Produktionsfaktoren in der Fahrradproduktion:

Produktionsfaktor	Beispiele für Fahrradproduktion
dispositive Arbeit	
objektbezogene/ausführende Arbeit	
Betriebsmittel	
Werkstoffe	

Wie haben sich Ihrer Meinung nach die Anteile der Produktionsfaktoren am Gesamtaufwand verändert?

Produktionsfaktor	Anteil „heute“ gegenüber „damals“
dispositive Arbeit	
objektbezogene/ausführende Arbeit	
Betriebsmittel	
Werkstoffe	

Arbeitsblatt 9.2 Minimalkostenkombinationen

Angenommen, ein durchschnittliches Fahrrad konnte „damals“ mit folgenden Kombinationen hergestellt werden:

- 13 Stunden ausführende Arbeit und 0 Maschineneinsatz
- 10 Stunden ausführende Arbeit und 1 Stunde Maschineneinsatz
- 8 Stunden ausführende Arbeit und 2 Stunden Maschineneinsatz
- 7 Stunden ausführende Arbeit und 3 Stunden Maschineneinsatz
- 6 Stunden ausführende Arbeit und 4,5 Stunden Maschineneinsatz
- 5 Stunden ausführende Arbeit[1] und 6 Stunden Maschineneinsatz

[1] Hier sind nach dem Stand der Technik menschliche Fähigkeiten nicht mehr zu ersetzen.

Eine Stunde menschlicher Arbeit kostete den Betrieb 24,00 €, eine Maschinenstunde 32,00 €.
Berechnen und markieren Sie die günstigste Mensch-Maschinen-Kombination.

Einsatz menschlicher Arbeit in Std.	Einsatz Maschinen-arbeit in Std.	Kosten menschlicher Arbeit	Kosten Maschinen-arbeit	Gesamtkosten

Nun hat der technische Fortschritt im Maschinenbau dazu geführt, dass Maschinen leistungsfähiger werden, außerdem hat es im Zeitablauf deutliche Lohnsteigerungen gegeben.
„Heute“ gelten folgende Herstellungsbedingungen für ein durchschnittliches Fahrrad:

- 13 Stunden ausführende Arbeit und 0 Maschineneinsatz
- 9 Stunden ausführender Arbeit und 1 Stunde Maschineneinsatz
- 6 Stunden ausführende Arbeit und 2 Stunden Maschineneinsatz
- 4 Stunden ausführende Arbeit und 3 Stunden Maschineneinsatz
- 3 Stunden ausführende Arbeit und 4,5 Stunden Maschineneinsatz
- 2 Stunden ausführende Arbeit[2] und 6 Stunden Maschineneinsatz

[2] Hier sind nach dem Stand der Technik menschliche Fähigkeiten nicht mehr zu ersetzen.

Eine Stunde menschlicher Arbeit kostet den Betrieb 58,00 €, eine Maschinenstunde 50,00 €.
Berechnen und markieren Sie wiederum die günstigste Mensch-Maschinen-Kombination und vergleichen Sie die Auswirkungen auf die menschliche Beschäftigung.

Einsatz menschlicher Arbeit in Std.	Einsatz Maschinen-arbeit in Std.	Kosten menschlicher Arbeit	Kosten Maschinen-arbeit	Gesamtkosten

Aufgaben

Aufgabe 1
Wie verändert sich die Minimalkostenkombination und damit das Verhältnis von menschlicher zu Maschinenarbeit bei folgenden Sachverhalten:

a Der Mindestlohn für einfache Produktionstätigkeiten wird deutlich erhöht.
b Es gibt verschärfte Umweltvorschriften für den Emissions- und Lärmausstoß einer Fabrik.
c Der Staat gewährt Investitionsbeihilfen.
d Die Gewerkschaft vereinbart eine deutliche Verkürzung der Arbeitszeiten bei vollem Lohnausgleich.
e Die Stromkosten haben sich innerhalb kürzester Zeit fast verdreifacht.
f Der Kündigungsschutz für Arbeitnehmer wird gelockert.
g Die Sozialversicherungsbeiträge sinken.

Aufgabe 2
Ausführende Arbeit, Betriebsmittel und Werkstoffe werden auch als Elementarfaktoren bezeichnet. Was unterscheidet sie von dispositiver Arbeit?

Aufgabe 3
Fast alle qualifizierten Berufe vereinigen dispositive und objektbezogene (ausführende) Tätigkeiten, diese sind nur unterschiedlich gewichtet.

a Welche objektbezogenen Tätigkeiten sind auch bei den folgenden Berufsbildern anzutreffen?
- Lagerleiter
- Bilanzbuchhalterin
- Mitarbeiter Qualitätskontrolle
- Konstrukteurin

b Welche dispositiven Tätigkeiten können die folgenden Berufsbilder enthalten?
- Lagerarbeiter
- Wartungstechniker
- Empfangskraft
- Tapeziererin

Aufgabe 4
Welche Auswirkungen hat die zunehmende Automatisierung auf die Art der menschlichen Arbeit? Unterscheiden Sie wahre und unwahre Behauptungen:

Behauptung	wahr	unwahr
Maschinenarbeit ersetzt zuerst monotone menschliche Arbeit.	☐	☐
In allen Ländern ist Maschinenarbeit günstiger als menschliche Arbeit.	☐	☐
Maschinenarbeit kennt keine Ausfälle.	☐	☐
Ohne Maschinenarbeit wären Produkte oft nicht konkurrenzfähig.	☐	☐
Die Möglichkeiten, Maschinen einzusetzen, erweitern sich ständig.	☐	☐
Der Einsatz von Fertigungstechnik führt zu Arbeitsplatzverlusten im großen Stil.	☐	☐

Aufgabe 5
Recherchieren Sie: Was versteht man unter den folgenden Begriffen?

a limitationale Produktionsfaktoren
b substitutionale Produktionsfaktoren

Aufgabe 6
Dispositive menschliche Arbeit wie Unternehmensleitung, Forschung oder Personalführung entzog sich bisher weitestgehend dem Ersatz durch technische Betriebsmittel. Die Entwicklung und der Einsatz künstlicher Intelligenz (KI) werden vermutlich auch diese Aufgaben in Zukunft stark verändern. Diskutieren Sie:

a Welche Vorzüge könnte der Einsatz von KI (z. B. im Verwaltungsbereich) mit sich bringen?
b Sehen Sie Grenzen, d. h. Tätigkeitsfelder und Betriebsaufgaben, die auch von einer weit entwickelten KI nicht sinnvoll übernommen werden können?

Lernsituation 10

FK → LF 1 Kapitel 5.4

Geschäftsprozesse erfassen und darstellen

Obwohl die Fly Bike Werke GmbH Fahrräder in guter Qualität produziert, erweisen sich nicht alle Produkte als mangelfrei. Normalerweise werden Kundenreklamationen im Rahmen der gesetzlichen Gewährleistung durch die Händler als Verkäufer abgewickelt.

Vor einiger Zeit hat die Fly Bike Werke GmbH aber eine spezielle Ausbildungswerkstatt eingerichtet und bietet dort einen Werks-Reparaturservice an. Insbesondere die technischen Auszubildenden sollen so einen praktischen Zugang zur Funktionsweise aller Fahrradkomponenten bekommen. Wegen der geringen Kapazität ist der Reparaturservice jedoch auf Kunden aus dem Umland mit einem Gewährleistungsanspruch beschränkt.

Diese Kunden können ihre nachbesserungsbedürftigen Fahrräder am Werkstor mit einem Reparaturgesuch abgeben. Bei Vorliegen der Voraussetzungen (Gewährleistungsfrist noch nicht abgelaufen, Auslieferungsmangel tatsächlich gegeben) werden die Fahrräder dann in der Ausbildungswerkstatt instand gesetzt. Anschließend können sie von den Kunden auch wieder am Werkstor in Empfang genommen werden.

Versendungen werden weder angenommen noch durchgeführt!

Am heutigen Tag hat der technische Auszubildende Elias Schuhmacher seinen ersten Tag in der Ausbildungswerkstatt. Wie es der Zufall will, sind heute sowohl der Ausbildungsbeauftragte als auch der Leiter der Montagegruppe nicht anwesend. Obwohl es eigentlich genügend Reparaturaufträge gibt, weiß Elias nicht genau, was zu tun ist. Er wendet sich hilfesuchend an einzelne Mitarbeitende im normalen Montagebetrieb, die aber immer nur zu einzelnen Arbeitsschritten eine Information beisteuern können. So erhält Elias ein Puzzle an Aussagen.

> Ist ein Gewährleistungsanspruch vorhanden, wird das Rad aus dem Lager geholt.

> Ist ein Mangel vorhanden, wird das Rad repariert.

> Ohne Gewährleistungsanspruch wird der Kunde zur Abholung (unrepariert) aufgefordert.

> Ohne feststellbaren Mangel wird der Kunde zur Abholung (unrepariert) aufgefordert.

> Der Kunde gibt sein Fahrrad mit einem Reparaturgesuch ab.

> Ist der Funktionstest nicht erfolgreich, wird weiter repariert.

Nach Abgabe ist zunächst der Gewährleistungsanspruch anhand der Rechnung zu prüfen.

Nach der Reparatur muss ein Funktionstest erfolgen.

In der Werkstatt wird das Rad auf Mängel untersucht.

Ist der Funktionstest bestanden, wird der Kunde zur Abholung (repariert) aufgefordert.

1 Versuchen Sie anhand dieses Musters zunächst, die einzelnen Prozessschritte im Ablauf zu sortieren.

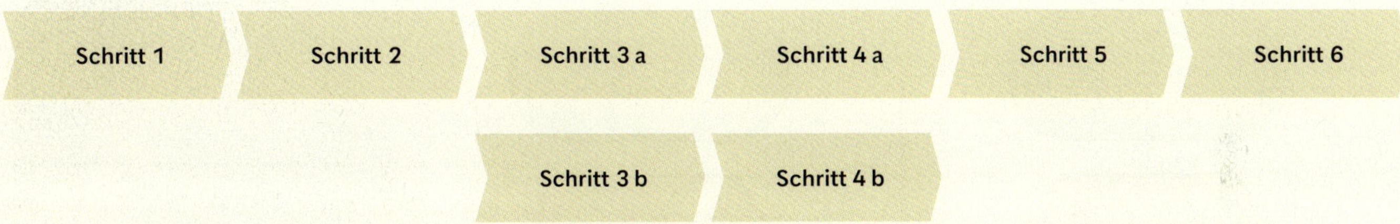

Verzweigungen können entweder sofort oder in einem zweiten Schritt durch Parallelabläufe dargestellt werden.

2 Überlegen Sie, um welchen Typ von Verzweigung es sich handelt.

3 Ergänzen Sie dann das EPK-Schaubild in Arbeitsblatt 10.1.

4 Handelt es sich bei diesem Prozess um einen Kern-, einen Management- oder einen Supportprozess? Argumentieren Sie entsprechend.

5 Die Prozessdarstellung in Arbeitsblatt 10.1 ist stark vereinfacht. Welche Prozessschritte wurden Ihrer Meinung nach hier übergangen?

6 Halten Sie es für zweckmäßig, einen Arbeitsablauf in Form einer EPK zu beschreiben? Sammeln Sie mindestens drei stichhaltige Argumente (dafür oder dagegen).

Arbeitsblatt 10.1 Ereignisgesteuerte Prozesskette (EPK)

Prozess: Fahrradreparatur **Modellierer:**

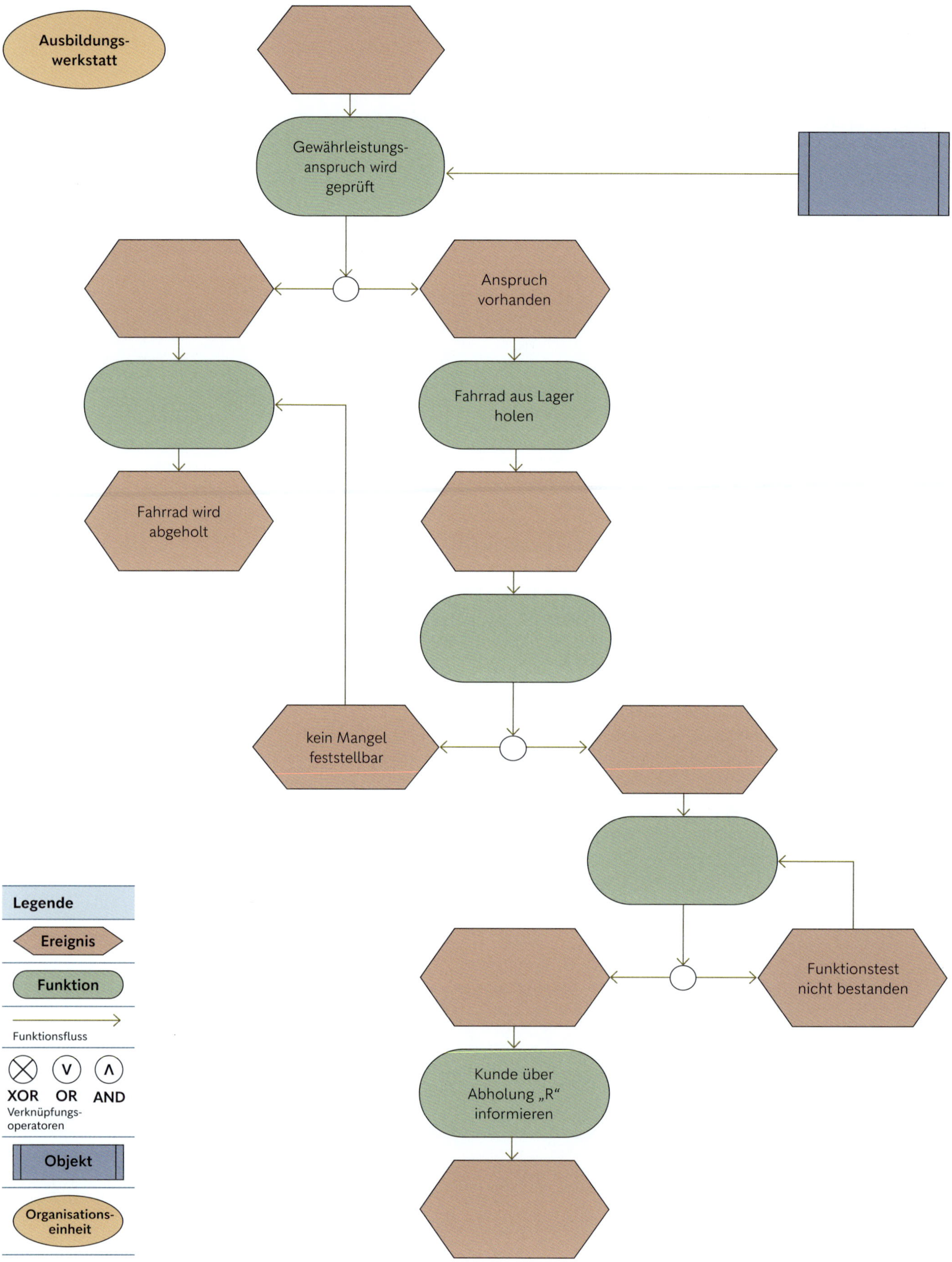

Aufgaben

Aufgabe 1

Ordnen Sie den sechs Kernprozessen die entsprechenden Teilprozesse zu.

Leistungsangebot definieren | **Leistung entwickeln** | **Leistung herstellen** | **Leistung kommunizieren** | **Auftrag abwickeln** | **Leistung komplettieren**

- Primärbedarfsplanung
- Kommunikationspolitik
- Änderungsmanagement
- Produkt-/Sortimentspolitik
- Distributionspolitik
- Auftragsrealisierung
- Absatzmarktforschung
- Kapazitätsplanung
- Auftragsplanung
- Preis-/Konditionenpolitik
- Kaufvertragsstörungen beheben
- Teilebedarfsplanung
- Produktentwicklung
- Maschinenbelegung
- Qualitätssicherung
- Terminplanung
- Auftragsabrechnung
- Produktplanung
- Machbarkeitsprüfung
- Betriebsdatenerfassung
- Kontrolle
- Auftragsfreigabe
- Produktentstehung
- After-Sales-Prozesse

Leistungsangebot definieren	Leistung entwickeln	Leistung herstellen	Leistung kommunizieren	Auftrag abwickeln	Leistung komplettieren

Aufgabe 2

Beurteilen Sie, ob es sich bei folgenden Prozessen um Management-, Kern- oder Supportprozesse handelt.

a Bilanzerstellung
b Endmontage
c Personaleinstellung
d Verkaufsabwicklung
e Festlegung der künftigen Unternehmensstrategie
f Beschluss zur Durchführung eines Projektes
g Erwerb einer Lizenz
h Durchführung einer Werbekampagne

Aufgabe 3

Zum Ende des Geschäftsjahres führt die Fly Bike Werke GmbH im Materiallager eine Stichtagsinventur durch. Hierzu hat die Geschäftsleitung eine verbindliche Arbeitsanweisung erstellt:

Arbeitsanweisung: Stichtagsinventur Materiallager

Die Inventur wird unabhängig vom Wochentag am 30.12. durchgeführt. Alle dazu eingeteilten Mitarbeiter versammeln sich um 8:00 Uhr in der Kantine und erhalten dort eine kurze Sicherheitsschulung sowie ihre Sicherheitsausrüstung (Helme, Sicherheitsschuhe). Dann gehen alle ins Lager, wo jeder Teilnehmer eine Inventurliste mit den Sollbeständen seiner zu prüfenden Lagerware erhält.

Nun wird positionsweise der Ist-Bestand jeder Lagerware gezählt und mit dem Soll-Bestand verglichen. Stimmt beides überein, wird die Position abgehakt und zur nächsten Lagerware gewechselt. Ergibt sich eine Bestandsdifferenz, wird die Zählung wiederholt. Bleibt trotz erneuter Zählung die Differenz bestehen, wird sie auf der Inventurliste vermerkt.

Hat ein Mitarbeiter seine Inventurliste abgearbeitet, gibt er sie sowie seine Sicherheitsausrüstung am Lagereingang ab.

Die Geschäftsleitung wünscht nun, diese Arbeitsanweisung in das Organisationshandbuch der Fly Bike Werke GmbH aufzunehmen und sie in Form einer EPK darzustellen. Mit dieser Aufgabe wird Herr Müller aus dem Rechnungswesen betraut. Er hat dies zuvor noch nie gemacht und ist sich nicht sicher, ob ihm dies auch gelungen ist. Herrn Müllers Darstellung des Ablaufs finden Sie auf der nächsten Seite. Analysieren Sie seine Darstellung und machen Sie ggf. Korrekturvorschläge.

Aufgabe 4

Setzen Sie die richtige Verknüpfung.

a Bei der Bewerberauswahl zu einer kaufmännischen Berufsausbildung werden diejenigen Kandidaten/-innen zu einem Vorstellungsgespräch eingeladen, die den vorherigen Eignungstest zu mindestens 50 % richtig beantwortet haben:

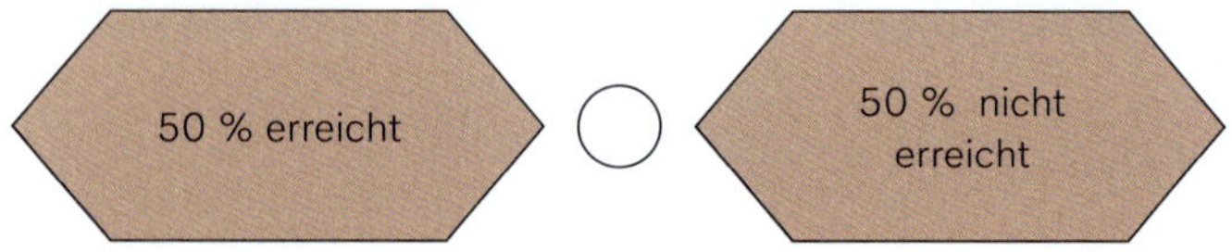

b Es werden grundsätzlich diejenigen Kandidat/-innen eingeladen, die den Test bestanden haben. Dies gilt nicht für Mitarbeiterkinder. Diese werden auch dann eingeladen, wenn sie im Test durchgefallen sind:

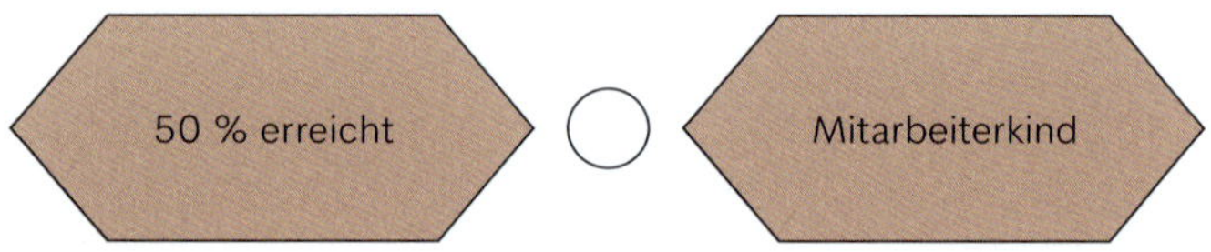

c Um zum Vorstellungsgespräch eingeladen zu werden, ist neben dem Bestehen des Eignungstests auch die Vorlage eines eintragungsfreien Führungszeugnisses erforderlich:

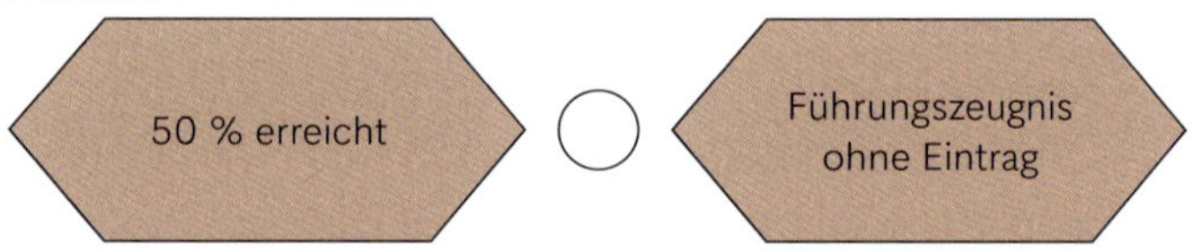

Abbildung zu Aufgabe 3

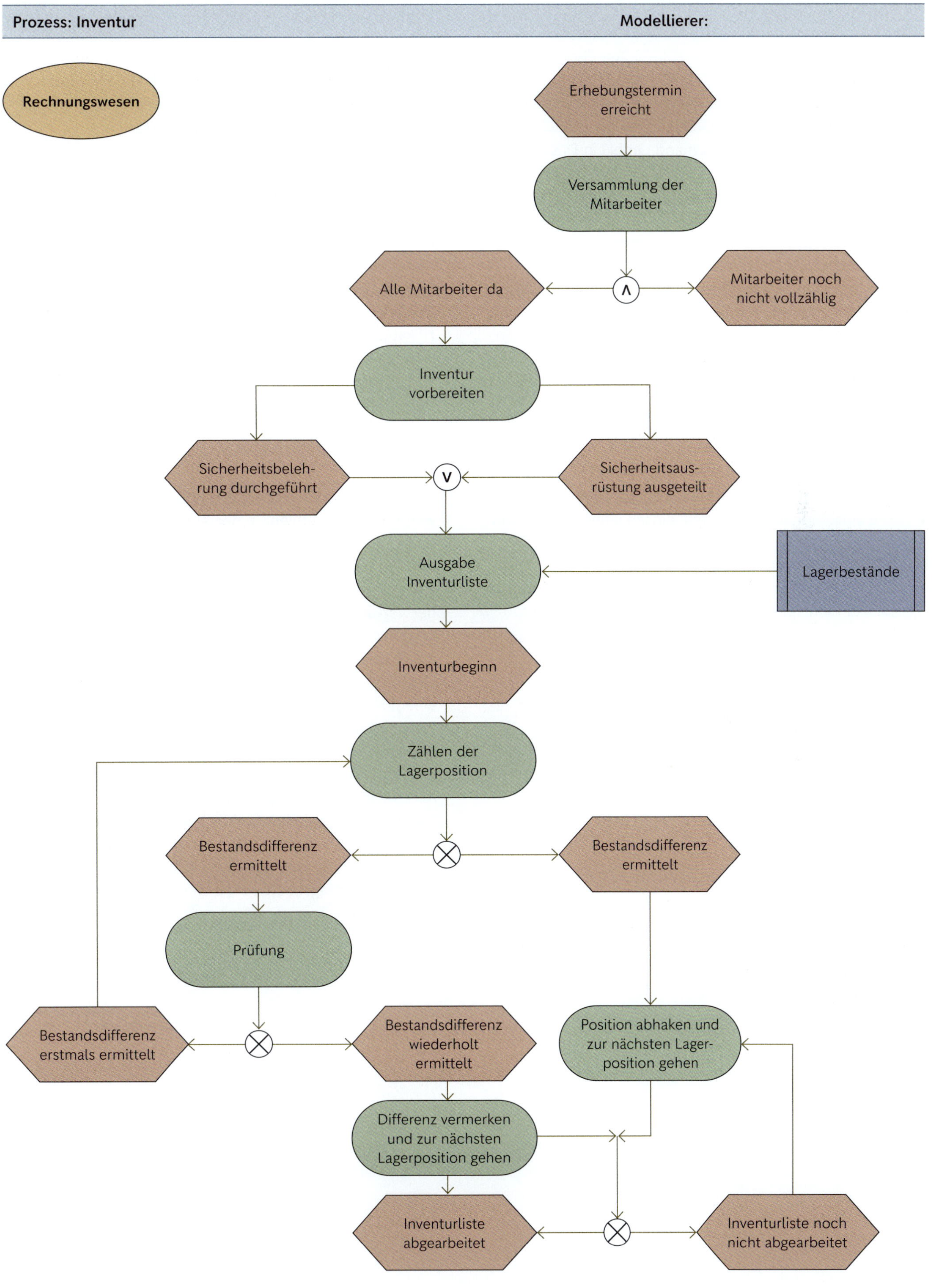

Aufgabe 5

Die Radbauer GmH in München, ein langjähriger Kunde der Fly Bike Werke GmbH aus dem Fachhandel, bestellt für die Frühjahrssaison Mountainbikes, Modell *Constitution*. Bei der Abwicklung des Kundenauftrags fallen folgende Teilprozesse an:

a Da im Lager der Meldebestand erreicht ist, wird eine Bestellung über Räder und Schaltungen bei dem Zulieferanten, der Tamino Deutschland GmbH in Düsseldorf, ausgelöst.
b Die Fly Bike Werke GmbH bestätigt den Auftragseingang.
c Die bestellten Räder und Schaltungen gehen bei der Fly Bike Werke GmbH ein.
d Die Mountainbikes werden an einen Spediteur übergeben, der den Versand übernimmt.
e Räder und Schaltungen für die Mountainbikes werden mit den übrigen Komponenten montiert.
f Die Rechnung der Tamino GmbH wird unter Ausnutzung von 2 % Skonto beglichen.
g Die bestellten Räder und Schaltungen werden zwischengelagert.
h Die Radbauer GmbH überweist den Rechnungsbetrag unter Ausnutzung eines Händlerrabatts von 29 %.
i Die einzelnen Komponenten, einschließlich Räder und Schaltungen, werden für die Montage der Mountainbikes zusammengestellt.
j Die Fly Bike Werke GmbH überprüft den Kundenauftrag hinsichtlich seiner Machbarkeit.

Bringen Sie die Teilprozesse in eine chronologische Reihenfolge und unterteilen Sie den Schritt **e)** in möglichst viele Subprozesse.

Aufgabe 6

In einem Industrieunternehmen sind im Rahmen der Anfragenbearbeitung die folgenden Teilaufgaben auszuführen:

- Ist eine Anfrage eingetroffen, müssen unter Zuhilfenahme der Kundenstammdaten und der Produktstammdaten von der Verkaufsabteilung mittels des Vertriebsinformationssystems alle Anfragedaten erfasst werden.
- Stellt sich aufgrund der Produktstammdaten heraus, dass es sich bei der Anfrage um eine Sonderanfertigung handelt, so ist eine Konstruktion der Sonderanfertigung notwendig.
- Die Konstruktion wird mittels der Anfragedaten von der Konstruktionsabteilung unter Zuhilfenahme eines CAD-Programms durchgeführt. Ergebnisse sind eine CAD-Zeichnung und eine Stückliste des Produkts (Produktspezifikation).
- Handelt es sich um ein Standardprodukt, ist das Produkt vollständig spezifiziert.
- Danach muss die Einhaltung des Wunschtermins geprüft werden. Dies geschieht in der Abteilung Produktionsplanung mittels der bestehenden Auftragsdaten im ERP-System.
- Dann muss die Einhaltung des Wunschtermins geprüft werden. Dies geschieht in der Abteilung Produktionsplanung mittels der bestehenden Auftragsdaten im ERP-System.
- Gleichzeitig erfolgt die Preiskalkulation des Produkts in der Verkaufsabteilung mittels des Vertriebsinformationssystems. Datenbasen sind die Produktspezifikation und der Materialstamm.
- Die Preiskalkulation erfolgt bei Standardprodukten mittels einer im Vertriebsinformationssystem hinterlegten Preisliste aufgrund der Auftragsdaten. Bei einer Sonderanfertigung erfolgt die Kalkulation in Excel unter Zuhilfenahme der Stückliste und der CAD-Zeichnung durch einen Mitarbeiter der Kalkulationsabteilung.
- Nachdem alle bisher aufgeführten Teilaufgaben ausgeführt worden sind, muss die Anfrage in ein Angebot umgewandelt werden (Verkauf, Vertriebsinformationssystem). Die Auftragsbearbeitung ist damit abgeschlossen.

Erstellen Sie das Geschäftsmodell mithilfe der ereignisgesteuerten Prozesskette (EPK).

Lernsituation 11

Formen betrieblicher Organisation beurteilen

Die Inhaber der Fly Bike Werke GmbH, Jan Ullmann und Björn Ries, möchten in Zukunft das Unternehmen durch Erschließung neuer Teilmärkte und Kundengruppen vergrößern und absichern. Sie haben zu diesem Zweck eine Unternehmensberatung eingeschaltet, die die Produktionsmöglichkeiten, Finanzkraft und Marktverhältnisse der Fly Bike Werke GmbH genauer untersucht hat, und den Gesellschaftern folgende (alternative) Vorschläge unterbreitet:

1. Ausbau des Produktionssortiments:
Dieses beschränkt sich bislang auf Räder aller Art, z. B. Trekkingräder, Rennräder, Mountainbikes, Kinderräder und Pedelecs. Einkaufs- und produktionstechnisch eng verwandt wäre der Aufbau einer 2. Produktklasse „Trainingsgeräte". Hier könnten in Zukunft Kraftstationen, Stepper, Rudergeräte, Crosstrainer usw. angeboten werden.

2. Ausweitung des Dienstleistungsbereichs:
Da der Markt für Fahrradtouren boomt, könnten solche Freizeitaktivitäten nicht nur vermittelt, sondern selbst organisiert und angeboten werden. Dies würde ganz neue Geschäftsbeziehungen erfordern. Besonders beliebte Fahrradregionen finden sich in Südtirol, der Toskana, an der deutschen Ostseeküste und am Mittelrhein.

3. Erschließung des west- und nordeuropäischen Fahrradmarktes:
Bislang war die Belieferung ausländischer Kunden nur über dort ansässige Großhändler vorgesehen. Für diese war dieses Geschäft aufgrund des im Vergleich zu europäischen Marktführern nur geringen Absatzvolumen eher nebensächlich und wurde deshalb mit verhaltener Aktivität durchgeführt.
Durch den Aufbau eigener Verkaufsorganisationen in den Niederlanden, Dänemark und Belgien sowie verstärkter Werbung könnte dem Geschäft ein starker Impuls verliehen werden.

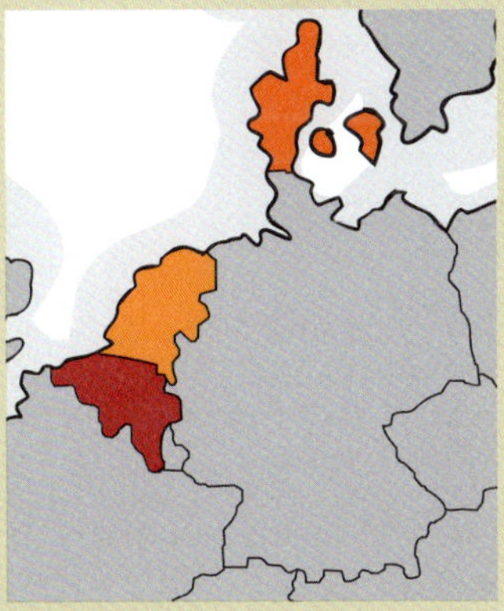

4. Intensivere Kundenbetreuung:
Laut Gutachten der Unternehmensberatung hängt der Absatzerfolg auch im wesentlichen Maße von speziellen Bedürfnissen des Kunden bei der Verkaufsanbahnung und -abwicklung ab. So sind Händler insbesondere an langen Zahlungsfristen, cash&carry-Märkte an niedrigen Abgabepreisen der Fly Bike Werke GmbH interessiert. Staatliche oder private Großabnehmer (Post, Bahn etc.) könnten mit Leasingangeboten überzeugt werden.

1 Begutachten Sie zunächst das bestehende Organigramm der Fly Bike Werke GmbH auf Seite 13. Überlegen Sie, wieso das Unternehmen diese Aufbauorganisation gewählt haben könnte.

2 Wählen Sie zwei Vorschläge der Unternehmensberatung aus und überlegen Sie, welche Abteilungen und Stellen neu geschaffen, abgeschafft oder anders zugeordnet werden sollten. Stellen Sie Ihre Vorschläge in Form eines Organigramms dar.

Arbeitsblatt 11.1 Organigramm (Vorschlag 1)

Zeichnen Sie für jeden Vorschlag ein eigenes Organigramm. Wählen Sie für Ihre beiden Vorschläge die Art der Aufbauorganisation aus und begründen Sie anschließend die Vorteile dieser Wahl.

Vorschlag: ....

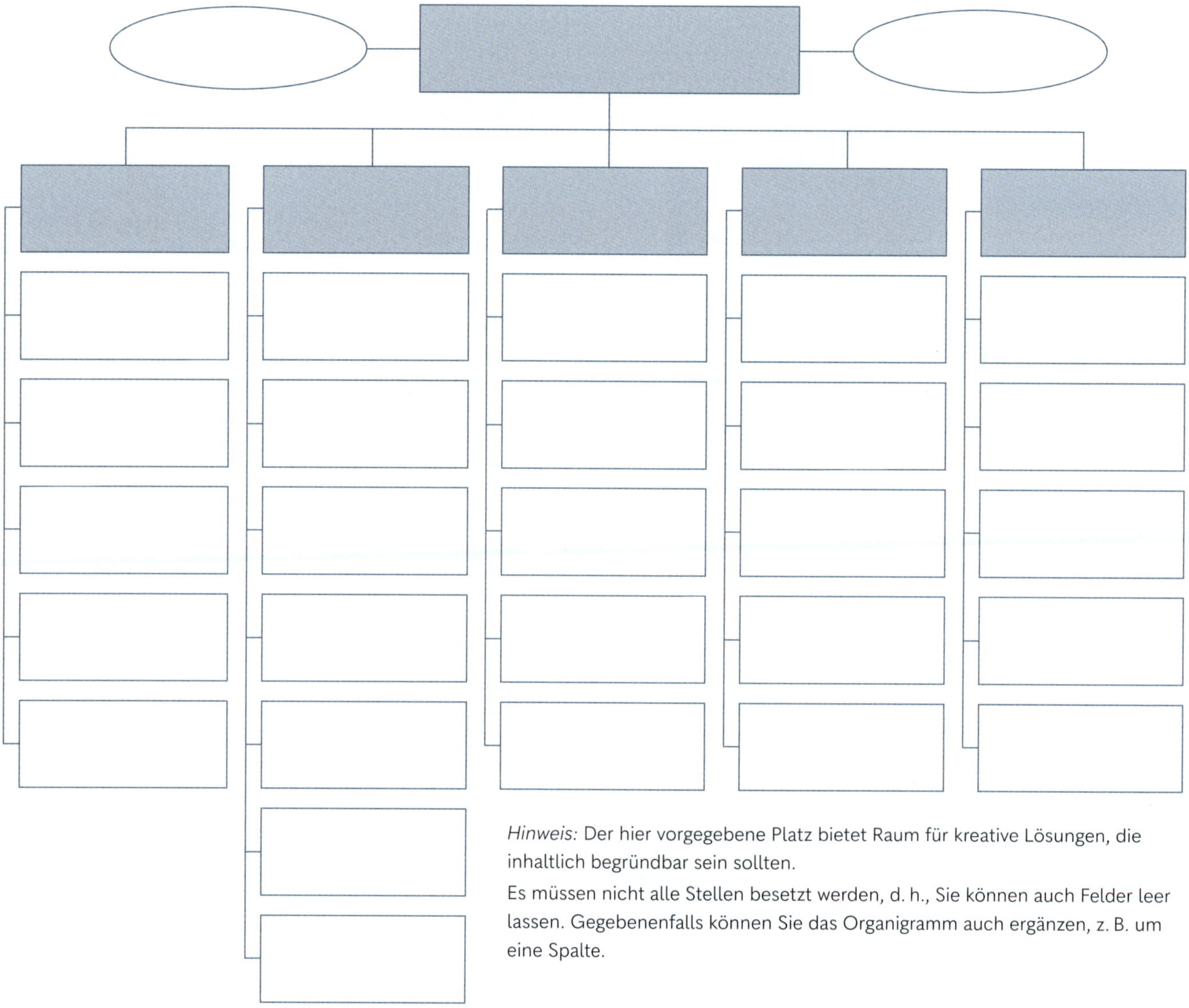

Hinweis: Der hier vorgegebene Platz bietet Raum für kreative Lösungen, die inhaltlich begründbar sein sollten.
Es müssen nicht alle Stellen besetzt werden, d. h., Sie können auch Felder leer lassen. Gegebenenfalls können Sie das Organigramm auch ergänzen, z. B. um eine Spalte.

Art der Aufbauorganisation:
(nach Aufgabenteilung)

- ☐ Funktionalorganisation
- ☐ Spartenorganisation
- ☐ Regionalorganisation
- ☐ Kundenorganisation
- ☐ Prozessorganisation
- ☐ gemischte Organisation

Vorteile dieser Aufbauorganisation:

....

....

....

....

....

....

....

Arbeitsblatt 11.1 Organigramm (Vorschlag 2)

Vorschlag: ....

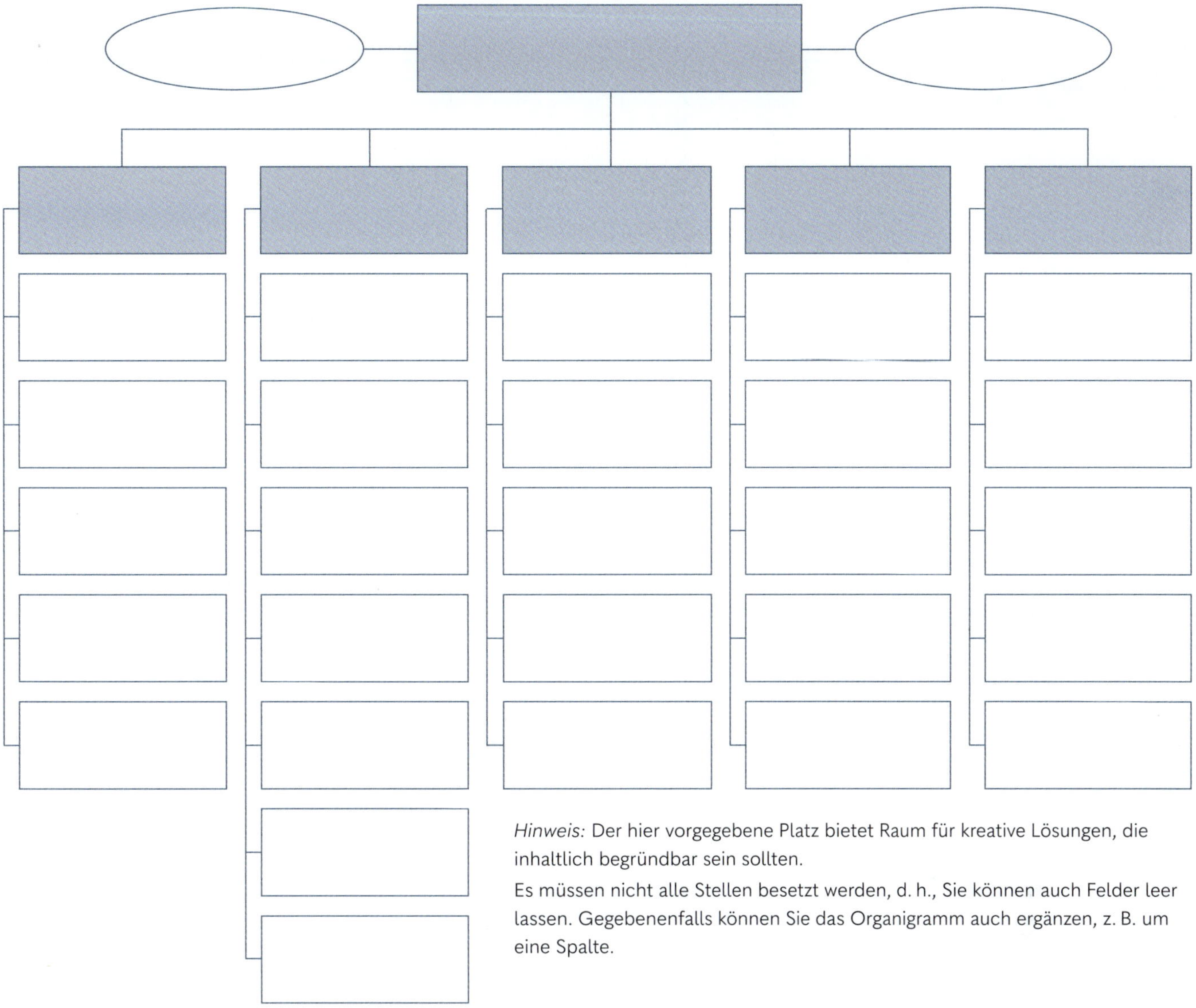

Hinweis: Der hier vorgegebene Platz bietet Raum für kreative Lösungen, die inhaltlich begründbar sein sollten.

Es müssen nicht alle Stellen besetzt werden, d. h., Sie können auch Felder leer lassen. Gegebenenfalls können Sie das Organigramm auch ergänzen, z. B. um eine Spalte.

Art der Aufbauorganisation:
(nach Aufgabenteilung)

- ☐ Funktionalorganisation
- ☐ Spartenorganisation
- ☐ Regionalorganisation
- ☐ Kundenorganisation
- ☐ Prozessorganisation
- ☐ gemischte Organisation

Vorteile dieser Aufbauorganisation:

....

....

....

....

....

....

....

Arbeitsblatt 11.2 Weisungssysteme

Skizzieren Sie bildlich und maximal über drei Hierarchieebenen die unterschiedlichen Weisungssysteme und geben Sie die Vorteile an.

Weisungssystem	Vorzüge	Bildskizze
Einliniensystem		
Stabliniensystem		
Mehrliniensystem		
Matrixorganisation		

Aufgaben

Aufgabe 1
Legen Sie dar, welche Art der Aufgabenteilung für welche Unternehmen besonders geeignet erscheint.

Aufgabe 2
Eine umfangreiche Aufbauorganisation wird von den Mitarbeitern vielfach als „Bürokratie“, d. h. die lähmende Herrschaft der Verwaltung, wahrgenommen. Besonders junge, innovative Unternehmen setzen daher auf hierarchiefreies Arbeiten und schnelle, improvisierte Lösungen. Welche Vor- und Nachteile erkennen Sie in diesem Vorgehen?

Aufgabe 3
Insbesondere bei Mehrliniensystemen und Matrixorganisationen geraten untergeordnete Stellen schnell in konfliktreiche Arbeitssituationen. Was löst diese aus?

Aufgabe 4
Sie sollen für das Organisationshandbuch den Ablauf einer Rechnungsprüfung erstellen. Füllen Sie dazu die folgende Arbeitsablaufkarte aus, indem Sie die Arbeitsschritte benennen, das jeweilige Symbol ankreuzen und den Zeitaufwand schätzen. Falls Sie bislang diese Aufgabe noch nicht ausgeführt haben, finden Sie im Weiteren eine kurze Vorgangsbeschreibung.

Arbeitsablaufkarte			Blatt:
Arbeitsablauf: Rechnungsprüfung	Abteilung: Beschaffung		
Lfd. Nr.	Arbeitsschritte	Symbole	Zeit (Min.)
1.		○ ⇨ □ D ▽	
2.		○ ⇨ □ D ▽	
3.		○ ⇨ □ D ▽	
4.		○ ⇨ □ D ▽	
5.		○ ⇨ □ D ▽	
6.		○ ⇨ □ D ▽	
7.		○ ⇨ □ D ▽	
8.		○ ⇨ □ D ▽	
9.		○ ⇨ □ D ▽	
10.		○ ⇨ □ D ▽	
11.		○ ⇨ □ D ▽	
12.		○ ⇨ □ D ▽	
13.		○ ⇨ □ D ▽	
14.		○ ⇨ □ D ▽	
	Summen:		

● Bearbeitung, Tätigkeit ➡ Transport, Weiterleitung ■ Kontrolle, Prüfung D Verzögerung ▼ Lagerung, Ablage

Vorgangsbeschreibung zu Aufgabe 4:
Geht die Rechnung ein, wird sie zunächst als Eingang erfasst, ggf. eingescannt und dann an die zuständige Rechnungsprüfungsstelle weitergeleitet. Hier folgt zunächst anhand von Bestellung und Lieferschein eine Prüfung auf sachliche Korrektheit, danach wird die Faktura rechnerisch überprüft. Enthält sie rechnerische Fehler zum Nachteil des Rechnungsempfängers, wird der Rechnungsbetrag entsprechend korrigiert. Die Bestellung wird dann als „erledigt“ aus der Bestelldatei gelöscht. Die Rechnung selbst wird mit einem Prüfstempel versehen („Sachlich und rechnerisch geprüft“) und abgelegt. Der Rechnungsprüfer erstellt eine elektronische Zahlungsanweisung mit Angabe des korrekten Zahlungsbetrages und dem Fälligkeitsdatum. Die eingegebenen Zahlungsanweisungen werden aber vor Ihrer Ausführung erst an den Abteilungsleiter überspielt und müssen von diesem zur Auszahlung freigegeben werden. Hierbei wird ein Freigabeprotokoll erstellt und archiviert.

Lernsituation 12

FK → LF 1 Kapitel 7.1

Ein Unternehmensleitbild entwickeln

Obwohl die Fly Bike Werke GmbH schon seit Jahrzehnten wirtschaftlich erfolgreich auf dem Markt besteht, konnte sie nie eine bedeutende Marktposition erringen. Eine Expansion des Unternehmens wird neben den beschränkten Investitionsmitteln auch dadurch begrenzt, dass kein klares und überzeugendes Unternehmensimage aufgebaut wurde. Laut Auskunft der Händler verlangen Kunden nach dem Betreten des Geschäfts eher selten ausdrücklich nach Fahrrädern des Oldenburger Herstellers, sondern müssen erst im Verkaufsgespräch auf das Angebot der Fly Bike Werke GmbH aufmerksam gemacht werden. Die Werbebotschaften der Fly Bike Werke GmbH gehen anscheinend in der Flut konkurrierender Werbung unter, sie sind von dieser kaum unterscheidbar.

Noch bedenklicher: Selbst Angehörige und Bekannte von Mitarbeitern äußern keine besondere Vorliebe für die Erzeugnisse der Fly Bike Werke GmbH, anscheinend reden die Mitarbeiter im Privatleben recht leidenschaftslos über ihren Arbeitgeber.

Um ihre Imageschwäche näher zu analysieren, gibt die Fly Bike Werke GmbH bei einem Marktforschungsinstitut eine Studie in Auftrag. Das Marktforschungsinstitut befragt daraufhin repräsentativ ausgewählte Verbraucher anhand des folgenden Fragenkatalogs:

Imagestudie Fly Bike Werke GmbH
Befragungszeitraum 17.02.20XX bis 04.03.20XX

	trifft voll zu ++	**trifft eher zu** +	**trifft eher nicht zu** –	**trifft gar nicht zu** – –
Das Unternehmen ist mir bekannt.				
Ich kenne die Produkte des Unternehmens.				
Sofern Unternehmen und/oder Produkte bekannt sind ...				
Ich bin dem Unternehmen gegenüber positiv eingestellt.				
Die Produkte sind qualitativ hochwertig.				
Die Produkte sind technisch innovativ.				
Das Preis-Leistungs-Verhältnis überzeugt mich.				
Das Unternehmen ist ökologisch orientiert.				
Das Unternehmen bietet gute Arbeitsbedingungen.				
Das Unternehmen engagiert sich sozial.				
Das Unternehmen fördert Frauen.				
Das Unternehmen informiert die Öffentlichkeit.				

Einige Wochen später sandte dann das Marktforschungsinstitut der Fly Bike Werke GmbH die folgende Auswertung zu:

- 34 % der Verbraucher war das Unternehmen bekannt.
- 45 % kannten mindestens ein Modell des Unternehmens.
- 12 % hatten eine positive Einstellung gegenüber dem Unternehmen.

Kannten Verbraucher Unternehmen und mindestens ein Modell, so votierten sie zum Image wie folgt:

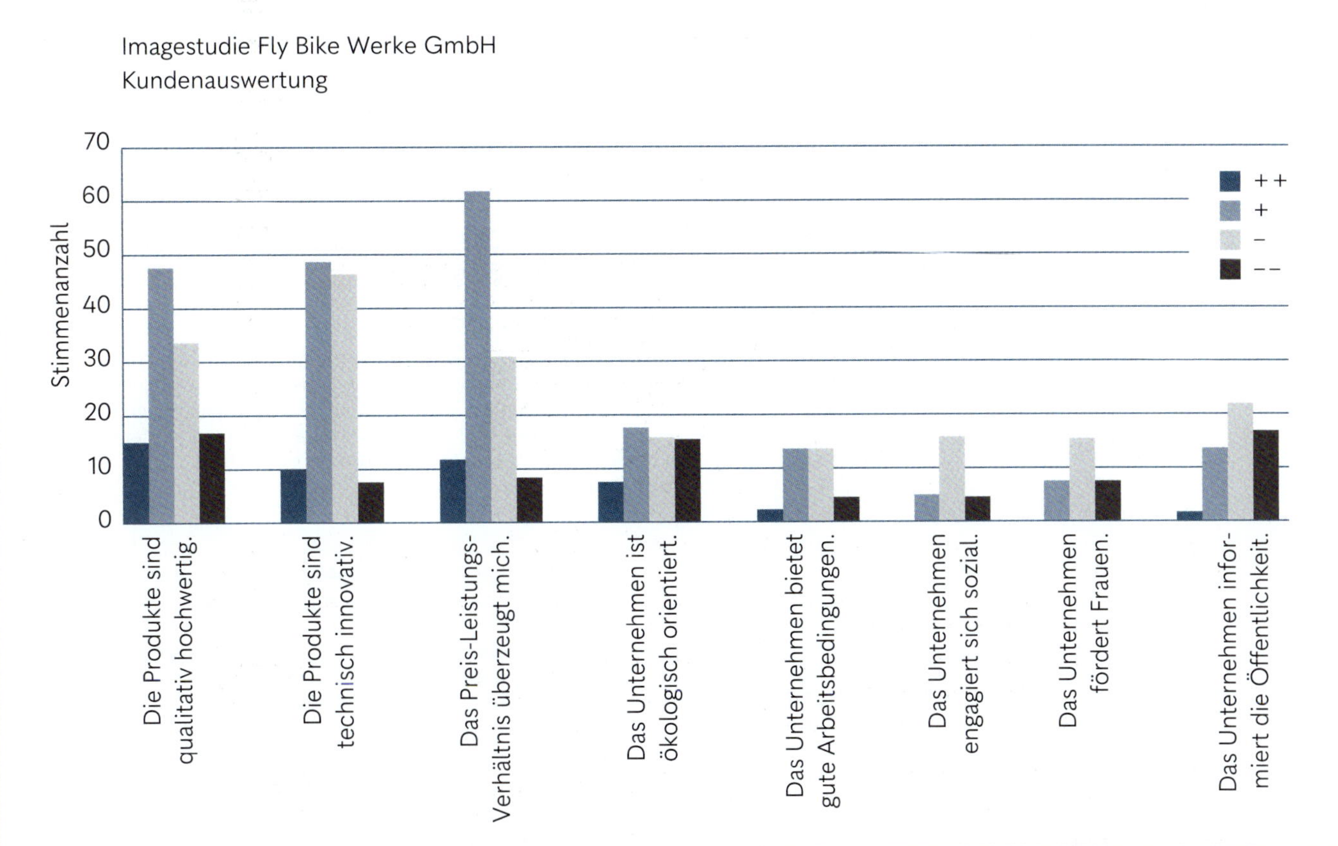

Ergänzend gab es auch eine vom Betrieb anonym durchgeführte Befragung der Mitarbeiter, bei der produktbezogene Fragen ausgeklammert waren. Hier das Ergebnis:

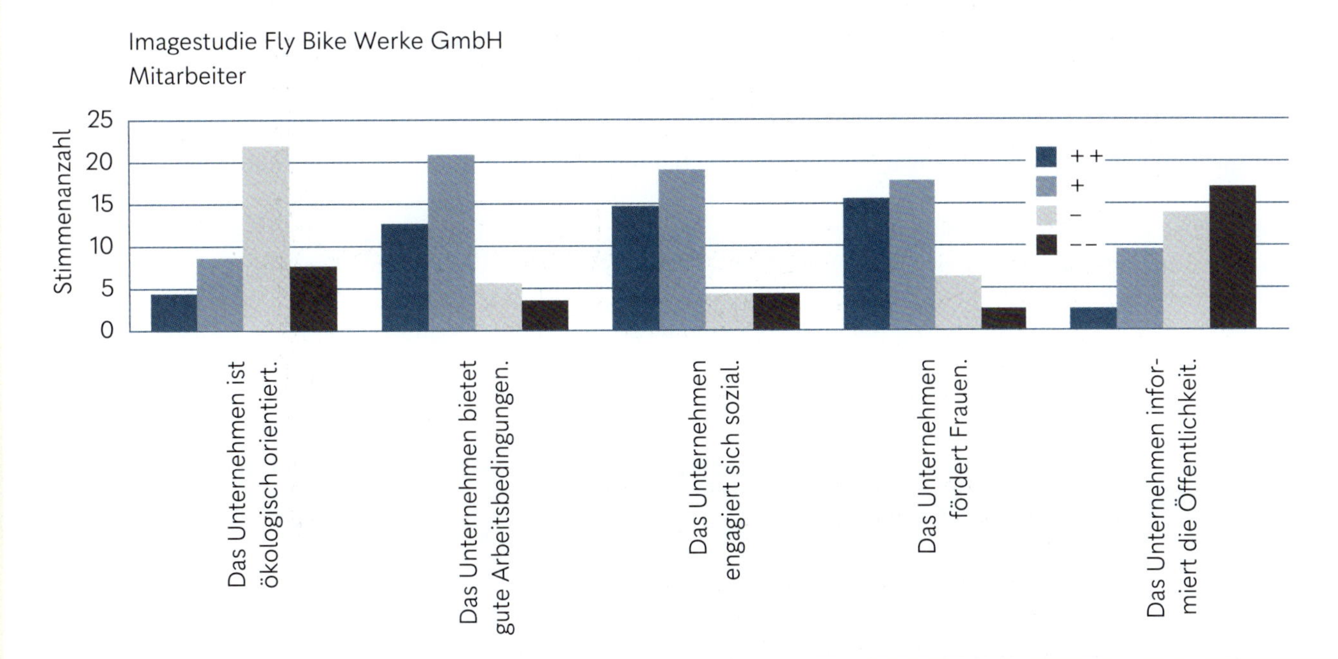

1 Wo sind nach Meinung der Verbraucher die Imagestärken und die -schwächen der Fly Bike Werke GmbH? Achten Sie bei der Auswertung nicht nur auf die Verteilung, sondern auch auf die absolute Beteiligung.

2 Inwieweit stimmen die Ergebnisse des Außenbildes (Verbraucher) vom Unternehmen mit dem Selbstbild seiner Belegschaft überein?

3 Die Ergebnisse der Erhebung haben die Geschäftsleitung auf die Dringlichkeit hingewiesen, das Image des Unternehmens zu schärfen und sich so stärker von anderen Fahrradherstellern abzugrenzen. Als erste Maßnahme soll – auch unter Mitwirkung von Betriebsrat und Belegschaft – ein Unternehmensleitbild entwickelt und der Öffentlichkeit präsentiert werden. Weil die Fly Bike Werke auf diesem Gebiet noch keine Erfahrung besitzen, hat man sich von anderen Unternehmen einige Beispiele beschafft:

HENKEL & ROTH
Unternehmensleitbild Werte 4.0

Kundenorientierung
Wir sind Dienstleister für unsere Kunden. Der Erfolg unserer Kunden ist unser Erfolg. Die Kunden sind unsere Partner. Professionalität, hohe Qualität, fachliche Kompetenz, Liefertreue und hohe Zuverlässigkeit, überzeugender Service, transparente Entscheidungen sind unsere Norm. Zufriedene Kunden sind unsere Werbung.

Lieferantenbeziehung
Zu unseren Lieferanten pflegen wir eine faire partnerschaftliche Beziehung. Die Geschäftsbeziehungen sind von einer Win-win-Situation geprägt. Wir sind auf die gute Qualität unserer Lieferanten angewiesen und fordern sie auch ein.

Mitarbeiterorientierung
Die Mitarbeiter sind unser höchstes Gut. Wir investieren nicht nur in gute Arbeitsbedingungen, sondern legen großen Wert auf eine gute Atmosphäre mit ehrlichem und wertschätzendem Umgang und Wohlbefinden. Denn nur zufriedene Menschen sind motiviert und leisten gute kreative Arbeit. Wir fördern die Potenziale jedes Einzelnen. Unsere Mitarbeiter können sich mit unserem Unternehmen identifizieren. Wir leben unsere Werte.

Gesellschaftliche Verantwortung
Wir tragen Verantwortung für die Gesellschaft: Wir leben von unseren Kunden, die Familien unserer Mitarbeiter leben von unserem Unternehmen, insgesamt leben wir von der Schöpfung. Unser Ziel ist eine möglichst geringe Umweltbelastung und nachhaltiges Engagement für unsere Gesellschaft. Von unserem erfolgreichen Unternehmen können Menschen in zahlreichen sozialen Projekten besser leben.

RAV

LEITBILD der Rhein-Ahr-Verkehrs GmbH

Als öffentlicher Verkehrsbetrieb engagieren wir uns für die Mobilität der Menschen in unserer Heimat. Wir ...
- bieten Möglichkeiten des Zusammentreffens aller Bürger an fast jedem Ort unserer Region,
- gewährleisten Betrieben, Arbeitnehmern und Schülern einen zuverlässigen und sicheren Fahrweg,
- überzeugen durch Pünktlichkeit und Komfort unserer Fahrzeuge,
- sind ein bedeutender Arbeitgeber, der seiner sozialen Verantwortung durch Schaffung zahlreicher Ausbildungsplätze gerecht wird,
- fühlen uns der Erhaltung einer gesunden Umwelt durch emissionsarme Verkehrsmittel verpflichtet und betreiben fünf Solarstrom-Tankstellen,
- sehen uns als Team in der Verantwortung für unsere Fahrgäste und fördern eigenständiges Denken und Motivation unserer Mitarbeiter,
- investieren ständig in den Ausbau des öffentlichen Personennahverkehrs (ÖPNV),
- unterstützen Bürgerinitiativen und Vereine bei Kulturprojekten,
- sind Gründungsmitglied im „Verkehrsverbund Mittelrhein" und sorgen damit für eine attraktive Verknüpfung von Verkehrswegen in die umliegenden Ballungsgebiete.

Nun geht man daran, die drei grundlegenden Aussagen eines Leitbildes zu erarbeiten. Achten Sie bei den Formulierungen auf einen möglichst hohen Erkennungseffekt, d. h. das sich Ihre Aussagen möglichst deutlich von denen anderer Unternehmen abheben.

a Beschreiben Sie die Mission der Fly Bike Werke GmbH. („Wozu gibt es uns?“)

b Notieren Sie die Visionen der Fly Bike Werke GmbH. („Was wollen wir erreichen?“)

c Wählen Sie die darzustellenden Werte aus. („Was sind die unverwechselbaren Kennzeichen unseres Handelns?“)

4 Formulieren Sie nun für die Fly Bike Werke GmbH ein Unternehmensleitbild, das der Öffentlichkeit vorgestellt werden soll. Treffen Sie hierfür zwischen sechs und zehn Aussagen.

5 Beschreiben Sie die mögliche Imagewirkung Ihrer Leitaussagen, indem Sie jedem Satz zwei Kennbuchstaben zuordnen:

Adressatenkreis	H = Handel E = Endverbraucher M = Mitarbeiter L = Lieferanten und Kreditgeber Ö = Öffentlichkeit und Politik
psychologische Wirkung	A = die Bedeutung des Unternehmens für die Gesellschaft verankern P = ein günstiges Meinungsbild über das Unternehmen erzeugen I = eine Identifikation mit dem Unternehmen herstellen

6 Deckt Ihr Leitbild alle Adressaten ab, hat es eine vielfältige psychologische Wirkung? Falls NEIN – Versuchen Sie eine zielgerichtete Überarbeitung!

7 Unternehmensleitbilder sind zunächst einmal nur bedrucktes Papier. Sie werden nur dann einen Imagewandel einleiten können, wenn die formulierten Werte auch sichtbar „gelebt“ werden. Diese „Signale“ der Unternehmensidentität werden auch als „Corporate Identity“ bezeichnet. Die Geschäftsführung der Fly Bike Werke GmbH steht deshalb nach der Erstellung ihres Unternehmensleitbildes vor der Frage, mit welchen Maßnahmen sie die Verfolgung dieser Grundsätze symbolisieren kann.

Im Folgenden soll dies anhand von zwei möglichen Leitbildaussagen abgeklärt werden:

Unternehmensleitbild

(Auszug)

FLY BIKE Werke GmbH

Wir gewährleisten durch unser Handeln den Erhalt natürlicher Ressourcen.

Wir benötigen kreative und eigenverantwortliche Mitarbeiter als Säule des Geschäftserfolgs.

Überlegen Sie, mit welchen Maßnahmen Sie in der Öffentlichkeit eine Harmonie zu diesen beiden Leitbildern herstellen können:

	Umweltbewusstsein	eigenverantwortliche Mitarbeiter
Maßnahmen im Bereich „Corporate Behaviour“		
Maßnahmen im Bereich „Corporate Design“		
Maßnahmen im Bereich „Corporate Communications“		

Aufgaben

Aufgabe 1
Ist es häufig, dass Verbraucher eher das Produkt als seinen Hersteller kennen? Machen Sie selbst einmal die Probe. Kennen Sie (ohne nachzuschauen) den Hersteller von:
- Kinderschokolade
- Tempo-Taschentüchern
- Nivea-Creme
- Mövenpick-Eiscreme

Aufgabe 2
Vergleichen Sie die Leitbilder von Midwest Oil Company und Bertelsmann.

a Verfolgen die Unternehmen Ihrer Meinung nach eher die Grundausrichtung nach dem Shareholder-Value oder dem Stakeholder-Ansatz? Begründen Sie Ihre Meinung mit konkreten Textaussagen.

b Welche konkreten Maßnahmen würden Sie aus den jeweiligen Leitbildern ableiten?

Leitbild Midwest Oil Company

Die in Venezuela ansässige Midwest Oil Company sichert die Treibstoffversorgung von Mittel- und Südamerika, indem sie ständig auf der Suche nach neuen Ölquellen und leistungsfähigeren Verteilungssystemen ist. Damit tragen wir maßgeblich zur Entwicklung des volkswirtschaftlichen Wohlstands bei und sichern die Arbeitsplätze unserer Beschäftigten.

Diese Expansion bedingt attraktive Investitionsbedingungen für mögliche Kapitalgeber, die sich in hohen Gewinnausschüttungen und steigenden Aktienkursen unseres Unternehmens zeigen.

Alle Prozesse unseres Unternehmens sind effizient und transparent organisiert, unsere Anteilseigner erhalten regelmäßige Geschäftsberichte. Die Entlohnung des Managements und teilweise auch unserer Belegschaft ist stark leistungsabhängig. Im Jahre 2003 erhielten wir den venezolanischen „Conqueror", den Staatspreis für das wirtschaftlichste Privatunternehmen. Seit unserer Gründung im Jahre 1934 waren wir stets von staatlichen Beihilfen unabhängig und wollen das auch bleiben.

Leitbild Bertelsmann

Unsere Essentials

In einer sich immer schneller verändernden, zunehmend digitalen Welt ist die Art und Weise, wie wir arbeiten und miteinander umgehen, von größter Bedeutung. Unsere zentralen Werte Kreativität & Unternehmertum bestimmen unser tägliches Handeln. Durch ihr Zusammenspiel verstärken sie sich gegenseitig und bilden so die Grundpfeiler unserer Unternehmenskultur, die auf Partizipation und Partnerschaft setzt.

Kreativität ist das Fundament unseres Erfolgs. Ideen sind unsere Leidenschaft. Wir ermutigen zu freiem und kritischem Denken. Wir stellen Althergebrachtes in Frage und erschließen neue Wege. Wir wissen, dass auch Fehler Teil des kreativen Prozesses sind. So schaffen wir die Voraussetzung für Innovationen. Die Vielfalt und Verschiedenheit von Menschen sind entscheidend für Kreativität. Wir fördern den Austausch unterschiedlicher Meinungen, Kommunikation und Zusammenarbeit.

Unternehmerische Freiheit ist die Voraussetzung dafür, mit Mut, Weitblick und Entschlossenheit Risiken einzugehen, Ideen umzusetzen und Verantwortung zu übernehmen. Gegenseitiger Respekt und Vertrauen bestimmen das Verhältnis zwischen unseren Mitarbeitern und zu unseren Geschäftspartnern. Dabei behalten wir das Kundeninteresse fest im Blick. Kooperation macht uns alle stärker. Wir investieren in unsere Mitarbeiter, befähigen sie zu eigenständigen unternehmerischen Entscheidungen und bieten ein gerechtes und gesundes Arbeitsumfeld. Wir übernehmen Verantwortung in der Gesellschaft und für unsere Umwelt – mit dem Ziel, eine bessere Zukunft zu gestalten.

Aufgabe 3

Bringen Sie die folgenden Schritte bei der Entwicklung eines Unternehmensleitbildes in die Ihrer Meinung nach richtige Reihenfolge:

a Vorstellung des Leitbildes bei Mitarbeitern, Kunden und Lieferanten unter Einholung von Feedback
b Veröffentlichung des Unternehmensleitbildes
c Beschluss über endgültige Fassung
d Identifikation von Imagestärken und -schwächen
e Beschluss der Unternehmensführung zur Entwicklung eines Leitbildes
f erste Formulierung von Wertvorstellungen und Visionen
g interne Diskussion und Überarbeitung
h Erhebung der aktuellen Unternehmensprofile (Images)

Aufgabe 4

Mit welchen Maßnahmen und Verhaltensregeln kann die Corporate Identity nach innen (zu den Mitarbeitern) gestärkt werden?

Aufgabe 5

Die Aussagen von Unternehmensleitbildern sind fast immer vage formuliert, sodass sich deren Einhaltung oft nicht objektiv feststellen lässt. Wieso ist die Aufzählung konkreter/messbarer Ziele für ein Leitbild aber auch ungeeignet?

Aufgabe 6

Die Fly Bike Werke GmbH planen, die Imagestudie in bestimmten Zeitabständen zu wiederholen und die Ergebnisse dann für die Anpassung ihres Unternehmensleitbildes zu nutzen. Halten Sie diese Vorgehensweise für sinnvoll? Argumentieren Sie.

Aufgabe 7

Beschreiben Sie Möglichkeiten, um ein (erneuertes) Leitbild den gewünschten Adressaten (Handel, Endverbraucher, Mitarbeiter, Lieferanten, Kreditgebern und der Öffentlichkeit) nahezubringen.

Aufgabe 8

Beurteilen Sie, ob ein Leitbild die folgenden Funktionen auszuüben vermag:

a Es erhöht direkt den Absatz der betriebseigenen Erzeugnisse.
b Es vereinheitlicht und vereinfacht die Führung des Unternehmens.
c Es gibt allen Mitarbeitern Orientierung.
d Es stärkt Motivation und Wir-Gefühl.
e Es hilft über finanzielle Krisen hinweg.
f Es definiert den Selbstzweck eines Unternehmens.
g Es erhöht die Akzeptanz des Unternehmens bei den Stakeholdern.
h Es erleichtert die Freisetzung von Mitarbeitern.
i Es ersetzt einen Betriebsrat.

Aufgabe 9

Am Ende soll die Formulierung von Leitbildern auch als Vorgabe für die Maßnahmengestaltung in allen betrieblichen Abteilungen dienen. Nehmen Sie die Leitbildaussage der Firma Bertelsmann als Ausgangspunkt:

„Gegenseitiger Respekt und Vertrauen bestimmen das Verhältnis zwischen unseren Mitarbeitern und zu unseren Geschäftspartnern. Dabei behalten wir das Kundeninteresse fest im Blick."

Zeigen Sie beispielhaft auf, welche Regeln für die Geschäftspraxis (Corporate Behaviour) daraus in folgenden Bereichen resultieren (können):

a Beschaffung
b Absatz
c Interne Revision

Lernsituation 13

FK → LF 1 Kapitel 7.3

Unternehmensziele prüfen

Die Geschäftsführerin der Fly Bike Werke GmbH, Frau Ewa Nowak, liest gerade den Jahresbericht des Bicycle-Industrie-Verbands, dem auch ihr Unternehmen angehört, aufmerksam durch. Insbesondere einige Kenndaten interessieren sie sehr. Aus dem Bericht sind die folgenden Passagen für sie von Bedeutung:

BIV News

Bicycle-Industrie-Verband Deutschland — *News aktuell*

Pressekonferenz: aktuelle Marktdaten der Fahrradbranche 202X
Fakten – Zahlen – Perspektiven | 15. November 202X, 09:00 Uhr

- Der Gesamtumsatz der Zweiradbranche entwickelte sich mit einem „Plus" von 8,5 % günstig.
- Die Anzahl der in Deutschland produzierten Zweiräder stieg von 3 380 000 im Vorjahr auf 3 500 000 Stück im Berichtsjahr.
- Die Anzahl der inländisch im direkten Produktionsbereich eingesetzten Beschäftigten stagnierte bei gut 10 000 Frauen und Männern.
- Allgemein hat sich im Verbandsbereich eine 36-Stunden-Woche und ein Jahresurlaub von 30 Arbeitstagen durchgesetzt.
- Die Gesamtkapitalrentabilität der Mitglieder lag bei geschätzt 12 %, die Eigenkapitalrentabilität deutlich darüber.
- Die Mitglieder brachten insgesamt ein Eigenkapital von 400.000.000 € auf.
- Die durchschnittliche Eigenkapitalausstattung verschlechterte sich leicht von 22 % auf 20 %, sodass insgesamt eine Wirtschaftlichkeit von durchschnittlich über 1,07 zu verzeichnen war.
- Nach Verbandsumfragen erfreut sich die Zweiradindustrie eines zunehmenden „grünen" Umweltimages bei den Verbrauchern. Die Arbeitsbedingungen, Entgelte und Sozialleistungen unserer Branche werden aber weiterhin als unterdurchschnittlich eingeschätzt.

Nach dem Lesen ruft Frau Nowak die Controllingbeauftragte, Frau Steffes, zu sich. Da sie gerade mit den Plandaten für das kommende Geschäftsjahr beschäftigt ist, bittet sie Frau Steffens, doch mal anhand der Planwerte die Leistungskennziffern der Fly Bike Werke GmbH zu ermitteln und sie mit den Verbandsdaten zu vergleichen. Sollten hier deutlich unterdurchschnittliche Werte auftreten, müsste entweder eine unrealistische Planung angepasst oder mit Sanierungsmaßnahmen gegengesteuert werden.
Frau Steffes bekommt eine Liste mit den geplanten Finanz- und Betriebsdaten ausgehändigt und macht sich gleich an die Arbeit.

Position	Werte Berichtsjahr	Planwerte	Verbandswerte
Herstellmenge	17 484 Stk.	20 000 Stk.	3 500 000 Stk.
Gesamterträge Fahrrad (Umsatz und Bestandsveränderung)[1]	6.999.056 €	8.000.000 €	1.310.000.000 €
Anzahl Mitarbeiter	38	40	10 130
Arbeitsstunden/Woche	36	36	
Arbeitswochen	46	46	
Produktionsfläche	7 000 qm	7 000 qm	1 200 000 qm
Gesamtkapital	2.402.225 €	2.402.225 €	
Eigenkapital	850.000 €	850.000 €	400.000.000 €
Gesamtaufwand	6.849.056 €	7.800.000 €	
Zinsaufwand	47.628 €	60.000 €	
Gewinn	150.000 €	200.000€	

[1] Bestandsveränderungen ergeben sich aus der Differenz zwischen hergestellten und verkauften Erzeugnissen. Auch noch nicht abgesetzte, aber bereits hergestellte Fähräder werden als Ertrag bewertet.

1 Ermitteln Sie zunächst aus den angegebenen Daten die noch fehlenden Verbandswerte für das Gesamtkapital, den Gesamtaufwand, den Zinsaufwand und den Gewinn.

Tipp: Nutzen Sie zur Gesamtkapitalermittlung die Eigenkapitalquote.
Nutzen Sie zur Ermittlung des Gesamtaufwands die Wirtschaftlichkeit.
Nutzen Sie zur Ermittlung des Gewinns die Gesamterträge und den Gesamtaufwand.
Nutzen Sie zur Ermittlung des Zinsaufwands das Einsetzen bekannter Werte und die Differenz von Gesamtrendite und Gewinn.

2 Ermitteln und vergleichen Sie nun für die Planwerte der Fly Bike Werke GmbH und die Verbandswerte anhand der angegebenen Kennziffern.

Kennziffer	Rechenformel	Planwerte Fly Bike Werke	Verbandswerte
Wirtschaftlichkeit			1,07
Arbeitsproduktivität je Mitarbeiter			
Arbeitsproduktivität je Arbeitsstunde			
Flächenproduktivität je qm			
Eigenkapitalrentabilität (in %)			
Gesamtkapitalrentabilität (in %)			12

3 Führen Sie eine Gesamtanalyse der wirtschaftlichen Situation der Fly Bike Werke GmbH durch.

Aufgaben

Aufgabe 1

Frau Nowak, Geschäftsführerin der Fly Bike Werke GmbH, möchte auch für nicht-ökonomische Ziele ein Kennzahlensystem aufbauen. Sie hat aus diesem Grund einige Seminare besucht und Fachbücher studiert und hat nun folgende Ideen:

a Beurteilen Sie jeweils die Tauglichkeit der vorgeschlagenen Kennziffer.
b Haben Sie dazu eigene Vorschläge?

Ziel	Vorschlag einer Kennziffer
Senkung der Umweltbelastung	Anzahl der Anwohnerproteste, Höhe der CO_2-Abgabe, Berufskrankheiten der Mitarbeiter
Förderung von Benachteiligten	Anzahl von Mitarbeitern ohne deutschen Pass, Anzahl betriebseigener Schwerbehindertenparkplätze, Lohnfortzahlungssumme im Krankheitsfall, Aufwand für Weiterbildungskurse der Belegschaft
Sicherung von Arbeitsplätzen	Arbeitsproduktivität, Lohnsumme
höhere Arbeitszufriedenheit	durchschnittliche Betriebszugehörigkeit, Anzahl Kündigungen von Mitarbeitern, Anzahl Bewerbungen von Familienangehörigen der Mitarbeiter, Abwesenheitsquote
verstärkter Einsatz von Sekundärrohstoffen	Bezugskosten des Einkaufs, Anzahl der Beschaffungsvorgänge, Entsorgungskosten
stärkere Mitarbeiterbeteiligung	Anzahl der Beschwerden beim Betriebsrat, Anzahl von Verbesserungsvorschlägen, Durchschnittsnote der Mitarbeiterbeurteilungen

Aufgabe 2

Der Zielverfolgungsprozess kann in Form eines (Controlling-) Kreislaufs dargestellt werden.

a Ergänzen Sie dazu folgende Begriffe: Realisationsmaßnahmen, Erfolgskontrolle, strategische Ziele, Soll-Ist-Vergleich/Abweichungsanalyse, operative Einzelziele.

b Warum ist das Unternehmensleitbild kein Bestandteil des Kreislaufs?

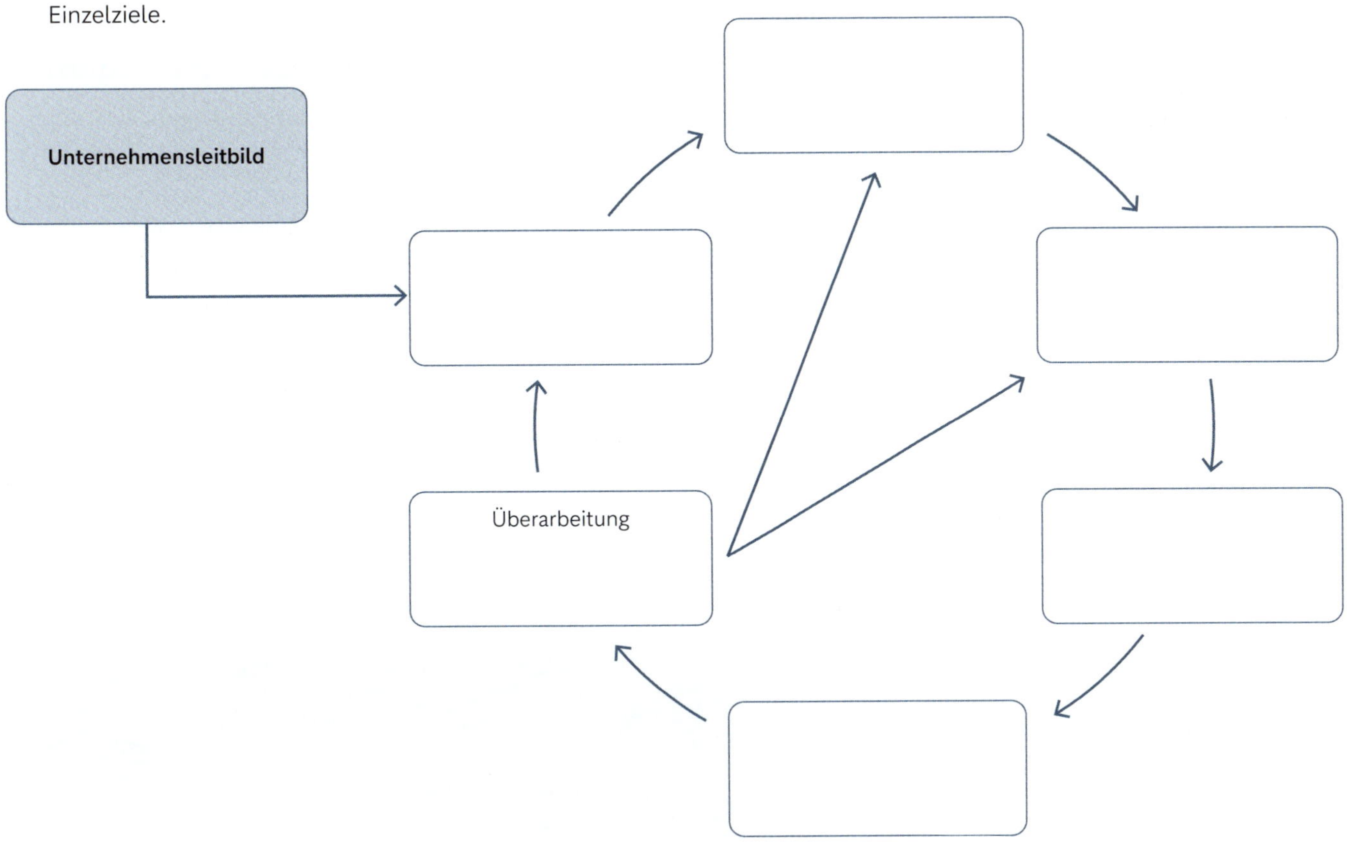

Aufgabe 3

Beschreiben Sie den Zielkonflikt der folgenden Einzelziele:

- **a** Erhöhung der Arbeitszufriedenheit und Erhöhung der Arbeitsproduktivität
- **b** Senkung des Ausschusses und Verwendung von Sekundärrohstoffen
- **c** Ausweitung der Mitspracherechte und schnelle Reaktion auf Marktveränderungen
- **d** Erhöhung des Marktanteils und Reduzierung der Vertriebskosten
- **e** Sicherung der Liquidität und kundenfreundliche Zahlungsbedingungen
- **f** faires Wettbewerbsverhalten und Neukundengewinnung
- **g** Verringerung des Ressourcenverbrauchs und Absatzsteigerung

Aufgabe 4

Jedem Zielkanon übergeordnet ist das Sachziel des Betriebs. Das Sachziel beschreibt den Betriebszweck, d. h. die Funktion des Betriebs innerhalb der Gesamtwirtschaft. Es lässt erkennen, in welcher Branche ein Unternehmen tätig ist. Ergänzen Sie die folgende Aufstellung um das jeweilige Sachziel:

Industriebetriebe	Herstellung und Verkauf von Erzeugnissen in großen Mengen und mit hohem maschinellem Einsatz
Handelsbetriebe	
Bergbaubetriebe	
Banken	
Versicherungen	
Sendebetriebe (TV, Radio)	
Verkehrsbetriebe	
Handwerksbetriebe	

Aufgabe 5

Aufgrund der guten Geschäftsaussichten plant die Fly Bike Werke GmbH den Ausbau ihres Werks in Oldenburg. Da dieses dann in ein Wasserschutzgebiet hineinreicht, wurde erst nach einer umfänglichen Umweltverträglichkeitsprüfung eine Ausnahmegenehmigung zum Bau erteilt. Nachdem es zunächst nur wenige Einzelproteste gegen den Ausbau gab, hat sich nun aber ein Protestbündnis gebildet, das stark medienwirksam auftritt und auch auf die politischen Entscheidungsträger (Bürgermeister, Landrat, Abgeordnete im Landtag) erheblichen Druck ausübt.

- **a** Welche Anspruchsgruppen haben sich möglicherweise hier zu einem Protestbündnis zusammengeschlossen?
- **b** Wie oder womit könnte das Protestbündnis die Ausbaupläne der Fly-Bike Werke auch nach einer Ausbaugenehmigung noch erschweren?
- **c** Was hätten die Fly-Bike Werke bereits im Vorfeld unternehmen können, um das Aufkommen der Proteste zu verhindern oder zumindest abzumildern?

Umweltproteste gegen Fly Bike Werke GmbH

Oldenburg. Ein breites Protestbündnis aus Anwohnern, Umweltaktivisten und Oppositionsvertretern im Kreistag demonstrierte am Samstag gegen die geplante Erweiterung des Fly-Bike-Werks. Befürchtet werden u. a. ein erhöhtes Verkehrsaufkommen und die damit verbundene Lärm- und Abgasemission. Die großflächige Bodenversiegelung weiterer Flächen lässt zudem bei Starkregenereignissen eine Überlastung der dafür nicht ausgelegten Kanalisation erwarten. Nach Angaben des Bündnisses beteiligten sich rund 300 Personen an der Protestaktion. Die Initiatorin, die landesweit bekannte Umweltaktivistin Carla Granate, kündigte weitere Protestaktionen, aber auch die Erwirkung einer einstweilen Verfügung an, um die Aufnahme der Erweiterungsmaßnahmen gerichtlich zu verhindern. Die Fly Bike Werke GmbH will die Produktion in Oldenburg aufgrund des erweiterten Sortiments in den nächsten fünf Jahren verdoppeln.

Protestaktion gegen die Fly Bike Werke GmbH

Lernsituation 14

FK → LF 1 Kapitel 8.3

Als Geschäftsfähiger handeln

Bastian, 17 Jahre alt, besucht die Abschlussklasse einer Realschule und erwirbt dort bald den mittleren Schulabschluss. Über seine künftige Berufswahl ist er jedoch noch unsicher und absolviert daher gerade ein Praktikum bei der Fly Bike Werke GmbH.

Dort ist Bastian zurzeit im Vertrieb eingesetzt und schnuppert im Werksverkauf in den Arbeitsalltag hinein. Dabei sammelt er erste Verkaufserfahrungen. Jenny Liu kennt er vom ersten Tag und trifft sie heute in der Kantine wieder. Sie tauschen sich über seine Erfahrungen aus ...

Jenny: „Und, Bastian, wie haben dir die Tage bei uns gefallen?"

Bastian: „Mega! Endlich sieht man, wofür die Theorie im Unterricht tatsächlich gut ist."

Jenny: „Was hast du denn alles gesehen oder erlebt bei uns?"

Bastian: „Vor ein paar Wochen haben wir in der Schule die Rechts- und Geschäftsfähigkeit durchgenommen. Aber das war alles so abstrakt. Hier ist mir vieles klarer geworden. Zum Beispiel, dass ein Minderjähriger eben nicht einfach mal so ein Fahrrad kaufen kann und der Verkäufer das auch prüfen muss, um nicht im schlimmsten Fall weder Geld noch Ware zu haben."

Jenny: „Das freut mich zu hören. Seit ich in der Ausbildung bin, ergeht es mir genauso. Theorie und Praxis miteinander verbinden, das ist einfach prima."

Bastian: „Ja absolut. Ich wollte mir eigentlich auch ein neues Fahrrad hier bei der Fly Bike Werke GmbH kaufen. Aber jetzt verstehe ich viel besser, warum meine Eltern immer noch ein Mitspracherecht bei solchen Käufen haben."

Jenny: „Und was hast du sonst noch alles machen dürfen?"

Bastian: „Viele interessante Sachen: Wir haben Ware aus dem Lager geholt, sie mit Preisen ausgezeichnet und im Werksverkauf eingeräumt. Dann durfte ich bei einem Beratungsgespräch dabei sein – und wow, was man so alles wissen muss, um Kunden wirklich gut beraten zu können."

Jenny: (lacht) „Oh ja. Aber das hat man sehr schnell gelernt und es macht ja auch Spaß."

Bastian: „Hmm, dann hatten wir noch einen Umtausch. Ein Kunde hatte sich in der Fahrradgröße vertan. Aber das Problem ließ sich schnell lösen. Und wir haben noch die Schaufensterwerbung für die neuen E-Bikes angebracht. Die sind auch toll."

Jenny: „Wunderbar. Ich sehe, du hattest eine sehr schöne Woche bei uns!"

Bastian: „Jetzt muss ich nur noch meinen Praktikumsbericht erstellen und die Folien für meine Präsentation in der Schule über diese Woche vorbereiten. Aber das schaffe ich."

1 Verschaffen Sie sich einen Überblick über die Situation, indem Sie sich in die erlebte Zeit von Bastian bei der Fly Bike Werke GmbH hineinversetzen.

2 Unterstützen Sie Bastian dabei, den Praktikumsbericht zu erstellen, und halten Sie seine wesentlichen Erkenntnisse aus dem Praktikum fest. Nutzen Sie hierzu das Arbeitsblatt 14.1.

3 Bei der Präsentation möchte Bastian sich auf die Rechts- und Geschäftsfähigkeit konzentrieren und hier seine Eindrücke und Erkenntnisse den Mitschülern und -schülerinnen vermitteln. Unterstützen Sie ihn dabei und nutzen Sie hierfür das Arbeitsblatt 14.2.

Arbeitsblatt 14.1 Bericht der beiden Praktikumswochen

Praktikumsbericht	**Name:**
Betrieb:	
Eingesetzt in Abteilung:	
Beschreibung der Tätigkeiten (teilgenommen, selbst durchgeführt):	

....

....

....

....

....

Beschreibung / Erläuterung rechtlicher Besonderheiten:

....

....

....

....

....

....

....

....

....

....

....

Folgendes nehme ich für mich persönlich aus dem Praktikum mit:

....

....

....

....

Ort, Datum	Stempel / Unterschrift Praktikumsbetrieb

Arbeitsblatt 14.2 Präsentationsfolien

Folie 1: Rechtsfähigkeit

Folie 2: Geschäftsfähigkeit

Aufgaben

Aufgabe 1
Recherchieren Sie, wie umfangreich die existierenden Rechtsnormen in Deutschland für folgende Bereiche sind:
- **a** allgemein
- **b** Privatrecht
- **c** Handelsrecht

Aufgabe 2
Gehen Sie in Ihrem Alltag auf die Suche, wo Sie täglich mit dem privaten und/oder öffentlichen Recht bewusst oder beiläufig in Berührung kommen.

Aufgabe 3
Diskutieren Sie die Notwendigkeit sowie die damit einhergehenden Herausforderungen der in Deutschland vorhandenen Vielfalt an Gesetzen. Berücksichtigen Sie dabei auch den nachfolgenden Cartoon.

Aufgabe 4
Entscheiden Sie, ob es sich um natürliche oder juristische Personen des öffentlichen oder des privaten Rechts handelt:
- **a** Kegelklub „Alle Neune e. V."
- **b** Siemens AG
- **c** Ärztekammer Westfalen-Lippe
- **d** Deutsche Rentenversicherung Bund
- **e** Mitteldeutscher Rundfunk
- **f** Evangelische Kirche Hessen/Nassau
- **g** AOK
- **h** Bergbauberufsgenossenschaft

Aufgabe 5
Begründen Sie, in welchem Maße die folgenden Rechtssubjekte rechts- und geschäftsfähig sind.
- **a** Fly Bike Werke GmbH
- **b** Kegelclub Südfranken e. V.
- **c** der 6-jährige Benno
- **d** die 17-jährige Eyleen, Auszubildende in einem Industrieunternehmen
- **e** ein ungeborenes Kind
- **f** ein vorübergehend unter Drogen stehender Erwachsener
- **g** der Hund Charly

Aufgabe 6
Drei Monate nach der Geburt von Jan stirbt seine vermögende Tante Helena und vermacht Jan ihr gesamtes Vermögen. Dabei handelt es sich um zwei große Wohnhäuser und ein Barvermögen von 650.000,00 €. Begründen Sie, ob Jan Erbe werden kann.

Aufgabe 7
Entscheiden Sie für die folgenden Beispiele, um welche Art von Geschäftsfähigkeit es sich jeweils handelt.
- **a** Die 16-jährige Tanja Schick kauft ohne Wissen ihrer Mutter von ihren Ersparnissen ein Mofa für 700,00 €.
- **b** Der 62-jährige Max Fröhlich schenkt seinem zwölfjährigen Enkel Peer ohne Einwilligung der Eltern einen CD-Player.
- **c** Die sechsjährige Pauline kauft ein Spielzeugauto. Sie zahlt mit dem Geld, das ihr ihre Eltern als Taschengeld überlassen haben.
- **d** Der sechsjährige Marcus kauft am Kiosk mit abgezähltem Geld eine Zeitschrift. Der Verkäufer weiß, dass Marcus im Auftrag des Vaters handelt.

Aufgabe 8
Unerwartet verstirbt die Mutter von Heiko und hinterlässt ihm das familiengeführte Kleingewerbe.
- **a** Begründen Sie, ob der 17-jährige Heiko das Geschäft seiner Mutter in voller Alleinverantwortung fortführen kann.
- **b** Heiko konnte das Geschäft mit Erfolg weiterführen und so eine größere Summe an Geld erwirtschaften. Er möchte sich von diesem Geld auf Mallorca ein Ferienhaus kaufen und schließt einen entsprechenden Kaufvertrag ab. Überprüfen Sie die Gültigkeit des Kaufvertrags.

Aufgabe 9
Beurteilen Sie in den folgenden Situationen die Geschäftsfähigkeit.
- **a** Die dauerhaft psychisch erkrankte Frau Magert möchte ein neues Fahrrad kaufen und lässt sich daher in einem Fahrradgeschäft beraten. Im Anschluss kauft sie ein Fahrrad.
- **b** Der 17-jährige Tommy will im Reisebüro eine Flugreise nach Las Vegas für 2.000,00 € buchen.
- **c** Frau Müller schickt ihren fünfjährigen Sohn Björn mit abgezähltem Geld und einem Einkaufszettel in ein Lebensmittelgeschäft. Auf dem Einkaufszettel steht, dass der Junge einen Liter Milch kaufen soll.
- **d** Der 16-jährige Sirco erhält zwei Geschenke: von einer Tante 800,00 € Bargeld zum Geburtstag und einen nicht mehr fahrtüchtigen Pkw. Seine Eltern sind davon nicht begeistert und verbieten ihm die Annahme der Geschenke.

Aufgabe 10

Die sechsjährige Madeleine kauft ohne Wissen der Eltern im benachbarten Schreibwarengeschäft von ihrem Taschengeld ein Malbuch und benutzt dieses. Die Eltern sind mit dem Kauf des Malbuches nicht einverstanden und verlangen vom Einzelhändler die Herausgabe des Kaufpreises. Muss der Einzelhändler unter Beachtung der gesetzlichen Bestimmungen das Buch zurücknehmen und den Kaufpreis erstatten? Beurteilen Sie folgende Aussagen diesbezüglich:

a Nein, denn das Buch ist bereits bemalt worden und daher nicht mehr verkäuflich.

b Nein, mit sechs Jahren ist das Mädchen beschränkt geschäftsfähig. Sie kann im Rahmen des Taschengeldes ohne Einwilligung der Erziehungsberechtigten rechtswirksam Rechtsgeschäfte abschließen.

c Nein, denn die Eltern hätten im Rahmen ihrer Sorgfaltspflicht verhindern müssen, dass das Kind alleine das Schreibwarengeschäft aufsucht.

d Ja, denn es ist kein Kaufvertrag abgeschlossen worden.

e Ja, denn erst ab sieben Jahren ist man geschäftsfähig.

f Ja, denn Kinder unter sieben Jahren sind noch nicht rechtsfähig.

Aufgabe 11

Begründen Sie, ob minderjährige Auszubildende im Betrieb selbstständig Waren an Kunden verkaufen dürfen. Ziehen Sie die passenden Gesetzesauszüge zur Hilfe.

Aufgabe 12

Entscheiden Sie, ob folgende Aussagen richtig oder falsch sind.

a Bei einer beschränkt geschäftsfähigen Person sind die eigenen Willenserklärungen schwebend unwirksam.
☐ richtig ☐ falsch

b Schwebend unwirksam bedeutet, dass ein Vertrag nicht zustande gekommen ist.
☐ richtig ☐ falsch

c Bei einem Sechsjährigen sind die eigenen Willenserklärungen nichtig.
☐ richtig ☐ falsch

d Die Nichtigkeit einer Willenserklärung bedeutet, dass kein Rechtsgeschäft zustande kommt.
☐ richtig ☐ falsch

Aufgabe 13

Zur Familie von Patrick Adler gehören seine Eltern Hans und Marina Adler, seine beiden jüngeren Geschwister Maja (14 Jahre) und Robert (6 Jahre) sowie sein Opa Walter Adler. In der vorigen Woche gab es viele Diskussionen in der Familie. Patrick geht in Gedanken die Ereignisse nochmals durch:

1 Beim Abendessen verkündete Opa Walter, dass er in seinem Testament sein ganzes Vermögen seinem Golden Retriever Forrest vermachen will.

2 Maja bekam von den Eltern 120,00 €, um Schulbücher zu kaufen. Da aber nicht alle Schulbücher lieferbar waren, blieben ihr 59,00 € übrig, die sie behalten hat. Von diesem Geld kaufte sie zwei DVDs für ihre Eltern, die sie ihnen zum Hochzeitstag schenken will.

3 Robert kaufte im Auftrag der Mutter eine Packung Eier in der Good Buy GmbH. Auf dem Heimweg stürzte er mit seinem Rad, die Eier gingen dabei alle zu Bruch.

4 Maja bekam von Opa Walter zum Geburtstag 50,00 € geschenkt.

5 Robert wollte in der Schule unbedingt eine Milchschnitte von seinem Freund Igor (5 Jahre) haben und tauschte daher seine vier nagelneuen Matchbox-Autos dagegen ein.

a Beurteilen Sie die rechtliche Wirksamkeit der beschriebenen Ereignisse und begründen Sie Ihre Entscheidung mithilfe der Rechtsnormen aus dem BGB.

b Finden Sie Beispiele aus Ihrem familiären Umfeld, in denen deutlich wird, dass bestimmte Willenserklärungen und Rechtshandlungen vom Alter abhängig sind.

Aufgabe 14

Die 5-jährige Mia ist mit ihrer Mutter auf einem öffentlichen Spielplatz. In einem unbeobachteten Moment rennt Mia auf den angrenzenden Gehweg und von dort auf die Straße. Ein herannahendes Fahrzeug kann noch rechtzeitig bremsen, kracht dabei aber in ein parkendes Auto. Beurteilen Sie die Situation aus Sicht der Deliktsfähigkeit und gehen Sie dabei auch auf die Aufsichtspflicht der Mutter ein.

Lernsituation 15

FK → LF 1 Kapitel 8.4

Eigentums- und Besitzverhältnisse untersuchen

Der bislang von Angestellten der Fly Bike Werke GmbH genutzte Kleintransporter ist mittlerweile in die Jahre gekommen. Aus diesem Grund wurde ein Ersatzfahrzeug gesucht und beim Auto-Center Hildebrand GmbH gefunden. Der vereinbarte Kaufpreis ist für den noch sehr guten Zustand des Fahrzeugs äußerst gut. Daher wurde direkt ein Kaufvertrag geschlossen. Am Tag des Vertragsabschlusses wurde der Transporter abgeholt und steht nun auf dem Gelände der Fly Bike Werke GmbH. Vereinbarungsgemäß wurde die Bezahlung drei Tage später per Überweisung vorgenommen.
In der Poststelle der Fly Bike Werke GmbH geht am 28.04.20XX folgendes Schreiben ein:

Sehr geehrte Damen und Herren,

die Auto-Center Hildebrand GmbH ist seit dem 21.04.20XX zahlungsunfähig. Vor diesem Hintergrund wurde ein Insolvenzverfahren beim Amtsgericht eröffnet.

Als zuständiger Insolvenzverwalter bitten wir Sie, den vor Kurzem erworbenen Kleintransporter Mercedes 316 CDI Sprinter, Fahrgestellnummer 0987654, herauszugeben, um ihn in die Insolvenzmasse zu überführen.

Für eine Terminvereinbarung sowie weitere Fragen stehen wir gerne zur Verfügung.

Freundliche Grüße
Alexander Müller
Insolvenzverwalter

Bei der Fly Bike Werke GmbH ist man sich nach Eingang des Schreibens zunächst unsicher über die tatsächlichen Eigentums- und Besitzverhältnisse und damit, wie weiter verfahren werden soll.

Kaufvertrag für den Fahrzeugverkauf

Der Verkäufer

Auto-Center Hildebrand GmbH
Anrede | Vor- & Nachname / Firmenname inkl. Gesellschaftsform

26121 Oldenburg, Alleenstr. 54
vollständige Anschrift (PLZ, Ort - Straße, Hausnummer - ggf. Land)

0441 8976XX5
Telefon | Mobiltelefon | eMail-Adresse

Geburtsdatum | Geburtsort | Beruf/Gewerbe

veräußert an den Käufer

Fly Bike Werke GmbH
Anrede | Vor- & Nachname / Firmenname inkl. Gesellschaftsform

Rostocker Str. 334, 26121 Oldenburg
vollständige Anschrift (PLZ, Ort - Straße, Hausnummer - ggf. Land)

0441 8XX-0
Telefon | Mobiltelefon | eMail-Adresse

Fahrradproduzent
Geburtsdatum | Geburtsort | Beruf/Gewerbe

zu den nachfolgenden Konditionen folgendes Kraftfahrzeug:

Fahrzeug - Hersteller, Modell, Ausführung usw.: Mercedes 316 CDI Sprinter		Leistung (kw / PS) lt. Fahrzeugbrief: 115	Farbe: silbergrau
Fahrgestellnummer: 0987654	(letztes) amtl. Kennzeichen: OL-K-345	Hubraum lt. Fahrzeugbrief: 2.685	Anzahl der Türen (o. siehe Feld Fzg.)
Fahrzeugart: Kastenwagen Hochdach	Gesamtfahrleistung	Anzahl der Vorbesitzer: 1	nächste Hauptuntersuchung (HU): 20XX
Datum der Erstzulassung: 2015	Fahrleistung lt. Tacho: 21345	zul. Gesamtgewicht: 5.500	nächste Abgasuntersuchung (AU): 20XX

Sonderausstattung und Zuberhör: keine

Zahlungsvereinbarungen	alle Beträge in € (EUR)
kein Umsatzsteuerausweis möglich, § 25a UStG (Differenzbesteuerung) - **Kaufpreis:**	
Umsatzsteuer ausweisbar (Regelbesteuerung) - **(netto) Kaufpreis:**	**10.000,00**
19% **Ust.:**	**1.900,00**
Gesamtbetrag:	**11.900,00**
Gesamtbetrag in Worten: elftausendneunhundert ———	

Art und Umfang von bekannten Unfallschäden: keine

Das Fahrzeug wurde als Taxi/Miet-/Fahrschulwagen genutzt:	Ja	☐	/ Nein	☒
Es handelt sich um ein EU-Import/Reimport Fahrzeug:	Ja	☐	/ Nein	☒
Das Fahrzeug wird finanziert bzw. geleast (siehe Unterlagen):	Ja	☐	/ Nein	☒

Besondere Vereinbarungen:

Beide Vertragsparteien bestätigen, eine schriftliche Ausfertigung des Vertrags erhalten zu haben. - Sofern es sich beim Verkäufer nicht um eine juristische Person des öffentlichen Rechts oder einen Unternehmer in Ausübung seiner gewerblichen oder selbstständigen Tätigkeit handelt, wird der Vertragsgegenstand unter Ausschluss jeglicher Sachmängelhaftung verkauft.

Oldenburg, 20.04.20XX — Wildfeld — Cem Samet
Ort, Datum | Unterschrift Verkäufer | Unterschrift Käufer

1 Verschaffen Sie sich zunächst einen Überblick über die Situation.
2 Klären Sie die Eigentums- und Besitzverhältnisse vor und nach Abschluss des Kaufvertrags. Nutzen Sie hierfür das Arbeitsblatt 15.1.
3 Klären Sie die weitere Vorgehensweise und verfassen Sie ein Antwortschreiben an den Insolvenzverwalter. Nutzen Sie hierfür das Arbeitsblatt 15.2. Alternativ steht Ihnen unter dem Webcode **IKL_Materialien** eine digitale Geschaftsbrief-Vorlage zur Verfugung.

Arbeitsblatt 15.1 Besitz- und Eigentumsverhältnisse

Rechtssituation bei Abschluss des Kaufvertrags

Auto-Center Hildebrand GmbH

Fly Bike Werke GmbH

Eigentums- und Besitzsituation:

Eigentums- und Besitzsituation:

Situation nach Abschluss und Erfüllung des Kaufvertrags

Auto-Center Hildebrand GmbH

Fly Bike Werke GmbH

Eigentums- und Besitzsituation:

Eigentums- und Besitzsituation:

Arbeitsblatt 15.2 Antwortschreiben

FLY BIKE
Werke GmbH

FBW GmbH, Rostocker Str. 334, 26121 Oldenburg
Insolvenzverwalter
Alexander Müller
Neue Gartenstraße 6
26121 Oldenburg

Ihr Zeichen:
Ihre Nachricht vom:
Unser Zeichen: nem
Unsere Nachricht vom:

Name: Frau Nemitz
Telefon: 0441 8XX-77
E-Mail: ann-kathrin.nemitz@flybike-werke.dex

Datum: ....

....

....

....

....

....

....

....

....

....

....

....

....

....

....

....

....

....

....

....

....

....

Aufgaben

Aufgabe 1

Entscheiden und begründen Sie in den folgenden Fällen, um welche Art von Rechtsobjekt es sich jeweils handelt.

- **a** Multifunktionsfarbdrucker
- **b** Originalgemälde von Picasso
- **c** Vollkornbrot
- **d** im Boden eingepflanzter Baum
- **e** Gartengeräte in einem Gartenhäuschen

Aufgabe 2

Klären Sie die Besitz- und Eigentumsverhältnisse der folgenden Situationen. Nutzen Sie hierfür die Rechtsnormen des BGB.

- **a** Im Ladengeschäft eines Elektronikfachhändlers nimmt Angelina Schick ein für ihre Tochter gedachtes Tablet aus dem Regal.
- **b** An der Kasse bezahlt Frau Schick den Kaufpreis und nimmt das Tablet und geht.
- **c** Beim Spaziergehen merkt Herr Walter, wie ein Jogger vor ihm eine Uhr verliert. Er hebt sie auf.
- **d** Der südbayerische Bio-Getränkehersteller Armin Tschenko bestellt sich im Restaurant eine seiner Bio-Limonaden, die dort angeboten werden.

Aufgabe 3

Bestimmen Sie, wer in den folgenden Fällen Eigentümer und wer un- bzw. mittelbarer Besitzer ist:

- **a** Karin wohnt während ihrer Studienzeit in einer Wohngemeinschaft zur Untermiete.
- **b** Für einen Auswärtstermin leiht der Prokurist seinen Firmenwagen dem Sachbearbeiter des Einkaufs.
- **c** Zwei zehnjährige Jungen finden eine Geldbörse und entschließen sich, diese zu behalten.
- **d** Peter verleiht sein Fahrrad an Andreas.
- **e** Andreas verkauft Peters Fahrrad an seinen Kumpel Bernd.
- **f** Der Hausmeister wohnt in einer Dachgeschosswohnung auf dem Schulgelände.
- **g** Ede verkauft gestohlene Ware an einen Kunden, der die Ware sofort bezahlt und mitnimmt.
- **h** Die junge Familie Özcan hat sich im Möbelhaus eine neue Einrichtung für das Wohnzimmer gekauft und lässt sie sich liefern. Die Bezahlung erfolgt vereinbarungsgemäß eine Woche später.

Aufgabe 4

Kennzeichnen Sie folgende Aussagen mit richtig oder falsch:

- **a** Eigentümer einer Sache wird man durch Einigung und Bezahlung.
  ☐ richtig ☐ falsch
- **b** Besitz ist die tatsächliche Gewalt über eine Sache.
  ☐ richtig ☐ falsch
- **c** Gutgläubiger Erwerb ist bei gestohlenen Sachen möglich.
  ☐ richtig ☐ falsch

Aufgabe 5

Unterscheiden Sie in den nachfolgenden Fällen jeweils getrennt für Person 1 (P1) und Person 2 (P2), ob diese

1. Eigentümer und gleichzeitig Besitzer,
2. Eigentümer, aber nicht Besitzer,
3. Besitzer, aber nicht Eigentümer,
4. weder Besitzer noch Eigentümer sind.

- **a** Sie (P1) leihen sich von einem Mitschüler (P2) eine CD aus.
- **b** Herr Schmitz (P1) hat von Herrn Lippert (P2) eine 2-Zimmer-Wohnung gemietet.
- **c** Sie (P1) kaufen sich beim Händler (P2) ein neues Fahrrad und zahlen bar.

Aufgabe 6

Beurteilen Sie die jeweilige Rechtslage.

- **a** Helene lieh sich das Fahrrad ihrer Freundin. In einem unaufmerksamen Moment wird ihr das Fahrrad gestohlen. Sie kann den Dieb
  - **aa** gerade noch auf frischer Tat ertappen.
  - **ab** erst nach zwei Tagen per Zufall auf der Straße entdecken.
- **b** Obwohl der Vermieter seinem Mieter rechtzeitig den Mietvertrag für ein Lagerhaus gekündigt hat, gibt dieser den Raum trotzdem nicht frei.
- **c** Herr Bauer hat von Frau Reibach Geschäftsräume für seine Supermarkt OHG gemietet. Ohne Wissen und ohne Erlaubnis der Vermieterin nimmt er bauliche Änderungen vor.
- **d** Die noch minderjährige Auszubildende Katja verkauft ihrer besten volljährigen Freundin Hanna für zehn Euro eine CD, die sie mittels einer illegal beschafften Software aus dem Internet geladen und auf ihrem heimischen Rechner gebrannt hat.
- **e** Briefträger Herr Hausmann muss die Post einem Bauern zustellen, der auf einem abgelegenen Bauernhof wohnt. Auf dem Weg dorthin greift ihn plötzlich der Hund des Nachbarn an. Um Hose und Gesundheit zu retten, bricht der Postbote eine Latte aus dem Gartenzaun des Bauern und schlägt auf den Hund des Nachbarn ein. Der Nachbar verlangt vom Briefträger nun Schadenersatz für die Verletzung seines Hundes und der Bauer möchte Ersatz für seinen beschädigten Zaun.
- **f** Herr Silici beobachtet, wie ein Dieb sein Auto aufbricht und das Radio entwendet. Da er ihn nicht einholen kann, wirft er ihm einen am Straßenrand liegenden Knüppel zwischen die Beine. Der Dieb stürzt und erleidet eine Prellung und Abschürfung.
- **g** Der Auszubildende Andreas verleiht seinem besten Freund Pablo für einen Videoabend seinen DVD-Player. Dieser verkauft das Gerät aus Geldmangel an einen Secondhandladen.

Lernsituation 16

FK → LF 1 Kapitel 8.5 und 8.6

Rechtsgeschäfte auf Anfechtbarkeit und Nichtigkeit untersuchen

Für das gestern an einen Stammkunden versandte Angebot erhielt die Fly Bike Werke GmbH heute umgehend eine Bestellung.

Bei der Eingabe ins Bestellsystem wird Jenny Liu eine Fehlermeldung angezeigt. Das System meldet, dass der Verkaufspreis nicht mit den gespeicherten Daten übereinstimmt ...

An: Lars Baumann (Fly Bike Werke GmbH)

Von: Arne Frenske (Fahrrad-Center München)

Betreff: Re: Anfrage zum Kinderfahrrad „Kinder Twist“

Sehr geehrter Herr Baumann,

vielen Dank für die Zusendung Ihres gestrigen Angebots bezüglich der Kinderfahrräder „Kinder Twist“ (Bestellnummer 501).

Gemäß Ihrem Angebot bestellen wir 30 Fahrräder zu einem Stückpreis von 293,76 € mit einem Mengenrabatt von 29 % laut Ihrer Rabattstaffel.

Den daraus ergebenen Rechnungsbetrag von 6.257,09 € (exklusive Umsatzsteuer) werden wir mit einem Zahlungsziel von 30 Tagen netto begleichen.

Als Lieferbedingung vereinbaren wir wie gewohnt Lieferung frei Haus.

Bei Fragen zur Bestellung melden Sie sich gerne bei mir.

Freundliche Grüße

Arne Frenske
Einkäufer
Fahrrad-Center München
Alte Allee 13, 81245 München
Tel.: 089 2847XX9

An: Arne Frenske (Fahrrad-Center München)

Von: Lars Baumann (Fly Bike Werke GmbH)

Betreff: Re: Anfrage zum Kinderfahrrad „Kinder Twist“ Datum: <gestern>

Sehr geehrte Herr Frenske,

Ihre Anfrage ist bei uns eingegangen und ich freue mich über das Interesse an unseren Produkten. Das Fahrrad „Kinder Twist“ kann ich Ihnen zu folgenden Konditionen anbieten:

- Stückpreis (netto): 293,76 €
- Mengenrabatt: 29 %
- Zahlungsfrist wie gewohnt mit 30 Tagen rein netto
- Lieferung frei Haus ab einer Bestellmenge von 20 Fahrrädern

Sie haben noch Fragen zum Angebot? Dann kontaktieren Sie mich gerne.
Ich freue mich über Ihre Bestellung.

Freundliche Grüße

Lars Baumann

1 Verschaffen Sie sich einen Überblick über die Situation.

2 Prüfen Sie zunächst, ob ein wirksamer Kaufvertrag zustande gekommen ist. Halten Sie Ihre Ergebnisse in Arbeitsblatt 16.1 fest.

3 Informieren Sie sich über Handlungsalternativen zur Lösung des Problems und treffen Sie eine begründete Entscheidung. Formulieren Sie ein entsprechendes Schreiben an den Kunden. Nutzen Sie hierzu das Arbeitsblatt 16.2. Alternativ steht Ihnen unter dem Webcode **IKL_Materialien** eine digitale E-Mail-Vorlage zur Verfugung.

Arbeitsblatt 16.1 Analyse der Situation

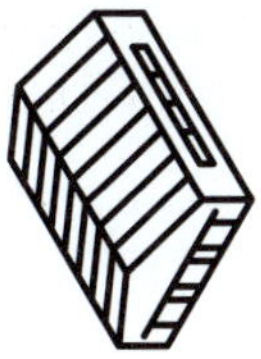

Fahrrad-Center München

Fly Bike Werke GmbH

Problem

Lösung

Weitere Schritte

Arbeitsblatt 16.2 Antwortschreiben an den Kunden

An:

Von:

Betreff: Datum:

Aufgaben

Aufgabe 1
Für die Vorbereitung auf Prüfungen haben Sie sich ein Übungsbuch für Industriekaufleute im Buchhandel gekauft.

a Erläutern Sie in diesem Zusammenhang den Unterschied zwischen einer Willenserklärung und einem Rechtsgeschäft.

b Begründen Sie, ob es sich in diesem Beispiel um ein Verpflichtungs- oder Verfügungsgeschäft handelt.

Aufgabe 2
Begründen Sie, um welche Art von Rechtsgeschäft es sich in den folgenden Beispielen jeweils handelt.

Rechtsgeschäft	einseitig	zweiseitig	nicht empfangsbedürftige Willenserklärung	empfangsbedürftige Willenserklärung
Mietvertrag	☐	☐	☐	☐
Testament	☐	☐	☐	☐
Kündigung	☐	☐	☐	☐
Kaufvertrag	☐	☐	☐	☐
Schenkung	☐	☐	☐	☐

Aufgabe 3
Entscheiden Sie für die folgenden Situationen, welche Formvorschrift jeweils erforderlich bzw. empfohlen ist.

a Angebot für einen Kunden

b Eintragung zum Handelsregister bei Aufnahme eines weiteren Gesellschafters

c Kreditvertrag bei der Hausbank

d Kaufvertrag über eine Immobilie

e Bei Volljährigkeit schenkt eine Tante ihrem Neffen ein Auto.

Aufgabe 4
Beurteilen Sie folgende Situationen hinsichtlich der Vertragsfreiheit. Begründen Sie Ihre Entscheidung jeweils.

a Herr Schmolke interessiert sich für einen Kerzenständer. Der Verkäufer weigert sich aber, Herrn Schmolke den Kerzenständer zu verkaufen, mit der Begründung, dass dies sein letztes Exemplar sei.

b Ein Apotheker weigert sich, Herrn Schmolke das von ihm benötigte Insulin zu verkaufen.

c Herr Schmolke möchte die Wohnung von Herrn Lippert mieten. Dieser weigert sich, an Herrn Schmolke zu vermieten, da dieser Raucher ist.

d Herr Schmolke hat ein Haus gekauft und möchte den Wasseranschluss anmelden. Die Stadtwerke weigern sich, Herrn Schmolke als Kunden anzunehmen.

Aufgabe 5
Entscheiden Sie begründet, ob die folgenden Rechtsgeschäfte nichtig sind.

a Ein Sechsjähriger kauft nach der Schule einen Schokoriegel.

b Ein stark angetrunkener Kunde kauft eine Digitalkamera.

c Eine 13-jährige Schülerin kauft ohne Wissen ihrer Eltern ein Smartphone für 100,00 €.

d Ein Kunde hat für 45,00 € Schreibwaren gekauft. Er lässt sich eine Quittung über 98,00 € ausstellen.

e Ein über sein reparaturanfälliges Fahrzeug verärgerter Kunde sagt: „Die Karre können Sie geschenkt haben."

f Ein 15-Jähriger kauft eine Flasche Alkohol.

g Ein Abteilungsleiter kauft eine Ferienwohnung ohne notarielle Beurkundung des Vertrags.

h Eine 18-Jährige kauft eine Waschmaschine auf Raten zu deutlich überhöhten Zinsen.

Aufgabe 6
In einem Schaufenster ist ein Kleid mit 198,00 € ausgezeichnet. Begründen Sie, ob der Verkäufer an diesen Preis gebunden ist, wenn es sich um einen Auszeichnungsfehler handelt und das Kleid eigentlich 298,00 € kostet.

Aufgabe 7
Entscheiden Sie in den folgenden Situationen, ob das Rechtsgeschäft angefochten werden kann.

a Ein Verkäufer verkauft versehentlich einen Laminatboden für 8,60 €/m^2 statt für 18,60 €/m^2.

b Eine Auszubildende notiert bei der Entgegennahme einer Bestellung eine falsche Bestellmenge.

c Eine Verkäuferin verkauft unabsichtlich eine Imitation als echten Goldschmuck.

d Ein Jugendlicher verkauft seinem Freund eine schon mehrfach abgespielte Blu-Ray-Disc als neu.

e Ein Hausierer droht einer älteren Frau Gewalt an und nötigt sie so zum Kauf von zehn Postkarten für 29,00 €.

Aufgabe 8
Recherchieren Sie in Ihrem Umfeld, mit welchen Vertragsarten Sie gelegentlich oder häufig konfrontiert werden.

a in Ihrem privaten Umfeld

b in Ihrem Ausbildungsunternehmen

Aufgabe 9

Recherchieren Sie mithilfe der in der Fachkunde enthaltenen Übersicht zu den Vertragsarten, welche Verträge Ihnen in folgenden Situationen begegnen können.

a Unterhalt eines Girokontos bei der Bank
b Abschluss einer Kfz-Kasko-Versicherung
c Aufnahme eines Verbraucherdarlehens zur Finanzierung eines Autos durch eines Ihrer Familienmitglieder
d Weiterbeschäftigung in Ihrem Ausbildungsunternehmen nach erfolgreich abgelegter Abschlussprüfung

Aufgabe 10

Beurteilen Sie die folgenden Rechtsgeschäfte und begründen Sie Ihre Entscheidung.

Rechtsgeschäft	gültig	nichtig	anfechtbar	Begründung
1 Klaus Ziegler sagt während eines Verkaufsgesprächs zu einem Kunden: „Diese Bohrmaschine bekommen Sie bei uns wirklich für einen Appel und ein Ei." Der Kunde möchte daraufhin mit einem Apfel und einem Ei bezahlen.	☐	☐	☐	
2 Die vierjährige Lucca verkauft ihren Puppenwagen für 5,00 €.	☐	☐	☐	
3 Regina Pech kauft einen Gebrauchtwagen. Bei der ersten Inspektion stellt die Werkstatt fest, dass es sich um einen Unfallwagen handelt. Im schriftlichen Kaufvertrag wurde das Fahrzeug als unfallfrei erklärt.	☐	☐	☐	
4 Frau Pingel tippt ihr Testament, damit es gut lesbar ist, mit der Schreibmaschine ab und unterschreibt es eigenhändig.	☐	☐	☐	
5 Kunde Maus kauft einen PC ohne schriftlichen Vertrag. Nach drei Monaten stellt sich heraus, dass er für seine Zwecke einen viel zu kleinen Arbeitsspeicher gewählt hat.	☐	☐	☐	
6 Der Verkäufer Klaus Ziegler versendet an einen Kunden ein schriftliches Angebot für Schlagbohrmaschinen. Versehentlich schreibt er als Angebotspreis 255,99 € statt 299,55 €.	☐	☐	☐	

Lernsituation 17

FK → LF 1 Kapitel 8.6

Vertragsarten unterscheiden können

Mia Klein absolviert seit drei Monaten ein Praktikum bei der Fly Bike Werke GmbH. Ihre große Leidenschaft ist das Reiten. Von ihrer Praktikumsvergütung hat sie jeden Monat einen Teil zurückgelegt, um sich endlich „richtige“ Reitstiefel aus Leder kaufen zu können. Im Geschäft kosten solche Stiefel ein kleines Vermögen, aber im Internet hat sie ein echtes „Schnäppchen“ gefunden.

+

Eingestellt in Kategorie: Sport > Reit- & Fahrsport > Reitstiefel & Zubehör > Reitstiefel

Mit Mauszeiger zoomen

Lederreitstiefel Jinete, GR 38, NEU

Artikelzustand: Neu im Karton
Restzeit: 1T 11Std
Dienstag, 21:24
Sofortkaufpreis: EUR 99,00

Sofortkauf

Versand aus Deutschland

Versandkosten: EUR 6,99

Käuferschutz
Sie erhalten den bestellten Artikel oder bekommen Ihr Geld zurück.

Mehr erfahren
Angaben zum Verkäufer
marion123 (34★)
100 % positive Bewertungen

Verkäufer speichern
Weitere Artikel ansehen
Verkäufer kontaktieren

Angemeldet als privater Verkäufer; verbraucherschützende Vorschriften, die sich aus EU-Verbraucherrecht ergeben, finden daher keine Anwendung.
Mehr erfahren

Bevor ihr jemand zuvorkommen kann, klickt Mia auf den Sofortkauf-Button. Noch am gleichen Tag erhält sie eine Bestätigungsmail der Verkäuferin. Mia überweist von ihrem Schülergirokonto die 99 € plus 6,99 € Versandkosten auf das in der Mail angegebene Konto. Und tatsächlich trifft schon nach drei Tagen ein Paket mit den Stiefeln ein.

Doch leider wollen ihr die Stiefel so gar nicht passen. Oben sind die Stiefel viel zu weit und an den Zehen drücken sie. „Ach, macht doch nichts!“, denkt sich Mia. „Einfach wieder einpacken, zurückschicken und weitersuchen. War ja im Internet bestellt. Da kann man doch alles zwei Wochen lang zurückgeben.“

Gesagt, getan. Umso größer ist ihr Entsetzen, als sie die nachstehende E-Mail der Verkäuferin (siehe nachfolgende Seite) erhält. Mia kann kaum glauben, was sie da liest. Keine Stiefel, aber mehr als die Hälfte des mühsam gesparten Geldes verloren? Ist das rechtens?

An: miaklein@gmail.comx

Von: marionpferdefreundin@gmx.dex

Betreff: Deine Rücksendung Reiterstiefel Jinete GR 38

Liebe Mia,
die Reitstiefel habe ich wie von Dir bestellt geschickt. Die Stiefel sind nicht getragen und tadellos in Ordnung. Deine grundlose Rückgabe kann ich also nicht akzeptieren. Ausnahmsweise bin ich bereit, die Stiefel freiwillig zurückzunehmen. Die Hälfte des Kaufpreises und die Versandkosten behalte ich aber als Entschädigung für meinen Aufwand ein. Bitte schreibe mir eine E-Mail mit Deiner Kontonummer.
Ich hoffe auf Dein Verständnis.
Reiterliche Grüße
Deine Marion

1 Prüfen Sie, ob zwischen Mia und der Verkäuferin ein wirksamer Vertrag zustande gekommen ist. Wenn ja, um welche Art von Vertrag handelt es sich dabei genau? Begründen Sie Ihre Einschätzung.

2 Prüfen Sie außerdem, ob Mia ein Recht auf Rückgabe der Stiefel hatte. Oder hat die Verkäuferin recht und darf die Hälfte des Kaufpreises behalten? Begründen Sie auch hier Ihre Einschätzung.

3 Formulieren Sie fünf Hinweise, worauf Verbraucher beim Kauf im Internet unbedingt achten sollten.

Arbeitsblatt 17.1 Vertragsarten (Blatt 1 von 2)

Ergänzen Sie die Lücken in der nachfolgenden Übersicht mithilfe der unten stehenden Begriffe.

Kaufvertrag	Fernabsatzvertrag	Leihvertrag
Die Vertragspartner heißen: …………………… und Verkäufer	Die Vertragspartner heißen: …………………… (= Käufer) und Unternehmer (= ……………………).	Die Vertragspartner heißen: Entleiher und …………………….
Der Vertrag kommt zustande durch: zwei übereinstimmende ……………………, die keine bestimmte Form haben müssen.	Der Vertrag kommt zustande durch: zwei übereinstimmende Willenserklärungen, die ausschließlich durch …………………… abgegeben wurden.	Der Vertrag kommt zustande durch: zwei übereinstimmende Willenserklärungen, die keine bestimmte …………………… haben müssen.
Wesentliche Vertragsinhalte sind: Der Verkäufer übergibt dem Käufer die gekaufte …………………… und überträgt das ……………………. Der Käufer bezahlt dem Verkäufer den vereinbarten …………………….	Wesentliche Vertragsinhalte sind: Der Verkäufer …………………… die gekaufte Sache an den Käufer. Der Käufer …………………… dem Verkäufer den vereinbarten Kaufpreis. (Auch Selbstabholung und …………………… sind möglich.)	Wesentliche Vertragsinhalte sind: Der Verleiher überlässt dem Entleiher die Sache zum ……………………. Der Entleiher ist zur …………………… genau dieser Sache verpflichtet, nicht aber zur …………………… eines Entgelts.

Barzahlung – Eigentum – Fernkommunikationsmittel – Form – Gebrauch – Käufer – Kaufpreis – Rückgabe – Sache – sendet – Verbraucher – Verkäufer – Verleiher – verschickt – Willenserklärungen – Zahlung

Arbeitsblatt 17.1 Vertragsarten (Blatt 2 von 2)

Ergänzen Sie die Lücken in der nachfolgenden Übersicht mithilfe der unten stehenden Begriffe.

Kreditvertrag	Werkvertrag	Mietvertrag
Die Vertragspartner heißen: Kreditnehmer und ………………	Die Vertragspartner heißen: ……………… und Unternehmer.	Die Vertragspartner heißen: Mieter und ………………
Der Vertrag kommt zustande durch: ……………… Ist der Kreditnehmer ein Verbraucher und der Kreditgeber ein Unternehmer, muss der Kreditvertrag ……………… abgeschlossen werden. Ein ……………… Kreditvertrag kann auch mündlich abgeschlossen werden.	Der Vertrag kommt zustande durch: zwei übereinstimmende Willenserklärung, die keine bestimmte Form haben müssen. Ein in vielen Branchen typischer ……………… genügt.	Der Vertrag kommt zustande durch: zwei übereinstimmende Willenserklärungen, die grundsätzlich auch mündlich erfolgen können. Mietverträge über ……………… sollten aber unbedingt schriftlich abgeschlossen werden.
Wesentliche Vertragsinhalte sind: Der Kreditgeber stellt dem Kreditnehmer einen bestimmten ……………… zur Verfügung. Der Kreditnehmer muss die vereinbarten ……………… zahlen und den Kreditbetrag zurückzuerstatten, wenn dieser fällig ist.	Wesentliche Vertragsinhalte sind: Der Unternehmer verpflichtet sich, ein bestimmtes Werk (= ein Sachgut oder eine ………………) zu erstellen. Der Besteller muss die vereinbarte ……………… bezahlen.	Wesentliche Vertragsinhalte sind: Der Vermieter überlässt dem Mieter die ……………… zum Gebrauch. Der Mieter ist verpflichtet, dem Vermieter die vereinbarte ……………… zu zahlen.

Besteller – Dienstleistung – Geldbetrag – Handschlag – Kreditgeber – Miete – Mietsache – privater – schriftlich – Vergütung – Vermieter – Wohnraum – Zinsen

Aufgaben

Aufgabe 1

Betreiber von Onlineshops sind verpflichtet, eine ordnungsgemäße „Widerrufsbelehrung“ einzustellen. Recherchieren Sie,

a was man unter einer Widerrufsbelehrung versteht und
b welche Rechtsfolgen eine fehlende oder nicht ordnungsgemäße Widerrufsbelehrung hat.

Notieren Sie die Ergebnisse Ihrer Recherche.

Aufgabe 2

Ergänzen Sie die nachfolgenden Sätze mit vier der folgenden Wörter:

1 Verbraucher
2 Unternehmer
3 Besitz
4 Eigentum
5 Ertrag
6 Entgelt

a Ein Fernabsatzvertrag liegt nur dann vor, wenn der Käufer ein Verbraucher und der Verkäufer ein ... ist.
b Bei einem Leihvertrag ist kein ... zu zahlen.
c Durch Übergabe erhält der Käufer das ... an der gekauften Sache.
d Bei einem Pachtvertrag darf der Pächter den ... aus der gepachteten Sache behalten.

Aufgabe 3

Kreuzen Sie zutreffende Aussagen an.

a ☐ Ein Darlehensvertrag kann nur schriftlich abgeschlossen werden.
b ☐ Ein Vertrag kommt immer durch zwei übereinstimmende Willenserklärungen zustande.
c ☐ Die Vertragspartner haben das Recht, einen Vertrag nach ihren Wünschen zu gestalten.
d ☐ Ein über das Internet oder per Telefon abgeschlossener Vertrag kann stets innerhalb von zwei Wochen widerrufen werden.
e ☐ Wer sich eine Sache leiht, muss dem Verleiher eine Leihgebühr bezahlen.
f ☐ Soll ein Dienstvertrag fristlos gekündigt werden, muss ein besonderer Grund vorliegen.
g ☐ Arbeitsverträge müssen immer schriftlich abgeschlossen werden.

Aufgabe 4

Der Pkw von Herrn Müller macht beim Fahren „so komische Klopfgeräusche“. Er bringt den Wagen zur Reparatur in eine Kfz-Werkstatt. Der Werkstattmeister vermutet ein defektes Radlager und schlägt dessen Austausch vor. Herr Müller willigt ein.

a Prüfen Sie, welche Art von Vertrag Herr Müller und der Betreiber der Kfz-Werkstatt abgeschlossen haben. Beschreiben Sie die jeweiligen Pflichten der Vertragsparteien.
b Das Radlager wurde ordnungsgemäß ausgetauscht, aber das Klopfen ist immer noch zu hören. Der Werkstattbetreiber verlangt trotzdem 890,00 Euro für die Reparatur. Zu Recht? Begründen Sie Ihre Einschätzung.

Aufgabe 5

Ordnen Sie die folgenden Vertragsinhalte den unten genannten Vertragsarten zu.

1 Überlassung von Geld gegen Zinsen und spätere Rückgabe des gleichen Geldbetrags
2 Überlassung einer Sache zum Gebrauch gegen Geldzahlung
3 Überlassung von Ware gegen Ware
4 Überlassung einer Sache zum Gebrauch ohne Entgelt
5 Überlassung von Ware gegen Geld

a ☐ Tausch
b ☐ Leihe
c ☐ Kauf
d ☐ Darlehen
e ☐ Miete

Lernsituation 18

FK → LF 1 Kapitel 9.1–9.3

Grundlagen des Handelsrechts anwenden

Seit Tagen freut sich Esra darauf, dass es endlich Samstag wird: Denn dann trifft sie ihre alten Schulfreundinnen nach langer Zeit wieder.

Sie haben sich viel zu erzählen und kommen schnell ins Gespräch, was jede von ihnen nun beruflich macht.

Esra: „Das klingt total spannend, Simone. Aber du warst schon immer so kreativ."

Iman: „Aber jetzt erzähl, Esra, wie läuft denn dein Laden? Beim letzten Treffen warst du gerade dabei, ihn neu zu eröffnen."

Esra: „Oh, seitdem hat sich so viel getan. Der Laden ist richtig schön geworden und durch die Lage bin ich für meine Stammkunden prima zu erreichen."

Simone: „Da hast du doch sicher auch viel zu tun, oder führst du mittlerweile einen eigenen Mitarbeiterstamm?" (lacht)

Esra: „Nein, ich führe meinen Laden ganz allein; und ja, es ist viel Arbeit, die aber auch sehr viel Freude bereitet, und dann merkt man gar nicht, wie schnell der Arbeitstag vergeht. Wie findet ihr überhaupt meinen Namen: Schere und Style Boutique by Esra?"

Iman: „Wow, richtig cool, Esra!"

Simone: „Aber sag mal, hast du Pläne für deinen Laden?"

Esra: „Es wäre prima, wenn die Umsätze so bleiben würden. Monatlich erwirtschafte ich etwa 16.500,00 € und kann davon alle Kosten decken und privat auch gut leben. Viele andere Existenzgründer eröffnen ja dann gleich weitere Filialen, aber das möchte ich gar nicht."

Simone: „Hört sich gut an. Aber eines wundert mich: als Einzelunternehmer, dachte ich, bist du bei der Namenswahl nicht so frei und da müsse immer dein bürgerlicher Name enthalten sein."

Iman: „Ja, davon habe ich auch gehört. Ich war letztens auf einer Veranstaltung für Existenzgründer und dort wurde das auch so erzählt, soweit ich mich erinnere. Und dass man da aufpassen müsse, dass man nicht als Kaufmann wahrgenommen wird. Das kann schnell negative Auswirkungen und auch viel strengere gesetzliche Pflichten nach sich ziehen. Aber du könntest dich natürlich auch direkt als Kaufmann registrieren lassen."

Esra: „Hmm, danke, dass ihr mir das sagt. Ich betrachte mich nur als Gewerbetreibende, aber ich werde mich gleich morgen noch einmal erkundigen, damit ich da keine bösen Überraschungen erlebe."

1 Verschaffen Sie sich einen Überblick über die Situation.

2 Prüfen Sie die angesprochenen rechtlichen Aspekte und formulieren Sie für Esra eine Empfehlung zur Wahl einer Kaufmannseigenschaft. Halten Sie Ihre Überlegungen in Arbeitsblatt 18.1 fest.

Arbeitsblatt 18.1 Analyse und Anpassung der rechtlichen Situation (Blatt 1 von 2)

Kurzbeschreibung der Situation			
Zu klärende Aspekte			
Prüfung der Kaufmannseigenschaft	Istkaufmann	Kannkaufmann	Formkaufmann
Voraussetzung(en)			
Entscheidung	[ ] (Klein)Gewerbetreibender [ ] ....kaufmann: Begründung		

Arbeitsblatt 18.2 Analyse und Anpassung der rechtlichen Situation (Blatt 2 von 2)

Empfehlung	
Prüfung auf Verwendung einer Firma	
Eintragung in ein öffentliches Register	[ ] kein Registereintrag [ ] Handelsregister, Abteilung …………………… [ ] Gesellschaftsregister Begründung

Aufgaben

Aufgabe 1
Begründen Sie, welche Kaufmannseigenschaft Ihr Ausbildungsbetrieb besitzt.

Aufgabe 2
Begründen Sie für die folgenden Unternehmen, um welche Kaufmannsart es sich jeweils handelt.

a Fly Bike Werke GmbH, 40 Beschäftigte, ca. 7 Mio. € Jahresumsatz
b Großkino in Berlin mit 20 Beschäftigten, 2,5 Mio. € Jahresumsatz
c Zeitungskiosk in der Innenstadt von München
d Holzelemente GmbH mit einem Gesellschafter und ohne Mitarbeiter
e Arztpraxis Dr. Kasimir Erbmüller
f Biobauernhof „Grüne Wiese"
g Software Beratung und Implementation e. K., keine Mitarbeiter, 85.000,00 € Jahresumsatz
h Sie nach Abschluss Ihrer Ausbildung

Aufgabe 3
Ein Bekannter von Ihnen hat einen Dog-Shop eröffnet und behauptet, er sei Nichtkaufmann. Erläutern Sie, was das bedeutet.

Aufgabe 4
Ein Freund von Ihnen berichtet, dass er in einer der letzten Klassenarbeiten Punkteabzug für folgende Formulierung erhalten hat: „Jede Firma startet mit einer Idee. Durch entsprechende Leistung und Wachstum wird die Firma größer und ...". Wie antworten Sie in diesem Fall?

Aufgabe 5
Begründen Sie für die folgenden Beispiele, um welche Art von Firma es sich handelt.

a Bürogroßhandel GmbH
b Werner Elektro KG
c Happy Cows e. K.
d Kalenderdruck Max Maler e. K.
e Rudi Grau und Wilma Enhaft OHG

Aufgabe 6
Johanna Lindner betreibt die Modeboutique „Lindner Moden e. Kfr." in der Würzburger Innenstadt. Aus Altersgründen verkauft sie das Geschäft an eine langjährige Mitarbeiterin, Jeannette Goldig. Frau Goldig möchte das Geschäft unter der bisherigen Bezeichnung fortführen, da es darunter bekannt geworden ist. Erläutern Sie Frau Goldig die rechtliche Situation hierzu.

Aufgabe 7
Das Unternehmen Kalenderdruck Max Maler e. K. passt aufgrund der Marktentwicklung sein Sortiment an und produziert und vertreibt künftig nur noch Visitenkarten. Begründen Sie, ob die Firma beibehalten werden darf.

Aufgabe 8
Im Internet finden Sie die beiden Seiten handelsregister.de und unternehmensregister.de. Stellen Sie die jeweils dort hinterlegten Informationen einander gegenüber.

Aufgabe 9
Recherchieren Sie im Unternehmensregister, welche Informationen über Ihr Ausbildungsunternehmen öffentlich zugänglich sind.

Aufgabe 10
Entscheiden Sie bei den folgenden Aussagen, ob sie richtig oder falsch sind. Korrigieren Sie falsche Aussagen.

a Nur derjenige mit einem berechtigten Interesse darf Einsicht in das Handelsregister nehmen.
b Jede Änderung im Handelsregister muss veröffentlicht werden.
c Unternehmen mit einem Jahresumsatz von mehr als 100.000,00 € gelten als Kaufmann nach dem HGB.
d Das Handelsgesetzbuch gilt für alle Gewerbetreibenden in vollem Umfang.
e Eduard Wegener gründete als einziger Gesellschafter die Wegener GmbH. Im letzten Geschäftsjahr konnte er einen Umsatz von 20.000,00 € erzielen. Demnach gilt die Wegener GmbH als Kaufmann nach dem Handelsrecht.
f Die Firma muss stets einen Zusatz enthalten, der Auskunft über den Gegenstand des Unternehmens gibt.

Aufgabe 11
Ordnen Sie die folgenden Informationen dem Register zu, in das sie eingetragen werden müssen.

1 Handelsregister Abteilung A
2 Handelsregister Abteilung B
3 Gesellschaftsregister

a Erteilung einer Prokura durch einen Einzelunternehmer
b Gründung einer rechtswirksamen Gesellschaft bürgerlichen Rechts
c Berufung eines neuen Vorstands einer Aktiengesellschaft
d Änderung des Geschäftssitzes einer eingetragenen GbR
e Aufnahme eines weiteren OHG-Gesellschafters
f Erhöhung des Grundkapitals durch Ausgabe neuer Aktien

Aufgabe 12
Im Rahmen Ihrer Tätigkeit liegt Ihnen folgender Auszug *(aus didaktischen Gründen gekürzt)* aus dem Handelsregister vor. Welche Informationen können Sie daraus entnehmen?

Amtsgericht München		**Ausdruck Handelsregister B** **Abruf vom 27.03.20XX, 17:08**			**HRB 385728 B**	
Nummer der Eintragung	a) Firma b) Sitz, Niederlassung, inländische Geschäftsanschrift, empfangsberechtigte Person, Zweigniederlassungen c) Gegenstand des Unternehmens	Grund- oder Stammkapital	a) Allgemeine Vertretungsregelung b) Vorstand, Leitungsorgan, geschäftsführende Direktoren, persönlich haftende Gesellschafter, Geschäftsführer, Vertretungsberechtigte und besondere Vertretungsbefugnis	Prokura	a) Rechtsform, Beginn, Satzung oder Gesellschaftsvertrag b) Sonstige Rechtsverhältnisse	a) Tag der Eintragung b) Bemerkungen
1	**2**	**3**	**4**	**5**	**6**	**7**
1	a) Süddeutscher Schulbuchverlag GmbH b) München Geschäftsanschrift: Alte Ritterstraße 5c, 81245 München c) Die Herstellung und Vermarktung von Verlagserzeugnissen aller Art, jeder Form und jeden Mediums sowie die Aus- und Verwertung von Verlagsrechten (...)	2.000.000,00 EUR	a) Ist ein Geschäftsführer bestellt, so vertritt er die Gesellschaft allein. Sind mehrere Geschäftsführer bestellt, wird die Gesellschaft gemeinschaftlich durch zwei Geschäftsführer oder durch einen Geschäftsführer in Gemeinschaft mit einem Prokuristen vertreten. b) Geschäftsführer: Stelte Theo, *17.03.20XX, München	Kömer, Iman, *22.08.20XX, Nürnberg	a) Gesellschaft mit beschränkter Haftung Gesellschaftsvertrag vom 01.03.20XX	a) 21.03.20XX Michael Mahn
...	...	...	...	...	...	...

Lernsituation 19

FK ▯ → LF 1 Kapitel 9.4

Vollmachten im Handelsrecht unterscheiden

Heute ist bei der Fly Bike Werke GmbH wieder viel los und trotzdem weiß jeder Mitarbeiter, was er oder sie zu tun hat. Werfen wir einen Blick ins Getümmel ...

Frau Lai aus der EDV-Abteilung bittet Jenny Liu, für sie ein Paket mit Ersatzteilen bei der Post abzuholen.

Aus den Daten der Lagerbuchhaltung entnimmt Frau Nemitz, dass eine bestimmte Reifenart zur Neige geht. Sie veranlasst daher eine Bestellung beim Lieferanten, damit die Produktion nicht ins Stocken gerät.

An ihrem Schreibtisch plant Frau Rother aus der Produktion gerade den Einsatz der Mitarbeiter, da aufgrund von Krankheit einige in den kommenden Tagen ausfallen. Kurz danach hat sie einen Vertreterbesuch, der ihr neuartige Reifenmodelle für E-Bikes vorstellt. Sie ist davon sehr begeistert und bestellt direkt beim Vertreter eine Testmenge von 50 Reifen.

Der Abteilungsleiter Cem Samet aus dem Verwaltungsbereich soll künftig Frau Nowak in übergreifenden Aufgaben unterstützen und entlasten. Die hierfür notwendige Vollmacht berechtigt ihn zusammen mit Frau Nowak u. a., Verträge abzuschließen. Nach einer Bewährungsphase soll er dann alleine zeichnungsberechtigt sein. Dabei darf Frau Nowak nicht vergessen, die Vollmacht nach Erteilung noch ins Handelsregister eintragen zu lassen.

Als Frau Linden nach ihrer Mittagspause zurückkommt, wird sie von einem Paketzusteller abgefangen, der ihr ein Paket für die Marketing-Abteilung in die Hände drückt und wieder losfährt. Sie nimmt es mit und gibt es bei Jan Sales ab, der sich aber über das klirrende Geräusch aus dem Paket wundert.

1 Verschaffen Sie sich zunächst einen Überblick über die Situationen.

2 Prüfen Sie für die dargestellten Situationen, welche Vollmacht die Mitarbeiter jeweils besitzen und ob ihre Handlungen damit in Ordnung waren. Nutzen Sie hierzu das Arbeitsblatt 19.1.

3 Lesen Sie den Fachartikel durch. Welche Konsequenzen ergeben sich für die Fly Bike Werke GmbH bzw. die Mitarbeiter, wenn Vollmachten nicht richtig erteilt werden? Halten Sie Ihre Ergebnisse in Arbeitsblatt 19.1 fest.

Vollmachten im Handelsrecht unterscheiden

In Unternehmen werden täglich eine Vielzahl von Rechtshandlungen vorgenommen, sei es beim Einkauf von Waren, dem Verkauf der eigenen Produkte und Dienstleistungen oder bei der Einstellung von Personal. All dies ist unproblematisch, wenn die Mitarbeiter hierfür auch entsprechende Vollmachten besitzen und das Unternehmen nach außen vertreten dürfen.

Das Aufgabengebiet einer jeden Stelle im Unternehmen umfasst unterschiedliche Tätigkeiten, für die der Mitarbeiter im Regelfall mit einer Artvollmacht ausgestattet ist. Hat er zudem regelmäßigen Kontakt bspw. mit Kunden oder Lieferanten, so ist er bevollmächtigt, im Namen des Unternehmens vertragliche Verpflichtungen einzugehen, z. B. in Form von Kaufverträgen. Er vertritt damit die Geschäftsleitung nach außen und handelt in ihrem Sinne.

Mit der Vergabe von Vollmachten legt die Geschäftsführung auch Zuständigkeiten bei einzelnen Rechtshandlungen fest. Geschäftspartner möchten einerseits wissen, wer für sie zuständig ist, und andererseits auch davon ausgehen können, dass geschlossene Verträge wirksam zustande kommen.

Handelt ein Mitarbeiter jedoch ohne entsprechende Vollmacht, kann ein Geschäftspartner im Regelfall dennoch von der Gültigkeit geschlossener Verträge ausgehen. Eine fehlende Vertretungsbefugnis wird in diesem Fall durch Rechtsschein ersetzt, d. h. das Handeln des Mitarbeiters hat den Anschein vermittelt, er habe auch die dafür notwendige Vollmacht erhalten. Aber Achtung: Dies gilt nur dann, wenn der Geschäftspartner in schutzwürdiger Weise auf das Vorhandensein einer Vollmacht vertrauen durfte.

Bei Vorliegen eines solchen Rechtsscheins können zwei Vollmachtsarten unterschieden werden: die **Duldungs-** und die **Anscheinsvollmacht**.

Bei einer Duldungsvollmacht hat die Geschäftsführung keine Vollmacht erteilt. Das Handeln des Mitarbeiters wird jedoch von ihr geduldet, so als wäre er dafür bevollmächtigt worden. Von einer solchen Vollmacht kann bereits bei erstmaligem Handeln des Mitarbeiters ausgegangen werden.

Um eine Anscheinsvollmacht handelt es sich dann, wenn die Geschäftsleitung vom Handeln des Mitarbeiters keine Kenntnis hatte. Die Geschäftsleitung kann daher das Handeln auch nicht dulden. Hätte sie bei pflichtgemäßer Sorgfalt von diesem Umstand erfahren, hätte sie das Handeln verhindern müssen (fahrlässige Unkenntnis). Eine Anscheinsvollmacht entsteht in der Praxis erst bei wiederholtem oder dauerhaftem Handeln des Mitarbeiters.

Für Geschäftspartner sind eine Anscheins- oder Duldungsvollmacht im Regelfall nicht erkennbar. Ist der Geschäftspartner also gutgläubig und damit ohne Kenntnis der fehlenden Vollmacht, kann er sich auf das geschlossene Rechtsgeschäft berufen. Es ist damit für beide Unternehmen bindend.

Für den Mitarbeiter können sich aus seinem Handeln ohne Vollmacht unter Umständen Schadenersatzansprüche gegenüber dem eigenen Unternehmen ergeben, insbesondere wenn es sich um eine Anscheinsvollmacht handelt. Denn der Mitarbeiter hat dann ohne rechtliche Grundlage gehandelt.

Das Unternehmen kann möglicherweise das geschlossene Rechtsgeschäft anfechten und so rückgängig machen. Allerdings dürften damit oftmals Auswirkungen auf das Image oder die Geschäftsbeziehung zum anderen Unternehmen die Folge sein. Denn solch eigenmächtiges Agieren von Mitarbeitern und das Fehlen von Vollmachten können schnell von einer schlechten Organisation zeugen.

Aus diesem Grund ist es wichtig, aufseiten der Mitarbeiter eventuelle Unklarheiten über die eigenen Befugnisse zu beseitigen und gleichzeitig Zuständigkeiten und Verantwortlichkeiten klar zu regeln. Daraus folgt, dass Vollmachten eindeutig festgelegt und kommuniziert werden. Sie sollten schriftlicher Bestandteil einer jeden Stellenbeschreibung sein und regelmäßig auf Aktualität überprüft werden. Damit kann im Streitfall eine Vollmachtserteilung sowohl bewiesen als auch widerlegt werden.

In Urlaubs- oder Krankheitssituationen ist es wichtig, dass das Unternehmen weiterhin handlungsfähig bleibt. In diesen Fällen ist oftmals die Weitergabe einer Vollmacht als Untervollmacht sinnvoll. Dies sollte aber, wie die Vollmacht selbst, auch klar geregelt und bekannt gemacht werden.

Den Umfang einer Vollmacht kann die Geschäftsleitung ebenfalls aktiv gestalten und einerseits den Bevollmächtigten alleine zum Handeln oder nur zusammen mit einer weiteren Person (z. B. Prokurist oder Geschäftsführung) bevollmächtigen. In der Praxis gestaltet sich ein solches Vieraugenprinzip häufig so, dass der Bevollmächtigte die Rechtshandlung vorbereitet und eine weitere Person sie dann gegenzeichnet.

Wie sich gezeigt hat, kommen Vollmachten in Unternehmen in vielfältiger Form vor. Um hier den Überblick zu gewährleisten, sollte eine aktuelle Übersicht über die erteilten Vollmachten sowohl den Mitarbeitern und als auch den Geschäftspartnern zur Verfügung gestellt werden. Letztere erhalten damit auch direkt ihren jeweiligen Ansprechpartner mitgeteilt.

Quelle: Autorentext

Arbeitsblatt 19.1 Analyse der beobachteten Vorgänge und möglicher Konsequenzen

Mitarbeiter	Kurzbeschreibung der Situation	Vollmacht und Begründung	Mögliche Probleme und Konsequenzen

Aufgaben

Aufgabe 1
Recherchieren Sie in Ihrem Ausbildungsbetrieb, welche Arten von Prokura erteilt wurden. Stellen Sie Besonderheiten und/oder Gemeinsamkeiten mit den anderen Ausbildungsbetrieben in Ihrer Klasse fest.

Aufgabe 2
Die Inhaberin Elfriede Bruhle möchte einem ihrer langjährigen Mitarbeiter Prokura erteilen. Dadurch soll er sie bei Geschäften im Alltag unterstützen, wobei dies nur auf Geschäfte mit Kunden und Lieferanten begrenzt sein soll. Damit kann sich Frau Bruhle auf andere Tätigkeiten im Rahmen der Geschäftsführung konzentrieren.

a Erläutern Sie, ob die beabsichtigte Prokuraerteilung passend für diese Situation ist.
b Begründen Sie einen alternativen Vorschlag für Frau Bruhle.
c Erläutern Sie Frau Bruhle, weshalb die von Ihnen in b) vorgeschlagene Vollmacht vorteilhafter als eine Prokura sein kann.

Aufgabe 3
Bei der Kraxlmeier Automobile AG betreut Serkan Kemer bislang die süddeutschen Großkunden. Mit Beginn des nächsten Quartals wird er zum Prokuristen ernannt und soll sich federführend um den nationalen Kundenbereich kümmern. Vertraglich wird mit ihm jedoch vereinbart, dass er u. a. nur bis zu 20 % an Rabatt vereinbaren darf, darüber liegende Rabatte müssen durch die Geschäftsführung vorab genehmigt werden.

a Serkan Kemer konnte durch sein Verhandlungsgeschick einen neuen Kunden gewinnen, der aber auf eine Preisreduzierung von 25 % besteht. Herr Kemer willigt ein und schließt den entsprechenden Vertrag. Beurteilen Sie die Gültigkeit des Vertrags.
b Diskutieren Sie die Sinnhaftigkeit von solchen vertraglichen Beschränkungen mit Pro- und Kontra-Argumenten.

Aufgabe 4
Die Prokura von Max Müller wird am 9. Februar widerrufen und am 12. März im Handelsregister gelöscht. Die Geschäftspartner werden darüber bereits am 11. Februar schriftlich informiert. Am 10. Februar schließt Max Müller noch einen Kaufvertrag über 20.000,00 € mit einem Lieferanten ab. Begründen Sie, ob dieser Vertrag rechtswirksam ist.

Aufgabe 5
Begründen Sie für die folgenden Tätigkeiten, welche Vollmacht im Vorfeld jeweils erteilt werden muss.

a Ein Auszubildender aus der Marketing-Abteilung wird zum Kauf von Briefmarken geschickt.
b Eine Mitarbeiterin der Personalabteilung kümmert sich um eingehende Bewerbungen und führt den entsprechenden Schriftverkehr und etwaige Vorstellungsgespräche durch.
c Der Geschäftsführer bittet seinen Sekretär, Blumen für ein anstehendes Event im nah gelegenen Blumengeschäft zu kaufen.
d Die Lebensmittelfiliale eines größeren Unternehmens wird seit einiger Zeit von Beate Steigenmüller geführt.

Aufgabe 6
Aufgrund eines akuten Personalmangels wird für die Buchhaltung eine Aushilfskraft eingestellt. Die Sachbearbeiterin für das Debitorenmanagement, die hierfür eine Artvollmacht besitzt, übernimmt einen anderen Aufgabenbereich und weist daher die Aushilfskraft in das Debitorenmanagement ein und beauftragt sie damit.

a Beurteilen Sie diese Situation aus rechtlicher Sicht.
b In der Realität sind solche Situationen durchaus häufiger vorzufinden. Wie gelingt es jedoch dort, die Aufgabenzuweisung rechtlich sicher vorzunehmen?

Aufgabe 7
Entscheiden Sie bei den folgenden Vorgängen, welche davon nur vom Inhaber des Unternehmens und nicht von einem Handlungsbevollmächtigten vorgenommen werden dürfen.

a Einstellung eines Arbeiters
b Vermietung eines Bürogebäudes
c Unterschreiben der Bilanz
d Verkauf des Unternehmens
e Wechsel des Produktionsprogramms
f Aufnahme eines Gesellschafters

Aufgabe 8
Ein Auszubildender erstellt ein Angebotsschreiben für den Abteilungsleiter, der zugleich Prokurist des Unternehmens ist. Aus Gewohnheit verwendet der Auszubildende das Vollmachtskürzel „i. V.“ Bei Vorlage und Unterschriftsleistung fällt dem Abteilungsleiter dieser Fehler nicht auf und das Angebot wird verschickt. Recherchieren Sie die rechtliche Situation zu diesem Fall.

Lernsituation 20

FK → LF 1 Kapitel 10.1 und 10.2

Zur Unternehmensgründung ein passendes Personenunternehmen auswählen

Nach langer Zeit treffen Sie Ihren alten Schulfreund Sebastian wieder, der im letzten Jahr seine Ausbildung zum Grafikdesigner beendet und seitdem in einem Grafikbüro angestellt war. Sie kommen ins Gespräch ...

Sie: „Wie schön, dass wir uns wiedersehen. Die Zeit ist seit unserem letzten Treffen so schnell vergangen."
Sebastian: „Oh ja. Ich hab auf den sozialen Medien schon gesehen, dass du eine Ausbildung als Industriekaufmann begonnen hast. Das hätte ich damals auch fast gemacht, bin dann aber doch ins Kreative gegangen."
Sie: „Ich weiß noch, wie sehr du dabei hin und her überlegt hast. Aber es war ja dann doch die richtige Entscheidung. Was machst du denn jetzt genau?"
Sebastian: „Vor einiger Zeit habe ich in dem Grafikbüro gekündigt; dort war es immer die gleiche Art von Arbeit und irgendwie dann doch wenig kreativ, so wie ich es mir vorgestellt hatte. Und jetzt arbeite ich als freiberuflicher Grafiker und verkaufe meine Arbeiten online."
Sie: „Cool, du bist also selbstständig! Dann hast du ja auch ein eigenes Unternehmen, oder?"
Sebastian: „Noch nicht so wirklich. Bisher bin ich nur als Freiberufler aufgetreten, ohne Gewerbe oder so. Ich hatte ja auch nur wenige Umsätze, leider. Aber es zeichnet sich ein deutlich größerer Auftrag ab und ich sollte mir daher endlich Gedanken über eine passende Unternehmensform machen."
Sie: „Da hast du die Wahl der Qual: In der Schule haben wir verschiedene personengeführte Unternehmensformen wie das Einzelunternehmen, die OHG oder KG besprochen. Da müsste eigentlich eine für dich dabei sein."
Sebastian: „Das hört sich gut an! Mit meinen Eltern habe ich darüber auch schon gesprochen. Die wollen mich finanziell bei der Gründung unterstützen und zwischen 20.000,00 und 30.000,00 € bereitstellen. Damit könnte ich eine wirklich gute Computerausstattung kaufen und hätte zudem noch einen kleinen finanziellen Puffer für später. Aber schenken wollen sie es mir natürlich auch nicht und wenn möglich kein allzu großes Risiko dabei eingehen."
Sie: „Das ist eine spannende Überlegung, insbesondere wenn deine Eltern mit dabei sind. Dann wäre vielleicht auch eine GbR etwas für euch. Wenn du magst, überlege ich mir einen Vorschlag und schicke dir diesen heute Abend zu. Dann könnten wir morgen noch mal bei einem Kaffee drüber sprechen."
Sebastian: „Super, vielen Dank!"

1 Verschaffen Sie sich einen Überblick über die Situation.
2 Vergleichen Sie die genannten Unternehmensformen anhand verschiedener Kriterien. Nutzen Sie auch den Fachartikel zum stillen Gesellschafter, um Möglichkeiten der Kapitalbereitstellung durch die Eltern abzuwägen. Halten Sie Ihre Überlegungen im Arbeitsblatt 20.1 fest.
3 Finden Sie ein weiteres nicht zu vernachlässigendes Kriterium, das bei der Empfehlung einer Unternehmensform berücksichtigt werden sollte, und ergänzen Sie es in Arbeitsblatt 20.1. Begründen Sie Ihren Vorschlag.
4 Formulieren Sie eine begründete Empfehlung als Chat-Nachricht. Nutzen Sie dabei auch die Chance, einen passenden Namen für das Unternehmen vorzuschlagen. Verwenden Sie hierzu Arbeitsblatt 20.2.
5 Am folgenden Tag werden Sie von Sebastian gefragt, weshalb Sie die am Vortag erwähnte GbR außen vor gelassen haben. Welche begründete Antwort geben Sie ihm?

Unternehmensgründung – wenn es ohne die Familie nicht geht

Existenzgründer haben gerade in der Anfangsphase einen Korb voller Ideen und besitzen viel Tatendrang, doch mangelt es häufig am notwendigen Kapital für eine sofortige Umsetzung. Kapital lässt sich natürlich bei Banken in Form von Krediten beschaffen. Aber oftmals fehlt es an der notwendigen Kreditwürdigkeit und die Gründer möchten sich zudem nicht in eine solche fremde Abhängigkeit begeben. Hier stehen dann Eltern, Geschwister oder andere Verwandte schnell im Fokus, dem Gründer finanziell unter die Arme zu greifen.

Für Familienangehörige bestehen verschiedene Möglichkeiten, das erforderliche Kapital zur Verfügung zu stellen: eine zeitlich (un)begrenzte Überlassung des Kapitals ohne jegliche Gegenleistung, eine Bereitstellung des Kapitals als Darlehen mit einer festen Rückzahlungsverpflichtung und meist einer besseren Zinsvereinbarung als bei Banken oder sogar die Teilhabe am Unternehmen als Mitgesellschafter.

Jede Variante bringt sowohl Vor- als auch Nachteile mit sich. So kann eine feste Zins- und Rückzahlungsverpflichtung für den Existenzgründer die finanzielle Freiheit gerade in der Anfangszeit deutlich einschränken, insbesondere wenn die erwirtschafteten Erträge noch gering ausfallen. Andererseits verzichten die Kapitalgeber meist auf einen größeren Geldbetrag, den sie alternativ gewinnbringend anlegen oder für eigene Konsumzwecke verwenden könnten. Die Teilhabe als Gesellschafter beschränkt eine Zahlungsverpflichtung des Existenzgründers dahingehend, dass nur bei Gewinnerzielung eine Ausschüttung erfolgt. Gleichzeitig können die Gesellschafter aber an der Geschäftsführung und Vertretung beteiligt sein, sodass Absprachen und weitergehende Vereinbarungen hierzu notwendig sein können.

Vor diesem Hintergrund stellt die Praxis eine geeignete rechtliche Konstruktion bereit, mit der sich für den Existenzgründer verschiedene Vorteile der oben angesprochenen Varianten miteinander verbinden lassen: die Kapitalbereitstellung durch einen stillen Gesellschafter. Dabei beteiligt sich ein Kapitalgeber, der stille Gesellschafter, an einem Einzelkaufmann oder einer Handelsgesellschaft (z. B. OHG oder KG) durch Einbringen einer bestimmten Kapitaleinlage. Als Gegenleistung wird er am Gewinn und evtl. Verlust des Unternehmens beteiligt, ohne aber an der Geschäftsführung oder Vertretung teilzuhaben. Zudem steht dem Kapitalgeber weiterhin ein Rückzahlungsanspruch seiner Kapitaleinlage sowie vergleichbare Kontrollrechte wie die eines Kommanditisten zu.

Rechtlich betrachtet handelt es sich um eine Gesellschaft bürgerlichen Rechts im Innenverhältnis, die zwischen dem Existenzgründer und dem stillen Gesellschafter entsteht. Das Beteiligungsverhältnis tritt damit nach außen hin nicht in Erscheinung. Auch in der Geschäftsbezeichnung oder Firma erscheint ein stiller Gesellschafter damit nicht.

Aus steuerrechtlicher Sicht können die typische und die atypische stille Gesellschaft unterschieden werden.

Bei der typischen stillen Gesellschaft wird der Kapitalgeber nur am Erfolg des Unternehmens, also einem Gewinn oder Verlust, entsprechend den getroffenen Vereinbarungen beteiligt. Handelt es sich beim Kapitalgeber um eine natürliche Person, also ein Familienmitglied, erzielt es Einkünfte aus Kapitalvermögen und muss diese im Rahmen der Einkommensteuer versteuern. Bei Ausschüttung des Gewinns wird zudem Kapitalertragssteuer (Abgeltungssteuer) einbehalten.

Liegt hingegen eine atypische stille Gesellschaft vor, wird der Kapitalgeber auch am Zuwachs des Betriebsvermögens sowie an den stillen Reserven des Unternehmens beteiligt und ist damit Mitunternehmer. Einen erzielten Gewinn muss der stille Gesellschafter als Einkünfte aus Gewerbebetrieb versteuern. Bei Rückzahlung der Kapitaleinlage erhält er zusätzlich noch einen Anteil an der Wertentwicklung des Unternehmens ausbezahlt.

Die stille Gesellschaft bietet also eine geeignete Möglichkeit zur Kapitalbeschaffung gegenüber alternativen Formen. Folgende Aspekte sollten, wenn der stille Gesellschafter ein Familienmitglied ist, dabei beachtet werden:

- Die vertraglichen Vereinbarungen müssen einem Fremdvergleich standhalten, d. h. die Beteiligung muss so gestaltet werden, wie sie auch mit einem Dritten vorgenommen worden wäre.
- Die Kapitalbeteiligung muss ernsthaft und tatsächlich erfolgen, d. h. dass das Kapital in das Unternehmen eingezahlt werden muss.
- Bei Ausschüttung des Gewinns dürfen bestimmte Obergrenzen nicht überschritten werden, da es sich ansonsten um eine verdeckte Gewinnausschüttung im steuerrechtlichen Sinn handeln kann.

Quelle: Autorentext

Arbeitsblatt 20.1 Unternehmensformen (Personenunternehmen) vergleichen

Kriterium	Einzelunternehmen	OHG	KG
Gründungs-voraussetzungen			
Geschäftsführung und Vertretung			
Kapitalbereitstellung			
Haftung			
selbst gewähltes Kriterium			

Arbeitsblatt 20.2 Entscheidung per Chat-Nachricht mitteilen

Sebastian

Datei (gesendet): Vergleich-Unternehmensformen.docx

Sebastian schreibt ...

Aufgaben

Aufgabe 1
Stellen Sie in Ihrer Klasse fest, welcher Ausbildungsbetrieb als Personengesellschaft am Wirtschaftsleben teilnimmt.

a Vergleichen Sie die Unternehmen anhand von Gemeinsamkeiten und Unterschieden.

b Welche Gründe könnten zur Wahl der jeweiligen Rechtsform geführt haben?

Aufgabe 2
Erarbeiten Sie mögliche Gründe für die Beliebtheit der Einzelunternehmung gegenüber den Personengesellschaften.

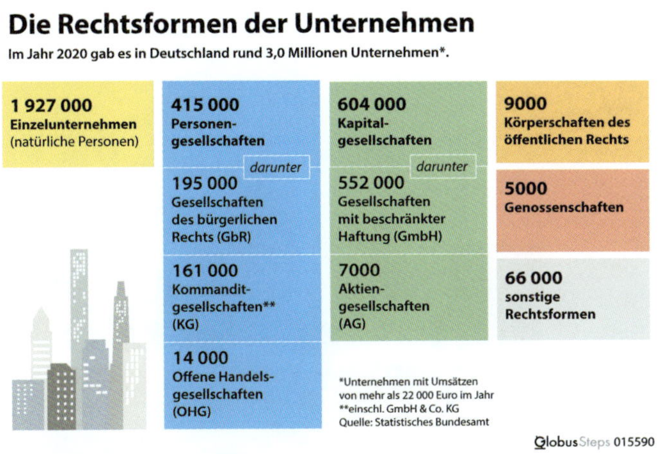

Aufgabe 3
Nach Abschluss Ihrer Ausbildung möchten Sie sich mit einer selbst entwickelten App in der Rechtsform des Einzelunternehmens selbstständig machen. Welche Herausforderungen müssen Sie dabei berücksichtigen?

Aufgabe 4
Für den Handel mit Motorradersatzteilen für Oldtimer treten die Geschwister Müller bisher als Gesellschaft mit beschränkter Haftung auf. Welche Gründe sprechen für eine Eintragung ins Gesellschaftsregister?

Aufgabe 5
Tim, Jasmina und Emre haben ihre Ausbildung vor Kurzem abgeschlossen und möchten sich mit ihrer Geschäftsidee nun selbstständig machen. Jasmina freut sich auf den Kundenkontakt und möchte sich hier einbringen. Emre ist eher der Tüftler und Ideengeber und hat es weniger im Umgang mit Kunden. Tim freut sich auf alle Tätigkeiten, die kommen werden. Das benötigte Kapital für die Gründung stellen die Eltern zur Verfügung und möchten dafür am Gewinn beteiligt werden. Begründen Sie, welche Rechtsform – OHG oder KG – besser zu diesem Vorhaben passt.

Aufgabe 6
Das Kapital einer OHG wurde durch die Gründerinnen Elisa Zimmermann (100.000,00 €) und Soraya Behrens (40.000,00 €) aufgebracht. Für die Verteilung von Gewinn und Verlust haben sie keine von der gesetzlichen Regelung abweichenden Vereinbarungen getroffen. Erläutern Sie, wie der diesjährige Gewinn von 35.000,00 € verteilt wird.

Aufgabe 7
Die Büromöbel KG hat bei einem Lieferanten einen offenen Rechnungsbetrag von 150.000,00 €, der bereits zur Zahlung fällig ist. Die liquiden Mittel der Unternehmung sind erschöpft. Die Komplementäre Timo Ahrend und Esra Özcan sowie der Kommanditist Elias Söhren sind wegen der Haftung etwas besorgt.

a Erläutern Sie die Haftungssituation gegenüber dem Lieferanten.

b Erläutern Sie, wie sich die Haftung bei einer OHG ändern würde.

Aufgabe 8
Vor einigen Jahren gründeten die Freunde Türkey und Amir gemeinsam eine OHG, mit der sie sehr erfolgreich sind. Für das geplante Wachstum des Unternehmens wird ein größerer Kapitalbedarf benötigt, den beide aber nicht ohne Weiteres aufbringen können. Daher besteht die Idee, einen weiteren Gesellschafter aufzunehmen. Erläutern Sie, ob er als OHG-Gesellschafter oder nach Umwandlung in eine KG als Gesellschafter dort aufgenommen werden soll.

Aufgabe 9
Begründen Sie, um welche Rechtsform es sich in den folgenden Beispielen handelt.

a Frau Werner beabsichtigt die Eröffnung einer Feinkosthandlung. Mit einem angesparten Kapital von 35.000,00 € richtet sie ihr Geschäft ein. Als zusätzliche Hilfe stellt sie die Verkäuferin Frau Hoyer ein. Frau Werner haftet mit ihrem Geschäfts- und Privatvermögen und trifft alle Entscheidungen allein.

b Herr Maler und Herr Schader betreiben zehn Computerfachmärkte. Herr Schader haftet mit seinem Geschäfts- und Privatvermögen, Herr Maler nur mit seiner Einlage in Höhe von 900.000,00 €.

c Herr Blitz und Herr Licht vereinbaren die Gründung eines Fotogeschäfts. Herr Blitz übernimmt die Verwaltungsarbeiten, Herr Licht den Verkauf. Beide sind bereit, auch mit ihrem Privatvermögen zu haften.

Lernsituation 21

FK → LF 1 Kapitel 10.3 und 10.4

Für das Unternehmenswachstum eine passende Kapitalgesellschaft auswählen

Nach der Unternehmensgründung von Sebastian haben Sie seine Tätigkeit und das Wachstum seines Geschäfts mitverfolgt. Er konnte seitdem einen stabilen Kundenstamm aufbauen und viele erfolgreiche Aufträge an Land ziehen.

Beim letzten Treffen erzählt Ihnen Sebastian von seinen künftigen Plänen:
- Aufgrund der Vielzahl der Aufträge und der immer größer werdenden Nachfrage nach unterschiedlichen Grafikarten möchte er zwei bis drei spezialisierte Mitarbeiter dafür einstellen.
- Bisher hat Sebastian alle digitalen Grafiken mit seinem Notebook erstellt und bearbeitet. Aber die modernen Grafikprogramme erfordern eine bestimmte Hardware und Prozessorleistung. Er möchte daher in eine neue zukunftsfähige Computerausstattung, dann auch für seine künftigen Mitarbeiter, investieren.
- Außerdem will er aus den Kellerräumen im Elternhaus raus und eigene Büroräume beziehen. Diese könnten dann auch so gestaltet werden, dass sie eine kreative Arbeit besser unterstützen.

Sebastian erzählt Ihnen außerdem, dass er die finanzielle Starthilfe seiner Eltern wieder zurückzahlen möchte. Beide wollen sich noch ein paar eigene Träume damit erfüllen. Dafür braucht er somit eine neue Kapitalquelle, aber von einer Kreditaufnahme bei einer Bank möchte er keinen Gebrauch machen. Von befreundeten Grafikern weiß er, dass oftmals die Gründung einer Kapitalgesellschaft die finanzielle Situation verbessern kann. Da kennt sich Sebastian aber leider zu wenig aus.

Außerdem beklagt er, dass – so toll sein Unternehmen auch ankommt und wächst – er viel Zeit mit organisatorischen und bürokratischen Tätigkeiten verbringt. Zeit für kreative Aufgaben vermisst er zunehmend.

Sie möchten ihn auch dieses Mal tatkräftig unterstützen und verabreden sich zu einem weiteren Treffen, bei dem Sie über die Veränderung der Rechtsform und die damit einhergehenden Kapitalbeschaffungsmöglichkeiten sprechen wollen.

1 Verschaffen Sie sich zunächst einen Überblick über die Herausforderungen, denen sich Sebastian gegenübersieht.

2 Vergleichen Sie typische Kapitalgesellschaften dahingehend, inwieweit sie für die anstehenden Veränderungen sinnvoll sind. Nutzen Sie hierfür Arbeitsblatt 21.1.

3 Formulieren Sie eine Empfehlung für Sebastian, ob und welche Kapitalgesellschaft für ihn passend ist, indem Sie stichpunktartig wichtige Argumente in Ihrer digitalen Notizapp notieren. Nutzen Sie hierfür Arbeitsblatt 21.2.

Arbeitsblatt 21.1 Kapitalgesellschaften vergleichen

Kriterium	GmbH	GmbH & Co. KG	AG
Gründungs-voraussetzungen			
Geschäftsführung und Vertretung			
Kapitalbereitstellung			
Haftung			

Arbeitsblatt 21.2 Stichpunktartige Argumente für eine Empfehlung

< Notizen Fertig

Argumente für Sebastian

Kapitalgesellschaften

Aufgaben

Aufgabe 1
Finden Sie in Ihrer Klasse heraus, welche Ausbildungsunternehmen in der Rechtsform der Aktiengesellschaft oder Gesellschaft mit beschränkter Haftung geführt werden. Vergleichen Sie diese anhand verschiedener Kriterien wie z. B. Größe, Absatzgebiet, Mitarbeiteranzahl usw.

Aufgabe 2
Recherchieren Sie über www.handelsregister.de, welche Aktiengesellschaften und Gesellschaften mit beschränkter Haftung im Umkreis Ihrer Stadt vorhanden sind und welcher Branche diese jeweils angehören. Welche Besonderheiten können Sie dabei feststellen?

Aufgabe 3
Wählen Sie eine Ihnen bekannte Aktiengesellschaft aus und besorgen sich die Tagesordnung der nächsten (oder bereits erfolgten) Hauptversammlung. Stellen Sie Vermutungen über die dort behandelten Themen an. Vergleichen Sie mit der tatsächlichen Tagesordnung.

Aufgabe 4
Die bislang als Einzelunternehmen geführte Industrieroboter Süddeutschland e. K. benötigt für ihr Wachstum eine größere Kapitalsumme. Der Inhaber möchte dies durch Umwandlung in eine Aktiengesellschaft realisieren, da er hier eine bessere Chance der Kapitalaufbringung sieht.

- **a** Beschreiben Sie, wie die Kapitalzufuhr in diesem Fall erfolgt.
- **b** Erläutern Sie die Auswirkung der Umwandlung auf die Eigentumsverhältnisse.
- **c** Beschreiben Sie die Haftungssituation der Aktionäre.
- **d** Der Inhaber der Industrieroboter Süddeutschland e. K. befürchtet nach Umwandlung einen Schwund in der Geschäftsführungs- und Vertretungsbefugnis. Klären Sie ihn diesbezüglich auf.

Aufgabe 5
Durch Ausgabe von Aktien kann sich die Aktiengesellschaft einerseits Kapital beschaffen und andererseits haben Anleger die Möglichkeit, ihr Geld ertragreich zu investieren. Wie lässt sich in diesem Zusammenhang der folgende Cartoon interpretieren?

Aufgabe 6
Die beiden Freunde Sara und Emirhan sind seit ihrem Studium der Informatik selbstständige Programmierer und Entwickler. Sie haben schon verschiedene kleinere Apps für das Lernen von Fremdsprachen und Wirtschaftsthemen veröffentlicht. Ihr Unternehmen haben sie schließlich als Unternehmergesellschaft (UG) gegründet, entgegen der ursprünglichen Idee einer GmbH.

- **a** Welche Überlegung(en) könnte(n) beide zu dieser Entscheidung geführt haben?
- **b** Langfristig möchten beide aber das Unternehmen als GmbH führen. Skizzieren Sie die weiteren Schritte dorthin.
- **c** Erläutern Sie verschiedene Aspekte, die für die Führung des Unternehmens als GmbH sprechen.

Aufgabe 7
Entscheiden Sie, welche der folgenden Aussagen zur GmbH richtig sind. Korrigieren Sie fehlerhafte Aussagen.

- **a** Das erforderliche Stammkapital kann durch Barmittel oder auch Sachgegenstände mit einem vorhandenen Wert erbracht werden.
- **b** Für die Gründung einer GmbH muss ein Handelsgewerbe betrieben werden.
- **c** Kann das Stammkapital bei Gründung nicht vollständig aufgebracht werden, müssen ersatzweise 25 % des jährlichen Jahresüberschusses als Rücklage erfasst werden.
- **d** Bei einer GmbH kann die Position der Geschäftsführung grundsätzlich auch von einem der Gesellschafter wahrgenommen werden, während die übrigen davon jedoch ausgenommen sind.
- **e** Die Gesellschafterversammlung entscheidet u. a. über die Verwendung des erwirtschafteten Gewinns und die Erteilung von Prokura.

Aufgabe 8
Prüfen Sie in den folgenden Fällen, um welche Rechtsform es sich handelt.

- **a** Fünf Hotelbesitzer im Thüringer Wald wollen eine Wellness-Badelandschaft bauen, um die Attraktivität des Feriengebiets zu erhöhen. Von den veranschlagten Kosten in Höhe von 4.000.000,00 € können sie nur 2.000.000,00 € aufbringen. Deshalb sollen sich auch andere Bewohner der Region sowie interessierte Touristen beteiligen. Der Mindestanteil beträgt 2,50 €.
- **b** Herr Göttmann, Herr Schirmer und Herr Marlowski betreiben eine Vermögensberatungsgesellschaft. Die drei Gesellschafter haften aber nur mit ihren Geschäftsanteilen von 40.000,00 €, 10.000,00 € und 50.000,00 €.
- **c** Das Automobilunternehmen Kraxlmeier AG kauft einen europäischen Konkurrenten auf und gründet zur besseren Verwaltung eine länderübergreifende Holding.
- **d** Elisabeth Espen und Patrizia Möhrenbeck haben sich vor einiger Zeit mit ihrem Modelabel selbstständig gemacht. Beide haben jeweils 5.000,00 € als Kapital eingebracht.

Lernsituation 22

FK → LF 1 Kapitel 11

Das Ausbildungsunternehmen präsentieren

An: alle Auszubildenden

Von: Ihrem Ausbildungsunternehmen

Betreff: Erstellen einer Präsentation

Liebe Auszubildende,

Sie haben nun die ersten Wochen in Ihrer Ausbildung hinter sich. Um Ihren Ausbildungsbetrieb besser kennenzulernen und Erfahrungen mit anderen Auszubildenden auszutauschen, bitten wir Sie, eine Präsentation mit dem Thema „Mein Ausbildungsbetrieb" zu erstellen. Es kann sich dabei um eine PowerPoint-Präsentation oder um eine andere geeignete Präsentationsform handeln.

Die Präsentation soll als Diskussionsgrundlage dienen und es anderen Auszubildenden (Ihren Zuhörern) ermöglichen, Ihr Ausbildungsunternehmen und Ihre Rolle im Betrieb mit der eigenen Ausbildungssituation zu vergleichen, um Unterschiede und Gemeinsamkeiten herausarbeiten zu können.

Die inhaltlichen Schwerpunkte Ihrer Präsentation bestimmen Sie selbst. Die Vortragszeit sollte 15 Minuten nicht überschreiten.

Wir freuen uns auf Ihren Vortrag!

Erstellen Sie eine Unternehmenspräsentation Ihres Ausbildungsbetriebs.

a Nutzen Sie die Strukturhilfen zur Auswahl Ihrer inhaltlichen Schwerpunkte und ergänzen Sie jeweils Ihre eigenen Ideen (Arbeitsblatt 22.1). Beschaffen Sie sich die notwendigen Informationen.

b Formulieren Sie allgemeine Regeln zur Erstellung einer Präsentation (Arbeitsblatt 22.2). Berücksichtigen Sie dabei auch den Informationstext zu PowerPoint-Präsentationen auf der folgenden Seite.

c Bereiten Sie den freien Vortrag Ihrer Präsentation vor. Notieren Sie sich dazu zunächst fünf Regeln, auf die Sie bei der Vorbereitung achten wollen.

d Im Anschluss an den Vortrag soll die Präsentation von den Zuhörern bewertet werden. Erstellen Sie dazu gemeinsam einen Bewertungsbogen (Arbeitsblatt 22.3) und geben Sie dem Vortragenden ein Feedback.

Studie beweist: PowerPoint kann peinlich sein

Die meisten Vorträge verärgern das Publikum – auch durch schlechte Folien

Washington/Berlin. **Gibt es ein größeres Folterinstrument als PowerPoint-Folien? Glaubt man einer neuen amerikanischen Studie, dann nicht. Die Präsentationssoftware aus dem Hause Microsoft hält einige Gemeinheiten für Zuhörer bereit.**

Welche Botschaft soll der Vortrag versenden? An welche Zielgruppe? Welche Inhalte werden transportiert? Diese Frage stellen sich offenbar zu wenige, bevor sie auf das Publikum losgelassen werden. Eine Studie fand heraus: Power-Point-Präsentationen mangelt es an Struktur, der „rote Faden" fehlt. „Es werden Folien erstellt, aber niemand weiß, wo der Vortragende gerade steht und was er sagen will. So wirr wie die Folien ist häufig der Vortrag. Die Zuhörer schalten ab", so Michael Fort, Leiter der Studie.

Demnach stören sich 45 Prozent der befragten Zuhörer an zu langen Sätzen, 33 Prozent an zu kleiner Schrift, 17 Prozent an völlig überfrachteten Diagrammen und gar 58 Prozent an fatalen Griffen in die Trickkiste von PowerPoint. „Nichtssagende Animationen, fliegende Texte und Grafiken. Das ist kindisch. Eine Grafik darf höchstens fliegen und flimmern, wenn ich damit eine klare Botschaft versende. Ansonsten ist das eher peinlich", so Studienleiter Fort.

„Viele Folien sind mit Bildern und bunten Animationen voll. Nur eines, dafür aber ein gutes Bild ist manchmal mehr. Dass bei Bildern die Quelle anzugeben ist, versteht sich von selbst", betont Fort.

Außerdem kritisieren die Befragten, dass zu viele unterschiedliche Farben verwendet werden und Texte daher häufig schlecht lesbar sind. Die Kombination aus blauer und roter Farbe ist besonders schlimm.

Der Forscher empfiehlt: Weniger ist manchmal mehr

„Was außerdem absolut unprofessionell ist, sind seitenweise Fließtexte auf Folien. Der Zuhörer liest die Texte und hört nicht mehr zu. Daher sollten auf Folien nur Schlagworte und auf keinen Fall ganze Texte stehen. Als Regel kann man sich merken: Maximal sieben Gliederungspunkte und maximal neun Zeilen pro Folie", erklärt Fort. „Auch die Schriftgröße spielt eine Rolle. Überschriften sollten mindestens 24 pt und Inhaltstexte mindestens 20 pt groß sein, damit diese vom Zuschauer gut gelesen werden können", so Experte Fort. Zudem sei ein einheitliches Foliendesign Pflicht. „Gerade Unternehmen sollten ein eigenes Layout als Vorlage für Folien haben. Dazu gehört auch, dass das Logo des Unternehmens in der Präsentation verwendet wird und die gewählten Farben zum Logo passen. Alles andere wirkt unprofessionell", rät der Forscher.

PowerPoint selbst sei nur ein Hilfsmittel. Es kommt auf den Inhalt an. Der muss logisch und verständlich sein. „Daher macht sich der gute Vortragende vorher einen Plan und bastelt erst dann Folien", empfiehlt Fort.

Quelle: Autorentext

Arbeitsblatt 22.1 Strukturhilfen (Blatt 1 von 2)

Inhaltliche Schwerpunkte der Präsentation „Mein Ausbildungsunternehmen“

Schwerpunkt: Unternehmensgeschichte	
Wann und von wem wurde das Unternehmen gegründet?	
Wie heißt das Unternehmen (Firma)?	
Wem gehört das Unternehmen?	

Schwerpunkt: Leistungsspektrum und Unternehmensziele	
Was wird im Unternehmen hergestellt?	
ökonomische Ziele	
soziale Ziele	

Schwerpunkt: Das Unternehmen im gesamtwirtschaftlichen Kontext	
Zu welchem Wirtschaftssektor gehört das Unternehmen?	
Welcher Branche ist es zuzuordnen?	
Welchen Standort / welche Standorte gibt es?	

Arbeitsblatt 22.1 Strukturhilfen (Blatt 2 von 2)

Schwerpunkt: Strukturen und Prozesse	
Wie ist das Unternehmen organisiert?	
Welche Abteilungen/Instanzen gibt es?	
Wie viele Mitarbeiterinnen und Mitarbeiter sind beschäftigt?	

Schwerpunkt: Meine Rolle als Auszubildende(r)	
Wer ist meine Ausbilderin / mein Ausbilder, wer meine Vorgesetzte / mein Vorgesetzter?	
Welche Abteilung werde ich durchlaufen? Welche Ansprechpartner gibt es dort?	
Was gefällt mir besonders gut? Was wird eine besondere Herausforderung?	

Schwerpunkt:	

Arbeitsblatt 22.2 Kriterien zur Präsentationsgestaltung

Welche Fehler können bei der Erstellung einer Präsentation gemacht werden?	Formulieren Sie entsprechende Regeln, um die Fehler zu vermeiden
fehlende Struktur	– auf „roten Faden“ und einheitliche Gestaltung achten, – Folien klar gliedern und mit Überschriften versehen
zu lange Sätze, Fließtexte	
schlechte Sicht, zu kleine Schrift	

Arbeitsblatt 22.3 Bewertungsbogen

Thema:	**Präsentator/-in:**

		++	+	-	--	
Inhalt	vollständig, sachlich richtig, angemessene Gewichtung von Haupt- und Nebenpunkten					unvollständig, sachliche Fehler, wichtige Punkte zu kurz, nebensächliche Punkte zu ausführlich
Struktur	roter Faden erkennbar, zielgerichtet, schlüssige Argumentation					roter Faden nicht erkennbar, Ziel nicht klar, sprunghaft in der Argumentation
Zuhörer-orientierung	Interesse der Zuhörer geweckt, spricht Zuhörer an					Nutzen für die Zuhörer nicht erkennbar, langweilig, unpassende Beispiele
Sprechweise						
Sprechtempo						
Sprache						
Blickkontakt						
Gestik/Haltung						
Visualisierung						
Medien						

Gesamteindruck:	**Verbesserungsvorschläge (Ziele für die nächste Präsentation):**

Aufgaben

Aufgabe 1

Denken Sie an Ihre bevorstehende Präsentation.

a Formulieren Sie in einem Satz Ihr Präsentationsziel möglichst konkret.

b Versetzen Sie sich in die Rolle der Zuhörer. Überlegen Sie: Wenn ich in der Haut meiner Zuhörer stecken würde,
- was würde mich interessieren,
- was würde mich überzeugen,
- was würde mich begeistern?

c Legen Sie nach dem folgenden Muster eine Tabelle an.

Hiervon will ich überzeugen	Auswirkungen auf die Zuhörer	Nutzen für die Zuhörer	So formuliere ich es
...	...	...	...
...	...	...	...

Aufgabe 2

Wählen Sie aus einer aktuellen Tageszeitung eine Überschrift als Präsentationsthema aus. Erschließen Sie dieses Thema mithilfe des 5-Fragen-Konzepts.

Aufgabe 3

Sie möchten ein Foto von einer bekannten Schauspielerin in einer öffentlichen Präsentation verwenden.
Was müssen Sie hierbei beachten?

Aufgabe 4

Was macht eine Person falsch, wenn folgende Sprichwörter während eines Vortrags auf sie zutreffen?

Aussage	Fehler
die Zähne nicht auseinander kriegen	
Du kannst mir den Buckel runterrutschen.	
jemandem die kalte Schulter zeigen	
jemanden im Auge behalten	

Aufgabe 5

Betrachten Sie das nebenstehende Bild. Welche körpersprachlichen Signale sendet die dargestellte Person aus? Beschreiben Sie die Gesamtwirkung, die von dieser Person ausgeht.

Selbsteinschätzung Lernfeld 1

Ich kann ...		Kann ich	Kann ich nicht
LS 1 Das Industrieunternehmen als Ausbildungsbetrieb kennenlernen			
1 ... die Merkmale eines Industriebetriebs in Abgrenzung zu Handel und Handwerk beschreiben.	FK Kap. 1.2		
2 ... den Ausbildungsbetrieb einem Geschäftsfeld (Industrietyp) zuordnen.	FK Kap. 1.2		
3 ... ein Spektrum der möglichen Sachleistungen und Dienste von Industriebetrieben benennen.	FK Kap. 1.2		
4 ... industrietypische Betriebsabteilungen mit ihren Aufgaben erläutern.	FK Kap. 1.2		
5 ... mögliche spätere Tätigkeiten der ausgebildeten Industriekaufleute beschreiben.	FK Kap. 1.1		
LS 2 Eine Berufsausbildung beginnen			
1 ... Merkmale der Berufsausbildung des Dualen Systems identifizieren und von anderen Ausbildungsgängen unterscheiden.	FK Kap. 1.1		
2 ... die mittelbar und unmittelbar Beteiligten und deren Einfluss auf die Ausbildungsordnung einordnen.	FK Kap. 1.3		
3 ... wichtige Festlegungen der Ausbildungsordnung für das Berufsbild der Industriekaufleute beschreiben.	FK Kap. 2.1		
4 ... wichtige zu erwerbende Kompetenzen aus den beruflichen Anforderungen herleiten.	FK Kap. 1.2 FK Kap. 2.1,1		
LS 3 Einen Ausbildungsvertrag prüfen			
1 ... einen vorhandenen Ausbildungsvertrag auf seine rechtliche Zulässigkeit gemäß BBiG prüfen.	FK Kap. 3.1 FK Kap. 3.2		
2 ... weitere Rechtsgrundlagen des Ausbildungsverhältnisses in die Prüfung einbeziehen.	FK Kap. 3.4		
3 ... die zulässige Umsetzung der Ausbildungsordnung (des Ausbildungsrahmenplans) im Ausbildungsplan prüfen.	FK Kap. 2.1.3		
LS 4 Rechte und Pflichten im Ausbildungsverhältnis kennen und beachten			
1 ... Rechte der Auszubildenden auf konkrete Betriebssituationen anwenden können.	FK Kap. 3.1.2		
2 ... Pflichten der Auszubildenden auf konkrete Betriebssituationen anwenden können.	FK Kap. 3.1.3		
LS 5 Ein Ausbildungsverhältnis beenden			
1 ... Situationen, die zur Beendigung eines Ausbildungsverhältnisses führen, feststellen.	FK Kap. 3.2		
LS 6 Arbeitsschutzbestimmungen erläutern			
1 ... die Einhaltung der Arbeitsschutzrechte anhand es Jugendarbeitsschutzgesetzes für Jugendliche prüfen.	FK Kap. 3.4.1		
2 ... diesem die Schutzrechte für volljährige Auszubildende gegenüberzustellen.	FK Kap. 3.4.1		
3 ... besondere Schutzbestimmungen für werdende Mütter nennen.	FK Kap. 3.2, 3.4.2 + 3.4.3		

Ich kann ...		Kann ich	Kann ich nicht
LS 7 Betriebliche Mitbestimmung organisieren			
1 ... das Vorliegen der organisatorischen Voraussetzungen zu einer Betriebsratswahl prüfen und feststellen.	FK Kap. 3.4.4		
2 ... die Möglichkeiten der Einflussnahme des Betriebsrats bei typischen Betriebsfragen auf Basis des Betriebsverfassungsgesetzes beschreiben.	FK Kap. 4.1		
LS 8 Die Interessen von Jugendlichen und Auszubildenden vertreten			
1 ... das Vorliegen der organisatorischen Voraussetzungen zur Wahl einer JAV prüfen und feststellen.	FK Kap. 4.6		
2 ... die Zuständigkeiten und Schutzvorschriften zu denen des Betriebsrats abgrenzen.	FK Kap. 4.6		
LS 9 Kombination der Produktionsfaktoren vergleichen			
1 ... die für die Leistungserstellung benötigten Produktionsfaktoren beispielhaft zuordnen.	FK Kap. 5.2.3		
2 ... deren Kombination in Abhängigkeit von Branche, technischem Fortschritt und Kostenentwicklung begründen.	FK Kap. 5.2.1 & Arbeitsblatt 9.2		
3 ... dispositive und ausführende Arbeitselemente unterscheiden.	FK Kap. 5.2.3		
LS 10 Geschäftsprozesse erfassen und darstellen			
1 ... die Arten von Geschäftsprozessen benennen.	FK Kap. 5.4.2		
2 ... Prozessschritte fallbezogen sortieren.	FK Kap. 5.4.2		
3 ... auf Grundlage einer EPK einen Prozessablauf beschreiben.	FK Kap. 5.4.3		
4 ... auf Grundlage einer Prozessbeschreibung eigenständig eine EPK erstellen.	FK Kap. 5.4.3		
LS 11 Formen betrieblicher Organisation beurteilen			
1 ... fallbezogene Organisationsvorschläge gestalten.	FK Kap. 6.5.3		
2 ... den bevorzugten Anwendungsbereich verschiedener Weisungssysteme nennen.	FK Kap. 6.5.5		
3 ... Weisungssysteme bildhaft darstellen.	FK Kap. 6.5.5		
LS 12 Ein Unternehmensleitbild entwickeln			
1 ... die beabsichtigte Wirkung eines Leitbildes nach innen und außen beschreiben.	FK Kap. 7.1		
2 ... Kernaussagen bei der Erstellung eines Leitbildes beispielhaft formulieren.	FK Kap. 7.1		
3 ... dem Leitbild korrespondierende Maßnahmen im Rahmen der Corporate Identity zuordnen.	FK Kap. 7.1		
LS 13 Unternehmensziele prüfen			
1 ... den möglichen Einfluss verschiedener Anspruchsgruppen auf das Zielsystem des Unternehmens darstellen.	FK Kap. 7.2		
2 ... Wirtschaftlichkeitskennziffern berechnen.	FK Kap. 7.3.1		
3 ... konkurrierende und harmonisierende Zielvorstellungen feststellen.	FK Kap. 7.3.2		

Ich kann ...		Kann ich	Kann ich nicht
LS 14 Als Geschäftsfähiger handeln			
1 ... die Rechtsfähigkeit von Personen beurteilen.	FK Kap. 8.3.1		
2 ... die Geschäftsfähigkeit von Personen beurteilen und die rechtliche Wirkung auf Handlungen beschreiben.	FK Kap. 8.3.2		
LS 15 Eigentums- und Besitzverhältnisse untersuchen			
1 ... das Eigentumsverhältnis an Sachen prüfen und erläutern.	FK Kap. 8.4		
2 ... das Besitzverhältnis an Sachen prüfen und erläutern.	FK Kap. 8.4		
LS 16 Rechtsgeschäfte auf Anfechtbarkeit und Nichtigkeit untersuchen			
1 ... prüfen, ob ein geschlossener Kaufvertrag anfechtbar ist.	FK Kap. 8.5		
2 ... prüfen, ob ein zu schließender Kaufvertrag nichtig ist.	FK Kap. 8.6		
3 ... bei Vorliegen von Anfechtbarkeit oder Nichtigkeit adressatengerecht kommunizieren.	FK Kap. 8.5 + 8.6		
LS 17 Vertragsarten unterscheiden können			
1 ... Bezeichnungen und Inhalte weiterer Vertragsarten, u. a. Fernabsatzverträge, beschreiben.	FK Kap. 8.6.1 + 8.6.2 + 8.6.3		
LS 18 Grundlagen des Handelsrechts anwenden			
1 ... anhand der gesetzlichen Grundlagen prüfen, ob ein Gewerbetreibender die Kaufmannseigenschaft besitzt.	FK Kap. 9.1		
2 ... prüfen, ob ein Gewerbetreibender eine Firma führen darf und ob diese den gesetzlichen Ansprüchen genügt.	FK Kap. 9.2		
3 ... die Voraussetzungen zur Eintragung in das Handelsregister prüfen.	FK Kap. 9.3		
LS 19 Vollmachten im Handelsrecht unterscheiden			
1 ... den Umfang der Prokura und die Voraussetzungen zur Erteilung beschreiben.	FK Kap. 9.4.1		
2 ... verschiedene Arten der Handlungsvollmacht unterscheiden und ihren jeweiligen Handlungsspielraum beschreiben.	FK Kap. 9.4.2		
LS 20 Zur Unternehmensgründung ein passendes Personenunternehmen auswählen			
1 ... das Einzelunternehmen, die OHG und KG anhand verschiedener Kriterien miteinander vergleichen.	FK Kap. 10.1 + 10.2		
2 ... für die Gründung eines Unternehmens ein passendes Personenunternehmen begründet vorschlagen.	FK Kap. 10.1 + 10.2		
LS 21 Für das Unternehmenswachstum eine passende Kapitalgesellschaft auswählen			
1 ... die Aktiengesellschaft und Gesellschaft mit beschränkter Haftung anhand verschiedener Kriterien miteinander vergleichen.	FK Kap. 10.3		
2 ... für eine Veränderung der Rechtsform eine passende Kapitalgesellschaft begründet vorschlagen.	FK Kap. 3.1		
LS 22 Das Ausbildungsunternehmen präsentieren			
1 ... die Ziele und unterschiedliche Formen von Präsentationen benennen.	FK Kap. 11.1		
2 ... eine Präsentation des eigenen Ausbildungsunternehmens planen, erarbeiten, durchführen und reflektieren.	FK Kap. 11.11		
3 ... zu anderen Präsentationen konstruktives Feedback geben.	FK Kap. 11.6		

Lernsituation 23

FK □ → LF 2 Kapitel 1–5

Ein Projekt planen und durchführen

Situation: Projektphase 1 – Projektauftrag

Ein erfolgreiches Geschäftsjahr liegt hinter der Fly Bike Werke GmbH. Aus diesem Grund und zur Festigung der Mitarbeiterbindung haben die Geschäftsführerin Ewa Nowak und der Verwaltungsleiter Cem Samet beschlossen, einen Betriebsausflug mit allen Mitarbeiterinnen und Mitarbeitern sowie den Auszubildenden durchzuführen. Die Planung und Organisation dieses Betriebsausflugs möchten sie in die Hände der beiden Auszubildenden Jenny Liu und Elias Schumacher sowie der beiden Praktikanten Mia Klein und Deniz Tosun legen. Die Auszubildende Jenny Liu soll das Projekt leiten. Heute Vormittag hat im Konferenzraum eine Vorbesprechung mit Frau Nowak, den beiden Auszubildenden und den beiden Praktikanten stattgefunden. Jenny Liu hat im Anschluss das auf der nächsten Seite abgebildete Ergebnisprotokoll erstellt.

Um sich Klarheit über die Rahmenbedingungen, das Projektziel und die anstehenden Aufgaben zu verschaffen, sollen die Auszubildenden und die Praktikanten als Erstes einen Projektauftrag formulieren.

Übernehmen Sie die Aufgaben der Auszubildenden und Praktikanten der Fly Bike Werke GmbH und formulieren Sie einen Projektauftrag. Die folgenden Teilaufgaben dienen Ihnen als Leitfaden.

1 Erstellen Sie zur Orientierung eine Projektskizze unter Verwendung von Arbeitsblatt 23.1.

2 Formulieren Sie unter Verwendung von Arbeitsblatt 23.2 die Projektziele.

3 Entwickeln Sie mithilfe von Kreativitätstechniken verschiedene Ideen zu folgenden Aspekten:
- Ausflugsziel
- Aktivitäten
- Transportmittel
- Übernachtungsmöglichkeiten

4 Wählen Sie aus Ihren im Rahmen von Arbeitsauftrag **3** entwickelten Ideen für Ausflugsziele zwei Ziele aus. Entscheiden Sie sich dann unter Verwendung von Arbeitsblatt 23.3 für eines dieser beiden Ausflugsziele.

5 Formulieren Sie unter Verwendung von Arbeitsblatt 23.4 den Projektauftrag.

Fly Bike Werke GmbH

Ergebnisprotokoll

Datum	20. März 20XX
Uhrzeit	09:00 – 10:00 Uhr
Ort	Konferenzraum
Teilnehmer/-innen	Ewa Nowak, Geschäftsführerin und Sitzungsleiterin Jenny Liu, Auszubildende und Protokollführerin Elias Schumacher, Auszubildender Mia Klein, Praktikantin Deniz Tosun, Praktikant
TOP	1. Projektanlass und Ziele des Betriebsausflugs 2. Rahmenbedingungen des Betriebsausflugs

Besprechungsinhalt (Ergebnisse):

TOP 1:

- Das zurückliegende Geschäftsjahr war sehr erfolgreich und das Unternehmen möchte die Mitarbeiterinnen und Mitarbeiter dafür belohnen.
- Das „Wir-Gefühl" soll weiter gestärkt werden. Entsprechende Programmpunkte sollen dies unterstützen.
- Das Programm soll für alle Mitarbeiterinnen und Mitarbeiter wie auch die Auszubildenden (unabhängig vom Alter oder Geschlecht) ansprechend sein.

TOP 2:

- Termin: 20. und 21. Mai dieses Jahres
- geplante Dauer: von Freitagmittag bis Samstagabend (eine Übernachtung)
- Ausflugsziel: im Umkreis von max. 200 km, um die Fahrtzeit in Grenzen zu halten
- Projektbudget: 5.000,00 €
- Aktivitäten: Hierzu wurden von Frau Nowak keine Vorgaben gemacht. Die Auszubildenden und Praktikanten haben sich darauf verständigt, möglichst viele Ideen zu sammeln und diese in einer weiteren Besprechung mit Frau Nowak zu erörtern.

Datum, Unterschrift Sitzungsleiter/-in	Datum, Unterschrift Protokollführer/-in
20.03.20XX, Ewa Nowak	*20.03.20XX, Jenny Liu*

Folgesituation: Projektphase 2 – Projektplanung

Der von Ihnen erstellte Projektauftrag wurde von Frau Nowak akzeptiert und unterschrieben. Heute unterhalten sich die Auszubildenden Jenny Liu und Elias Schumacher.

Jenny: Schön, dass Frau Nowak so angetan von unseren Ideen war.

Elias: Dann können wir jetzt ja das Projekt „Betriebsausflug“ konkret planen. Wer von uns soll denn was machen?

Jenny: Wir sollten erst einmal alle Arbeiten, die zu erledigen sind, in einer Liste sammeln. In einem Projektstrukturplan sortieren wir dann alle Aktivitäten und fassen sie zu Arbeitspaketen, z. B. „Unterkunft organisieren“, zusammen. In einem Projektablaufplan ordnen wir dann alle Aktivitäten in einer zeitlich sinnvollen Reihenfolge.

Elias: Genau, und am Ende der Planungsphase erstellen wir noch ein Balkendiagramm für die Zeitplanung und eine Meilensteinplanung, in der wir auch die Aufgaben unter uns verteilen.

Übernehmen Sie auch die Aufgaben der Auszubildenden und Praktikanten der Fly Bike Werke GmbH im Rahmen der Projektplanung. Die folgenden Teilaufgaben dienen Ihnen als Leitfaden.

1 Erstellen Sie unter Verwendung von Arbeitsblatt 23.5 eine Aktivitätenliste, in der Sie alle zu erledigenden Aktivitäten sammeln.

2 Fassen Sie die gesammelten Aktivitäten in einem Projektstrukturplan (Arbeitsblatt 23.6) übersichtlich zu sinnvollen Arbeitspaketen zusammen. Orientieren Sie sich ggf. an der Darstellung in der Fachkunde, LF 2, Kapitel 3.5.

3 Legen Sie in einer Arbeitspaketplanung (Arbeitsblatt 23.7) für jede Aktivität fest, welches Teammitglied für die Erledigung verantwortlich ist.

4 Erstellen Sie für das Projekt einen Projektablaufplan unter Verwendung von Arbeitsblatt 23.8. Schätzen Sie hierzu die jeweilige Dauer der einzelnen Vorgänge.

5 Stellen Sie Ihre Projektplanung unter Verwendung von Arbeitsblatt 23.9 als Balkendiagramm dar.

6 Erstellen Sie eine Meilensteinplanung unter Verwendung von Arbeitsblatt 23.10.

Folgesituation: Projektphase 3 – Projektdurchführung

Im April wendet sich Frau Nowak mit der folgenden innerbetrieblichen Mitteilung an die Projektleiterin Jenny Liu, da sie über den aktuellen Projektstand informiert werden möchte.

An: Jenny Liu (Fly Bike Werke GmbH)

Von: Ewa Nowak (Fly Bike Werke GmbH)

Betreff: Internes Projekt „Betriebsausflug"

Liebe Frau Liu,

ich hoffe, Sie kommen mit der Vorbereitung und Organisation unseres Betriebsausflugs gut voran.

Bitte informieren Sie mich über den aktuellen Projektstand. Es wäre nett, wenn Sie mir bis Ende der Woche einen Meilenstein-Chart (Soll-Ist-Vergleich bezüglich der Abschlusstermine der einzelnen Meilensteine) und einen aktuellen Projektstatusbericht zukommen lassen könnten.

Bitte senden Sie mir auch den Entwurf des Informationsblattes zu, mit dem wir die Mitarbeiterinnen und Mitarbeiter zu dem Betriebsausflug einladen wollen, sobald dieser fertig ist.

Mit freundlichen Grüßen

Ewa Nowak
Geschäftsführerin

--

Fly Bike Werke GmbH
Rostocker Str. 334, 26121 Oldenburg
Telefon: 0441 8XX-0 | Telefax: 0441 8XX-9211
E-Mail: ewa.nowak@flybike-werke.dex

Geschäftsführerin: Ewa Nowak
Handelsregister: Amtsgericht Oldenburg – HR Oldenburg HRB 2134
Steuer Nr. 112/8870/0057 – USt-Id.-Nr. DE 236667691

Übernehmen Sie die Aufgaben von Jenny Liu im Rahmen der Projektdurchführung. Die folgenden Teilaufgaben dienen Ihnen als Leitfaden.

1 Erstellen Sie einen Meilenstein-Chart unter Verwendung von Arbeitsblatt 23.11. Berücksichtigen Sie dabei die in Arbeitsblatt 23.10 erstellte Meilensteinplanung.

2 Erstellen Sie einen Projektstatusbericht unter Verwendung von Arbeitsblatt 23.12.

3 Erstellen Sie ein anschauliches Informationsblatt, mit dem die Fly Bike Werke GmbH ihre Mitarbeiterinnen und Mitarbeiter zu dem Betriebsausflug einlädt.

Arbeitsblatt 23.1 Projektskizze

Fly Bike Werke GmbH

FLY BIKE Werke GmbH

Hilfsmittel des Projektmanagements – Projektskizze

Projektnummer		**Datum**	
Projektname			
Projektart	☐ intern	☐ extern	
Auftraggeber/-in			
Projektleiter/-in			
Projektteam			
Projektanlass			
Aufgabenbeschreibung			
vom Auftraggeber erwartete Projektergebnisse (erste Ideen)			
Projektbudget			

Arbeitsblatt 23.2 Projektziele

Fly Bike Werke GmbH

Hilfsmittel des Projektmanagements – Leitfaden zur Formulierung der Projektziele

WICHTIG: möglichst SMARTe Projektziele formulieren				
Spezifisch	Messbar	Akzeptiert	Realistisch	Terminiert

Sachziel(e)	
Kostenziel(e)	
Terminziel(e)	

Arbeitsblatt 23.3 Entscheidungsmatrix zum Ausflugsziel

Fly Bike Werke GmbH

FLY BIKE Werke GmbH

Hilfsmittel des Projektmanagements – Pro-Kontra-Listen und Entscheidungsmatrix

1 Pro-Kontra-Listen

Ausflugsziel 1:	....
Pro	**Kontra**

Ausflugsziel 2:	....
Pro	**Kontra**

2 Entscheidungsmatrix

Kriterien	**Gewichtungs-faktor**	**Ausflugsziel 1:**		**Ausflugsziel 2:**	
		Punkte	Punkte · Faktor	Punkte	Punkte · Faktor
Attraktivität für alle Mitarbeiter/-innen	5				
Erreichbarkeit, Dauer der Anreise	2				
Nachhaltigkeit der Transportmittel	3				
Gesamtpunktzahl	X	X		X	

Arbeitsblatt 23.4 Projektauftrag

Fly Bike Werke GmbH

FLY BIKE Werke GmbH

Hilfsmittel des Projektmanagements – Projektauftrag

Projektnummer		**Datum**	
Projektname			
Kurzbeschreibung des Projekts			
Auftraggeber/-in			
Projektleiter/-in			
weitere Mitglieder des Projektteams			
Aufgabenbeschreibung			
Projektziele			
Unterschriften	Auftraggeber/-in	Projektleiter/-in	

Arbeitsblatt 23.5 Aktivitätenliste

Fly Bike Werke GmbH

FLY BIKE Werke GmbH

Hilfsmittel des Projektmanagements – Aktivitätenliste

Projektnummer	
Projektname	
zu erledigende Aktivitäten (möglichst ausführlich, ggf. noch unsortiert)	

Arbeitsblatt 23.6 Projektstrukturplan

Fly Bike Werke GmbH

Hilfsmittel des Projektmanagements – Projektstrukturplan (für kleine Projekte; ohne Ebene „Teilaufgaben")

Hinweis: Geben Sie dem Projekt eine Struktur, indem Sie alle zu erledigenden Aufgaben (Aktivitäten) in sinnvolle Arbeitspakete einordnen.

Projektname				
Arbeitspakete				
Aktivitäten				

Arbeitsblatt 23.7 Arbeitspaketplanung (Blatt 1 von 2)

Fly Bike Werke GmbH

Hilfsmittel des Projektmanagements – Arbeitspaketplanung

Projektname	

Arbeitspaket Nr. ....: ....

Aktivität	zuständig

Arbeitspaket Nr. ....: ....

Aktivität	zuständig

Arbeitsblatt 23.7 Arbeitspaketplanung (Blatt 2 von 2)

Fly Bike Werke GmbH

FLY BIKE Werke GmbH

Hilfsmittel des Projektmanagements – Arbeitspaketplanung

Projektname	

Arbeitspaket Nr. ....: ....

Aktivität	zuständig

Arbeitspaket Nr. ....: ....

Aktivität	zuständig

Arbeitsblatt 23.8 Projektablaufplan (Blatt 1 von 2)

Fly Bike Werke GmbH

FLY BIKE Werke GmbH

Hilfsmittel des Projektmanagements – Projektablaufplan

Projektname	

Vorgang Nr.	Vorgangsbezeichnung	Dauer (in Tagen)	abgeschl. Vorgänge	Anmerkungen
1				
2				
3				

Arbeitsblatt 23.8 Projektablaufplan (Blatt 2 von 2)

Fly Bike Werke GmbH

FLY BIKE Werke GmbH

Hilfsmittel des Projektmanagements – Projektablaufplan

Projektname	

Vorgang Nr.	Vorgangsbezeichnung	Dauer (in Tagen)	abgeschl. Vorgänge	Anmerkungen

Arbeitsblatt 23.9 Balkendiagramm zur Terminplanung

Fly Bike Werke GmbH

FLY BIKE Werke GmbH

Hilfsmittel des Projektmanagements – Balkendiagramm zur Terminplanung

Projektnummer		**Projektname**	

Zeit (in ....)

Vorg. Nr.	**Vorgangs-bezeichnung (kurz)**	1	2	3	4	5	6	7	8	9	10	11	12	13	14	15	16	17	18	19	20	21	22	23	24	25	26	27	28	29	30	31	32	33
1																																		
2																																		
3																																		

Arbeitsblatt 23.10 Meilensteinplanung

Fly Bike Werke GmbH

Hilfsmittel des Projektmanagements – Meilensteinplanung

Projektnummer		Projektname	

Meilenstein Nr.	Bezeichnung	Soll-Termin	Status	verantwortlich
M1				
M2				
M3				
Projektabschluss:				

Arbeitsblatt 23.11 Meilenstein-Chart

FLY BIKE Werke GmbH

Fly Bike Werke GmbH

Hilfsmittel des Projektmanagements – Meilenstein-Chart vom ....

Projektnummer		Projektname	

Meilenstein Nr.	Bezeichnung	Soll-Termin	Ist-Termin	Anmerkungen
M1				
M2				
M3				

Arbeitsblatt 23.12 Projektstatusbericht

Fly Bike Werke GmbH

FLY BIKE Werke GmbH

Hilfsmittel des Projektmanagements

Projektstatusbericht Nr. .... vom ....

Projektnummer		**Projektname**	
Anlass des Berichts	☐ Meilenstein Nr. .... erreicht ☐ schwerwiegendes Problem		☐ Routinebericht ☐ Bericht angefordert von ....

Beurteilung des Projektstatus (bitte ankreuzen):

Aspekt (M = Meilenstein)	**erledigt**	**im Plan**	**gefährdet**	**Anpassung erforderlich**
Abschlusstermin „M1“				
Abschlusstermin „M2“				
Abschlusstermin „M3“				
Abschlusstermin „M4“				
Abschlusstermin „M5“				
Abschlusstermin „M6“				
Abschlusstermin „M7“				
Projektbudget	–			

Erläuterungen/Hinweise:

Entscheidungen zur weiteren Vorgehensweise/Anpassungen der Projektplanung:

Unterschrift Verfasser/-in	Unterschrift Projektleiter/-in	Unterschrift Auftraggeber/-in

Arbeitsblatt 23.13 Projekte und Projektmanagement im Überblick

Ordnen Sie die folgenden Begriffe richtig ein.

Projektsteuerung – Projektabschluss – Projektauswertung – Aufgabenbeschreibung – Einmaligkeit – Arbeitspakete – Projektpräsentation – Projektauftrag – zeitliche Begrenzung – Projektstrukturplan – Rückkoppelungen – Projektablaufplan – Zielformulierung – Balkendiagramm – Projektevaluation – Meilensteinplanung – Vorgabe von Zielen – Nachkalkulation – Kostenplan – Projektcontrolling – Fehleranalyse – Kreativitätstechniken – Projektdurchführung – vernetzte Abhängigkeiten – Ressourcenplanung – Abschlussbericht – Projektmanagement – Prozessdokumentation – komplexe Aufgabenstellung – Projektplanung

Merkmale von Projekten:

1. ....
2. ....
3. ....
4. ....
5. ....

.... = gesamte Abwicklung

Abschnitte eines Projekts	(mögliche) Bestandteile und Hilfsmittel
1.	– – –
2.	– – – – – – –
3.	– – – –
4.	– – – – – –

Aufgaben

Aufgabe 1

Begründen Sie jeweils, ob es sich bei folgenden Vorhaben in der Werbeagentur BE Partners KG um Projekte handelt.

- **a** Auswahlverfahren für die Ausbildungsplätze zum nächsten Einstellungstermin
- **b** Bau eines eigenen Fotostudios
- **c** Planung und Aufbau des Messestands für die jährlich stattfindende Marketingmesse in München
- **d** Auswertung einer Umsatzstatistik
- **e** Erstellung und Realisierung eines Marketingkonzepts für ein neues Parfüm der Drogerie AG
- **f** Erstellung einer Website für den Kunden „Bäckerei Kaiser"

Aufgabe 2

Die Geschäftsführerin der Fly Bike Werke GmbH möchte, dass Sie für das Unternehmen ein Projekt zur Erstellung eines Unternehmensauftritts in einem sozialen Netzwerk leiten. Formulieren Sie einen möglichen Projektauftrag. Treffen Sie sinnvolle Annahmen, wenn Ihnen Rahmenbedingungen fehlen.

Aufgabe 3

Die Rheintaler Brunnen GmbH & Co. KG möchte eine neue Lagerhalle errichten lassen, die ab dem 1. April nächsten Jahres nutzbar sein soll. Das Bauunternehmen hat die Projektplanung bereits abgeschlossen. Um auf mögliche Planabweichungen bei der Projektdurchführung vorbereitet zu sein, möchte der Projektleiter Dietrich Peters mögliche Gründe für Abweichungen im tatsächlichen Projektablauf in der folgenden Übersicht sammeln.

Bereich der Projektplanung	Abweichungen bei der Projektdurchführung
1. Terminplanung	Geplante Termine einzelner Meilensteine oder die gesamte Projektdauer können nicht eingehalten werden, z. B. weil:
2. Ressourcenplanung	Die geplanten Ressourcen an Personal reichen nicht aus, z. B. weil:
3. Kostenplanung	Das geplante Projektbudget reicht nicht aus, z. B. weil:

Aufgabe 4

Lösen Sie das folgende Kreuzworträtsel zur Projektarbeit.
(ä, ö, ü = ae, oe, ue)

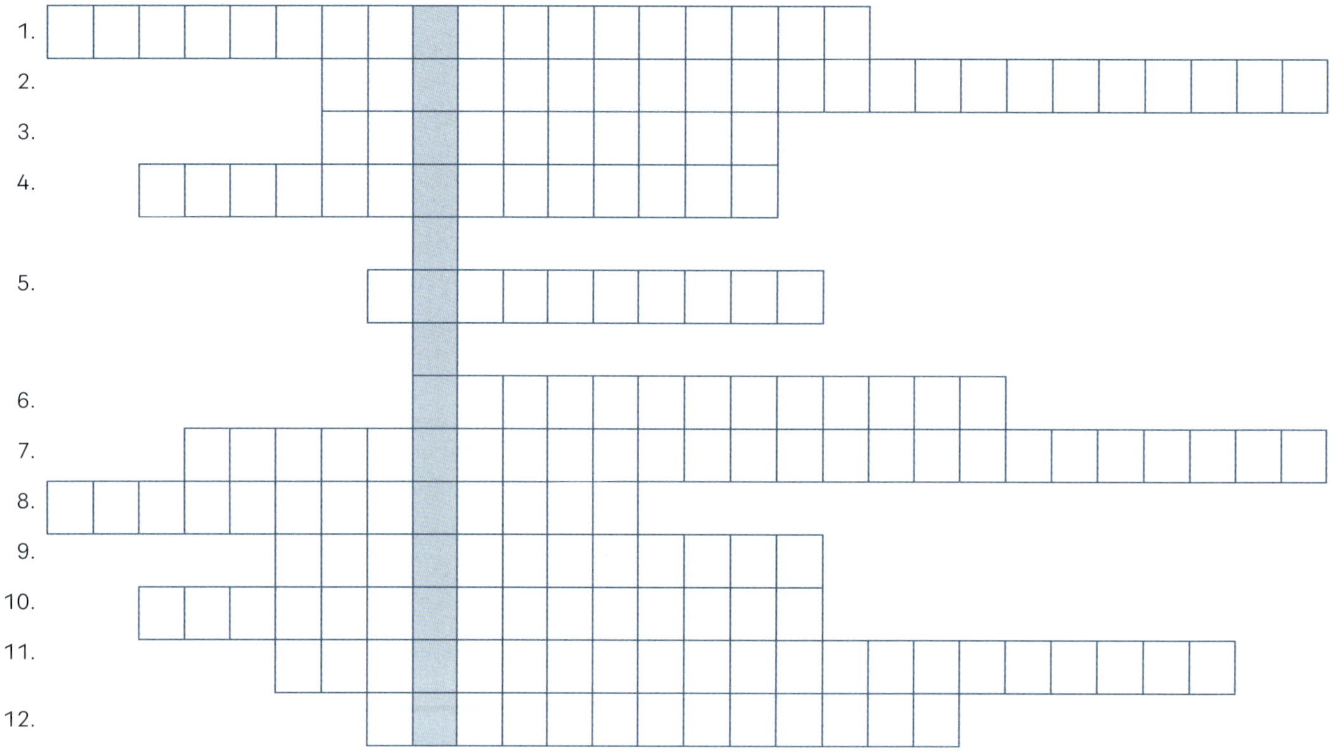

1. Bei der Entscheidungsfindung im Rahmen des Projektauftrags spielt neben dem Projektrisiko und der Machbarkeit auch die .... eine große Rolle.
2. Brainstorming und Mindmapping sind gängige ....
3. Ein Projektziel sollte .... sein, damit allen Projektteilnehmern klar ist, was von ihnen erwartet wird.
4. Ein beliebtes Instrument zur Terminplanung in Projekten ist das ....
5. Bei umfangreichen Projekten wird zusätzlich zum Projektauftrag häufig ein .... erstellt, in dem der Auftraggeber konkrete Anforderungen an das Projekt formuliert.
6. Die .... ist im Rahmen der Projektplanung insbesondere bei externen Projekten wichtig, um für den Auftraggeber einen Preis des Projekts ermitteln zu können.
7. In großen Projekten hilft beim Informationsmanagement häufig ein ....
8. Im Rahmen des Kostencontrollings wird überprüft, ob das .... eingehalten wurde.
9. In Projektstatusberichten wird unter anderem überprüft, ob die .... fristgerecht abgeschlossen wurden.
10. Für Großprojekte wird häufig ein .... erstellt, das alle für dieses Projekt geltenden Informationen und Regelungen enthält.
11. Für die Dauer eines Projekts stellt die Projektorganisation gewissermaßen eine .... neben der eigentlichen Primärorganisation des Unternehmens dar.
12. Ein .... ist in der Regel der Auslöser eines Projekts, aus dem die Aufgabenbeschreibung abgeleitet wird.

Selbsteinschätzung Lernfeld 2

Ich kann ...		Kann ich	Kann ich nicht
LS 23 Projekte planen und durchführen			
1 ... die Merkmale von Projekten erläutern.	FK Kap. 1		
2 ... die einzelnen Phasen (Abschnitte) eines Projekts unterscheiden.	FK Kap. 1		
3 ... Projektziele SMART formulieren.	FK Kap. 2.2		
4 ... verschiedene Kreativitätstechniken zur Ideenfindung anwenden.	FK Kap. 2.3		
5 ... Entscheidungen zwischen Alternativen kriteriengeleitet mit verschiedenen Methoden der Entscheidungsfindung treffen.	FK Kap. 2.4		
6 ... die Inhalte eines Projektauftrags nennen.	FK Kap. 2.5		
7 ... den Zusammenhang zwischen Aktivitäten und Arbeitspaketen im Rahmen eines Projektstrukturplans erlautern.	FK Kap. 3.4		
8 ... einen Projektstrukturplan erstellen.	FK Kap. 3.5		
9 ... einen Projektablaufplan erstellen.	FK Kap. 3.6.1		
10 ... die zeitliche Planung eines Projekts mithilfe eines Balkendiagramms (Gantt-Diagramms) durchführen.	FK Kap. 3.6.2		
11 ... Meilensteine eines Projekts festlegen und diese in einer Meilensteinplanung darstellen.	FK Kap. 3.6.2		
12 ... im Team kommunizieren und in angemessener Form Feedback geben und annehmen.	FK Kap. 3.8.2		
13 ... die Bedeutung des Projektstatusberichts fur das Projektcontrolling erläutern.	FK Kap. 4.1		
14 ... im Rahmen des Projektcontrollings einen Meilenstein-Chart erstellen und dessen Inhalte interpretieren.	FK Kap. 4.1		
15 ... beschreiben, wie ein Projekt während der Projektdurchführung durch Informationsmanagement gesteuert wird.	FK Kap. 4.3		
16 ... Bestandteile und Hilfsmittel der Projektdokumentation nennen und erläutern.	FK Kap. 4.3.1		
17 ... beschreiben, wie ein Projekt abgeschlossen und evaluiert wird.	FK Kap. 5		

Lernsituation 24

FK → LF 3 Kapitel 2.1, 2.3–2.5

Kaufverträge abschließen und erfüllen

Die Auszubildende der Fly Bike Werke GmbH, Jenny Liu, ist derzeit im Vertrieb eingesetzt. Bei Lars Baumann, dem für die Auftragsannahme der Fly Bike Werke GmbH zuständigen Sachbearbeiter, ist eine E-Mail mit einer Bestellung der Fahrradboutique Reuter aus Brühl eingegangen. Er bittet Jenny, die Bestellung zu überprüfen.

Lars Baumann: „Hallo, Frau Liu, bitte schauen Sie doch mal, ob die Bestellung in der E-Mail der Fahrradboutique Reuter, die ich Ihnen gerade weitergeleitet habe, mit unserem Angebot übereinstimmt. Die Fahrradboutique Reuter ist ein Neukunde. Sie finden das Angebot in unserem Warenwirtschaftssystem. Beachten Sie aber bitte, dass wir seit dem 01.07.20XX neue Preise haben."

Jenny Liu: „Klar, Herr Baumann. Ich mache mich gleich an die Arbeit und melde mich dann bei Ihnen."

Nach dem Telefonat mit Herrn Baumann öffnet Jenny die weitergeleitete E-Mail und ruft das Angebot an die Fahrradboutique Reuter im Warenwirtschaftssystem auf: „Oh", denkt sich Jenny, „da muss ich aber mal nachrechnen, was das für Preise sind, die der Kunde da angibt. Und haben wir überhaupt einen gültigen Kaufvertrag? Ich bin mir da nicht so sicher ..."

1 Machen Sie sich zunächst mit den rechtlichen Regelungen zum Zustandekommen eines Kaufvertrags vertraut. Prüfen Sie anschließend, ob auf Grundlage des Angebots der Fly Bike Werke GmbH (Beleg 1) und der Bestellung der Fahrradboutique Reuter (Beleg 2) ein wirksamer Kaufvertrag zustande gekommen ist. Begründen Sie Ihre Einschätzung.

2 Formulieren Sie eine geeignete Antwortmail an die Fahrradboutique Reuter. Beachten Sie dabei sowohl juristische als auch kaufmännische Aspekte. (Die aktuellen Preise der Fly Bike Werke GmbH finden Sie in der Vorstellung des Modellunternehmens, S. 10) Wägen Sie Vor- und Nachteile Ihres Lösungsvorschlags gegeneinander ab.

Beleg 2

An: Jenny Liu (Fly Bike Werke GmbH)

Von: Lars Baumann (Fly Bike Werke GmbH)

Betreff: Fwd: Bestellung 4231 – Trekking Light und Trekking Free — Datum: 12.07.20XX 09:10 Uhr

Liebe Frau Liu,

hier – wie besprochen – die weitergeleitete E-Mail der Fahrradboutique Reuter.

Beste Grüße,
Lars Baumann

-------- Weitergeleitete Nachricht --------

Betreff:	AW: Bestellung 4231 – Trekking *Light* und Trekking *Free*	Datum: 12.07.20XX 08:50 Uhr
An:	Lars Baumann (Fly Bike Werke GmbH)	
Von:	Markus Reuter (Fahrradboutique Reuter)	

Hallo, Herr Baumann!
Bezugnehmend auf Ihr Angebot vom 20.05.20XX bestellen wir zur sofortigen Lieferung:

20 Stück Art.-Nr. 201 Trekking *Light*, azurblau, Stückpreis: 384,30 €
15 Stück Art.-Nr. 201 Trekking *Light*, karmesinrot, Stückpreis: 384,30 €
20 Stück Art.-Nr. 202 Trekking *Free*, nachtschwarz, Stückpreis: 455,00 €

Ich bitte um Ihre Auftragsbestätigung und umgehende Auslieferung.

Beste Grüße
Fahrradboutique Reuter

Markus Reuter

Fahrradboutique Reuter e. K. – Schlossstr. 23 – 50321 Brühl
Tel. 02232 6212XX5(6) – Fax 02232 6212XX0 – USt.-IdNr. DE5896321XX

Beleg 1: Angebot der Fly Bike Werke GmbH aus dem Warenwirtschaftssystem

FLY BIKE
Werke GmbH

Ihr Zeichen: mr
Ihre Nachricht vom: 19.05.20XX
Unser Zeichen: lb
Unsere Nachricht vom:

Name: Lars Baumann
Telefon: 0441 8XX-12
E-Mail: lars.baumann@flybike-werke.dex

Datum: 20.05.20XX

FBW GmbH, Rostocker Str. 334, 26121 Oldenburg
Fahrradboutique Reuter e. K.
Schlossstr. 23
50321 Brühl

Angebots-Nr. ANG4232

Sehr geehrter Herr Reuter!

Wir danken sehr herzlich für Ihre Anfrage vom 19.05.20XX und bieten Ihnen freibleibend an:

Art.-Nr.	Artikelbezeichnung	Listenpreis
201	Trekking *Light* (Farben: azurblau, karmesinrot, silber-metallic, nachtschwarz, fresh-green)	EUR 549,00
202	Trekking *Free* (Farben: azurblau, karmesinrot, silber-metallic, nachtschwarz, blau-metallic)	EUR 650,00

Unsere Listenpreise verstehen sich als unverbindliche Preisempfehlungen zuzüglich der gesetzlichen Umsatzsteuer.

Wir gewähren Ihnen folgende Wiederverkäuferrabatte auf unsere Listenpreise:

1–10 Stück in einer Sendung	27,5 %
11–50 Stück in einer Sendung	29,0 %
51–100 Stück in einer Sendung	30,0 %
101–250 Stück in einer Sendung	31,0 %

Die Lieferung erfolgt ab Werk Oldenburg.

Wir bitten um Zahlung innerhalb von 30 Tagen ab Rechnungsdatum ohne Abzug. Bei Zahlung innerhalb von 8 Tagen ab Rechnungsdatum können wir Ihnen 2 % Skonto gewähren.

Freundliche Grüße

Fly Bike Werke GmbH

i. A. Lars Baumann

Fly Bike Werke GmbH
Rostocker Str. 334
26121 Oldenburg

Geschäftsführerin:
Ewa Nowak

Telefon: 0441 8XX-0
Telefax: 0441 8XX-9211
E-Mail: mail@flybike-werke.dex
Web: www.flybike-werke.dex

Handelsregister:
Amtsgericht Oldenburg
HR Oldenburg 2134

USt-IdNr. DE 236667691

Bank 3000 Oldenburg
IBAN: DE67 3707 5020 2114 2536 66
BIC: 3000DENIXXX

Oldenburg-Bank
IBAN: DE86 2804 0114 0112 3264 44
BIC: OLBADEOL261

Folgesituation

Lars Baumann hat eine Bestellung des Fahrradsalons Niko Jansen e. K. erhalten. Ein Außendienstmitarbeiter der Fly Bike Werke GmbH hatte den Fahrradsalon als Neukunden gewinnen können. In seiner Bestellung verweist Herr Jansen auf die Gültigkeit seiner Allgemeinen Geschäftsbedingungen, die auf der Rückseite der Bestellung abgedruckt sind.

„Soso ...", denkt sich Herr Baumann schmunzelnd, nachdem er die AGB gelesen hat. „Das könnte dem Herrn Jansen so passen. Na, diese AGB zu prüfen, ist doch wieder eine prima Übung für unsere Auszubildende Jenny Liu, um ihre Kenntnisse im Kaufvertragsrecht noch weiter auszubauen."

Allgemeine Geschäftsbedingungen Fahrradsalon Niko Jansen e. K., Luisenstraße 14, 30165 Hannover (Auszug)

§ 1 Allgemeine Regelungen

1. Alle Lieferungen und Leistungen an den Fahrradsalon Niko Jansen e. K. erfolgen ausschließlich auf Grundlage der nachfolgenden allgemeinen Geschäftsbedingungen.
2. Abweichende Regelungen müssen ausdrücklich schriftlich vereinbart werden.

§ 2 Zustandekommen eines Vertrages

1. Das Zustandekommen eines Kaufvertrages mit dem Fahrradsalon Niko Jansen e. K. bedarf der Schriftform.
2. Der Fahrradsalon Niko Jansen e. K. behält sich das Recht vor, auch ohne Grund innerhalb von 7 Tagen nach Vertragsschluss von einem geschlossenen Vertrag zurückzutreten.

§ 3 Lieferung

1. Alle Lieferungen und Leistungen an den Fahrradsalon Niko Jansen e. K. erfolgen auf Kosten und Gefahr des Lieferers.
2. Gefahrenübergang und Gerichtsstand für beide Seiten ist Hannover/Niedersachsen.

§ 4 Schadensersatz bei Nichtlieferung

Erfolgt eine Lieferung nicht zu dem von dem Fahrradsalon Niko Jansen e. K. vorgegebenen Liefertermin, ist ein pauschalierter Schadensersatz in Höhe von 25 % der Auftragssumme zu leisten.

1 Recherchieren Sie zunächst, was Allgemeine Geschäftsbedingungen (kurz: AGB) sind.
- **a** Verfassen Sie eine Definition.
- **b** Unter welchen Voraussetzungen werden die AGB Bestandteil eines Vertrags zwischen Unternehmern? Erläutern Sie diese Voraussetzungen.

2 Prüfen Sie nun die Allgemeinen Geschäftsbedingungen des Fahrradsalons Niko Jansen e. K. Sind alle der verwendeten Klauseln rechtswirksam? Wenn nicht, warum nicht? Notieren Sie die genaue Rechtsquelle.

3 Beschreiben Sie, welche Rechtsfolgen die Unwirksamkeit einer AGB-Klausel hat.

4 Wie kann die Fly Bike Werke GmbH verhindern, dass für sie nachteilige AGB eines Kunden Bestandteil eines Kaufvertrags werden? Unterbreiten Sie einen geeigneten Vorschlag.

Arbeitsblatt 24.1 Rechtliche Regelungen zum Kaufvertrag

Verpflichtungs- und Erfüllungsgeschäft beim Kaufvertrag

Kaufverträge kommen zustande durch zwei übereinstimmende Willenserklärungen. Beispiel:

Verkäufer → 1. Willenserklärung: Antrag → **Käufer**

← 2. Willenserklärung: Annahme

Abschluss des Kaufvertrags

.... →			←	
Verkäufer	**Käufer**	oder	**Verkäufer**	**Käufer**
←			.... →	

Die Vertragspartner verpflichten sich zu bestimmten Leistungen.

Verpflichtungsgeschäft

Pflichten des Verkäufers:	Pflichten des Käufers:

Erfüllungsgeschäft:
Die Erfüllung des Kaufvertrages erfolgt, indem:
– der Verkäufer die Ware

– der Käufer die Ware

Arbeitsblatt 24.2 Zustandekommen eines Kaufvertrages

Beurteilen Sie, ob in den nachfolgend geschilderten Fällen ein Kaufvertrag (KV) wirksam zustande gekommen ist. Begründen Sie jeweils Ihre Einschätzung.

Fall		KV	Beurteilung
1a	Ein Mann betritt einen Supermarkt und legt ein Paket Äpfel in seinen Einkaufswagen.	Ja ☐ Nein ☐	
1b	Der Mann erreicht die Kassenzone und legt die Äpfel auf das Kassenband. Die Kassiererin scannt die Äpfel und nennt den Kaufpreis: 2,99 €.	Ja ☐ Nein ☐	
2	Die Multirad e. G. bestellt bei der Fly Bike Werke GmbH 20 Mountainbikes *Dispo*. Die in der Bestellung genannten Preise stammen aus einem Angebot des letzten Jahres.	Ja ☐ Nein ☐	
3	Sie betreten – wie jeden Freitagabend – Ihre Stammkneipe und winken in Richtung der Theke. Der Wirt nickt Ihnen zu und beginnt stumm, ein Bier für Sie zu zapfen.	Ja ☐ Nein ☐	
4	Frau Schneider entdeckt in dem Prospekt einer Baumarktkette einen Elektrorasenmäher der Marke *Fuchs* zum Schnäppchenpreis. Als sie gegen 12:00 Uhr in einer Filiale dieser Baumarktkette nachfragt, teilt ihr der Verkäufer mit, er habe soeben das letzte Gerät verkauft. Frau Schneider ist sehr aufgebracht und verlangt, sofort „ihren" Rasenmäher ausgehändigt zu bekommen.	Ja ☐ Nein ☐	
5a	Die Radbauer GmbH bestellt bei der Fly Bike Werke GmbH per E-Mail zehn Kinderräder *Cool*. Allerdings unterläuft dem Sachbearbeiter der Radbauer GmbH in der Bestellung ein „Zahlendreher". Statt 525,00 € pro Fahrrad (gem. der aktuellen Preisliste) schreibt er 225,00 €. Herr Baumann bemerkt den Fehler. Er bestätigt die Bestellung mit dem korrekten Preis 525,00 €.	Ja ☐ Nein ☐	
5b	Die Radbauer GmbH antwortet auf die Auftragsbestätigung der Fly Bike Werke GmbH aus Fall 5a nicht. Herr Baumann denkt, dass alles in Ordnung ist, denn die Radbauer GmbH ist ein Stammkunde der Fly Bike Werke GmbH. Er lässt die zehn Kinderräder *Cool* ausliefern. In der Rechnung wird der Preis 525,00 € pro Fahrrad ausgewiesen.	Ja ☐ Nein ☐	

Arbeitsblatt 24.3 Der Leistungsort (Erfüllungsort)

Ergänzen Sie die Lücken im Text mithilfe der folgenden Begriffe.

Adresse – Arbeitsplatz – erfüllt – Erfüllungsort – Gläubiger – Schickschuld – Schuldners – Übergabe der Ware – Warentransportversicherung – zufälligen Untergangs

Bei jedem Vertrag müssen die Vertragspartner festlegen, an welchem Ort die geschuldeten Leistungen erbracht, wo also die Vertragspflichten erfüllt werden sollen. (Daher die gleichbedeutenden Begriffe Leistungs- oder ....)

Bei einem Arbeitsvertrag muss z. B. festgelegt werden, wo der Arbeitnehmer seinen .... haben wird. Ein Wohnungsmietvertrag muss stets die genaue .... der vermieteten Wohnung enthalten.

Kaufverträge ermöglichen den Vertragspartnern dagegen eine ganze Reihe von möglichen Leistungsorten. Wir können unterscheiden:

- **Holschuld:** Der Gläubiger der Waren- oder Geldschuld muss die Ware bzw. das Geld beim Schuldner – also an dessen Wohn- oder Geschäftssitz – abholen. Mit Übergabe der Ware oder des Geldes geht auch die „Gefahr des .... auf den Gläubiger über. Typische Beispiele sind unsere täglichen Einkäufe in Supermärkten und anderen Geschäften des stationären Einzelhandels.

- **Bringschuld:** Hier muss der Schuldner die Ware oder das Geld zum .... bringen. Der Gefahrenübergang findet am Wohn- oder Geschäftssitz des Gläubigers statt. Lässt der Mitarbeitende eines Sanitärbetriebs das von einem Kunden mit Einbau bestellte Waschbecken im Treppenhaus fallen, sodass es zerbricht, muss der Unternehmer ein neues Waschbecken liefern. Erst mit der Montage an der Wand ist der Werkvertrag .... (Anm.: Werkverträge werden juristisch wie Kaufverträge behandelt.)

- ....: Der Schuldner hat sich verpflichtet, die Ware oder das Geld an den Gläubiger zu versenden.

  Achtung: Hier geht die Gefahr des zufälligen Untergangs mit .... an den beauftragten Spediteur auf den Käufer über. Wird die Ware während des Transports – ohne Verschulden des Versenders! – zerstört oder geht sie – z. B. durch Diebstahl – verloren, gilt die Warenschuld trotzdem als erfüllt. Der Käufer muss die Ware, die er nie erhalten hat, trotzdem bezahlen. (Hat der Spediteur den Verlust verschuldet, muss er für den Schaden haften. Wenn nicht, nicht.)

  Dies macht deutlich, warum eine .... bei wertvollen Waren ein absolutes Muss darstellt.

Haben Käufer und Verkäufer in ihrem Vertrag keinen Leistungsort vereinbart, „heilt“ § 269 BGB diesen Mangel:

In diesem Fall ist der Wohn- bzw. Geschäftssitz des .... automatisch der Erfüllungsort.

Aufgaben

Aufgabe 1
Erklären Sie die folgenden Begriffe mit eigenen Worten und grenzen Sie sie voneinander ab:
- **a** Leistungsort, Ort des Gefahrenübergangs und Klageort
- **b** Unternehmer, Kaufmann und Verbraucher

Aufgabe 2
Entscheiden Sie in den vorliegenden Fällen, ob ein Kaufvertrag zustande gekommen ist. Worin bestehen jeweils die gegenseitigen Pflichten?
- **a** Frau Müller legt im Supermarkt „Good Buy" 1 kg kernlose Weintrauben in ihren Einkaufskorb. Außerdem lässt sie sich an der Käsetheke 300 g Schweizer Käse abwiegen. Anschließend geht sie zur Kasse und bezahlt.
- **b** Sabine Ganser, Vertriebsmitarbeiterin der Fly Bike Werke GmbH, bietet Frau Geldert im Fahrradhandel Uwe Gross e. K. telefonisch einen Restposten von zehn Stück des Sondermodells *City Glide Summer* zum Preis von 179,00 € an. Frau Geldert erklärt, sie sei mit dem Angebot einverstanden.
- **c** Beatrice Schmächtig entdeckt im Modehaus Condor, in dem sie Stammkundin ist, ein Sommerkostüm zum Preis von 249,00 €. Sie probiert es an und es gefällt ihr so gut, dass sie es erwerben will. Da sie ihren Kontostand kennt, vereinbart sie mit der Inhaberin zunächst nur eine Anzahlung von 100,00 € und verspricht, den Rest zum Ersten des nächsten Monats zu bezahlen. Das Kostüm nimmt sie gleich mit nach Hause.

Aufgabe 3
Nachdem ein Hersteller eine Preisliste an Kunden verschickt hat, stellt er fest, dass es sich nicht um die aktuelle Preisliste, sondern um die des Vorjahres handelt. Bis wann muss er sein Angebot widerrufen?

Aufgabe 4
Stellen Sie fest, ob es sich in folgenden Fällen um rechtswirksame Angebote handelt:
- **a** Schaufensterauslage
- **b** zugesendete Ware ohne Aufforderung
- **c** Vorlage von Ware in einem Geschäft

Aufgabe 5
Ein Unternehmen bestellt auf ein bis zum 30. Juni gültiges Angebot eines Lieferers erst am 4. Juli, da sich der zuständige Sachbearbeiter im Krankenhaus befand. Ist der Lieferer an sein Angebot gebunden?

Aufgabe 6
Wie lange ist der Anbietende an seinen Antrag gebunden? Wie kann man die Gebundenheit an sein Angebot ausschließen?

Aufgabe 7
Recherchieren Sie im Internet die Bedeutung der folgenden Kaufvertragsarten:
- **a** Spezifikationskauf
- **b** Ramschkauf
- **c** Kauf nach Sicht

Aufgabe 8
In einem Schaufenster ist ein Kleid mit 198,00 € ausgezeichnet. Ist der Verkäufer an diesen Preis gebunden, wenn es sich um einen Auszeichnungsfehler handelt und das Kleid eigentlich 298,00 € kostet?

Aufgabe 9
In einem Katalog werden drei Bücher für insgesamt 19,00 € angeboten. Ein Kunde bestellt die Bücher zu 17,00 €.
- **a** Kommt ein Kaufvertrag zustande?
- **b** Wie ist die Sachlage, wenn die Bücher zu 17,00 € geliefert werden?

Aufgabe 10
Ein Käufer in Hannover erhält von dem Verkäufer die Mitteilung „Gerichtsstand und Erfüllungsort ist München". Was bedeutet dies für den Käufer?

Aufgabe 11
Nennen Sie drei Auswirkungen der Warenschuld bei folgender vertraglicher Vereinbarung: „Erfüllungsort und Gerichtsstand für beide Teile ist der Niederlassungsort des Käufers".

Aufgabe 12
Unter welchen Voraussetzungen werden Allgemeine Geschäftsbedingungen Bestandteil eines Kaufvertrags?

Aufgabe 13
Welchen Zweck verfolgt ein Unternehmen mit seinen Allgemeinen Geschäftsbedingungen?

Aufgabe 14
Welche Möglichkeiten hat ein Käufer, wenn er mit den Allgemeinen Geschäftsbedingungen des Verkäufers nicht einverstanden ist?

Aufgabe 15
Das Bürgerliche Gesetzbuch (BGB) regelt die Wirksamkeit von Allgemeinen Geschäftsbedingungen. Welche Regelungen gelten
- **a** bei individuellen Absprachen?
- **b** bei mehrdeutigen Klauseln?
- **c** bei unwirksamen Klauseln?

Aufgabe 16

Beim Vertragsabschluss über den Kauf einer neuen Waschmaschine war schriftlich eine Lieferzeit von zwei Wochen vereinbart worden. Jetzt beruft sich der Elektroeinzelhändler gegenüber dem Privatkäufer auf seine AGB, nach denen eine Lieferzeit von vier Wochen vorgesehen ist. Beurteilen Sie die Rechtslage.

Aufgabe 17

Ordnen Sie die folgenden Fälle den Begriffen
- **Holschuld,**
- **Schickschuld** oder
- **Bringschuld**

zu und bestimmen Sie jeweils den **Leistungsort** als Ort des Gefahrenübergangs! Wer haftet für eine Beschädigung der Sache während des Transports?

Fall		Schuldverhältnis	Leistungsort	Haftung für Transportschäden
1	Sie bestellen telefonisch bei einem Versandhändler eine schicke neue Jeanshose.			
2	Ihr Nachbar beauftragt ein Gartenbauunternehmen, 150m² Rollrasen für seinen Garten zu liefern und zu verlegen.			
3	Sie bestellen in einem Handygeschäft ein neues Smartphone der Marke *Globe*. In der Nacht vor dem Verkaufsstart wird in das Geschäft eingebrochen und alle Smartphones dieser Marke werden gestohlen.			
4	Sie bezahlen per Online-Überweisung die Jeanshose aus Fall 1. Sie sind aber leider einem Trojaner aufgesessen, sodass das Geld auf dem Konto eines Betrügers landet.			
5	Ihr Ausbildungsunternehmen bestellt bei einem Heizölgroßhändler 20 000 Liter Heizöl. Die Lieferung erfolgt durch einen Tanklastzug des Händlers.			
6	Ein Eigenheimbesitzer beauftragt Klempnermeister Röhrig, ein altes WC auszutauschen. Der Lehrling W. lässt das WC im Treppenhaus fallen, sodass es zerbricht.			
7	Eine Supermarktkette lässt sich von einem Hühnerhof 5 000 frische Eier liefern. Der Aushilfsarbeiter des Hühnerhofes zurrt die Eierpaletten jedoch beim Verladen auf den Lkw des Spediteurs nicht ordnungsgemäß fest. Die Ladung gerät bei einer scharfen Bremsung ins Rutschen, die Paletten kippen um und die Eier zerbrechen.			
8	Eine Immobiliengesellschaft beauftragt einen Betrieb für Bodenbeläge, in einer Eigentumswohnung Parkettböden und in einer anderen Wohnung Laminat zu verlegen. Der Parkettleger verwechselt jedoch die Lieferadressen.			

Lernsituation 25

FK → LF 3 Kapitel 2.6.1

Die Rechtslage bei Annahmeverzug prüfen und angemessen reagieren

Die EGZ Einkaufsgenossenschaft schließt mit der Fly Bike Werke GmbH einen Kaufvertrag über diverse Fahrradmodelle und Zubehör ab. Der Rechnungsbetrag beläuft sich einschließlich 19 % Umsatzsteuer auf 4.872,00 €. Als Liefertermin wird „Lieferung am Mittwoch, den 25. Februar 20X4, um 7:00 Uhr“ vereinbart, als Lieferort das Zentrallager in Köln. Eine Woche vor dem gewünschten Liefertermin ruft Frau Ganser – zuständig für den Fachhandel in der Abteilung Vertrieb – noch einmal ihre Kontaktperson Herrn Kleinheisel bei der EGZ Einkaufsgenossenschaft an. Sie bestätigt ihm, dass die Lieferung auf jeden Fall pünktlich am 25. Februar um 7:00 Uhr ankommen wird. Herr Kleinheisel ist sehr zufrieden über diese Aussage und betont, dass eine pünktliche Lieferung aufgrund einer geplanten Sonderverkaufsaktion sehr wichtig sei.

Herr Fischer, der Fahrer der Fly Bike Werke GmbH, kommt am 25. Februar pünktlich um 7:00 Uhr beim Zentrallager der EGZ Einkaufsgenossenschaft in Köln an. Dort trifft er aber nur den Pförtner an. Dieser sagt, dass am Vortag Karneval gefeiert wurde und die zuständigen Mitarbeiter sich deswegen wohl verspäten werden. Der Pförtner selbst hat keine Möglichkeit, die Ware anzunehmen.

Da Herr Fischer erst am Anfang seiner Tour ist und noch weitere feste Liefertermine hat, kann er nicht warten. Aus diesem Grund liefert er die Waren für die EGZ Einkaufsgenossenschaft am Ende seiner Tour wieder im Lager der Fly Bike Werke GmbH ab. Herr Schneider aus dem Lager ruft daraufhin bei Frau Ganser an und bittet sie, den Fall zu klären.

1 Nennen Sie mithilfe von Arbeitsblatt 25.1 die allgemeinen Voraussetzungen für einen Annahmeverzug und prüfen Sie für Frau Ganser, ob in der Situation ein Annahmeverzug vorliegt.

2 Erklären Sie mithilfe von Arbeitsblatt 25.1, wer im Falle eines Annahmeverzugs für die Beschädigung oder Vernichtung haftet, und erläutern Sie die Rechte und Pflichten des Verkäufers.

3 Klären Sie den Fall im Namen von Frau Ganser und schreiben Sie Herrn Kleinheisel eine E-Mail, in der Sie die Rechte der Fly Bike Werke GmbH durchsetzen. Nutzen Sie hierzu die E-Mail-Vorlage über Webcode **IKL_Materialien**.

Arbeitsblatt 25.1 Annahmeverzug

Voraussetzungen des Annahmeverzugs		
Voraussetzung 1	Voraussetzung 2	Voraussetzung 3

↓

Haftung

Liegen die Voraussetzungen eines Annahmeverzugs vor, haftet der .... für die Beschädigung oder Vernichtung der Ware. Der Warenlieferant haftet nur noch bei

.... oder ....

↓

Rechte und Pflichten des Verkäufers	
Rechte des Verkäufers	Pflichten des Verkäufers
ohne Nachfristsetzung:	
mit Nachfristsetzung:	

Aufgaben

Aufgabe 1

Prüfen Sie in den folgenden Fällen die Rechtslage. Machen Sie außerdem einen Vorschlag, wie in der jeweiligen Situation reagiert bzw. gehandelt werden sollte.

a Ein Großauftrag über Fahrradrahmen mit Firmenlogo des Käufers Zweirad Ritter GmbH wird trotz vertragsmäßiger Lieferung nicht angenommen, da der Käufer nach Abschluss des rechtsgültigen Kaufvertrags einen günstigeren Anbieter gefunden hat.

b In einem rechtsgültigen Kaufvertrag über 50 CityRäder *Glide* zwischen der Fly Bike Werke GmbH und einem Kunden wird folgender Liefertermin vereinbart: „Lieferung Ende April des Jahres". Die Räder für diesen Kunden sind bereits am 15.04. produziert, sodass die Fly Bike Werke GmbH die Ware schon am 16.04. nach vorheriger Versandanzeige an den Kunden ausliefert. Der Kunde verweigert aber die Annahme mit der Begründung: „Wir haben die Ware erst für Ende April bestellt".

c Ein Betonlieferant schließt mit der Hausbau GmbH einen Kaufvertrag über 50 t Beton ab. In den Lieferbedingungen wird „Selbstabholung am 14. April des Jahres" vereinbart. Der Beton liegt ab dem 13. April abholbereit und ordnungsgemäß gelagert im Lager des Betonlieferanten. Die Mitarbeiter der Hausbau GmbH vergessen den Liefertermin jedoch und denken erst am 16. April wieder daran. Aufgrund eines sehr starken Unwetters mit extremen Regenfällen dringen in der Nacht vom 15. auf den 16. April große Mengen Wasser in das Lager des Betonlieferanten ein. Die Feuerwehr muss das Lager vier Stunden lang auspumpen. Die 50 t Beton für die Hausbau GmbH bekommen dabei so viel Wasser ab, dass ein Großteil des Betons hart wird und somit nicht mehr nutzbar ist.

d Die Fly Bike Werke GmbH erfüllt den Auftrag eines Neukunden durch die pflicht- und termingemäße Auslieferung von 20 Rennrädern „Renn *Fast*". Aufgrund eines Betriebsausflugs beim Kunden können die Fahrräder aber nicht angenommen werden. Da die Fly Bike Werke GmbH sich bei diesem Neukunden auf einen sehr niedrigen Verkaufspreis eingelassen hat, kommt ihr das nicht ungelegen: Sie lässt die Rennräder sofort über ein Auktionshaus versteigern und kann auf diese Weise einen höheren Preis erzielen.

e In einer ähnlichen Situation ist ein Biobauer, der Obst und Gemüse an Biomärkte ausliefert. Auch hier wird die Ware von einem Neukunden trotz termingerechter Lieferung nicht angenommen und der Biobauer lässt das Obst und Gemüse sofort im Rahmen einer laufenden Auktion versteigern.

f Die Fly Bike Werke GmbH bekommt von einem langjährigen Lieferanten 500 Fahrradrahmen aus Stahl und nicht, wie im Kaufvertrag vereinbart, aus Aluminium geliefert. Die Fly Bike Werke GmbH verweigert daraufhin die Annahme der 500 Fahrradrahmen.

g Beim Rücktransport einer nicht angenommenen Ware durch einen Auslieferungsfahrer des Verkäufers verursacht der Fahrer aus Unachtsamkeit einen Verkehrsunfall ohne Fremdverschulden. Die nicht ordnungsgemäß gesicherte Ware wird dabei vollständig zerstört. Eine Versicherung wurde für eine solche Situation nicht abgeschlossen.

Aufgabe 2

Sind die folgenden Aussagen richtig oder falsch? Kreuzen Sie an und erläutern Sie.

	richtig	falsch	Erläuterung
Geht bei Annahmeverzug die Ware verloren, braucht der Käufer sie nicht zu bezahlen.			
Der Verkäufer hat das Recht, die Kosten, die ihm durch den Annahmeverzug entstanden sind, vom Käufer erstattet zu bekommen.			
Nicht hinterlegungsfähige Ware kann der Verkäufer versteigern lassen.			
Verderbliche Ware darf nur mit Nachfrist und vorheriger Androhung verkauft werden.			

Lernsituation 26

FK → LF 3 Kapitel 2.6.2–2.6.3

Einen Zahlungsverzug erkennen und angemessen reagieren

Am 2. Mai kontrolliert die zuständige Vertriebssachbearbeiterin der Fly Bike Werke GmbH die Offene-Posten-Liste. Dabei zeigt sich ihr das folgende Bild:

FLY BIKE WERKE GMBH

Terminbuchung Kunden / Offene-Posten-Liste (Auszug)

Zahlungstermin	Skontotermin	Kunde	Rechnungsnummer	Rechnungsdatum	Betrag in €	gezahlt am	1. Mahnung	2. Mahnung
22.03.	02.03.	Zweirad Ritter GmbH Herzogstr. 70 40251 Düsseldorf	788	21.02.	6.177,00		01.04.	15.04.
21.04.	01.04.	Radplus GmbH Gütersloher Str. 102 33415 Verl	934	22.03.	18.792,00			
05.05.	15.04.	Schöller & Co. OHG Parlamentsplatz 2 60385 Frankfurt a. M.	1086	05.04.	5.017,00			
05.05.	15.04.	Fahrradhandel Uwe Gross e. K. Am Wasserturm 4 66113 Saarbrücken	1103	05.04.	548,97			
20.05.	02.05.	Bike GmbH Leipziger Chaussee 12 39118 Magdeburg	1152	20.04.	18.096,00			
20.05.	03.05.	Multirad e. G. Großbeerenstr. 30 12107 Berlin	1186	20.04.	43.533,91			

1 Nennen Sie mithilfe von Arbeitsblatt 26.1 die Voraussetzungen für einen Zahlungsverzug und die verschiedenen Möglichkeiten, ab wann dieser eintritt. Ermitteln Sie dann die Kunden der Fly Bike Werke GmbH, die sich am 2. Mai im Zahlungsverzug befinden.

2 Nennen Sie mithilfe von Arbeitsblatt 26.1 die Rechte des Gläubigers bei einem Zahlungsverzug.

3 Nennen Sie drei Maßnahmen, die der Fly Bike Werke GmbH gegenüber ihren Schuldnern zur Verfügung stehen.

4 Berechnen Sie die Verzugszinsen, die die Fly Bike Werke GmbH ihren Schuldnern in Rechnung stellen kann, wenn im Kaufvertrag keine Vereinbarung über den Verzugszinssatz getroffen wurde. Den aktuellen Basiszinssatz finden Sie auf der Website der Deutschen Bundesbank (https://www.bundesbank.de/de/bundesbank/organisation/agb-und-regelungen/basiszinssatz-607820).

5 Formulieren Sie angemessene Mahnschreiben an die Kunden, die sich im Zahlungsverzug befinden. Fordern Sie gegebenenfalls auch die berechneten Verzugszinsen ein.

Arbeitsblatt 26.1 Zahlungsverzug

Voraussetzungen des Zahlungsverzugs	
Voraussetzung 1	Voraussetzung 2

Eintritt des Zahlungsverzugs:		
Möglichkeit 1	Möglichkeit 2	Möglichkeit 3
oder	(Verbraucher müssen auf diese Regel hingewiesen werden!) oder	

Rechte des Gläubigers beim Zahlungsverzug:				
ohne Nachfristsetzung			mit Nachfristsetzung	

Aufgaben

Aufgabe 1

Richtig oder falsch? Kreuzen Sie an.

		richtig	falsch
a	Für den Zahlungsverzug gelten teilweise die gleichen Bestimmungen des BGB wie für den Lieferungsverzug.	☐	☐
b	Beim Zahlungsverzug hat der Gläubiger das vorrangige Recht, weiterhin auf Erfüllung des Vertrags zu bestehen.	☐	☐
c	Die Verzugszinsen, die im Falle des Zahlungsverzugs berechnet werden können, liegen beim Verbrauchsgüterkauf laut HGB 5 % über dem Basiszinssatz.	☐	☐
d	Das gerichtliche Mahnverfahren ist auf jeden Fall anzuwenden, damit die Rechte aus dem Zahlungsverzug in Anspruch genommen werden können.	☐	☐
e	Auf eine Mahnung darf verzichtet werden, wenn der Zahlungstermin kalendermäßig bestimmt war.	☐	☐
f	Eine vierte Mahnung ist notwendig, um den Schuldner ordnungsgemäß in Verzug zu setzen.	☐	☐
g	Im Falle des Zahlungsverzugs kann der Gläubiger jederzeit vom Vertrag zurücktreten.	☐	☐
h	Das kaufmännische Mahnverfahren ist offiziell geregelt.	☐	☐

Aufgabe 2

Nennen Sie drei Möglichkeiten, wie ein Unternehmen das Risiko vermeiden kann, dass seine Kunden nicht zahlen.

Aufgabe 3

Wie viel Prozent Verzugszinsen kann der jeweilige Gläubiger in den folgenden Fällen verlangen?

a Die Sachsenrad GmbH aus Dresden kauft bei der Fly Bike Werke GmbH 10 Mountainbikes „Mountain *Constitution*“ und 15 City-Räder „City *Surf*“.

b Die Privatperson Irmgard Dober kauft bei der Privatperson Ulrich Thielmann ein Kinderfahrrad für ihre Tochter.

c Die Privatperson Ulrich Thielmann kauft beim Fahrradhandel Uwe Gross e. K. ein City-Rad.

d Die Multirad e. G. aus Berlin kauft bei der Fly Bike Werke GmbH 15 Kinderräder „Kinder *Twist*“. Im Kaufvertrag ist ein Verzugszinssatz von 12 % vereinbart worden.

Aufgabe 4

Ab wann befinden sich die jeweiligen Personen bzw. Unternehmen in den folgenden Fällen im Zahlungsverzug?

a Die Fly Bike Werke GmbH liefert an die EGZ Einkaufsgenossenschaft in Köln mehrere Fahrräder.
Die Rechnung über die Lieferung trifft am Mittwoch, den 14. April, bei der EGZ ein. Als Zahlungsziel wurde vereinbart: „Zahlung innerhalb von 15 Kalendertagen nach Rechnungserhalt.“

b Die Fly Bike Werke GmbH und ihr Kunde Radbauer GmbH aus München haben als Zahlungsziel „Zahlung bis zum 1. Oktober d. J.“ vereinbart.

c Marlene von Gröning kauft im Möbelhaus Scholte GmbH einen exklusiven Esstisch mit dazu passenden Stühlen auf Rechnung. Die Rechnung, welche Frau von Gröning am 1. Juni zugeht, enthält kein Zahlungsziel oder ähnliche Hinweise. Am 20. Juli geht bei Frau von Gröning eine Mahnung ein.

d Die Glasscheibenfabrik Kiegel & Söhne GmbH liefert an die Auto AG eine Vielzahl an Frontscheiben. Die Auto AG erhält die Rechnung über diese Frontscheiben am 5. September. Auf der Rechnung steht kein Zahlungsziel und es wird keine Mahnung versendet.

e Die Familie Dingenskirchen kauft im Möbelhaus Scholte GmbH eine Möbelgarnitur für ihr Wohnzimmer. Die Rechnung erreicht die Familie zusammen mit der Lieferung am 15. August. Als Zahlungsziel steht in der Rechnung: „Zahlung im September d. J.“

Aufgabe 5
Beschreiben Sie mithilfe der folgenden Tabelle den Weg, den ein Unternehmen gehen kann, wenn ein Kunde auch auf das letzte Mahnschreiben nicht reagiert.

Vorgehensweise	

Mögliche Reaktionen des Schuldners			
Vorgehensweise			

Mögliche Reaktionen des Schuldners			
Vorgehensweise			

Lernsituation 27

FK → LF 3 Kapitel 2.6.4

Verjährungsfristen prüfen und anwenden

Im Mai 20X1 lieferte die Fly Bike Werke GmbH eine größere Menge von Renn- und Trekkingrädern an die Bike GmbH in Magdeburg. Am 17.12.20X4 geht bei der Fly Bike Werke GmbH eine Beschwerde eines Kunden dieses Großhändlers ein. Der Kunde Herr Pohl ist darüber verärgert, dass das kürzlich erworbene Trekkingrad mehrere kleine Kratzer am Rahmen hatte und der Großhändler hinsichtlich der Regulierung nicht verhandlungsbereit war.

Herr Baumann, der in der Abteilung Vertrieb für den Fachhandel zuständig ist, bittet daraufhin die Auszubildende Jenny Liu, Recherchen zu der damaligen Lieferung anzustellen. So entdeckt Frau Liu am 18.12.20X4, dass die Rechnung der Fly Bike Werke GmbH vom 21.05.20X1 noch immer offen ist. Sie beläuft sich auf 13.590,00 € brutto und war laut Zahlungsziel bis zum 21.06.20X1 zu begleichen. Momentan kann sich niemand erklären, warum dieser offene Posten so lange unentdeckt blieb.

Dem Kunden des Großhändlers gegenüber verhält sich die Fly Bike Werke GmbH kulant, indem sie einen nachträglichen Preisnachlass gewährt. Doch das Problem der offenen Rechnung aus dem Jahr 20X1 besteht weiterhin. Deshalb ruft Herr Baumann bei der Bike GmbH an und bittet um unverzügliche Bezahlung der Rechnung. Aber Herr Gründel, der zuständige Mitarbeiter der Bike GmbH, behauptet, von dieser Rechnung nichts zu wissen.

1 Am 30. Dezember 20X4 ist die Zahlung der Bike GmbH noch immer nicht eingegangen. Frau Liu informiert sich darüber, welche Rechte die Fly Bike Werke GmbH in dieser Situation hat.
   - **a** Nennen Sie mithilfe von Zeitstrahl 1 Beginn, Dauer und Ende der Verjährungsfrist.
   - **b** Finden Sie heraus, welche Rechte die Fly Bike Werke GmbH laut BGB hat.

2 Frau Liu möchte von Herrn Baumann wissen, unter welchen Bedingungen es zu einer Hemmung der Verjährung kommt.
   - **a** Was müsste passiert sein, damit der Ablauf der Verjährungsfrist in der vorliegenden Situation gehemmt ist? Konstruieren Sie ein Beispiel.
   - **b** Tragen Sie die Daten und Fristen aus Ihrem Beispiel in Zeitstrahl 2 ein und erläutern Sie diese Variante.

3 Als Nächstes interessiert Frau Liu, unter welchen Bedingungen es zu einem Neubeginn der Verjährung kommt.
   - **a** Was müsste passieren, damit die Verjährungsfrist in der vorliegenden Situation von vorn beginnt? Konstruieren Sie ein Beispiel.
   - **b** Tragen Sie die Daten und Fristen aus Ihrem Beispiel in Zeitstrahl 3 ein und erläutern Sie diese Variante.

Zeitstrahl 1

Fälligkeit	Beginn der Verjährungsfrist	Verjährungsfrist: .... Jahre	Ende

→ Zeit

Zeitstrahl 2 (Hemmung)

Verlängerung um .... Monate

Fälligkeit | Beginn der Verjährungsfrist | Verjährungsfrist: .... Jahre | Ende 1 | Ende 2

→ Zeit

Dauer der Hemmung:

Beginn:

Ende:

Zeitstrahl 3 (Neubeginn)

Fälligkeit | Beginn der Verjährungsfrist | Verjährungsfrist: .... Jahre | Ende 1 | Ende 2

→ Zeit

Neubeginn der Verjährungsfrist:

Verjährungsfrist: .... Jahre

Arbeitsblatt 27.1 Verjährung

Ergänzen Sie die Lücken in der Tabelle.

Verjährungsfristen	Nach Ablauf der .... hat der Schuldner das Recht der ...., da die Forderungen gegenüber dem Gläubiger .... sind.		
	regelmäßige Verjährungsfrist von 3 Jahren	besondere Verjährungsfrist von .... Jahren	besondere Verjährungsfrist von .... Jahren
Beginn			mit der Entstehung des Anspruchs oder mit der Rechtskräftigkeit des Urteils
Beispiele für Ansprüche			

Hemmung	In diesem Fall wird die Verjährungsfrist um den gehemmten Zeitraum verlängert. Die Verjährung wird z. B. gehemmt, wenn:
Neubeginn	In diesem Fall beginnt die Verjährungsfrist von vorn. Zum Neubeginn der Verjährung kommt es z. B., wenn:

Aufgaben

Aufgabe 1

Entscheiden Sie, um welche Art von Verjährungsfrist es in den Beispielen geht und wann diese beginnt.

Fall	Art der Frist	Beginn der Frist
a Ein Arbeitnehmer stellt fest, dass er noch Gehaltsforderungen gegenüber seinem Arbeitgeber hat.		
b Ein Kunde der Fly Bike Werke GmbH stellt einen Insolvenzantrag. Im Insolvenzverfahren wird festgestellt, dass eine Forderung der Fly Bike Werke GmbH vollstreckbar ist.		
c Eine Forderung ist aufgrund eines Pfandrechts entstanden.		
d Ein Kunde bestellt bei der Fly Bike Werke GmbH Fahrräder im Wert von 20.000,00 €		
e Die Fly Bike Werke GmbH verkauft ein Grundstück am Stadtrand von Oldenburg an die Stadt Oldenburg.		

Aufgabe 2

Entscheiden Sie, ob in den folgenden Situationen ein Grund für eine Hemmung oder ein Grund für einen Neubeginn der Verjährungsfrist vorliegt.

Situation	Grund für eine Hemmung?	Grund für einen Neubeginn?
a Ein Schuldner bittet den Gläubiger um Stundung und der Gläubiger willigt ein.		
b Der Gläubiger macht seine Ansprüche geltend, indem er einen gerichtlichen Mahnbescheid beantragt.		
c Durch einen erheblichen Datenverlust aufgrund eines Brandes war der Gläubiger mehrere Wochen lang an der Rechtsverfolgung seiner Ansprüche gehindert.		
d Der Schuldner leistet eine Teilzahlung.		
e Der Schuldner zahlt Verzugszinsen.		

Aufgabe 3

Am 16. Februar 20X0 liefert die Fly Bike Werke GmbH vereinbarungsgemäß die Laufbänder aus, die ein Großhändler bestellt hatte. Die am 16. März 20X0 fällige Zahlung ist im November 20X0 noch immer nicht beglichen. Per E-Mail wird eine Ratenzahlung ausgehandelt, woraufhin der erste Zahlungseingang am 16. Januar 20X1 verbucht wird. Kurz danach fragt der Großhändler erneut nach einem Zahlungsaufschub von 6 Monaten (bis 16. Juli 20X1) für die Restzahlung. Doch nach Ablauf dieser Frist steht die vereinbarte Restzahlung weiterhin aus. Durch einen Fehler im neuen EDV-System der Buchhaltung der Fly Bike Werke GmbH gerät der Vorgang in Vergessenheit. Erst drei Jahre nach Fälligkeit der Restforderung wird der offene Posten entdeckt und die Fly Bike Werke GmbH fordert den Großhändler auf, die noch ausstehende Restzahlung zu leisten.

a Stellen Sie mithilfe eines Zeitstrahls fest, welche Ansprüche die Fly Bike Werke GmbH in dieser Situation hat.

b Begründen Sie diese Ansprüche ausführlich.

Lernsituation 28

FK → LF 3 Kapitel 3.2

Die Bonität eines Kunden überprüfen

Die angehende Industriekauffrau Jenny Liu hat in ihrer Zeit im „Vertrieb Fachhandel“ bei ihrem Abteilungsausbilder Herrn Baumann schon reichlich Erfahrung gesammelt. Heute soll sie ihre erste Auftragsannahme selbstverantwortlich durchführen ...

Nun schaut sich Frau Liu erst einmal die Bestellung an:

WINDHUND GMBH
est. 20X3

Bestellung

To Fly Bike Werke GmbH Rostocker Str. 334 26121 Oldenburg +0049 441 885-0	Versand an: Windhund GmbH Eichenstätter Weg 3 92224 Amberg +0049 9621 7372	**Bestellnummer: 0002/X4**

BESTELLDATUM	ANGEFORDERT VON	ABTEILUNG	RECHNUNGSNUMMER	BEDINGUNGEN
17.07.20X4	Frau Pesch	Geschäftsführung		Lieferung frei Haus, Zahlungsziel 90 Tage

Wir bestellen gemäß Ihrer Preisliste:

IHRE ART.-NR.	BESCHREIBUNG	MENGE	PREIS	BETRAG
201	Trekking-Rad Free	12	700,00	8.400,00
302	Mountainbike Unlimited	7	1.995,00	13.965,00
602	E-Mountainbike Sturm	6	2.898,00	17.388,00
	abzgl. 27,5% Wiederverkäuferrabatt			-10.932,08
		Zwischensumme		28.820,92
		Umsatzsteuer		5.475,97
		Versand & Bearbeitung		1.250,00
		Weiteres		
		SUMME		35.546,89

Wie Herr Baumann bereits angekündigt hat, befinden sich in der Kundendatei der Fly Bike Werke GmbH keine Einträge über den Kunden. Jenny Liu fällt aber an der Bestellung auf, dass das Unternehmen erst vor gut einem Jahr gegründet wurde und anscheinend noch nicht viele Warenbestellungen vorgenommen hat.

Sie macht sich nun Gedanken, wie sie nähere Auskünfte zur Kreditwürdigkeit der Windhund GmbH beschaffen kann. In der Berufsschule wurde das Thema bereits angesprochen und auf den bequemen Weg der Beauftragung von Auskunfteien hingewiesen. Aber Herr Baumann hält nichts davon, er will lieber Informationen „aus erster Hand".

Als erste Idee beschafft sich Frau Liu deshalb einen Auszug aus dem Handelsregister:

Handelsregister B des Amtsgerichts Amberg

Abdruck
Abruf vom 20.07.20X4

Nummer der Firma: HRB 210698
Seite 1 von 1

Nummer der Eintragung	a) Firma b) Sitz, Niederlassung, inländische Geschäftsanschrift, empfangsberechtigte Person, Zweigniederlassungen c) Gegenstand des Unternehmens	Grund- oder Stammkapital	a) Allgemeine Vertretungsregelung b) Vorstand, Leitungsorgan, geschäftsführende Direktoren, persönlich haftende Gesellschafter, Geschäftsführer, Vertretungsberechtigte und besondere Vertretungsbefugnis	Prokura	a) Rechtsform, Beginn, Satzung oder Gesellschaftsvertrag b) Sonstige Rechtsverhältnisse	a) Tag der Eintragung b) Bemerkungen
1	2	3	4	5	6	7
1	a) Windhund GmbH b) Eichenstätter Weg 3, 92224 Amberg c) Fahrradhandel und Reparaturservice	35.000 EUR	a) Die Gesellschaft hat einen oder mehrere Geschäftsführer. Sind mehrere Geschäftsführer bestellt, so vertreten entweder zwei Geschäftsführer oder ein Geschäftsführer in Gemeinschaft mit einem Prokuristen die Gesellschaft. b) Geschäftsführerin: Frau Liselotte Pesch, Amberg *23.05.1982		a) Gesellschaft mit beschränkter Haftung Gesellschaftervertrag vom 28.11.20X2 b) Einlagepflicht von 50% der Stammeinlage	a) 16.01.20X3

Frau Liu überlegt, dass eine GmbH als Kapitalgesellschaft ja auch einen Jahresabschluss veröffentlichen muss. Und tatsächlich findet sie im Unternehmensregister eine verkürzte Bilanz des Geschäftsjahres 20X3. Als kleine Kapitalgesellschaft musste die Gewinn- und Verlust-Rechnung in diesem Falle nicht veröffentlicht werden:

Bilanz
Windhund GmbH
Geschäftsjahr 20X3
Werte in EUR

Aktiva		**Passiva**	
A. Anlagevermögen		**A. Eigenkapital**	
Sachanlagen	105.000	gez. Kapital	35.000
Finanzanlagen	5.000	Jahresfehlbetrag	–10.000
B. Umlaufvermögen		**B. Rückstellungen**	9.500
Vorräte	14.000	**C. Verbindlichkeiten**	
Forderungen aus Lieferungen und Leistungen	8.500	langfristige Verbindlichkeiten	52.000
Bankguthaben	18.000	kurzfristige Verbindlichkeiten	66.000
C. Rechnungsabgrenzungsposten	–	**D. Rechnungsabgrenzungsposten**	–
Summe	150.500	Summe	150.500

Dann beantragt Jenny Liu bei der Schufa noch eine Kompaktauskunft über das Unternehmen. Die Schufa verlangt von ihr, ein **berechtigtes Interesse** an Auskünften nachzuweisen. Da die Windhund GmbH eine Zahlungszielvereinbarung wünscht und damit einen Warenkredit nachfragt, ist die Fly Bike Werke GmbH zum Erhalt von Auskünften berechtigt. Jenny erhält kurze Zeit später folgende Auskunft:

WIR SCHAFFEN VERTRAUEN — schufa

SCHUFA-Kompaktauskunft — SCHUFA-ID: 2267367, Datum 21.07.20X4

Stammdaten und Identifikation

Windhund GmbH

Geschäftsanschrift:
Eichenstätter Weg 3
92224 Amberg

Telefon:
09621 6040

Geschäftsführung:
Frau Liselotte Pesch

SCHUFA-ID:	637294
Status:	Im Register eingetragen
Rechtsform:	Gesellschaft mit beschränkter Haftung
USt-ID:	DE012459863
Registernummer:	HRB 210698
Amtsgericht:	92224 Amberg
Gründungs- / Eintragungsdatum:	16.01.20X3

Bonitätsinformationen

Bonitätsindex:

Bonitätsindexklasse: 100-249
Zu diesem Unternehmen liegen keine Informationen über kritische Zahlungsstörungen vor.

Ausfallquote: unbekannt

Die Ausfallquote gibt die Wahrscheinlichkeit einer Zahlungsstörung innerhalb eines Zeitraums von 12 Monaten an.

Kreditaufnahme:	Bank 3000 07.12.20X3 40.000,00 EUR
Zahlungserfahrungen:	liegen nicht vor
Kreditlimitempfehlung:	30.000,00 EUR

Tätigkeit

Geschäftsgegenstand: Fahrradhandel und Reparaturservice

Geschäftszahlen

Jahr:	**Stammkapital der Gesellschaft:**	**Umsatz:**	**Jahr:**	**Mitarbeiter:**
20X3	35.000,00 EUR	geschätzt 1.000.000 EUR	**20X3**	unbekannt

Bankverbindungen

Volksbank Amberg — **IBAN:** DE03 3406 0787 3452 6500 12

Formular bearbeitet/gekürzt von der Redaktion

Obwohl Jenny nun schon einige Informationen gesammelt hat: So richtig zufrieden ist sie immer noch nicht. Und lieber fragt sie noch einmal bei Herrn Baumann nach einem Tipp. Der meint: „Sie können noch – mit Einverständnis des Kunden – seine Hausbank um Auskünfte bitten. Außerdem finden Sie vielleicht im Internet einige Kundenerfahrungen. Das kann auch bei der Einschätzung helfen.“ Tatsächlich erklärt sich die Windhund GmbH mit einer Auskunft ihrer Hausbank einverstanden, die daraufhin folgende Informationen mitteilt:

Bank 3000

Bank 3000 · PF 8903 · 21620 Oldenburg
Fly Bike Werke GmbH
Rostocker Straße 334
26121 Oldenburg

Bank 3000 AG
Staugraben 10
26122 Oldenburg

Datum 24.01.20XX

Sehr geehrte Damen und Herren,

mit Genehmigung unseres Kunden, der Windhund GmbH, geben wir Ihnen folgende Informationen:

- Das Geschäftskonto der Windhund GmbH, IBAN DE03 3406 0787 3452 6500 12, wurde zum 01.01.20X3 eingerichtet.
- Es ist ein Darlehen über 40.000 € eingerichtet, welches bislang vertragsgemäß bedient wird.
- Für das Geschäftskonto besteht die Möglichkeit eines Kontokorrentkredits (Überziehungsmöglichkeit) in Höhe von maximal 20.000 €. Dies wird von unserem Kunden gelegentlich, aber nie in voller Höhe in Anspruch genommen.
- Sowohl für das Darlehen als auch den Kontokorrentkredit liegt eine selbstschuldnerische Bürgschaft von Herrn Burkhardt Pesch, Immobilienhändler, vor.

Und was sagen die Kunden zur Windhund GmbH? Den Kommentaren im Internet zufolge scheint der Laden wirklich gut anzukommen.

www.windhund-bikes.de/kundenmeinung

★★★★★
Der Windhund Shop ist eine Oase der Freundlichkeit. Faire Preise gibt es noch dazu!

★★★★★
Geradeheraus, ehrlich und kompetent – so wie hier dürfte es überall sein!

★★★★
Ich teile das Lob all dieser Kommentatoren. Aber es dürfte schon etwas mehr Auswahl geben.

★★★★★
Wir waren zum ersten Mal dort und sind nun gleich Stammkunden – tolle Beratung, super Service

★★★★★
Der Laden ist immer rappelvoll, aber es lohnt sich einfach zu warten

★★★★★
Ein Wort reicht: GENIAL

★★★★★
Wozu woanders lange suchen? Hier ist alles top: Beratung, Preise, Service.

Eine Idee hat Jenny noch! Vielleicht gibt es auch noch was über die Geschäftsführerin zu finden? Heutzutage steht doch über fast jede(n) etwas in einem Job-Portal. Volltreffer, schon die erste Suche zeigt einen Lebenslauf von Frau Liselotte Pesch:

„So, das muss jetzt aber reichen“, denkt sich Jenny Liu, „jetzt muss ich mir überlegen, ob wir diesen Warenkredit für die Windhund GmbH riskieren sollen oder nicht.“

Liselotte Pesch

Geburtsdatum: 23.05.1982
Kavalierstr. 54a

92263 Ebermannsdorf
+0049 9624 4421

lise.pesch@email.com

KENNTNISSE

MS Office ■■■■□□
Adobe CC ■■■□□□
HTML/CSS ■■■■□□
CMS ■■□□□□

SPRACHEN

Englisch ■■■■■■
Spanisch ■■■□□□
Italienisch ■■■□□□

INTERESSEN

Fotografie, Reisen, Bergsteigen, Höhlentauchen

Berufserfahrung

01/20X3 – jetzt
Geschäftsführerin der Windhund GmbH

07/20X0 – 12/20X2
Filialleiterin Nürnberg
Bike World 2000

08/20X8 – 06/20X0
Trainee-Programm
Bike World 2000
Einsatz als stv. Filialleiterin

01/20X2 – 06/20X8
Studentische Hilfskraft
Fränkischer Verband für Zweiradtourismus e.V.

Ausbildung

07/20X2 – 10/20X8
Universität Würzburg
Wirtschaftswissenschaften
Wahlbereiche:
Entrepeneurship
Finanzwirtschaft

08/1999 – 07/20X2
Berufsausbildung zur Groß- und Außenhandelkauffrau

Privat

seit 20X2 verheiratet mit Burkhardt Pesch, Immobilienhändler, Amberg
2 Kinder

1 Warum ist eine Bonitätsprüfung bei Neukunden so wichtig? Überlegen Sie, welche Folgen ein Zahlungsausfall in dieser Höhe für die Fly Bike Werke GmbH haben könnte.

2 Wieso ist der Windhund GmbH die Gewährung eines langen Zahlungszieles ggf. sogar wichtiger als einen weiteren Preisnachlass?

3 Wenn Jenny Liu noch mehr Zeit gehabt hätte: Was hätte sie noch für eine Bonitätsprüfung heranziehen oder anfordern können?

4 Die gute Bonität eines Kunden bedeutet keinen sicheren Zahlungseingang. Welche Gründe könnten für eine Zahlungsverzögerung oder einen Zahlungsausfall noch bestehen?

5 Die Entscheidung naht: Sammeln Sie anhand der vorhandenen Unterlagen Argumente, die für oder gegen einen Warenkredit in dieser Höhe sprechen. Machen Sie Herrn Baumann einen Vorschlag, ob der Auftrag zu den von der Windhund GmbH gewünschten Konditionen angenommen werden soll. Nutzen Sie für Ihre Überlegungen das Arbeitsblatt 28.1.

Arbeitsblatt 28.1 Handlungsempfehlung

Soll der Auftrag der Windhund GmbH zu den gewünschten Konditionen angenommen werden?

Argumente dafür:	Argumente dagegen:

Mein Vorschlag:

Aufgaben

Aufgabe 1

Die Schufa (Schutzgemeinschaft für allgemeine Kreditsicherung) besitzt nach eigenen Angaben Bonitätsmerkmale von 68 Millionen Privatpersonen sowie 6 Millionen Unternehmen.

Die Schufa fasst die Ergebnisse einer Bonitätsprüfung in Form eines Scoringwertes zusammen:

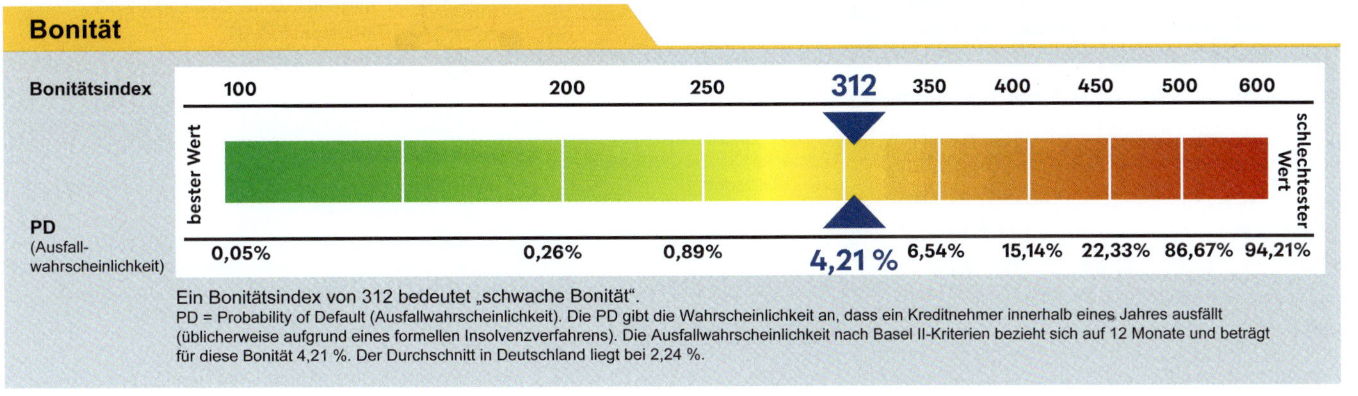

a Informieren Sie sich, aus welchen Einzeldaten der Scoring-Wert (Bonitätsindex) einer Privatperson gebildet wird: https://www.schufa.de/scoring-daten/

b Auch ohne konkrete Daten zum Zahlungsverhalten ermittelt die Schufa einen sogenannten „Basisscore" für jeden Verbraucher. Rufen Sie unter dem folgenden Link ein Demoprogramm auf, mit dem Sie anhand eigener Lebensumstände Ihren Basisscore ermitteln können: https://www.schufa.de/scorechecktools/

c Ein negativer Schufa-Score erschwert die Gewährung von Waren- oder Geldkrediten erheblich. Welche Folgen können außerdem damit verbunden sein? Geben Sie weitere Nachteile aus Sicht von betroffenen Unternehmen und Verbrauchern an.

d Sammeln Sie Möglichkeiten, um trotz negativer Schufa-Auskünfte einen Kredit zu erhalten.

Aufgabe 2

Wie wirken sich folgende Sachverhalte auf die Bonität aus?

Sachverhalt	Veränderung der Bonität		
	verbessert sich	bleibt unverändert	verschlechtert sich
Ein Arbeitnehmer unterscheibt einen Vertrag für ein Auto-Leasing.	☐	☐	☐
Ein Unternehmen wird von einem Großkonzern übernommen.	☐	☐	☐
Ein Unternehmer heiratet.	☐	☐	☐
Eine GmbH wird in eine KG umgewandelt.	☐	☐	☐
Ein Arbeitnehmer wird ins Beamtenverhältnis übernommen.	☐	☐	☐
Der Vorstand einer Aktiengesellschaft wird vor Ablauf der normalen Amtsperiode ausgewechselt.	☐	☐	☐
Ein Arbeitnehmer erhält eine deutliche Gehaltserhöhung.	☐	☐	☐

Aufgabe 3

Der Auszubildende Cem wundert sich, warum er in Online-Shop nur noch gegen Vorkasse einkaufen kann. Dies war früher anders. Jemand gibt ihm den Tipp, doch mal seine Einträge bei der Schufa einzusehen.

a Ist ein Einblick in die eigene Schufa-Einstufung auch ohne besonderen Grund möglich? Wie oft, was kostet das?

b Welche rechtlichen Möglichkeiten gibt es, gegen unberechtigte oder falsche Einträge vorzugehen?

Aufgabe 4

Die aktuelle Novelle des Bundesdatenschutzgesetzes schränkt die Möglichkeiten von Auskunftsdiensten wie der Schufa, Finanz- und Verhaltensauskünfte zu sammeln, deutlich ein.

a Wie könnten personenbezogene Daten hier missbraucht werden?

b Welche Regeln haben die Auskunftsdienste bzw. die auskunftssuchenden Unternehmen hier zu beachten?

Lernsituation 29

FK → LF 3 Kapitel 3.2.4

Ein Angebot erstellen

In der Vertriebsabteilung der Fly Bike Werke GmbH herrscht heute große Aufregung. Herr Baumann hat in seiner Eingangspost eine besondere Anfrage der Mitteldeutschen Chemiepark AG erhalten und diese gleich der Abteilungsleiterin Frau Gerland vorgelegt. Diese ist wiederum damit zur Geschäftsführerin Frau Nowak gegangen. Frau Nowak liest sich das Dokument aufmerksam durch und freut sich: „Ja, das kann unseren Einstieg in einen neuen Markt bedeuten!"

Frau Nowak gibt der Abteilungsleiterin Frau Gerland den Auftrag, diesen Kunden „unbedingt für uns" zu gewinnen. Der Markt für Geschäftsfahrräder wurde bislang von der Fly Bike Werke GmbH noch nicht bedient und weist ein großes Zukunftspotenzial aus. Außerdem führt der Absatz großer Mengen an einzelne Abnehmer zu erheblichen Kosteneinsparungen bei Vertrieb und Versand, die Kostensenkungspotenziale besserer Kapazitätsauslastung noch gar nicht mitgerechnet.

Bei uns stimmt die Chemie

Mitteldeutscher Chemiepark AG
Industriestr. 5–32
06811 Dessau

Fly Bike Werke GmbH
Rostocker Straße 334
26121 Oldenburg

Datum: 09.09.20X4

Anfrage Nr: 451020

Mitarbeiter	Position	Lieferungsbedingung	Zahlungsbedingung	Lieferfrist
Cristina Echevarría	Leiterin Strategic Purchasing	frei Haus	90 Tage netto Kasse oder 30 Tage mit 3 % Skonto	nach Abruf binnen 5 Tagen

Sehr geehrte Damen und Herren,

wir sind das zweitgrößte inländische Chemieunternehmen mit 142.400 Mitarbeitern an 4 Produktionsstandorten. Auch wir sind dem Umweltgedanken verpflichtet und planen daher, innerhalb unserer weitläufigen Werksanlagen vermehrt Dienstfahrräder anstelle von Kleinbussen einzusetzen.

Aus diesem Grunde erbitten wir ein Angebot für den unten aufgeführten Testbedarf.

Sollten Sie leistungsfähige Konditionen offerieren und unsere Mitarbeiter uns eine positive Rückmeldung zum Fly Bike Rad geben, würden wir Nachkäufe in deutlich höheren Mengen vornehmen.

Menge	Beschreibung	Artikelnummer
100 Stück	Fahrrad Trekking Nature	203

„Vergessen Sie die Preisliste!", mahnt Frau Nowak noch. „Aber sorgen Sie durch die Rabattgestaltung auch dafür, dass die Absatzmenge stimmt. Und vermeiden Sie unnötige Risiken."

Aufgrund der Bedeutung eines möglichen Auftrags übernimmt Frau Gerland die Angebotserstellung persönlich. Die Bonitätsprüfung ist rasch erledigt:

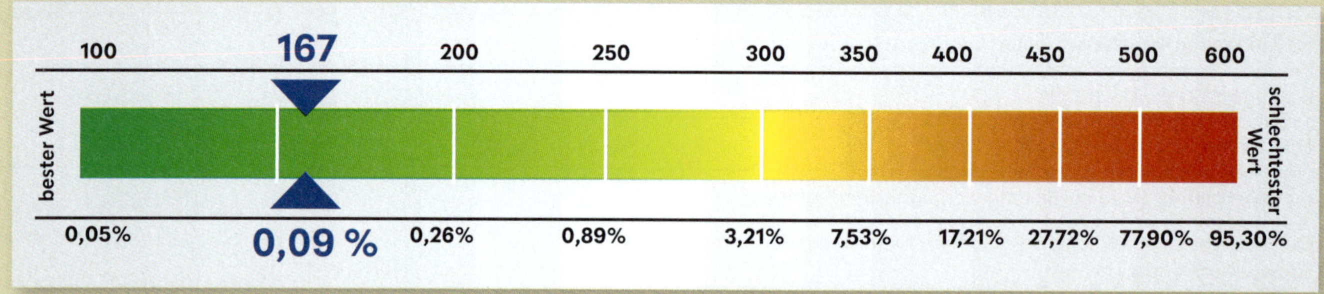

Schwieriger gestaltet sich die Frage der Lieferfähigkeit, da ein Auftrag in der angefragten Größenordnung nicht aus den Lagerbeständen bestritten werden kann und üblicherweise auch nicht in so großen Stückzahlen produziert wird.

Für diesen Großauftrag wird eine Sonderserie angelegt, für die der Arbeitsplan folgende Zeitangaben macht:
- **einmalige** Zeit für das Einrichten der Maschinen (Rüstzeit)
- Produktionszeit für ein Fahrrad (Bearbeitungszeit)

Die Fly Bike Werke GmbH arbeiten im 5-Tage-Einschichtbetrieb, d. h. es stehen pro Tag 8 und pro Woche 40 Arbeitsstunden zur Verfügung. Alle Zeitangaben in Minuten.

APL005 Trekking Nature - Arbeitsplan

Allgemein

Nr. APL005
Beschreibung . . . . . . Trekking Nature
Art . . . . Seriell
Status . . . . In Entwicklung

Suchbegriff . . . . TREKKING NATURE
Losgröße in Stk. . . . . SONDERSERIE
Aktive Version. . . . . .
Korrigiert am 31.01.20X4

Arbeitsga...	Art	Nr.	Beschreibung	Rüstzeit	Bearbeitung...	Wartezeit	Transportzeit
10	A..	PLA001	Rahmenformung	240	20	0	0
20	A..	PLA002	Lackierung	240	15	0	0
30	A..	PLA003	Teilmontage	0	80	0	0
40	A..		Prüfung	0	5	0	0

Arbeitsplan ▾ Arbeitsgang ▾ Funktion ▾ Hilfe

Für die Kalkulation des Angebotspreises hat die Kostenrechnung folgende Übersicht herausgegeben:

Selbstkostenübersicht

FLY BIKE Werke GmbH

Modell		
Trekking Nature		
Kalkulationsdatum	31.01.20X4	
Bearbeiter	Hans-Christian Müller	
Kostenbestandteile		**Hinweise**
Materialkosten je Stück	148,45 €	Diese Selbstkostenübersicht enthält keine detaillierten Informationen über die Zusammensetzung einzelner Selbstkostenpositionen.
Fertigungskosten je Stück	219,04 €	
ant. Verwaltungsgemeinkosten je Stück	44,11 €	
ant. Vertriebsgemeinkosten je Stück	28,40 €	
Selbstkosten	**440,00 €**	

Schließlich stellt die Versandlogisitk noch folgende Angaben und Unterlagen bereit:

Notizen

FLY BIKE Werke GmbH

Von: *Versandlogistik (Herr Gilles)*

An: *Vertrieb (Frau Gerland)*

Liebe Frau Gerland,

für die Kommissionierung der Fahrräder, die Beauftragung des Spediteurs und den Transport können Sie – unabhängig von der Auftragsmenge – ca. 7 Arbeitstage veranschlagen.
Zu den anzusetzenden Frachtkosten senden wir Ihnen das Angebot unseres Hausspediteurs zu.

Internationale Transporte Baldur KG

Internationale Transporte Baldur KG • Martinsgasse 56 • 50674 Köln
Fly Bike Werke GmbH
Rostocker Straße 334
26121 Oldenburg

Martinsgasse 56
50674 Köln
Fon: 0221/43 43 5-0
baldurtrans@gmail.com

Angebotsnr. 62321
Datum: 13.09.20X4

Angebot

Gemäß Ihrer Anfrage vom 12.09.20X4 bieten wir den gewünschten Transportauftrag an:

Abholort	Versandort	Anforderer	Versandweg	Frei (an Bord)-Punkt	Zahlungsbedingung
Oldenburg	Dessau	Fly Bike Werke Frau Gerland	Lkw	Verladestation Werk Oldenburg	sofort ohne Abzug fällig

Menge	Beschreibung	Transportpreis je km	Summe
361 km	Lkw-Ladung **zu max. 50 Bikes** Transportgewicht je Stück 16 kg = 0,8 t	je t 1,82 €	525,62
1	Volumenzuschlag (> 2,5 m³)		88,61
1	Hubkosten pauschal		100,00
		Zwischensumme	**714,23**
		Mehrwertsteuer	135,70
		Summe fällig	**849,93**

Unterstützen Sie Frau Gerland bei der Angebotserstellung.

1 Ermitteln Sie den Netto-Angebotspreis je Bike für den gewünschten Auftrag über 100 Fahrräder. Nutzen Sie dazu das untenstehende Kalkulationsschema. Sie sollten dabei folgende Aspekte berücksichtigen:

a Die Geschäftsführerin Frau Nowak wünscht, dass die Rabattgestaltung zur Sicherstellung einer hohen Absatzmenge eingesetzt wird. Geben Sie daher für eine Mindestbestellmenge von 100 Stück einen Mengenrabatt von 10 % vor.

b Laut Anfrage wünscht die Chemiepark AG bei vorzeitiger Zahlung einen Skontoabzug von 3 %. Kalkulieren Sie auch diesen ein.

c Zum gewünschten Gewinnzuschlag hat Frau Nowak keine Angaben gemacht. Da der Angebotspreis ungewöhnlich attraktiv sein muss, setzt Frau Gerland anstelle der üblichen 10 % hier nur 4% an.

d Die Lieferkosten werden 1:1 in gleicher Höhe weitergegeben. Sie sollen, um den Angebotspreis niedrig auszuweisen, als Zusatz angegeben werden.

Kalkulationsschema Angebotspreis netto	
Selbstkosten für 100 Fahrräder	
+ Gewinnzuschlag .... %	
= Barverkaufspreis	
+ Kundenskonto .... %	
= Zielverkaufspreis	
+ Kundenrabatt	
= Angebotspreis	
Transportkosten bei „frei Haus"-Lieferung	

2 Vergleichen Sie nun den Angebotspreis mit den Standardkonditionen für Wiederverkäufer laut Preisliste bei einer Absatzmenge von 100 Rädern. Ist das Angebot für den möglichen Neukunden vorteilhaft?

3 Ermitteln Sie die mögliche Lieferzeit in Arbeitstagen.

a Addieren Sie Rüst- und Bearbeitungszeiten für die Herstellung von 100 Fahrrädern.

b Rechnen Sie die Minuten in Arbeitstage um. Es gilt: 1 Arbeitstag umfasst 8 Stunden = 480 Minuten. Runden Sie das Ergebnis auf volle Arbeitstage auf. Kalkulieren Sie den Zeitbedarf für die interne Versandabwicklung gemäß Notiz mit ein.

c Denken Sie auch an einen Sicherheitszuschlag bei Terminangaben für unerwartete Verzögerungen.

4 Sammeln Sie alle wichtigen Angaben zur Erstellung des Angebots:

Angebot an die Chemiepark AG	
Angebotsgegenstand mit Artikelnummer	
Angebotspreis für 100 Räder	
Frachtkosten bei Lieferung „frei Haus“	
Lieferzeit in Tagen	
Zahlungsbedingung (wie gewünscht)	
Eigentumsübergang	
Erfüllungsort und Gerichtsstand	
Angebotsbindung	

5 Erstellen Sie nun das Angebotsschreiben an die Chemiepark AG. Nutzen Sie dazu das Arbeitsblatt 29.1. Alternativ steht Ihnen unter dem Webcode **IKL_Materialien** eine digitale Geschäftsbrief-Vorlage zur Verfügung.

Arbeitsblatt 29.1 Angebot an die Mitteldeutsche Chemiepark AG

FLY BIKE Werke GmbH

FBW GmbH, Rostocker Str. 334, 26121 Oldenburg

....

....

....

....

Ihr Zeichen:
Ihre Nachricht vom:
Unser Zeichen:
Unsere Nachricht vom:

Name:
Telefon: 0441 8XX-XX
E-Mail:

Datum: ....

....

....

....

....

....

....

....

....

....

....

....

....

....

....

....

Fly Bike Werke GmbH

Rostocker Str. 334
26121 Oldenburg

Geschäftsführerin:
Ewa Nowak

Telefon: 0441 8XX-0
Telefax: 0441 8XX-9211
E-Mail: mail@flybike-werke.dex
Web: www.flybike-werke.dex

Handelsregister:
Amtsgericht Oldenburg
HR Oldenburg 2134

USt-IdNr. DE 236667691

Bank 3000 Oldenburg
IBAN: DE67 3707 5020 2114 2536 66
BIC: 3000DENIXXX

Oldenburg-Bank
IBAN: DE86 2804 0114 0112 3264 44
BIC: OLBADEOL261

Aufgaben

Aufgabe1

Bringen Sie die Schritte bei der Erstellung eines Angebots durch Nummerierung in die richtige Reihenfolge:

☐ Erfassung der Stammdaten

☐ Ausdruck und Versendung des Angebots

☐ Eingang der Anfrage

☐ Prüfung der Lieferfähigkeit und Lieferbereitschaft

☐ Festlegen der Angebotsbedingungen (Eingabemaske)

Aufgabe 2

Wodurch kann eine Lieferfähigkeit hergestellt werden? Geben Sie die entsprechenden Buchstaben an:

a durch ausreichenden Lagerbestand
b durch verbesserte Qualitätsprüfung
c durch genügend freie Produktionskapazitäten
d durch umfangreiche Marketingmaßnahmen
e durch reaktionsschnelle und leistungsfähige Zulieferer
f durch ständige Personalschulungen
g durch die Verlagerung des Lieferverkehrs von der Straße auf die Schiene

Aufgabe 3

Die Gewährung von Rabatten ist ein wichtiges Verkaufsargument. Welche Rabattart könnten Sie in den folgenden Fällen anbieten?

a Ein Kunde könnte möglicherweise im kommenden Jahr sein Einkaufsvolumen bei Ihnen verdoppeln.
b Es gibt wenige Kunden, die in saisonschwachen Zeiten einkaufen, was eine gleichmäßige Produktionsauslastung erschwert.
c Ein kleiner, aber zuverlässiger Kundenkreis sind auch die Mitarbeitenden und deren Angehörige.
d Ein langjähriger Kunde bestellt immer nur kleine Mengen, dies aber regelmäßig.
e Sie bieten die Produkte sowohl online im Direktverkauf als auch über Händler an. Diese müssen trotz des Onlineverkaufs konkurrenzfähig bleiben und rentabel arbeiten.
f Sie bringen eine neue Produktlinie auf den Markt, für die allerdings schon länger eingeführte Konkurrenzprodukte bestehen. Sie wollen mögliche Kunden zum Umstieg bewegen.

Aufgabe 4

Erklären Sie folgende Behauptung: „Skonto ist kein Preisnachlass, sondern nur die Streichung eines Finanzierungsaufschlags".

Aufgabe 5

In einem Angebot müssen nicht alle Bedingungen einzeln aufgeführt werden, sondern es kann stattdessen auf die Gültigkeit der eigenen Allgemeinen Geschäftsbedingungen (AGB) verwiesen werden. Welche der folgenden Inhalte sind in diesem Falle nicht zwingend einzeln aufzuführen?

a die Lieferzeit
b die Regelungen zu Erfüllungsort und Gerichtsstand
c ein Eigentumsvorbehalt
d der Angebotspreis
e Artikelbeschreibung und Artikelmenge
f die Lieferungsbedingung
g die Zahlungsbedingung

Aufgabe 6

In allen nachstehenden Fällen wurde am 23.05.20X4, einem Freitag, ein schriftliches Angebot verfasst und noch am selben Tag per Briefpost versendet. Bis wann ist der Absender an das Angebot gebunden, wenn dort schriftlich Folgendes vermerkt ist:

a Angebot gültig bis 15.06.20X4
b Änderungen vorbehalten
c nichts (d. h. ohne Angabe zur Angebotsfrist)
d solange Vorrat reicht
e Angebotsfrist 30 Tage ab Erstellungsdatum
f Angebotsfrist 30 Tage ab Eingangsdatum
g bis zum Widerruf

Aufgabe 7

Eine engere zeitliche Beschränkung der Bindungsfrist eines Angebotes (oder die Inanspruchnahme der gesetzlichen Regelung) ist zur Risikoverringerung des Anbieters sehr wichtig. Beschreiben Sie drei Sachverhalte, die bei langen Bindungsfristen die Angebotsgrundlagen grundlegend verändern könnten.

Aufgabe 8

Ergänzen Sie das Merkschema für die Kalkulation des Angebotspreises:

Selbstkosten	
Gewinnzuschlag	+ Zuschlag „vom Hundert" auf Selbstkosten
Kundenskonto	
Kundenrabatt	+ Zuschlag „im Hundert" vom Angebotspreis
Umsatzsteuer	

Aufgabe 9

Im Rahmen der Auftragsabwicklung fallen nach Erstellung eines Angebots noch eine Reihe weiterer Schriftstücke an. Nennen Sie diese:

	Mit diesem Dokument reagiert der Kunde zustimmend auf ein Angebot.
	Mit diesem Dokument versichert der Verkäufer seine Bereitschaft, die Ware zu liefern.
	Dieses Dokument begleitet die Ware auf dem Weg zum Kunden.
	Mit diesem Dokument wird der Kunde aufgefordert, die gelieferte Ware zu bezahlen.
	Mit diesem Dokument wird ggf. auf eine bereits fällige Zahlung hingewiesen.

Aufgabe 10

Die Kalkulation eines neuen Mountainbikes „Ponyflyer“ wurde wie folgt vorgenommen:

Selbstkosten	335,00 €
+ Gewinnzuschlag 10%	33,50 €
= Barverkaufspreis	368,50 €
+ Kundenskonto 2%	7,52 €
= Zielverkaufspreis	376,02 €
+ Kundenrabatt 27,5 %	142,63 €
= Listenverkaufspreis netto	**518,65 €**

a Wie hoch würde der Netto-Listenverkaufspreis ausfallen, wenn dem Kunden ein Wiederverkäuferrabatt von 30 % eingeräumt wird?

b Durch Preisverhandlungen gelingt es dem Kunden, den Verkaufspreis – bei gleichbleibenden Rabatt- und Skontosätzen – auf 500,00 € zu reduzieren. Wie hoch wäre der verbleibende Gewinn in Euro und Prozent?

c Um welchen Betrag müssten die Selbstkosten sinken, wenn bei einem Verkaufspreis von 500,00 € und gleichbleibenden Rabatt- und Skontosätzen die Gewinnhöhe nicht verringert werden soll?

d Wie hoch müsste der Netto-Listenverkaufspreis sein, wenn einem Vertreter zusätzlich 10 % Verkaufsprovision auf den Zielverkaufspreis eingeräumt wird?

e Wie hoch ist der Brutto-Listenverkaufspreis bei einem Umsatzsteuersatz von 19 %?.

Aufgabe 11

Wieso muss bei Angeboten an Geschäftskunden der Angebotspreis nicht einschließlich der gesetzlichen Umsatzsteuer angegeben werden?

Lernsituation 30

FK → LF 3 Kapitel 3.3

Processing an order

Bei der Fly Bike Werke GmbH laufen die Geschäfte sehr gut. Wieder geht eine Bestellung ein, dieses Mal des belgischen Händlers Europarad N.V. Rolf Polster, der als Vertriebsmitarbeiter im Bereich Export und Kundenmanagement arbeitet, bekommt folgendes Schreiben auf den Schreibtisch.

Europarad N.V.

Zandvoortstraat 16
2800 Mechelen Belgien

Europarad N.V. •* Zandvoortstraat 16 • 2800 Mechelen Belgien

Fly Bike Werke GmbH
Rostocker Straße 334
26121 Oldenburg

26th April 20XX

Dear Mr Polster

Subject: Order of components

I hope this letter finds you well. I am reaching out to place a detailed order for essential bicycle components for our online-store, BikeWorld.com.be, which continues to serve cycling enthusiasts in Belgium with top-quality products.

We are looking to replenish our inventory with the following items, which have been carefully selected to meet our customers' needs:

Bicycles:
- City Glide, 20 bikes in each size: 48, 50, 52, 54
- Trekking Light, 15 bikes in each size: 50, 52, 55, 58
- Renn Fast, 10 bikes in each size: 52, 54, 56, 58, 60

Bike trailers:
- 603 Modell Max, 30 items

Components:
- **75 Tires**: We require a mix of sizes, including 700c x 25mm for road bikes.

Could you please confirm the availability of these specific models and provide us with a quote? Additionally, we would appreciate details on the expected delivery times and any applicable warranties or special terms.

Thank you in advance for your prompt response and attention to this order.
We look forward to continuing our fruitful partnership.

Yours sincerely,

van der Kracht
van der Kracht

1 Fassen Sie zunächst die wesentlichen Inhalte des Geschäftsbriefs stichwortartig zusammen.

Inhalte der Bestellung
–
–
–
–
–

Die Vertriebsleiterin Regula Gerland hat die Bestellung von Europarad N.V. geprüft und teilt Rolf Polster als Notiz auf dem Bestellschreiben folgende Information mit:

Europarad N.V.

Zandvoortstraat 16
2800 Mechelen Belgien

Europarad N.V. •* Zandvoortstraat 16 • 2800 Mechelen Belgien

Fly Bike Werke GmbH
Rostocker Straße 334
26121 Oldenburg

26th April 20XX

Dear Mr Polster

Subject: Order of components

I hope this letter finds you well. I am reaching out to place a detailed order for essential bicycle components for our online-store, BikeWorld.com.be, which continues to serve cycling enthusiasts in Belgium with top-quality products.

We are looking to replenish our inventory with the following items, which have been carefully selected to meet our customers' needs:

Bicycles:
- City Glide, 20 bikes in each size: 48, 50, 52, 54
- Trekking Light, 15 bikes in each size: 50, 52, 55, 58
- Renn Fast, 10 bikes in each size: 52, 54, 56, 58, 60

48 derzeit nicht lieferbar

Bike trailers:
- 603 Modell Max, 30 items

(bei 40 Stück gibt es einen Extra-Rabatt von 5 %)

Components:
- **75 Tires**: We require a mix of sizes, including 700c x 25mm for road bikes.

Muss ein Missverständnis sein, wir liefern nur komplett gefertigte Bikes.

Could you please confirm the availability of these specific models and provide us with a quote? Additionally, we would appreciate details on the expected delivery times and any applicable warranties or special terms.

Renn Fast hat Lieferdauer von 8 Wochen, die anderen Modelle sind auf Lager.

Thank you in advance for your prompt response and attention to this order. We look forward to continuing our fruitful partnership.

Yours sincerely,

van der Kracht
van der Kracht

2 Bearbeiten Sie zur Vorbereitung eines Antwortschreibens die Arbeitsblätter 30.1 und 30.2.

3 Erstellen Sie nun ein Antwortschreiben an Europarad, das den Bestelleingang bestätigt, aber auch auf die damit verbundenen Schwierigkeiten und die Vorschläge von Frau Gerland hinweist. Nutzen Sie hierfür die digitale Geschäftsbrief-Vorlage, die Ihnen unter dem Webcode **IKL_Materialien** zur Verfügung steht. Berücksichtigen Sie auch die Kundenstammdaten auf S. 13 in diesem Arbeitsbuch.

Arbeitsblatt 30.1 Useful phrases for placing orders

Zur Vorbereitung des Antwortschreibens recherchiert Rolf Polster zunächst geeignete Phrasen, die im Zusammenhang mit Bestellvorgängen wichtig sind. Übersetzen Sie die Phrasen ins Deutsche.

English	German
We would like to place an order for the following items ...	
We require the following quantities and specifications ...	
Could you please confirm receipt of this order?	
We would appreciate it if you could confirm the availability of the items.	
We request that the items be shipped to the following address ...	
Please confirm the total cost, including shipping and handling.	
We are pleased to confirm your order for ...	
The estimated delivery date for your order is ...	
We would like to propose a change to our current order.	
After reviewing our requirements, we would like to modify the order as follows ...	
Could you please confirm if these changes are acceptable?	
Please let us know if the proposed changes can be accommodated.	

Arbeitsblatt 30.2 Word-field: orders

Ordnen Sie die folgenden Begriffe der passenden Definition zu.

order number
back-order delivery receipt
lead time billing address
priority level confirmation
invoice
back-order total price
value added tax (VAT)
delivery date unit price

Definitions:

a The price per individual unit. ....

b The total cost for the specified quantity of items. ....

c A unique identifier for the order. ....

d A document detailing the items ordered, costs and payment terms. ....

e Items that are not currently in stock but will be delivered later. ....

f Acknowledgment that the order has been received and processed. ....

g The address where the invoice should be sent, if different from the delivery address. ....

h The time needed to process and deliver the order. ....

i The date by which the goods or services are to be delivered. ....

j An order for a product that is temporarily out of stock. ....

k A document signed by the recipient to confirm delivery of goods. ....

l A tax on the amount by which the value of an article has been increased at each stage of its production or distribution. ....

m The level of importance assigned to an order that determines the speed and order in which it will be processed and delivered. ....

n A document signed by the recipient to confirm that goods have been delivered and received in good condition. ....

Lernsituation 31

FK → LF 4 Kapitel 3.4

Die Rechnungslegung für einen Kundenauftrag durchführen

Frau Ganser ist eine langjährige Mitarbeiterin aus der Abteilung Vertrieb Fachhandel und gewohnt, mit Sonderwünschen von Stammkunden umzugehen. So ist auch eine Anfrage des Fahrradhandels Schöller & Co. OHG für sie nicht ungewöhnlich. Der Kunde möchte das Pedelec E-City Wind nicht allein in der Standardkonfiguration mit 500-Watt-Akku, sondern auch in einer Version mit 750-Watt-Akku ausgeliefert bekommen.
Da die E-Bikes der Fly Bike Werke über eine Universalhalterung verfügen, ergibt die technische Prüfung, dass dem Kundenwunsch entsprochen werden kann. Da die Pedelecs in unterschiedlichen Rahmengrößen ausgeliefert werden, soll es dem Kunden überlassen sein, welches Bike welchen Akku erhält. Deshalb werden die Akkus zur Eigenmontage beigelegt.

Allerdings läuft die Verkaufsabwicklung nicht reibungslos ab, es gibt sowohl eine dringende telefonische Nachbestellung als auch eine Mängelfeststellung bei der Warenannahme.

Beleg 1: Anfrage des Fahrradhandels

Schöller & Co. OHG
Kompetenz auf zwei Rädern

To Fly Bike Werke GmbH
Frau Ganser
Rostocker Str. 334
26121 Oldenburg

Anfrage

Anfragedatum	Angefordert von	Kontaktdaten
22.02.20x4	Herr Kleine	Disposition 069/6312885

Sehr geehrte Damen und Herren,

aufgrund häufiger Kundennachfragen würden wir gerne Ihr Pedelec „E-City Wind" nicht allein mit dem Standard-Akku (500 W), sondern auch mit einem Hochkapazitäts-Akku mit 750 W liefern lassen.

Gemäß der technischen Beschreibung sind beide Akkugrößen für die Normhalterung geeignet. Wir bitten deshalb um eine Preisangabe für

6 Fahrräder E-City Wind mit 500 W Lithium-Ionen-Akkus
6 Fahrräder E-City Wind mit 750 W Lithium-Ionen-Akkus.

Je 2 Räder jeder Ausführung sind in den Rahmengrößen 54, 58 und 62 cm zu liefern.

Gemäß unseren Auftragsbedingungen sind alle Preise als Endpreise inkl. anfallender Nebenkosten auszuweisen.

Mit freundlichen Grüßen
Schöller & Co. OHG

1 Erstellen Sie aufgrund der vorliegenden Dokumente eine ordnungsgemäße Abrechnung des Kundenauftrags. Nutzen Sie dazu das Rechnungsformular (Arbeitsblatt 31.1).

Beleg 2: Angebot der Fly Bike Werke GmbH

FLY BIKE Werke GmbH

Ihr Zeichen:
Unser Zeichen:
Unsere Nachricht vom:

FBW GmbH, Rostocker Str. 334, 26121 Oldenburg
Schöller & Co. OHG
Fahrradhandel
Parlamentsplatz 2
60385 Frankfurt a. M.

Name: Sabine Ganser
Telefon: 0441 8XX-23
E-Mail: sabine.ganser@flybike-werke.dex

Datum: 02.03.20X4

Angebot

Sehr geehrte Damen und Herren,

gemäß Ihrer Anfrage vom 22.02.20X4 bieten wir Ihnen in frei wählbaren Rahmengrößen an:

Angebots-Nr. 9802

Artikel-Nr.	Artikelbezeichnung	Stückahl	Einzelpreis in €	MwSt in %	Gesamtpreis in €
802	Pedelecs „E-City Wind" ohne Akku	12	1.155,00	19	
152	6 Lithium-Ionen-Akkus 500	6	335,00	19	
153	6 Lithium-Ionen-Akkus 750	6	470,00	19	

Es handelt sich um einmalige Sonderpreise. Diese sind nicht rabattierbar und verstehen sich zzgl. der gesetzlichen Mehrwertsteuer.

Es gelten unsere Lieferungs- und Zahlungsbedingungen.

An dieses Angebot halten wir uns bis zum 23.03.20X4 gebunden.
Ihrem Auftrag sehen wir erwartungsvoll entgegen.

Mit freundlichen Grüßen

Fly Bike Werke GmbH

i. A. Sabine Ganser

Sabine Ganser
Vertrieb Fachhandel

Beleg 3: Auszug aus den Lieferungs- und Zahlungsbedingungen der Fly Bike Werke GmbH

§ 1 Bindungsfrist an ein Angebot: Sofern nicht ausdrücklich anders bestimmt, halten wir uns 7 Tage nach Abgabe an ein Angebot gebunden.
§ 4 Lieferzeit: Alle Angaben zu Lieferzeiten sind voraussichtliche Lieferfristen, sie sind nach bestem Wissen ermittelt, aber unverbindlich.
§ 8 Preisbasis: Alle Preise verstehen sich ohne Versand- und Verpackungskosten. Soweit keine besondere Vereinbarung vorliegt, gilt die jeweils gültige Preisliste.
§ 9 Risikoübergang: Die Versendung an einen anderen Ort als unser Werk in Oldenburg erfolgt immer auf Risiko des Auftraggebers. Dies gilt nicht für Vorsatz oder grobe Fahrlässigkeit.
§ 10 Eigentumsvorbehalt: Die Ware bleibt bis zur vollständigen Bezahlung Eigentum der Fly Bike Werke GmbH.
§ 13 Zahlungsbedingung: Sofern nicht ausdrücklich anders bestimmt, gewähren die Fly Bike Werke GmbH ihren Geschäftspartnern ein Zahlungsziel von 30 Tagen oder einen Skontoabzug von 2 % auf den Warenwert bei Zahlung innerhalb von 8 Tagen ab Rechnungsdatum.

Beleg 4: Bestellung des Fahrradhandels Schöller & Co. OHG

Schöller & Co. OHG

Kompetenz auf zwei Rädern

Bestellung

To Fly Bike Werke GmbH
Rostocker Str. 334
26121 Oldenburg
+0049 441 885-0

Versand an: Schöller & Co. OHG
Fahrradhandel
Parlamentsplatz 2
60385 Frankfurt a. M.

Die folgende Nummer muss auf allen Dokumenten, Frachtpapieren und Rechnungen aufgeführt sein:
Bestellungsnummer:
98006

Bestelldatum	Angefordert von	Kontaktdaten	Telefon
12.03.20X4	Herr Kleine	Disposition	069/6312885

Sehr geehrte Damen und Herren,

wir bestellen entsprechend Ihrem Angebot Nr. 9802 vom 02.03.20X4:

6 Fahrräder E-City Wind mit 500 W Lithium-Ionen-Akkus
6 Fahrräder E-City Wind mit 750 W Lithium-Ionen-Akkus

Die Lieferung sollte schnellstmöglich erfolgen.

Mit freundlichen Grüßen
Schöller & Co. OHG

Telefonnotiz Datum: 14.03.20X4

Von: Herr Kleine, Fahrradhandel Schöller und Co.

An: Frau Ganser

Kunde rief heute Nachmittag an. Er hat bei seinem Auftragsschreiben vergessen, dass er auch noch 2 City-Räder, Modell City-Glide, benötigt. Er bittet zur Vermeidung unnötiger Transporte, die beiden Räder dem E-Bike-Auftrag beizustellen.

Beleg 5: Telefonnotiz

Beleg 6: Lieferschein

FBW GmbH, Rostocker Str. 334, 26121 Oldenburg

FLY BIKE Werke GmbH

Schöller & Co. OHG
Fahrradhandel
Parlamentsplatz 2
60385 Frankfurt a. M.

Lieferschein: Nr. 3462

Bearbeiter/-in	Kundennummer	Ihre Bestellung	vom	Versanddatum
Fr. Ganser	10002	98006	15.03.20X4	16.03.20X4
Versandart/Freivermerk: Lkw Sperrgut		Verpackungsart		

Pos.-Nr.	Artikel-Nr.	Warenbezeichnung	Menge	Mengeneinheit
1	601	Pedelec E-City Wind inkl.	6	Stk.
		500 W-Akku (54, 58 und 62)		
2	601	Pedelec E-City Wind inkl.	~~6~~ 5	Stk.
		750 W-Akku (54, 58 und 62)		
3	101	Räder City Glide	2	Stk.
1 Bike mit Lackmängeln: Annahme verweigert!!				
Ohne Akku zurückgesandt!				

Waren erhalten: Frankfurt, 18.03.20X4
Ort, Datum, Unterschrift: Kl.

Internationale Transporte Baldur KG

Rechnung

Internationale Transporte Baldur KG • Martinsgasse 56 • 50674 Köln

Fly Bike Werke GmbH
Rostocker Straße 334
26121 Oldenburg

Martinsgasse 56
50674 Köln
Fon: 0221/43 43 5-0
baldurtrans@gmail.com

Rechnungsnr. 62321
Rechnungsdatum: 20.03.20X4

Lieferadresse: wie Rechnungsadresse

Gem. Ihrem Auftrag Nr. 24512 vom 07.03.20x4 führten wir den folgenden Transportauftrag am 18.02.20X4 durch:

Abholort	Versandort	Anforderer	Versandweg	Frei (an Bord)-Punkt	Zahlungsbedingung
Oldenburg	Frankfurt a. M.	Fly Bike Werke Frau Ganser	LKW	Verladestation Werk	sofort ohne Abzug fällig

Menge	Beschreibung	Transportpreis je km	Summ in €
483 km	12 E-Bikes Transportgewicht je Stück 28 kg = 0,336 t Transportkilometer: 483	je t 1,82 €	295,35
1	Volumenzuschlag (> 2,5 m³)		88,61
1	Hubkosten pauschal		100,00
		Zwischensumme	**483,96**
		Mehrwertsteuer	91,95
		Summe fällig	**575,91**

Steuernummer: 646/5015/9856
Ust-ID: DE 834956035
HRA Oldenburg

Beleg 7: Rechnung des Frachtführers

2 In diesem Falle hat die Fly Bike Werke GmbH nach dem Auftragseingang auf die Ausstellung einer Auftragsbestätigung verzichtet. Ist dennoch ein Kaufvertrag zustande gekommen?

3 In ihrer Anfrage hat die Fahrradhandel Schöller & Co. OHG darauf hingewiesen, dass sich alle Angebotspreise einschließlich der anfallenden Nebenkosten verstehen. Dürfen diese dennoch extra berechnet werden? Argumentieren Sie anhand der vorliegenden Unterlagen.

4 Ist die telefonische Meldung eines Zusatzbedarfs als verbindliche Bestellung anzusehen?

5 Vergleichen Sie den Netto-Angebotspreis der Fly Bike Werke GmbH für ein E-Bike „E-City Wind inkl. 500-Watt-Akku“ mit dem Nettopreis, den die Schöller & Co. OHG laut Preisliste und Rabattstaffel normalerweise für die Standardausführung hätte zahlen müssen.

5 Wie hoch ist der Skontoabzug, den die Schöller & Co. OHG bei vorzeitiger Zahlung der Rechnung einbehalten darf?

6 Wenige Tage nach der Rechnungserstellung an die Schöller & Co. OHG erhält die Fly Bike Werke GmbH eine weitere Rechnung des Transportunternehmers Baldur. Dieser verlangt 300,00 € für den Rücktransport des nicht angenommenen Fahrrads nach Oldenburg. Die Fly Bike Werke GmbH schickt diese Rechnung unbezahlt an den Transportunternehmer mit der Bermerkung zurück, dass „von unserer Seite kein Rücktransportauftrag erteilt wurde“. Wer muss diese Frachtkosten übernehmen? Begründen Sie Ihre Meinung.

Arbeitsblatt 31.1 Rechnung der Fly Bike Werke GmbH

FLY BIKE
Werke GmbH

FBW GmbH, Rostocker Str. 334, 26121 Oldenburg

Kundennummer:
Ihre Bestellung Nr.:
Ihr Bestelldatum:
Unsere Lieferschein-Nr.:
Unser Lieferdatum:

Name:
Telefon:
E-Mail:

Rechnungsdatum:

Rechnung-Nr.

Pos-Nr.	**Artikel-Nr.**	**Artikelbezeichnung**	**Menge**	**Einzelpreis in €**	**Rabatt in %**	**Gesamtpreis in €**

Versandart/Freivermerk:	Nettorechnungsbetrag	
	19% Umsatzsteuer	
	Bruttorechnungsbetrag	

Bitte überweisen Sie unter Angabe der Rechnungsnummer.

	Datum	Skonto	Skonto in €	Betrag in €
Innerhalb der Skontofrist bis:				
Innerhalb der Zahlungsfrist bis:				

Fly Bike Werke GmbH
Rostocker Str. 334
26121 Oldenburg

Geschäftsführerin:
Ewa Nowak

Telefon: 0441 8XX-0
Telefax: 0441 8XX-9211
E-Mail: mail@flybike-werke.dex
Web: www.flybike-werke.dex

Handelsregister:
Amtsgericht Oldenburg
HR Oldenburg 2134

USt-IdNr. DE 236667691

Bank 3000 Oldenburg
IBAN: DE67 3707 5020 2114 2536 66
BIC: 3000DENIXXX

Oldenburg-Bank
IBAN: DE86 2804 0114 0112 3264 44
BIC: OLBADEOL261

Lernsituation 32

FK → LF 3 Kapitel 3.4.2

Zahlungsvorgänge mithilfe der Offene-Posten-Liste überwachen

Frau Taubert aus dem Rechnungswesen, Teilbereich Kreditoren- und Debitorenbuchhaltung, schlägt die Hände über dem Kopf zusammen. Auf dem Debitorenkonto der EGZ Einkaufsgenossenschaft e. G. passt auch diesen Monat wieder so gar nichts zusammen. So sehen die Einträge auf der Offenen-Posten-Liste (OPL) bei der EGZ aus:

Debitor 24010 EKZ Einkaufsgenossenschaft e. G.

Buchungs...	B...	Belegnr.	Debitoren...	Beschreibung	Währ...	Ursprungsbetrag	Betrag	Restbetrag	Fälligkeits...	Skontoda...	Urspr. Skonto...
07.06.20X4		2068	24010	Ausgangsrechnung	EUR	8.062,33			07.07.20X4	15.06.20X4	- 264,61
21.07.20X4		2104	24010	Ausgangsrechnung	EUR	7.496,82			20.08.20X4	29.07.20X4	- 148,23
28.07.20X4		2180	24010	Ausgangsrechnung	EUR	7.029,33			27.08.20X4	05.08.20X4	- 128,69
13.08.20X4		2282	24010	Ausgangsrechnung	EUR	10.279,22			12.09.20X4	21.08.20X4	- 191,30
15.08.20X4		79	24010	Gutschrift	EUR	1.483,93			15.08.20x4		
20.06.20X4		2068	24010	Überweisung	EUR		7.797,72				
04.08.20X4		2180	24010	Überweisung	EUR		6.688,74				
16.08.20X4		o. Angabe	24010	Überweisung	EUR		6.062,89				
20.08.20X4		2282	24010	Überweisung	EUR		10.087,92				
31.08.20X4				Forderungssaldo	EUR		796,50				

Posten | Ausgleich | Navigate | Hilfe

Da steht noch ein Betrag von fast 800 € offen! Wenn Frau Taubert nicht reagiert, erhält der Kunde in wenigen Tagen vom System eine automatisch generierte Zahlungserinnerung. Vielleicht unberechtigterweise – dann ist der Kunde verärgert. Aber vielleicht hat er ja auch etwas übersehen? Frau Ganser schaut sich erst einmal die Belege zum Debitorenkonto genauer an:

Beleg 1:
Rechnung Nr. 2068

FBW GmbH, Rostocker Str. 334, 26121 Oldenburg

FLY BIKE Werke GmbH

EGZ Einkaufsgenossenschaft
Bonner Landstr. 512
50996 Köln

Rechnung-Nr. 2068 Bearbeiter: Ganser	Rechnungsdatum: 07.06.20X4	Kundennummer: 20010	Ihre Bestellung Nr.: 3778-24 vom 28.05.20X4

Pos-Nr.	Artikel-Nr.	Artikelbezeichnung	Menge	Einzelpreis in €	Rabatt in %	Gesamtpreis in €

Versandart/Freivermerk: ab Werk	Summe Warenwert	7.412,00
	Versandkosten	500,00
geliefert am: 07.06.20X4	Nettorechnungsbetrag	7.912,00
	+ 19 % Umsatzsteuer	1.503,28
	Bruttorechnungsbetrag	**8.062,33**

Bitte überweisen Sie unter Angabe der Rechnungsnummer.

Rechnung netto Kasse fällig bis: 07.07.20X4
2 % Skonto auf den Brutto-Warenwert: 15.06.20X4

Beleg 2: Rechnung Nr. 2104

Rechnung-Nr. 2104 Bearbeiter: Ganser	Rechnungsdatum: 21.07.20X4	Kundennummer: 20010	Ihre Bestellung Nr.: 3815-24 vom 15.06.20X4

Pos-Nr.	**Artikel-Nr.**	**Artikelbezeichnung**	**Menge**	**Einzelpreis in €**	**Rabatt in %**	**Gesamtpreis in €**

Versandart/Freivermerk: ab Werk geliefert am: 20.07.20X4		
	Summe Warenwert	6.228,00
	Versandkosten	450,00
	Nettorechnungsbetrag	6.678,00
	+ 19 % Umsatzsteuer	1.268,82
	Bruttorechnungsbetrag	7.496,82

Bitte überweisen Sie unter Angabe der Rechnungsnummer.

Rechnung netto Kasse fällig bis: 20.08.20X4
2 % Skonto auf den Brutto-Warenwert: 29.07.20X4

Beleg 3: Rechnung Nr. 2180

Rechnung-Nr. 2180 Bearbeiter: Ganser	Rechnungsdatum: 28.07.20X4	Kundennummer: 20010	Ihre Bestellung Nr.: 3816-24 vom 17.07.20X4

Pos-Nr.	**Artikel-Nr.**	**Artikelbezeichnung**	**Menge**	**Einzelpreis in €**	**Rabatt in %**	**Gesamtpreis in €**

Versandart/Freivermerk: ab Werk geliefert am: 28.07.20X4		
	Summe Warenwert	5.407,00
	Versandkosten	500,00
	Nettorechnungsbetrag	5.907,00
	+ 19 % Umsatzsteuer	1.122,33
	Bruttorechnungsbetrag	**7.029,33**

Bitte überweisen Sie unter Angabe der Rechnungsnummer.

Rechnung netto Kasse fällig bis: 27.08.20X4
2 % Skonto auf den Brutto-Warenwert: 05.08.20X4

Beleg 4: Rechnung Nr. 2282

Rechnung-Nr. 2282 Bearbeiter: Ganser	Rechnungsdatum: 13.08.20X4	Kundennummer: 20010	Ihre Bestellung Nr.: 3922-24 vom 17.07.20X4

Pos-Nr.	**Artikel-Nr.**	**Artikelbezeichnung**	**Menge**	**Einzelpreis in €**	**Rabatt in %**	**Gesamtpreis in €**

Versandart/Freivermerk: ab Werk geliefert am: 11.08.20X4		
	Summe Warenwert	8.038,00
	Versandkosten	600,00
	Nettorechnungsbetrag	8.638,00
	+ 19 % Umsatzsteuer	1.641,22
	Bruttorechnungsbetrag	**10.279,22**

Bitte überweisen Sie unter Angabe der Rechnungsnummer.

Rechnung netto Kasse fällig bis: 12.09.20X4
2 % Skonto auf den Brutto-Warenwert: 21.08.20X4

Beleg 5: Gutschrift Nr. 79

Gutschrift Nr. 79 Bearbeiter: Ganser	Kundennummer: 20010	Gutschriftsgrund: Warenrücksendung vom 15.08.	Gutschriftsdatum: 15.08.20X4

		Beträge in €
Versandart/Freivermerk: frei	Summe Warenwert	1.197,00
	Versandkosten	50,00
	Nettogutschriftsbetrag	1.247,00
	+ 19 % Umsatzsteuer	236,93
	Bruttogutschriftsbetrag	**1.483,93**

Ob es vielleicht noch einen Hinweis auf dem Kontoauszug gibt? Praktischerweise lassen sich ja auf dem Online-Konto die Zahlungsbewegungen nach Kundennamen selektieren.

Aber der Kunde hat zur Überweisung vom 16.08.20X4 tatsächlich keine Angaben gemacht. Also muss Frau Taubert die Ursachen der Differenz selbst ermitteln.

1 Überprüfen Sie die einzelnen Zahlungsvorgänge und ordnen Sie diese möglichst den bestehenden Forderungen zu. Machen Sie bei bestehenden Differenzen einen Vorschlag, wie diese zu behandeln sind. Hier käme beispielsweise eine Ausbuchung (Forderungsverzicht), eine Mahnung oder eine Ausbuchung mit Nachberechnung infrage.

Nutzen Sie für Ihre Überlegungen die Arbeitsblätter 32.1 und 32.2.

Arbeitsblatt 32.1 Überprüfung der Zahlungsvorgänge (Blatt 1 von 2)

Überweisung der EKZ e. G. vom 20.06.20X4	
kann zugeordnet werden (Rechnungs-/Gutschrift Nr.):	
Forderungsbetrag bei Zahlungsziel	
Forderungsbetrag bei berechtigtem Skontoabzug	
Skontoabzug berechtigt (ja/nein)	
tatsächlicher Forderungsbetrag[1]	
Gutschriftverrechnung[2]	
erwarteter Zahlungseingang	
tatsächlicher Zahlungseingang	
Differenz	

begründeter Vorschlag zur Behandlung der Differenz:

Überweisung der EKZ e. G. vom 04.08.20X4	
kann zugeordnet werden (Rechnungs-/Gutschrift Nr.):	
Forderungsbetrag bei Zahlungsziel	
Forderungsbetrag bei berechtigtem Skontoabzug	
Skontoabzug berechtigt (ja/nein)	
tatsächlicher Forderungsbetrag[1]	
Gutschriftverrechnung[2]	
erwarteter Zahlungseingang	
tatsächlicher Zahlungseingang	
Differenz	

begründeter Vorschlag zur Behandlung der Differenz:

[1] übernimmt entweder den Betrag bei Zahlungsziel oder den Betrag bei berechtigtem Skontoabzug
[2] nur auszufüllen, wenn eine Gutschrift saldiert wurde. Tatsächlicher Forderungsbetrag – Gutschrift ergibt den erwarteten Zahlungseingang.

Arbeitsblatt 32.2 Überprüfung der Zahlungsvorgänge (Blatt 2 von 2)

Überweisung der EKZ e. G. vom 16.08.20X4	
kann zugeordnet werden (Rechnungs-/Gutschrift Nr.):	
Forderungsbetrag bei Zahlungsziel	
Forderungsbetrag bei berechtigtem Skontoabzug	
Skontoabzug berechtigt (ja/nein)	
tatsächlicher Forderungsbetrag[1]	
Gutschriftverrechnung[2]	
erwarteter Zahlungseingang	
tatsächlicher Zahlungseingang	
Differenz	

begründeter Vorschlag zur Behandlung der Differenz:

Überweisung der EKZ e. G. vom 20.08.20X4	
kann zugeordnet werden (Rechnungs-/Gutschrift Nr.):	
Forderungsbetrag bei Zahlungsziel	
Forderungsbetrag bei berechtigtem Skontoabzug	
Skontoabzug berechtigt (ja/nein)	
tatsächlicher Forderungsbetrag[1]	
Gutschriftverrechnung[2]	
erwarteter Zahlungseingang	
tatsächlicher Zahlungseingang	
Differenz	

begründeter Vorschlag zur Behandlung der Differenz:

[1] übernimmt entweder den Betrag bei Zahlungsziel oder den Betrag bei berechtigtem Skontoabzug
[2] nur auszufüllen, wenn eine Gutschrift saldiert wurde. Tatsächlicher Forderungsbetrag – Gutschrift ergibt den erwarteten Zahlungseingang.

Aufgaben

Aufgabe 1

Fassen Sie Ihre Erfahrungen beim Ausgleich der Offene-Posten-Liste zusammen: Was sind die häufigsten Gründe für die Entstehung von Differenzen?

Aufgabe 2

Finden Sie einen Lösungsvorschlag für folgende Problemursachen:

- **a** Der Vertrieb vereinbart telefonisch mit dem Kunden einen kleinen Nachlass, informiert die Kundenbuchhaltung jedoch nicht darüber.
- **b** Es wurde kein klares Zahlungsziel mit dem Kunden vereinbart.
- **c** Der Kunde fasst bei der Zahlung sehr viele Rechnungen zusammen, ohne die entsprechenden Belegnummern anzugeben.
- **d** Rechnungen oder Überweisungen werden versehentlich doppelt erfasst.
- **e** Rechnungen oder Überweisungen werden unter der falschen Debitorennummer erfasst.

Aufgabe 3

Eine Offene-Posten-Liste gibt es nicht nur für den Debitorenbereich, sondern auch für eigene, noch offene Verbindlichkeiten (Kreditorenbereich). Kreuzen Sie drei wesentliche Aufgaben an:

- ☐ hilft, Mahnspesen und Verzugszinsen zu vermeiden
- ☐ weist auf Skontierungstermine hin
- ☐ listet alle Lieferanten auf
- ☐ dient der Vorbereitung des Jahresabschlusses
- ☐ unterstützt die kurzfristige Liquiditätsplanung
- ☐ ersetzt die Prüfung der Bankkonten
- ☐ enthält voraussichtliche Liefertermine

Aufgabe 4

Werden im Debitorenbereich Zahlungstermine überschritten, werden die offenen Forderungen in der Regel automatisch in die Mahnliste überführt und ein Mahnverfahren wird eingeleitet. Dies kann man verhindern, indem offene Forderungen mit einer Mahnsperre versehen werden. Halten Sie eine Mahnsperre in den folgenden Fällen für gerechtfertigt?

- **a** Ein Kunde reklamiert eine Mahnung, da er die betreffende Ware aufgrund von Mängeln bereits gerügt und abholbereit auf Lager gelegt hat.
- **b** Ein Kunde wendet ein, dass er die gekaufte Ware hinterher für einen viel günstigeren Preis gesehen hat und deshalb nur den normalen, geringeren Preis bezahlen werde.
- **c** Ein Kunde behauptet, dass ihn die betreffende Rechnung wegen falscher Postanschrift zum wiederholten Mal nicht erreicht habe.
- **d** Ein Kunde beklagt, dass ihm die Bankkarte gestohlen wurde und er deshalb zurzeit keine Überweisungen vornehmen könne.
- **e** Ein Kunde weist darauf hin, dass ein Systemfehler vorliegt, weil auf seiner Rechnung ein viel späterer Fälligkeitstermin ausgewiesen ist.
- **f** Ein Kunde sagt, dass die angemahnte Rechnung mit einer bestehenden Gegenforderung aufzurechnen sei. Dies sei vertraglich festgelegt worden.

Selbsteinschätzung Lernfeld 3

Ich kann ...		Kann ich	Kann ich nicht
LS 24 Kaufverträge abschließen und erfüllen			
1 ... das Zustandekommen eines (Kauf-)Vertrages durch zwei übereinstimmende, in Bezug aufeinander abgegebene Willenserklärungen beschreiben.	FK Kap. 2.1		
2 ... verschiedene Arten von Kaufverträgen nach den beteiligten Vertragspartnern (bürgerlicher Kauf, ein- und zweiseitiger Handelskauf, Verbrauchsgüterkauf) unterscheiden.	FK Kap. 2.1		
3 ... zwischen Antrag (Angebot) und Annahme eines (Kauf) Vertrages unterscheiden.	FK Kap. 2.1.1–2.1.2		
4 ... die Wirksamkeit von Antrag (Angebot) und Annahme beurteilen.	FK Kap. 2.1.1–2.1.2		
5 ... die Wirksamkeit eines (Kauf-)Vertragsabschlusses beurteilen	FK Kap. 2.1.2		
6 ... Begriff und Inhalt von Allgemeinen Geschäftsbedingungen (AGB) beschreiben.	FK Kap. 2.3.1		
7 ... die Wirksamkeit von AGB grundsätzlich beurteilen.	FK Kap. 2.3.2		
8 ... zwischen Verpflichtung und Erfüllung bei einem Kaufvertrag unterscheiden.	FK Kap. 2.4–2.5		
9 ... den Inhalt von Kaufverträgen in Bezug auf die Rechte und Pflichten der Vertragsparteien beschreiben.	FK Kap. 2.5.1–2.5.2		
10 ... zwischen Leistungsort, Leistungszeit und Erfolgsort unterscheiden.	FK Kap. 2.5.1		
11 ... bei Waren- und Geldschulden zwischen einer Hol-, Bring- oder Schickschuld unterscheiden.	FK Kap. 2.5.1		
12 ... die Möglichkeiten des Eigentumserwerbs an beweglichen Sachen durch Rechtsgeschäfte beschreiben.	FK Kap. 2.5.1		
13 ... den Gerichtsstand definieren.	FK Kap. 2.5.3		
LS 25 Die Rechtslage bei Annahmeverzug prüfen und angemessen reagieren			
1 ... Begriff und Voraussetzungen eines Annahmeverzugs beschreiben.	FK Kap. 2.6.1		
2 ... die Rechtsfolgen eines vorliegenden Annahmeverzugs beschreiben.	FK Kap. 2.6.1		
LS 26 Einen Zahlungsverzug erkennen und angemessen reagieren			
1 ... Begriff und Voraussetzungen eines Zahlungsverzugs beschreiben.	FK Kap. 2.6.2		
2 ... das Vorliegen der Voraussetzungen eines Zahlungsverzugs beurteilen.	FK Kap. 2.6.2		
3 ... die Rechtsfolgen eines vorliegenden Zahlungsverzugs beschreiben.	FK Kap. 2.6.2		
4 ... den Ablauf eines kaufmännischen (außergerichtlichen) Mahnverfahrens beschreiben.	FK Kap. 2.6.3		
LS 27 Verjährungsfristen prüfen und anwenden			
1 ... Begriff und Fristen der Verjährung von Kaufvertragsansprüchen beschreiben.	FK Kap. 2.6.4		
2 ... den Eintritt einer Verjährung von Kaufvertragsansprüchen beurteilen.	FK Kap. 2.6.4		

Ich kann ...		Kann ich	Kann ich nicht
LS 28 Die Bonität eines Kunden überprüfen			
1 ... die Bedeutung der Bonitätsprüfung bei der Auftragsannahme beschreiben.	FK Kap. 3.2.3		
2 ... Kriterien zur Beurteilung der Zahlungsfähigkeit nennen.	FK Kap. 3.2.3		
3 ... anhand geschäftsüblicher Unterlagen und Informationen eine Einschätzung der Bonität vornehmen.	FK Kap. 3.2.3		
4 ... Maßnahmen zur Verringerung des Ausfallrisikos kundengerecht vorschlagen.	Lernsituation		
LS 29 Ein Angebot erstellen			
1 ... notwendige Informationen zur Erstellung eines Angebotes im ERP-System aufrufen.	FK Kap. 3.2.5		
2 ... ausgehend von den Selbstkosten eine Kalkulation des Angebotspreises vornehmen.	FK Kap. 3.2.4		
3 ... ein Angebotsschreiben mit allen notwendigen Inhalten verfassen.	FK Kap. 3.2.5 (Vorlage)		
LS 30 Processing an order			
1 ... mit Kunden situationsgerecht in englischer Sprache kommunizieren.	FK Kap. 3.3		
2 ... englischsprachige Fachbegriffe zur Auftragsbearbeitung situationsbezogen anwenden.	Lernsituation		
LS 31 Die Rechnungslegung für einen Kundenauftrag durchführen			
1 ... vorgeschriebene Bestandteile einer Kundenrechnung aufzählen.	FK Kap. 3.4.1		
2 ... widersprüchliche oder fehlende Informationen hinsichtlich ihrer Relevanz bewerten.	FK Kap. 3.3.3		
3 ... eine Ausgangsrechnung erstellen.	FK Kap. 3.4.1		
LS 32 Zahlungsvorgänge mithilfe der Offene-Posten-Liste überwachen			
1 ... die Inhalte einer Offene-Posten-Liste nennen.	FK Kap. 3.4.2		
2 ... eine Zuordnung von Zahlungseingängen vornehmen.	FK Kap. 3.4.2		
3 ... mögliche Verfahrensweisen bei Zahlungsdifferenzen begründen.	Lernsituation		

Lernsituation 33

FK → LF 4 Kapitel 1.3

Die Materialbeschaffung kostenorientiert analysieren und optimieren

Im letzten Meeting der Abteilungsleiter war u. a. die seit einiger Zeit anhaltende Kostensteigerung bei der Fly Bike Werke GmbH ein zentrales Thema. Der Geschäftsführerin Frau Nowak ist dabei wichtig, dass die Absatzpreise soweit möglich stabil bleiben, um sich gegen die stärker werdende Konkurrenz aus dem Ausland behaupten zu können und gleichzeitig weiterhin für Kunden attraktiv zu bleiben.

Jede Abteilung soll sich daher mit der eigenen Kostenstruktur beschäftigen und kostenintensive Bereiche sowie mögliche Einsparpotenziale ermitteln, ohne dabei aber qualitative Einbußen bei der Unternehmensleistung zu riskieren.

Für den Beschaffungsbereich hat Herr Thüne bereits begonnen, sich die relevanten Daten aus dem ERP-System ausgeben zu lassen. Zusätzlich zu den Gesamtkosten möchte er auch für die einzelnen Produkte eine ABC-Analyse durchführen, um so Anpassungspotenziale zu erkennen. Aufgrund der qualitativ hochwertigen Materialien geht er davon aus, dass dabei die A-Güter bei mindestens 50 % Mengenanteil liegen.

Art.-Nr.	Menge (Stück)	Einzelpreis (€)
MU-1041	8 000	0,39
MU-1042	24 000	8,95
MU-1043	400	17,60
MU-1044	48 000	1,05
MU-1045	1 200	80,65
MU-1046	200	96,30
MU-1047	80 000	0,40
MU-1048	800	78,50
MU-1049	160 000	0,05
MU-1050	6 000	9,50
MU-1051	16 000	14,80
MU-1052	200	89,00

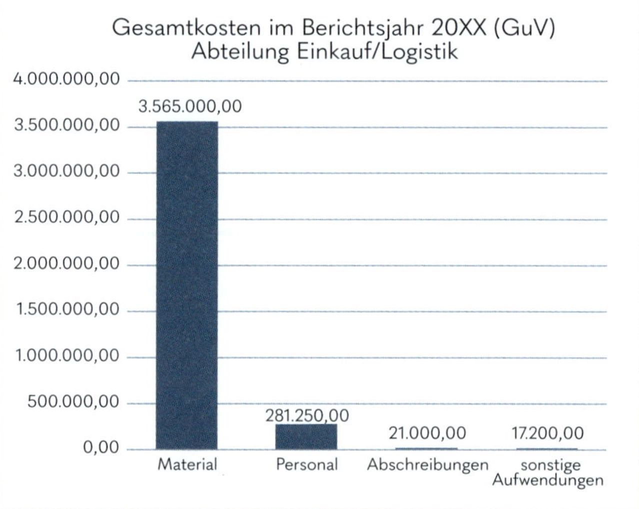

1 Verschaffen Sie sich zunächst einen Überblick über die Situation. Stellen Sie erste begründete Überlegungen an, welche Kosteneinsparpotenziale grundsätzlich denkbar wären. Halten Sie diese im Schema rechts fest.

2 Führen Sie eine ABC-Analyse für das Mountainbike Unlimited durch. Für die Kategorisierung der Klassen legt Herr Thüne folgende wertmäßige Grenzen fest:

A-Güter bis zu 70 % des Gesamtwertes
C-Güter bis maximal 10 % des Gesamtwertes

Stellen Sie Ihre Auswertung grafisch dar. Nutzen Sie hierzu die Arbeitsblätter 33.1 und 33.2.

3 Überprüfen Sie zudem die Vermutung von Herrn Thüne bezüglich der Mengenanteile der ABC-Güter.

4 Unterbreiten Sie Herrn Thüne eine Handlungsempfehlung zur Kostensenkung in seinem Bereich, die er als Gesprächsgrundlage in das nächste Meeting der Abteilungsleiter mitnehmen kann. Nutzen Sie hierzu das Arbeitsblatt 33.3.

Grundsätzliche Kosteneinsparpotenziale

Arbeitsblatt 33.1 ABC-Analyse im Einkauf (Blatt 1 von 2)

Art.-Nr.	Menge (Stück)	Einzelpreis (€)	Jahresverbrauch (€)	Anteil (%) an Gesamtmenge	Anteil (%) an Gesamtwert	Rang
MU-1041	8 000	0,39				
MU-1042	24 000	8,95				
MU-1043	400	17,60				
MU-1044	48 000	1,05				
MU-1045	1 200	80,65				
MU-1046	200	96,30				
MU-1047	80 000	0,40				
MU-1048	800	78,50				
MU-1049	160 000	0,05				
MU-1050	6 000	9,50				
MU-1051	16 000	14,80				
MU-1052	200	89,00				
Summe						

Nebenrechnungen:

Arbeitsblatt 33.2 ABC-Analyse im Einkauf (Blatt 2 von 2)

ABC-Klassifizierung			Analyse der Mengenanteile
	Mengenanteil	Wertanteil	
A-Güter			
B-Güter			
C-Güter		max. 10 %	

Art.-Nr.	Rang	Anteil an Gesamtmenge	Anteil an Gesamtwert	Kumulierte Menge (Anteil)	Kumulierter Wert (Anteil)	Kategorie
	1					
	2					
	3					
	4					
	5					
	6					
	7					
	8					
	9					
	10					
	11					
	12					

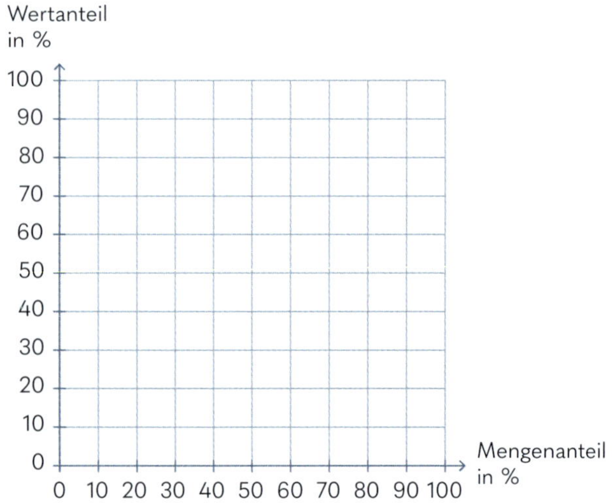

Arbeitsblatt 33.3 ABC-Analysebogen

Handlungsempfehlungen	
Unternehmensbereich:	
Verantwortlicher Leiter:	
Produkt / Produktgruppe:	
A-Güter	
B-Güter	
C-Güter	

Aufgaben

Aufgabe 1

In der Regalo System OHG wird derzeit die Kostensituation analysiert. Dabei werden die eingesetzten Materialien zur Herstellung von Aktenschränken im Rahmen einer ABC-Analyse genauer betrachtet. Der zuständige Sachbearbeiter hat hierfür den Jahresverbrauch (JV) und den durchschnittlichen Bezugspreis (BP) des letzten Jahres ermittelt.

a Führen Sie die ABC-Analyse anhand der gegebenen Daten durch. Berücksichtigen Sie dabei, dass alle A-Güter zusammen wertmäßig maximal 80 % und die B-Güter zusammen maximal 15 % vom Gesamtwert ausmachen.

b Beschreiben Sie mögliche Handlungsempfehlungen für die Regalo System OHG auf Basis der Analyseergebnisse.

Material-Nr.	JV in Stück	Ø BP in €	JV in €	Mengenanteil in %	Wertanteil in %	Rang	Kategorie
M1	6 000	1,80					
M2	300	14,30					
M3	12 000	24,35					
M4	30 000	84,00					
M5	5 000	56,30					
M6	800	89,65					
M7	950	92,50					
M8	12 500	113,80					
M9	23 800	6,45					
M10	42 000	2,35					
Summe	133 350						

Rang	Material-Nr.	Mengenanteil in %	Wertanteil in %	Kumulierter Mengenanteil	Kumulierter Wertanteil	Kategorie

Aufgabe 2

Nach Durchführung einer ABC-Analyse in der Kraxlmeier AG ergibt sich nachfolgende grafische Auswertung. Beschreiben und erläutern Sie die gewonnenen Daten.

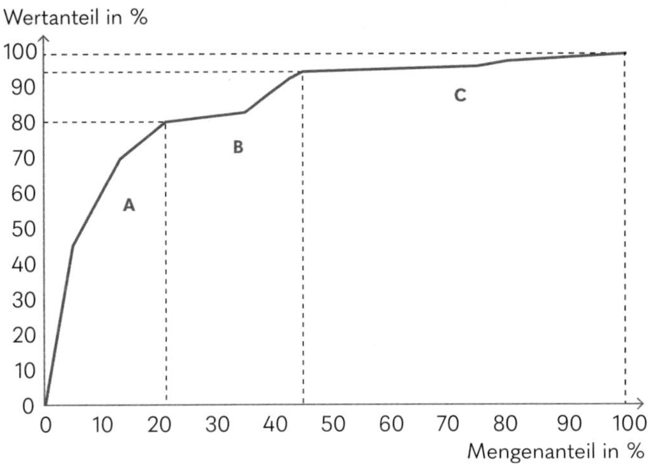

Aufgabe 3

In einem Industrieunternehmen ist die nachfolgende, noch nicht vollständige ABC-Analyse erstellt worden. Der Gesamteinkaufswert aller Materialien beträgt 1 500 000,00 €.

a Vervollständigen Sie die grafische Darstellung.

b Ermitteln Sie für die drei Materialgruppen sowohl den mengen- als auch wertmäßigen Anteil in % sowie den Wertanteil in EUR.

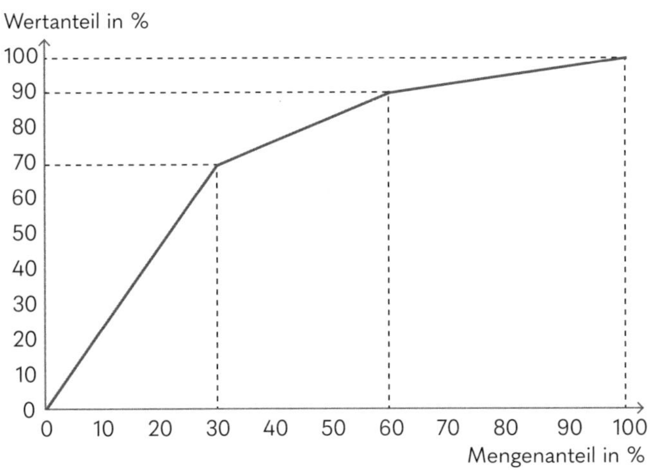

Aufgabe 4

Bei Durchführung der ABC-Analyse muss auch berücksichtigt werden, dass das Ergebnis nicht für sich allein betrachtet werden darf. Die Bedeutsamkeit eines Materials hängt auch maßgeblich von der Wichtigkeit für den Produktionsprozess und seiner Verfügbarkeit ab. Dieses Versorgungsrisiko berücksichtigt man daher im Rahmen der XYZ-Analyse.

a Nennen Sie für jede der vier Kombinationen E bis H ein Beispiel aus Ihrem Ausbildungsbetrieb.

b Geben Sie jeweils eine konkrete Empfehlung zur Beschaffung der Materialien E bis H ab.

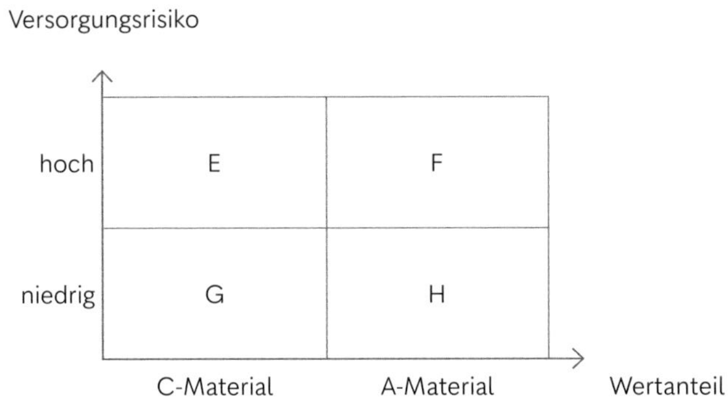

Lernsituation 34

FK → LF 4 Kapitel 1.4

Die optimale Bestellmenge ermitteln

Für die neu ins Sortiment aufgenommenen E-Bikes X400 bezieht die Fly Bike Werke GmbH die lederbezogenen Sättel beim Zulieferer Sitzkomfort OHG in Bamberg. Bisher wurde bedarfsorientiert bestellt, dies soll künftig aber auf die optimale Bestellmenge umgestellt werden. Dabei kann von einem Jahresbedarf von 5 000 Stück und einem regelmäßigen Verbrauch ausgegangen werden.

Mit diesen Eckdaten wurde bereits ein aktuelles Angebot von der Sitzkomfort OHG eingeholt. Die Fly Bike Werke GmbH rechnet grundsätzlich mit Lagerkosten von 10 %, bezogen auf den durchschnittlichen Lagerbestand, sowie weiteren, intern anfallenden Beschaffungskosten von 100,00 € je Lieferung.

Sitzcomfort OHG
Bamberg

Sitzkomfort OHG – Industriestr. 13 – 96052 Bamberg
Fly Bike Werke GmbH
Rostocker Str. 334
26121 Oldenburg

Ihr Zeichen:	AW
Ihre Nachricht vom:	03.05.20XX
Unser Zeichen:	
Unsere Nachricht vom:	
Telefon:	0951 83749-3
Name:	
Datum:	04.05.20XX

Angebot zu Fahrradsattel PFS-384

Sehr geehrte Damen und Herren,

wir danken Ihnen für Ihr Interesse an unseren Produkten. Die angefragten Fahrradsättel (Art.-Nr. PFS-384) können wir Ihnen zu folgenden Konditionen anbieten:

- Listenpreis/Stück (netto) 23,87 €
- Mengenrabatt 5 %
- Transportkosten je Lieferung 150,00 €

Der Lieferzeitpunkt kann flexibel mit uns vereinbart werden.

Unsere Zahlungsbedingungen lauten 3 % Skonto bei Zahlung innerhalb von 10 Tagen, rein netto innerhalb von 30 Tagen.

Weiterhin sind unsere AGB Bestandteil dieses Angebots.

Für Fragen zum Produkt und darüber hinaus kontaktieren Sie uns gerne jederzeit.

Wir hoffen, dass Ihnen unser Angebot zusagt, und freuen uns auf Ihre Bestellung.

Mit freundlichen Grüßen

Sitzkomfort OHG

i. A. *Michael Mahn*

1 Verschaffen Sie sich einen Überblick über die Situation.

2 Ermitteln Sie die optimale Bestellmenge für den Fahrradsattel. Nutzen Sie hierzu das Arbeitsblatt 34.1.

3 Stellen Sie Ihre Ergebnisse grafisch auf dem Arbeitsblatt 34.2 dar.

4 Überprüfen Sie Ihre Ergebnisse mithilfe der Andler-Formel und formulieren Sie eine Handlungsempfehlung für dieses Produkt.

Arbeitsblatt 34.1 Berechnung der optimalen Bestellmenge

Schritt 1: Berechnung des Beschaffungspreises

Schritt 2: Berechnung der optimalen Bestellmenge

Hinweis: Mengen werden auf volle Stück aufgerundet.

Bestellhäufigkeit	Bestellmenge (Stück)	Bestellkosten (€)	Ø Lagerbestand (Stück)	Ø Lagerbestand (€)	Lagerkosten (€)	Gesamtkosten (€)
1	5 000					
2						
3						
4						
5						
6						
7						
8						
9						
10						
11						
12						

Nebenrechnungen

Arbeitsblatt 34.2 Auswertung der optimalen Bestellmenge

Schritt 3: Grafische Darstellung der Auswertung

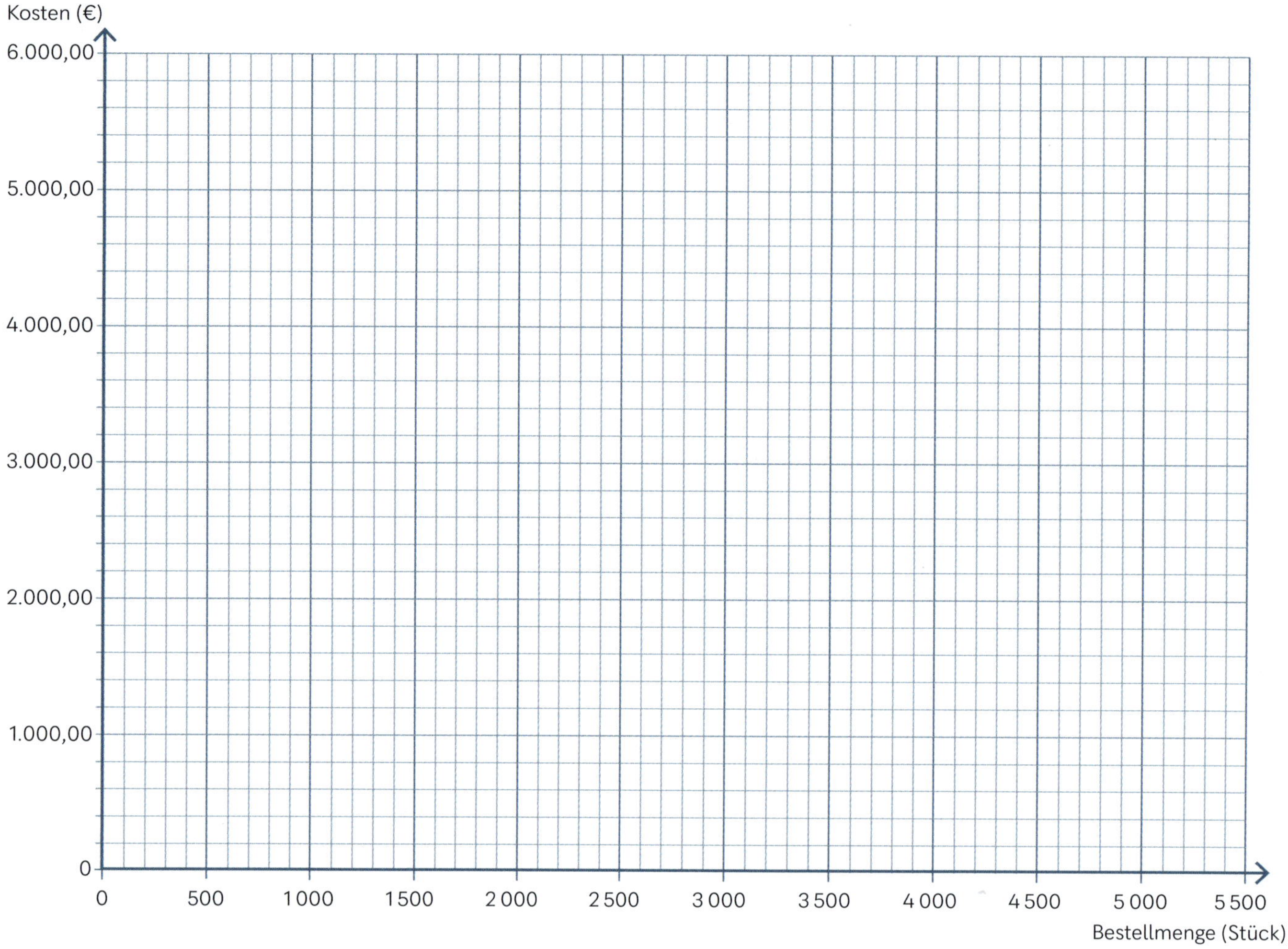

Schritt 4: Überprüfung mit der Andler-Formel

Handlungsempfehlung

Aufgaben

Aufgabe 1

Bei der Recherche nach der optimalen Bestellmenge finden Sie im Internet nebenstehende Abbildung. Beurteilen Sie den Informationsgehalt.

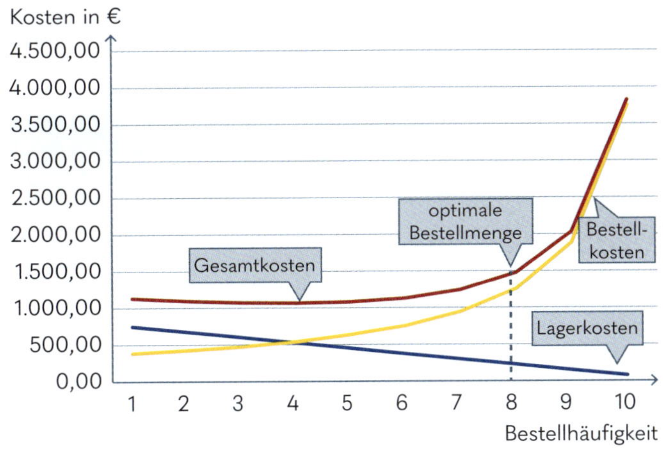

Aufgabe 2

Ein Unternehmen veranlasste bisher 10 Bestellungen mit einem Gesamtvolumen von 750 Stück. Für jeden dieser Vorgänge fielen 75,00 € an bestellfixen Kosten an. Der Nettostückpreis beträgt 125,00 €. Das Unternehmen kalkuliert mit einem Lagerkostensatz von 8 %.

a Berechnen Sie die bisherigen gesamten Beschaffungskosten.

b Das Unternehmen möchte nun auf die optimale Bestellmenge umstellen. Ermitteln Sie die prozentuale Veränderung der Beschaffungskosten. Runden Sie dabei einzelne Mengen jeweils auf ganze Stück auf. Stellen Sie Ihr Ergebnis auch grafisch dar.

Anzahl Bestellungen	Bestellmenge (Stück)	Bestellkosten (€)	Ø Lagerbestand (Stück)	Ø Lagerbestand (€)	Lagerkosten (€)	Gesamtkosten (€)

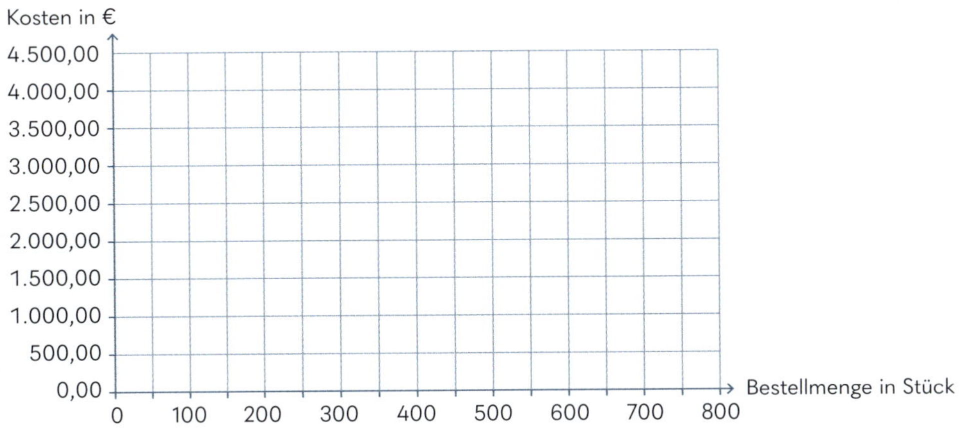

Aufgabe 3

Für die Beschaffung eines Produkts plant ein Unternehmen mit folgenden Daten:

Bestellmenge (Stück)	Lagerhaltungskosten in €	Bestellkosten in €
50	60,00	300,00
100	120,00	150,00
150	180,00	75,00
200	240,00	37,50

a Berechnen Sie die optimale Bestellmenge.
b Stellen Sie die optimale Bestellmenge grafisch dar.

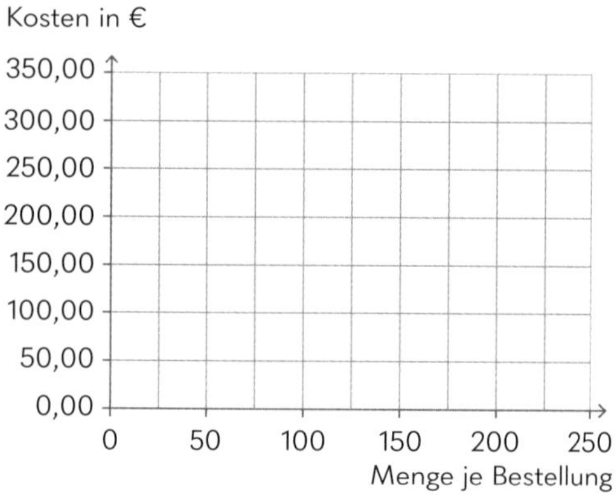

Aufgabe 4

Im Rahmen der verbrauchsorientierten Disposition soll die optimale Bestellmenge für ein bestimmtes Produkt ermittelt werden.

a Berechnen Sie die optimale Bestellmenge mithilfe eines Tabellenkalkulationsprogramms. Nutzen Sie hierzu die folgende Vorlage.

Ermittlung der optimalen Bestellmenge

Jahresbedarf in Stück	3000 Stück
Kosten je Bestellung in €	200,00 €
Lagerhaltungskostensatz vom Ø Lagerwert	20 %
Einstandspreis in €/Stück	100,00 €

Bestellhäufigkeit	Bestellmenge	Ø Lagerbestand	Bestellkosten	Lagerkosten	Gesamtkosten
1					
8					
12					
17					
20					
28					

Minimum Gesamtkosten

b Ermitteln Sie die optimale Bestellmenge unter Verwendung der Andler-Formel. Interpretieren Sie das Ergebnis im Hinblick auf die betriebliche Umsetzbarkeit.
c Beurteilen Sie das Modell zur Ermittlung der optimalen Bestellmenge kritisch.

Aufgabe 5

Im Rahmen einer Optimierung der Kostenstruktur bei der Fly Bike Werke GmbH wird das Bauteil „Beleuchtung" (Art.-Nr. 4020) geprüft. Das Controlling stellt hierzu die unten abgebildeten Daten zur Verfügung. Bei einem Jahresbedarf von 15 000 Stück können in Rücksprache mit dem Lieferanten folgende Bestellhäufigkeiten realisiert werden: 1 Bestellung/Jahr, 3 Bestellungen/Jahr, 8 Bestellungen/Jahr, 12 Bestellungen/Jahr, 17 Bestellungen/Jahr oder 20 Bestellungen/Jahr.

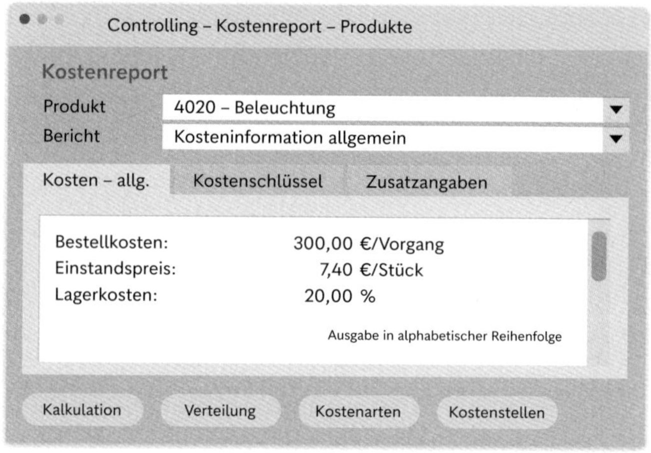

a Ermitteln Sie die optimale Bestellmenge für dieses Produkt.
b Stellen die Verläufe für die Bestell-, Lager- und Gesamtkosten grafisch dar.
c Beurteilen Sie die Methode der optimalen Bestellmenge kritisch für dieses Produkt.

Aufgabe 6

Begründen Sie, welche der folgenden Aussagen falsch sind.

a Bestellt ein Unternehmen mehr als die optimale Bestellmenge, so steigen die Gesamtkosten trotz sinkender Bestellkosten.
b Die Lagerkosten sind bei der optimalen Bestellmenge am geringsten.
c Die Lager- und Bestellkosten entwickeln sich mit abnehmender Bestellhäufigkeit gegenläufig.
d Bei kostenloser Lieferung ergibt sich eine optimale Bestellmenge bei monatlicher Bestellung.
e Eine zunehmende Bestellhäufigkeit vermindert den durchschnittlichen Lagerbestand und führt damit zu einer Reduzierung der gesamten Beschaffungskosten.

Lernsituation 35

FK → LF 4 Kapitel 1.5

Das Bestellverhalten optimieren

Die vor einiger Zeit ins Sortiment aufgenommenen E-Bikes X400 erfreuen sich zunehmender Beliebtheit. Ihre Produktion verlief bisher in unregelmäßigen Chargen, sodass sich auch die Beschaffung der benötigten Materialien eher bedarfsorientiert gestaltete. Diese Prozesse sollen jetzt verbessert werden, indem in einem ersten Schritt für die Reifen ein passendes Bestellverfahren ausgewählt wird. Der Zulieferer der Reifen ist dabei innerhalb einer Woche (5 Tage) ab Bestelleingang lieferfähig.

Auf Basis der Bestelldaten vom letzten Jahr wurde für die Reifen eine optimale Bestellmenge von 2 000 Stück ermittelt. Für den Mindestbestand wird von einem Sicherheitspuffer von 2 Wochen und einer Arbeitswoche von 5 Tagen ausgegangen. Der Höchstbestand für die Lagerfläche setzt sich aus dem Mindestbestand und der optimalen Bestellmenge zusammen.

Der bisherige Produktionsplan für die E-Bikes soll auch in den kommenden Jahren konstant bleiben, sodass damit auch der Jahresbedarf an Reifen im Vergleich zum letzten Jahr unverändert bleibt. Vor diesem Hintergrund soll in einem zweiten Schritt die Produktion der E-Bikes und damit auch das Bestellverhalten für die Reifen gleichmäßiger über das Jahr hinweg verteilt werden. Es wird mit nebenstehenden Bedarfsmengen für Reifen geplant:

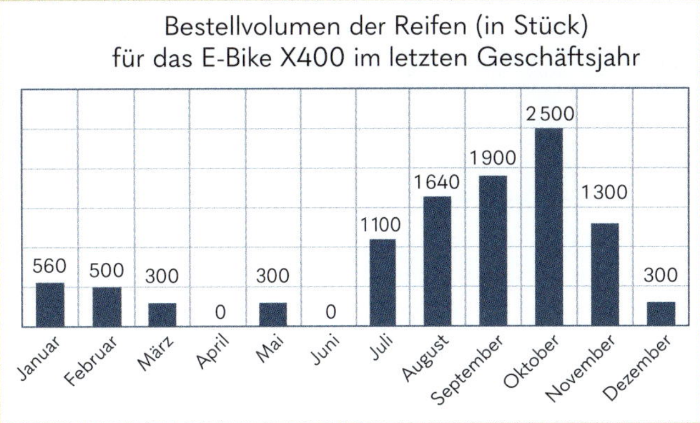

Quartal	Anzahl der Wochen	Bedarfsmenge pro Woche
1	13	220
2	13	180
3	13	180
4	13	220

1 Verschaffen Sie sich zunächst einen Überblick über die Situation.

2 Ermitteln Sie ein geeignetes Bestellverfahren auf Grundlage der optimalen Bestellmenge. Halten Sie Ihre Ergebnisse in Arbeitsblatt 35.1 fest.

3 Überprüfen Sie Ihren Vorschlag dahingehend, ob der tatsächliche Produktionsplan damit umgesetzt werden kann. Formulieren Sie schließlich eine Handlungsempfehlung für die Fly Bike Werke GmbH.

Arbeitsblatt 35.1 Analyse eines künftigen Bestellverhaltens

Daten auf Basis der optimalen Bestellmenge

Jahresverbrauch	
Optimale Bestellmenge	
Bestellhäufigkeit pro Jahr	
Verbrauchsdauer einer Bestellmenge	
Verbrauchsmenge pro Woche	
Verbrauchsmenge pro Tag	

Wichtige Lagerkennzahlen

Mindestbestand	
Meldebestand	
Höchstbestand	

Grafische Darstellung des Bestellverhaltens unter Berücksichtigung der optimalen Bestellmenge

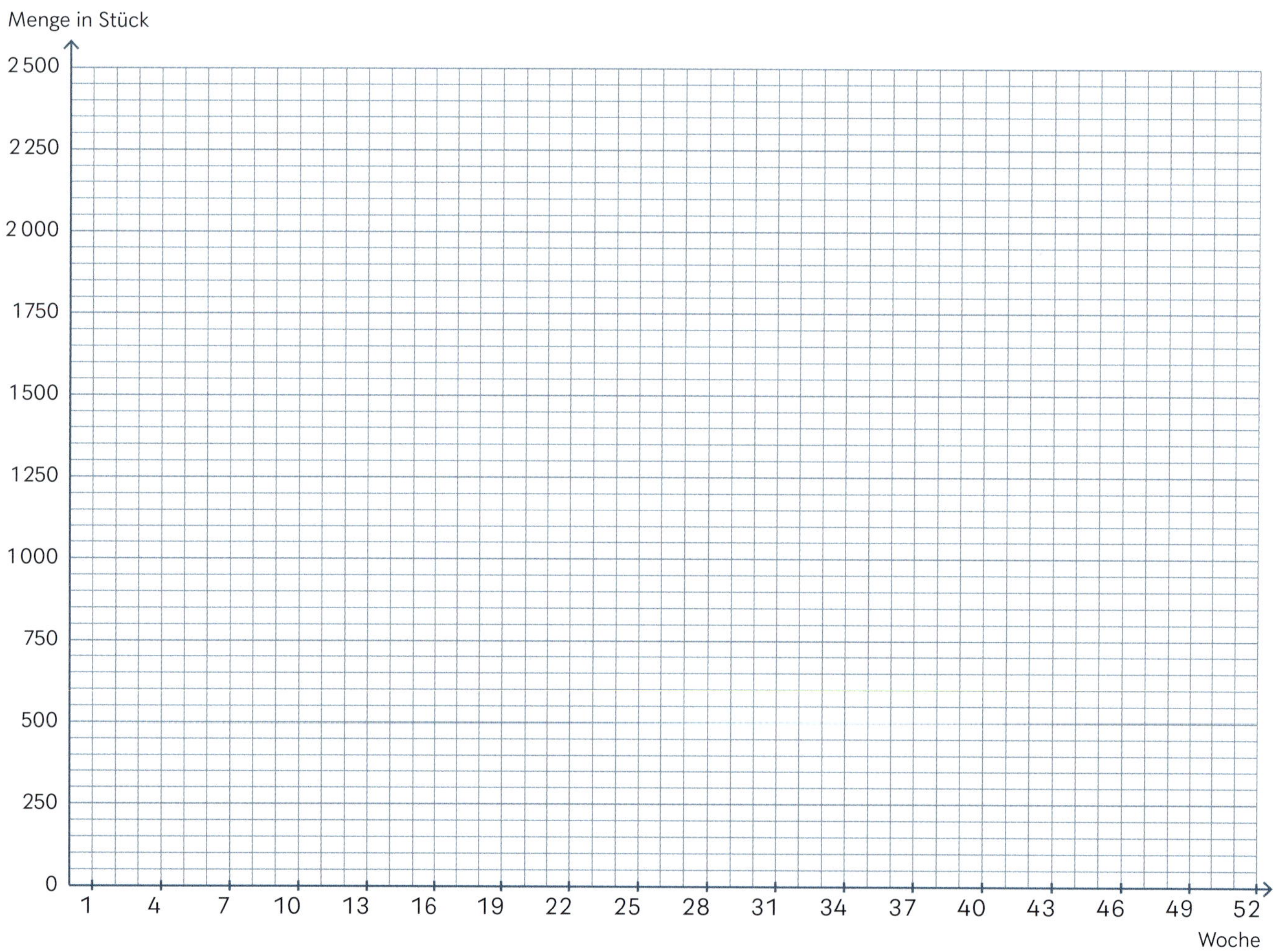

Arbeitsblatt 35.2 Auswertung und Handlungsempfehlung

Vergleich zwischen Bestellverhalten mit optimaler Bestellmenge und angestrebtem Produktionsplan
Hinweis: Nutzen Sie zur Bearbeitung der Tabelle die Daten aus Ihrer grafischen Darstellung (siehe Vorseite).

Lieferung in Woche	Verfügbare Menge (ohne Mindestbestand) (Stück)	Verbrauch pro Woche (Stück)	Verbrauchsdauer in Wochen	Gesamtverbrauch bis zur nächsten Lieferung (Stück)
1	2 000	220		

Auswertung

Handlungsempfehlung

Aufgaben

Aufgabe 1

Ein Automobilzulieferer benötigt zur Herstellung von Fahrzeugsitzen täglich durchschnittlich 500 m² Stoff. Die folgende Abbildung zeigt den Verlauf des Lagerbestands der letzten Tage.

a Beschriften Sie die Abbildung mit den passenden Fachbegriffen.

b Ermitteln Sie anhand der Abbildung die Bestellmenge.

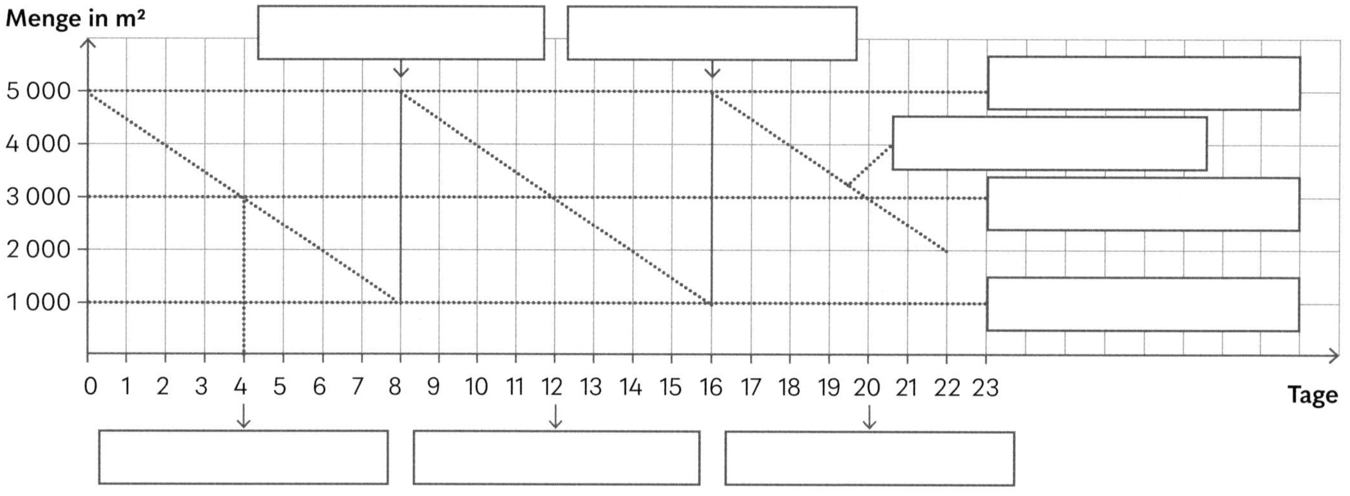

Aufgabe 2

Das Familienunternehmen Hillers GmbH stellt Büromöbel her. Aufgrund der industrialisierten Fertigung besteht u. a. für die produzierten Bürostühle ein sehr gleichmäßiger Verbrauch an Gasdruckfedern. Das Unternehmen setzt daher auf das Bestellrhythmusverfahren. Die folgende Abbildung gibt die Entwicklung des Lagerbestands wieder. Die letzte Bestellung erfolgte am Ende der 13. Woche.

a Ermitteln Sie anhand der Abbildung den Mindestbestand. Erläutern Sie die Bedeutung des Mindestbestands.

b Erläutern Sie, welche Folgen ein zu hoher Mindestbestand für das Unternehmen hätte.

c Ermitteln Sie anhand der Abbildung den Höchstbestand.

d Ermitteln Sie anhand der Abbildung das Bestell- und das Lieferintervall.

e Ermitteln Sie anhand der Abbildung den Wochenverbrauch.

f Ermitteln Sie anhand der Abbildung die Lieferzeit.

g Der Höchstbestand wird künftig auf 4 000 Stück festgesetzt, der Mindestbestand bleibt jedoch unverändert. Ermitteln Sie anhand der Abbildung das neue Bestellintervall und die neue Bestellmenge.

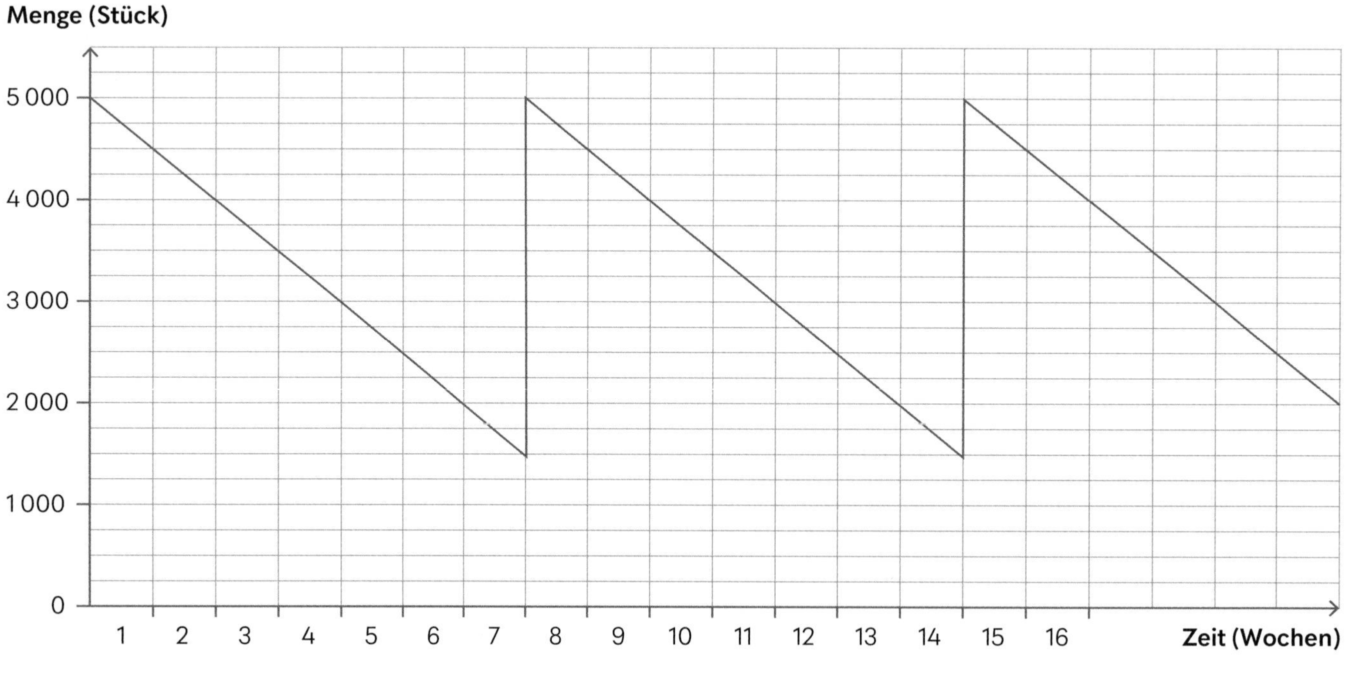

Aufgabe 3

Die Hillers GmbH bestellt Rollen für die Bürostühle nach dem Bestellpunktverfahren. Der Verbrauch liegt durchschnittlich bei 500 Stück pro Arbeitstag. Der Mindestbestand soll eine Reserve für fünf Arbeitstage darstellen. Das Lager fasst einen Höchstbestand von 10 000 Stück. Die Lieferzeit beträgt normalerweise sechs Arbeitstage.

a Ermitteln Sie den Meldebestand.

b Ermitteln Sie die Bestellmenge bei normalem Verbrauch.

c Beschreiben Sie, wie die Hillers GmbH ihr Beschaffungsverhalten anpassen sollte, wenn der Lieferant zukünftig eine Lieferzeit von drei Arbeitstagen garantieren kann.

Aufgabe 4

Die PlastiFlex AG produziert Menüschalen, Kaffeetassen und -becher auf einer durchgehend automatisierten Fertigungsstraße im Spritzgussverfahren mit einem festen Zeittakt. Bei einem Fertigungswechsel von einem zum anderen Produkt muss daher nur unwesentlich umgestellt werden, indem die Daten zum verwendeten Material und der Form per Tastatur eingegeben werden.

Für die Produktion der Menüschalen beschafft das Unternehmen unter anderem die Spritzgussrohmasse. Das Warenwirtschaftssystem enthält hierzu folgende Informationen:

- Art.-Nr./Bezeichnung: R7812 Spritzgussrohmasse neutral
- Meldebestand: 14 000 Einheiten
- Lieferzeit: 45 Tage
- Mindestbestand: 1 550 Einheiten

Prüfen Sie, ob der Mindestbestand ausreicht, wenn pünktlich bei Erreichen des Meldebestands der Auftrag an den Lieferanten erteilt wurde und die Lieferung sich um vier Tage verzögert. Begründen Sie Ihre Antwort rechnerisch nachvollziehbar.

Beachten Sie, dass über den gesamten Betrachtungszeitraum von einem regelmäßigen Verbrauch ausgegangen wird.

Aufgabe 5

Die Haushaltskleingeräte Manufaktur OHG beschafft einen Großteil der verwendeten Materialien im Bestellpunktverfahren. Die Unternehmensleitung überlegt nun, ob grundsätzlich auf das Bestellrhythmusverfahren umgestellt werden sollte. Finden Sie Argumente, die einen Wechsel befürworten.

Aufgabe 6

Begründen Sie, weshalb die folgende Aussage bei der Vorratsbeschaffung gilt:
„Je unregelmäßiger der Materialverbrauch ist, desto eher eignet sich das Bestellpunktverfahren."

Aufgabe 7

Entscheiden Sie bei den folgenden Aussagen, ob es sich um einen

1 Vorteil des Bestellpunktverfahrens,
2 Nachteil des Bestellpunktverfahrens,
3 Vorteil des Bestellrhythmusverfahrens oder einen
4 Nachteil des Bestellrhythmusverfahrens

handelt.

a Es entsteht ein hoher Verwaltungsaufwand für die permanente Lagerbestandsfortschreibung. ☐

b Es entsteht insgesamt ein höherer Arbeitsaufwand für die Beschaffungsabteilung, da häufiger bestellt werden muss. ☐

c Wegen der ständig durchgeführten Lagerbestandskontrollen sind niedrige Mindestbestände möglich. ☐

d Es sind höhere Mindestbestände erforderlich, da der Lagerbestand nur in größeren zeitlichen Abständen überprüft wird. ☐

e Bestell- und Beschaffungskosten werden reduziert, da Bestellungen verschiedener Materialien bei einem Lieferanten gebündelt werden können. ☐

f Eine permanente Beobachtung des Lagerbestands ist nicht erforderlich. ☐

Aufgabe 8

Für die Beschaffung eines Hauptbestandteils wendet ein Unternehmen das Bestellpunktverfahren an, bei dem sich bisher unterschiedlich lange Abstände zwischen den einzelnen Bestellungen ergeben. Zur Einsparung der Lagerkosten soll auf das Just-in-time-Verfahren umgestellt werden. Beurteilen Sie dieses Vorhaben.

Aufgabe 9

Das Just-in-time-Verfahren wird häufig lediglich als ein Verfahren der fertigungssynchronen Beschaffung gesehen. Erläutern Sie, welche Zielsetzungen Just-in-time bei der Abwicklung von Produktionsprozessen unterstützen kann.

Aufgabe 10

Im Rahmen der Lagerneuorganisation soll für einige Werkstoffe bei der Fly Bike Werke GmbH geprüft werden, ob sie für das Just-in-time-Beschaffungsverfahren geeignet sind.

a Erläutern Sie, wie eine solche Überprüfung erfolgen kann.

b Erläutern Sie jeweils zwei organisatorische und technische Voraussetzungen zur Umsetzung des Just-in-time-Verfahrens.

c Bei einer Just-in-time-Beschaffung müssen auch die Lieferanten dieses Vorgehen unterstützen. Erläutern Sie die hierfür notwendigen, von Lieferanten zu erfüllenden Voraussetzungen.

d Das Just-in-time-Verfahren kann aus gesamtwirtschaftlicher Sicht, insbesondere aus Sicht des Endverbrauchers, mit Vor- und Nachteilen verbunden sein. Erläutern Sie jeweils einen Vor- und Nachteil.

Lernsituation 36

FK → LF 4 Kapitel 2.1

Bezugsquellen ermitteln

An: Ann-Kathrin Nemitz (Fly Bike Werke GmbH)

Von: Oliver Thüne (Bly Bike Werke GmbH)

Betreff: Produkteinstellung Schaltungen

Liebe Ann-Kathrin,

unser Ansprechpartner bei der DAX AG hat mir unten stehende Nachricht geschickt. Dieser Zulieferer stellt mit Beginn des übernächsten Quartals die Produktion der Kettenschaltungen ein, die wir hauptsächlich für unsere Trekkingräder verwenden.

Unser Lagerbestand reicht für die Produktion bis dahin noch aus. Wir benötigen dann aber einen Ersatzlieferanten für die 1200 Schaltungen, die in unseren Produkten verbaut werden.

Kannst du dich bitte darum kümmern und bei potenziellen Lieferanten entsprechende Angebote einholen?

Viele Grüße

Oliver

> *Am 10.05.20XX um 17:36 schrieb Peer Sachse <p.sachse@daxag.dex>:*
>
> Sehr geehrter Herr Thüne,
>
> aufgrund aktueller Entwicklungen am Markt und der daraus resultierenden Absatzeinbrüche stellen wir zum 30. September d. J. die Produktion unserer Fahrradschaltungen (Art.-Nr. 10110) vollständig ein.
>
> Wir bedauern diesen Schritt und bitten um Ihr Verständnis. Unser sonstiges Sortiment können Sie wie gewohnt bei uns beziehen.
>
> Wir hoffen auf eine weiterhin gute Zusammenarbeit.
>
> Freundliche Grüße
>
> Peer Sachse
> DAX AG
> Großkundenbetreuer

1 Verschaffen Sie sich einen Überblick über die Situation.

2 Recherchieren Sie sowohl im Lieferantenverzeichnis der Fly Bike Werke GmbH als auch im Internet nach möglichen Ersatzlieferanten. Nutzen Sie hierzu auch das Arbeitsblatt 36.1.

3 Beurteilen Sie den Informationsgehalt der gefundenen Lieferantendaten. Welche Vor- und Nachteile können dabei insbesondere festgestellt werden? Halten Sie Ihre Überlegungen in Arbeitsblatt 36.1 fest.

4 Formulieren Sie eine Anfrage an einen bereits bekannten Lieferanten. Nutzen Sie hierzu das Arbeitsblatt 36.2. Alternativ steht Ihnen unter dem Webcode **IKL_Materialien** eine digitale Geschäftsbrief-Vorlage zur Verfügung.

Arbeitsblatt 36.1 Bezugsquellen finden und bewerten

	Bezugsquelle	Lieferant
betriebsinterne Informationsquelle	....	....
	Bewertung .... Empfehlung	
betriebsexterne Informationsquelle	....	....
	Bewertung .... Empfehlung	

Arbeitsblatt 36.2 Anfrage an einen Lieferanten

FLY BIKE
Werke GmbH

FBW GmbH, Rostocker Str. 334, 26121 Oldenburg

....

....

....

....

Ihr Zeichen:
Ihre Nachricht vom:
Unser Zeichen:
Unsere Nachricht vom:

Name:
Telefon: 0441 8XX-XX
E-Mail:

Datum: ....

Aufgaben

Aufgabe 1

Ein Bekannter von Ihnen ist leidenschaftlicher Lego-Sammler. Zu seinem Geburtstag möchten Sie ihm daher ein besonderes, im Handel nicht mehr erhältliches Set schenken.

a Recherchieren Sie im Internet auf verschiedenen Marktplätzen, wie sich das Angebot grundsätzlich darstellt. Welchen Eindruck gewinnen Sie dabei?

b Übertragen Sie Ihre Eindrücke auf den betrieblichen Beschaffungsbereich. Zu welchen Herausforderungen könnte es dort kommen?

Aufgabe 2

Viele Unternehmer beschaffen sich die notwendigen Güter im Ausland. Eine Umfrage der Seite wer-liefert-was unter Facheinkäufern hat dazu folgende Ergebnisse geliefert.

Herausforderungen bei der Beschaffung im Ausland

Mehrfachnennungen möglich

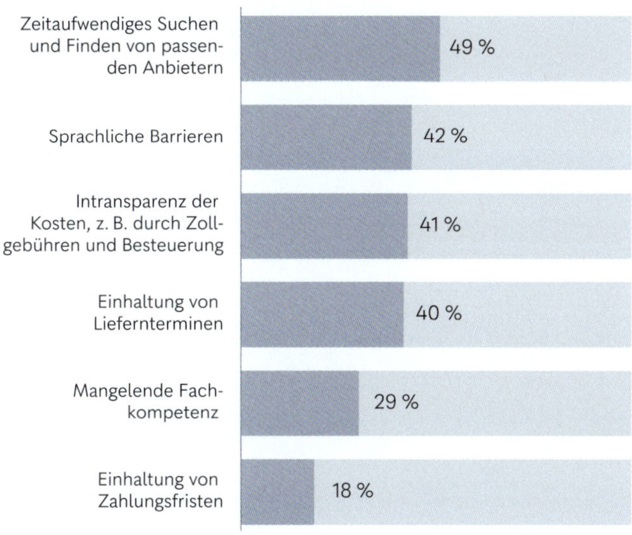

Daten: Umfrage von „Wer liefert was“ unter 1.365 Facheinkäufern (2016)

Quelle: www.wlw.de

a Beurteilen Sie die Umfrageergebnisse, indem Sie Schwierigkeiten oder Probleme für das Unternehmen ableiten.

b Sammeln Sie Möglichkeiten, um diese Herausforderungen aus unternehmerischer Sicht zu meistern.

Aufgabe 3

Unternehmen können ihre Waren regional, national und international beschaffen. Betrachten Sie hierzu die folgende Grafik.

a Sammeln Sie Argumente, weshalb von einigen Ländern mehr Waren als von anderen importiert werden.

b Recherchieren Sie, welche Waren aus welchen Ländern hauptsächlich importiert werden.

Deutschlands wichtigste Handelspartner

Volumen des Außenhandels 2020 (in Mrd. Euro)

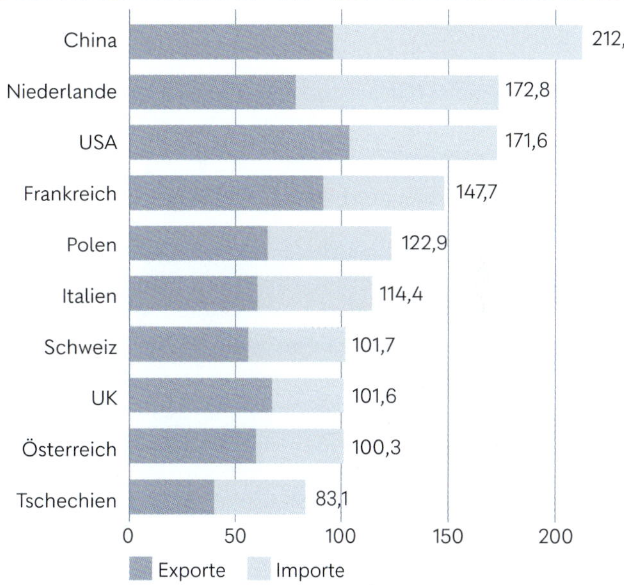

Quelle: Statistisches Bundesamt

Aufgabe 4

Für den Industriebereich gibt es regelmäßig unterschiedliche Fachmessen, wie z. B. die HANNOVER MESSE.

a Begründen Sie, warum Fachmessen trotz Internetzeitalter eine unverzichtbare Informationsquelle für Einkäufer in Industriebetrieben darstellen.

b Recherchieren Sie, welche weiteren Fachmessen für die Industrie stattfinden.

Aufgabe 5

Auf der einen Seite bietet das Internet eine schier unerschöpfliche Informationsfülle auch im Hinblick auf mögliche Lieferanten. Andererseits kann genau diese Informationsfülle den Prozess der Lieferantensuche zu einem „Zeiträuber“ machen. Beschreiben Sie ein sinnvolles systematisches Vorgehen bei der Suche nach neuen Lieferanten im Internet.

Lernsituation 37

FK → LF 4 Kapitel 2.2.2

Writing an enquiry

Der Einkaufsleiter der Fly Bike Werke GmbH, Oliver Thüne, sucht für den Bereich Mountainbike einen neuen Zulieferer für Fahrradrahmen. Dabei sollen verschiedene Varianten und Qualitätsstufen Berücksichtigung finden. Im unteren Preissegment würden Stahlrahmen infrage kommen, die sehr stabil, aber auch schwer sind. Für das mittlere Preissegment gibt es Aluminiumrahmen in unterschiedlichen Ausfertigungen. Das höchste Preissegment und die Qualitätsführer in Sachen Leichtigkeit sind die recht teuren Carbonrahmen, die auch im Profisportbereich zum Einsatz kommen.

Im Rahmen der Bezugsquellenermittlung sollen anhand direkter, schriftlicher Anfragen detaillierte Informationen für alle drei Preis- und Qualitätssegmente eingeholt werden.
Jenny Liu hat bereits verschiedene mögliche Bezugsquellen recherchiert und einige wichtige Informationen notiert.

Bicyle frames

Low price segment:
Frame Material: steel (4130 CrMo)
80 items

Middle price segment:
Frame Material: aluminum (Alu 852)
100 items

High price segment:
Material: Carbon (Cb 7812)
50 items

Possible supplier: Bikes4Ever, Netherlands
Mail: sales@bicycle4ever.nlx

1 Bearbeiten Sie zur Vorbereitung der Anfrage die Arbeitsblätter 37.1 und 37.2.

2 Erstellen Sie nun eine Anfrage nach Mountainbike-Rahmen in Form einer E-Mail. Sie fragen nach Informationen zu den Produkten der verschiedenen Segmente, zu den Preisen sowie den Liefer- und Zahlungsbedingungen. Nutzen Sie dazu das Arbeitsblatt 37.3. Alternativ steht Ihnen unter dem Webcode **IKL_Materialien** eine digitale E-Mail-Vorlage zur Verfügung.

Arbeitsblatt 37.1 Useful phrases for enquiries

Jenny Liu überlegt, wie sie die Anfrage formulieren soll. Aus ihrem Business-English-Kurs kennt sie geeignete Phrasen für die Elemente einer Anfrage *(enquiry)*.

Übersetzen Sie die typischen Phrasen vom Englischen ins Deutsche.

English	German
Opening phrases	
I am writing to enquire about ...	
We are interested in ...	
Could you please provide us with information about ...?	
We would like to know more about ...	
Requesting information	
We would appreciate it if you could ...	
Please let us know about ...	
Could you provide details on ...	
We are particularly interested in ...	
Asking for specifics	
What are the specifications of ...?	
Could you inform us about the pricing of ...?	
Do you offer any customization options for...?	
What is the lead time for ...?	
Are there any discounts available for bulk orders?	
Closing phrases	
Thank you for your time and assistance.	
We look forward to your prompt reply.	
Please feel free to contact us if you need any further information.	
We appreciate your cooperation.	

Arbeitsblatt 37.2 Word-field: purchasing

Ordnen Sie die folgenden Begriffe der passenden Definition zu.

procurement
supply chain purchase order (PO)
supplier/vendor request for proposal
quotation/quote invoice
lead time terms and conditions
request for quotation (RFQ)

Definitions:

a A document issued by a buyer to a seller, indicating the products, quantities and agreed prices for products or services the seller will provide to the buyer. ....

b The time interval between placing an order and receiving the goods or services. ....

c The entire network of entities involved in producing, handling and distributing a specific product. ....

d A document issued by a seller to a buyer, detailing the products or services provided and the amount due for payment. ....

e The process of acquiring goods, services, or works from an external source. ....

f A formal statement provided by a seller to a potential buyer, detailing the estimated costs for specified goods or services. ....

g A document issued by a buyer to request price quotes for specified goods or services. ....

h A company or individual that provides goods or services to another company or individual. ....

i The specific details and rules that govern a purchase agreement, including payment terms, delivery schedules and warranty information. ....

j A document issued by a buyer to solicit proposals from potential suppliers for a specific project or service. ....

Arbeitsblatt 37.3 Writing a business email

An:

Von:

Betreff:

Arbeitsblatt 37.4 Mediation of a business email

Die Bikes4Ever SE hat geantwortet. Fassen Sie das Antwortschreiben für den Chef des Einkaufs, Herr Thüne, zusammen.

An: einkauf@flybikewerke.de

Von: sales@bikes4ever.nlx

Betreff: Re: Inquiry about MTB bicycle frames

Dear Ms Liu

Thank you for your inquiry about our bicycle frames. We offer a range of frames suitable for various price segments, including steel, aluminium and carbon options. Here are the details you requested:

Steel frames (lower price segment)
Designed for durability and comfort, ideal for entry-level riders
Stock levels: in stock, lead time of 2-4 weeks

Aluminum frames (middle price segment)
Lightweight and strong, perfect for mid-range cyclists
Stock levels: in stock, lead time of 3-5 weeks

Carbon frames (high price segment)
Top-tier performance for professional cyclists
Stock levels: in stock, lead time of 4-6 weeks

Additional information
Price: competitive pricing available upon request
Bulk order discounts: tiered pricing available
Customization options: frame colours and logo branding
Warranty: 2 years for steel and aluminum, 3 years for carbon
Technical support: lifetime support included

For more details, please refer to our online catalogue and brochures.

Thank you for considering our products. If you have any further questions or specific requirements, feel free to contact us. We look forward to the possibility of working with Fly Bike Werke.

Best regards,

Asma Hassani
Bikes4Ever Sales Department

Zusammenfassung:

....

....

....

....

....

....

....

....

....

Lernsituation 38

FK → LF 4 Kapitel 2.2.3

Einen Angebotsvergleich durchführen

Nachdem die DAX AG künftig als Zulieferer der benötigten Kettenschaltungen wegfällt, konnte Frau Nemitz mehrere potenzielle Ersatzlieferanten ausfindig machen. Für die weitere Auswertung sendet sie der Auszubildenden Jenny Liu folgende E-Mail.

An: Jenny Liu (Fly Bike Werke GmbH)

Von: Ann-Kathrin Nemitz (Fly Bike Werke GmbH)

Betreff: Ersatzlieferant für Kettenschaltungen — Anhang: Artikel-Bike-Industrie.pdf

Liebe Jenny,

wir haben drei potenzielle Ersatzlieferanten für die benötigten Kettenschaltungen identifizieren können, die bislang von der DAX AG geliefert wurden. Für die Entscheidung führen Sie bitte einen quantitativen und einen qualitativen Angebotsvergleich für ein Bestellvolumen von 1 200 Stück durch und schicken Sie mir Ihr Ergebnis zu.

Angebot 1

Die **Tamino Inc.** aus Japan bietet das Bauteil zum Listenpreis von 30,00 € je Stück an. Bis zu einer Bestellmenge von 1 000 Stück liegt der Mengenrabatt bei 10 %. Bei einer größeren Bestellmenge erhöht sich dieser auf 12 %. Geliefert wird frei Hafen Hamburg. Der deutsche Zoll erhebt einen Einfuhrzoll in Höhe von 5 % auf den Zieleinkaufspreis. Die Transportkosten einer Spedition vom Freihafen zur Fabrik betragen 3.000,00 €. Der Anbieter gewährt Skonto in Höhe von 2 % auf den Warenwert, wenn die Zahlung innerhalb von 8 Tagen erfolgt.

Angebot 2

Der deutsche Hersteller **Fox KG** bietet Kettenschaltungen zum Listenpreis von 38,00 € an. Als Fahrradhersteller erhalten wir grundsätzlich 20 % Rabatt und 3 % Skonto bei Zahlung innerhalb von 10 Tagen nach Rechnungseingang. An Verpackungskosten fallen 5,00 € je 100 Kettenschaltungen an. Bei Lieferung frei Empfängerbahnhof entstehen Transportkosten (Rollgeld Abfuhr) in Höhe von 250,00 €.

Angebot 3

Der italienische Produzent **Tutti Bici S. A.** bietet die notwendigen Schaltungen zum Stückpreis von 31,00 € an. Für die angefragte Menge gewährt er 5 % Mengenrabatt und 2 % Skonto bei Zahlung innerhalb von 8 Tagen. Da sich die Schaltungen in einem Auslieferungslager in Deutschland befinden, wird für die Anlieferung eine Frachtpauschale in Höhe von 2 % auf den Zieleinkaufspreis berechnet.

Viele Grüße

Ann-Kathrin Nemitz

Auszug aus der Lieferantendatei

Lieferant: Tamino Inc.

Anzahl Bestellungen: 4

Hinweise

Bestellung vom 19.11.20XW

Trotz bestätigtem Liefertermin wurde dieser auch nach mehrmaliger Mahnung nicht eingehalten; Problemlösung war schwierig, sodass letztlich eine Ersatzbeschaffung vorgenommen werden musste.

Bestellung vom 29.01.20XX

Lieferung wurde angekündigt, traf dann aber erst zwei Wochen später ein. Zum Ausgleich wurde ein Sonderrabatt gewährt. Kontakt mit dem Lieferanten war jedoch deutlich besser.

Frau Nemitz hat ihrer Mail noch folgenden Artikel aus der Fachzeitschrift „Bike-Industrie“ beigefügt:

Qualitätszertifizierung bei Fox

SIEGBURG – Die Fox KG, mittelständischer Zulieferer der Zweiradindustrie, vermeldet einen weiteren großen Erfolg: Die Qualitätssicherungsbemühungen des Unternehmens wurden jetzt mit dem Zertifikat eines unabhängigen Prüfers nach DIN ISO 9000 ff. belohnt.

„Unsere Kunden verlangen die Einhaltung höchster Qualitätsanforderungen – und das zu Recht. Sie wollen schon bei der Beschaffung ihrer Komponenten absolut sichergehen, dass sie qualitativ hochwertige Produkte fertigen können“, so der Geschäftsführer der Fox KG, Björn Buchholz. „Um uns als Zulieferer in einem hart umkämpften Markt behaupten zu können, war die Zertifizierung nach der ISO 9000-Norm nur die logische Konsequenz. Wir senden damit ein sichtbares Signal an unsere Kunden, dass sie uns rundum vertrauen können. Die Kosten für die Zertifizierung werden für uns damit mehr als wettgemacht.“

Damit demonstriert die Fox KG einmal mehr ihre Bemühungen, als verlässlicher Partner wahrgenommen zu werden. Vor allem im Segment Kettenschaltungen, die höchste Qualitätsansprüche erfüllen müssen, will die Fox KG auch in Zukunft ihre Marktanteile ausbauen. Das Qualitätszertifikat dürfte hierfür ein Schritt in die richtige Richtung sein.

1 Verschaffen Sie sich einen Überblick über die Situation.
2 Führen Sie den quantitativen Angebotsvergleich für Jenny Liu durch. Nutzen Sie hierfür das Arbeitsblatt 38.1 oder alternativ ein Tabellenkalkulationsprogramm.
3 Führen Sie den qualitativen Angebotsvergleich durch. Nutzen Sie hierfür das Arbeitsblatt 38.2. Halten Sie Ihre Ergebnisse im nachfolgenden Schema fest und geben Sie Frau Nemitz eine Empfehlung für den künftigen Ersatzlieferanten.

Handlungsempfehlung

Arbeitsblatt 38.1 Quantitativer Angebotsvergleich

	A	B	C	D	E	F	G
1	Artikelbezeichnung:			Menge		Einheit	
2	Lieferant						
3		%	Betrag in €		Betrag in €	%	Betrag in €
4	Listeneinkaufspreis	Einzelpreis		Einzelpreis		Einzelpreis	
5		Gesamtpreis		Gesamtpreis		Gesamtpreis	
6	- Lieferantenrabatt	%		%		%	
7	= Zieleinkaufspreis						
8	- Lieferantenskonto	%		%		%	
9	= Bareinkaufspreis						
10	+ Bezugskosten						
11	= Bezugs-/Einstandspreis						
12	Berechnung Bezugskosten						
13	günstigster Lieferant						

Arbeitsblatt 38.2 Qualitativer Angebotsvergleich

Kriterium	Gewichtungs-faktor	Lieferant 1		Lieferant 2		Lieferant 3	
		Punkte	gewichtete Punkte	Punkte	gewichtete Punkte	Punkte	gewichtete Punkte
Preis							
Qualität der Ware							
Lieferfrist							
Pünktlichkeit der Lieferung							
Verhalten bei Reklamationen							
Gesamtwert							

Hinweis zum Bewertungsschlüssel:

Ausgangspunkt für die Bewertung ist die Normalpunktzahl (5). Sie ist immer dann zu vergeben, wenn keine Informationen vorliegen bzw. sich im Rahmen der Geschäftsbeziehungen keine Besonderheiten ergaben. Bei positiven Beobachtungen erfolgt eine Aufwertung bis zur maximalen Punktzahl 9, bei negativen Beobachtungen erfolgt eine Abwertung bis zur minimalen Punktzahl 1.

Aufgaben

Aufgabe 1

Ordnen Sie die Begriffe des Kalkulationsschemas den nachfolgenden Beschreibungen zu.

1 = Listeneinkaufspreis
2 = Lieferantenrabatt
3 = Zieleinkaufspreis
4 = Lieferantenskonto
5 = Bareinkaufspreis
6 = Bezugskosten
7 = Einstands-/Bezugspreis

a Preisnachlass für den Rechnungsausgleich innerhalb einer vorgegebenen Frist ☐

b Kosten der Ware bis zum Eingang im Betrieb ☐

c Preis des Lieferanten laut Katalog ☐

d Preis, der bei der Ausnutzung der Zahlungsfrist für die Ware an den Lieferanten gezahlt werden muss ☐

e Kosten der Lieferung, die der Käufer zu tragen hat (z. B. Verpackungskosten, Transportkosten, Zölle, Versicherungen). Dabei ist es ohne Bedeutung, wer diese Kosten in Rechnung stellt. ☐

f Preis, der bei Zahlung innerhalb der Skontofrist für die Ware an den Lieferanten gezahlt werden muss. ☐

g Preisnachlass aus besonderem Anlass oder im Rahmen üblicher Vertragsvereinbarungen ☐

Aufgabe 2

Ein Industrieunternehmen bezieht einen Teil seiner Werkstoffe per Schiene. Die zuständige Bahngesellschaft berechnet u. a. folgende Kosten für einen Transport:

Transportkosten	€
Hausfracht (Rollgeld) für die Anfuhr zum Bahnhof	20,00
Verladekosten	12,00
Hausfracht (Rollgeld) für die Zufuhr	21,00
Entladekosten	10,00
Fracht	180,00

Ermitteln Sie die jeweiligen Kosten bei Vereinbarung folgender Lieferbedingungen:

a frei Waggon
b frachtfrei

Aufgabe 3

In einem zugesandten Angebot lautet die Zahlungsbedingung:
„Zahlbar innerhalb von 10 Tagen unter Abzug von 3 % Skonto, sonst 30 Tage rein netto."

a Erläutern Sie die Zahlungsbedingung.
b Wie wirkt sich Skonto bei der Kalkulation des Bezugspreises aus?

Aufgabe 4

Ein Möbelhersteller bezieht eine bestimmte Sorte von Holz zu einem Preis von 155,00 € je Kubikmeter. Für einen größeren Auftrag benötigt er 12 Kubikmeter Holz. Der Verkäufer gewährt einen Stammkundenrabatt von 8 % und bei Zahlung innerhalb von 10 Tagen 2 % Skonto. Für die Anlieferung berechnet er eine Pauschale von 175,00 €. Zu welchem Bezugspreis kann er das Holz beziehen?

Aufgabe 5

Ein Textilgroßhändler bestellt 150 Damenpullover aus Kaschmir zu 80,00 € das Stück laut Liste. Es werden ab einer Bestellmenge von 200 Stück 15 % Mengenrabatt, ansonsten nur 5 % Wiederverkäuferrabatt gewährt. Bei Zahlung innerhalb von 7 Tagen dürfen 2 % Skonto abgezogen werden. Für den Versand werden pauschal 80,50 € berechnet. Ermitteln Sie den Bezugspreis für die Gesamtbestellung.

Aufgabe 6

Ein Fahrradhändler bestellt bei der Fly Bike Werke GmbH 35 Trekkingräder zum Gesamtlistenpreis von 30.625,00 €. Dem Kunden wird ein Stammkundenrabatt von 15 % sowie 3 % Skonto bei Zahlung innerhalb von 12 Tagen gewährt. Für den Transport berechnet die Fly Bike Werke GmbH eine Verpackungspauschale von 50,00 € je 10 Fahrräder. Berechnen Sie den Einstandspreis je Fahrrad.

Aufgabe 7

Bei einem Unternehmen, das einen Gesamtjahresbedarf von 98 000 Stück hat, gehen folgende Angebote von drei verschiedenen Herstellern ein. Ermitteln Sie das günstigste Angebot.

	A	B	C
Listenpreis je 100 Stück, netto	560,00 €	500,00 €	540,00 €
Skonto bei Zahlung innerhalb von 10 Tagen	1 %	2 %	2 %
Versicherung und Fracht je 100 Stück netto	frei	11,00 €	4,00 €
Verpackungseinheit	1 000 Stück	10 000 Stück	2 000 Stück

Aufgabe 8

Beim qualitativen Angebotsvergleich werden unterschiedliche Aspekte für die Kaufentscheidung berücksichtigt. Erläutern Sie vier mögliche Aspekte.

Aufgabe 9

In einem Angebot sollen die Zahlungsbedingungen den Kunden über die Zahlungsarten, den Zahlungszeitpunkt und Zahlungsort informieren. Welche Formulierungen in den Zahlungsbedingungen deuten eher auf einen unzuverlässigen und/oder relativ insolventen Kunden hin?

Aufgabe 10

Einem Einzelhändler liegen Angebote über Kerzenleuchter von zwei verschiedenen Herstellern vor. Der Hersteller Meyer OHG bietet den Kerzenleuchter zu einem Listeneinkaufspreis von 3,99 € an. Ab einer Bestellmenge von 100 Stück gewährt die Meyer OHG 7 % Mengenrabatt, ab einer Bestellmenge von 500 Stück gewährt sie 10 % Mengenrabatt. Bei Zahlung innerhalb von 7 Tagen dürfen 3 % Skonto abgezogen werden. Für den Versand der Ware fallen noch 0,08 € je Stück an.

Die Fink KG gewährt generell unabhängig von der Bestellmenge 11 % Wiederverkäuferrabatt. Bei der Fink KG lauten die Zahlungsbedingungen: 20 Tage netto Kasse. Für den Versand der Ware berechnet sie 0,15 € je Stück. Der Listeneinkaufspreis beträgt 3,70 €.

a Berechnen Sie den Gesamtbezugspreis und den Stückpreis je Kerzenleuchter für beide Lieferanten, wenn der Einzelhändler eine Bestellmenge von 150 Stück plant.

b Bei welchem Lieferanten sollte der Einzelhändler bestellen? Begründen Sie Ihre Antwort.

Aufgabe 11

„Bei der Lieferantenauswahl mithilfe der Entscheidungstabelle kann ich sicher sein, dass eine objektive Lieferantenauswahl stattfindet."

a Nehmen Sie Stellung zu dieser Aussage.

b Stellen Sie die Vor- und Nachteile der Lieferantenauswahl mithilfe der Entscheidungstabelle einander gegenüber.

Aufgabe 12

Herr Köhler, Einkäufer der Technologies GmbH, benötigt kurzfristig 120 elektronische Bauteile zum 03.01. Ihm liegen folgende Angebote vor:

Angebot 1:
Electronics KG
Stückpreis 12,20 €,
3 % Mengenrabatt ab 100 Stück, 2 % Skonto innerhalb von 10 Tagen, 30 Tage rein netto

Angebot 2:
Unix GmbH
Stückpreis 12,00 €,
2 % Mengenrabatt ab 150 Stück,
2 % Skonto binnen 20 Tage,
30 Tage rein netto

Angebot 3:
Schneider & Co. KG
Stückpreis 11,80 €,
2 % Mengenrabatt,
1 % Skonto innerhalb von 7 Tagen, sonst 20 Tage rein netto

Angebot 4:
Kinsel OHG
Stückpreis 11,50 €,
2 % Mengenrabatt ab 200 Stück, 1 % Skonto binnen 10 Tage und 30 Tage rein netto,
Lieferung frühestens 07.02.

Die Frachtkosten betragen bei allen Lieferanten 30,00 €, wobei die Schneider & Co. KG für die Verpackung zusätzlich 45,00 € berechnet. Die Kinsel OHG bietet den Abschluss eines Fixkaufes an. Alle anderen Lieferanten geben einen Lieferzeitraum von bis zu 10 Tagen an.

Die Electronics KG gehört seit vielen Jahren zu den Stammlieferanten. Bei der UNIX GmbH wurde ebenfalls bereits häufiger bestellt, wobei es bereits dreimal zu deutlichen Lieferverzögerungen kam. Zudem musste zweimal die Qualität der Ware bemängelt werden. Mit den anderen beiden Lieferanten besteht bislang noch keine Geschäftsbeziehung.

a Zu welcher Lieferantenempfehlung kommen Sie im Rahmen des quantitativen Angebotsvergleichs?

b Welche Kriterien würden Sie für einen qualitativen Angebotsvergleich zugrunde legen?

Lernsituation 39

FK → LF 4 Kapitel 2.4

Rechnungen prüfen und Zahlungen durchführen

Die Auszubildende Jenny Liu ist bei Frau Taubert in der Buchhaltung eingesetzt. Dort ist es derzeit ihre Aufgabe, eingehende Rechnungen zu prüfen.

Heute liegen ihr u. a. nachfolgende Belege vor. Außerdem hat sie folgende E-Mail von Frau Taubert erhalten:

An: Jenny Liu (Fly Bike Werke GmbH)

Von: Roswitha Taubert (Fly Bike Werke GmbH)

Betreff: Rechnungsstellung von Your Colour Solution Ltd. Datum: 17.05.20XX, 8:35

Guten Morgen, Jenny,

in den letzten Tagen haben Sie sich viel mit inländischen Rechnungen und deren Prüfung beschäftigt. Heute habe ich eine neue Aufgabe für Sie:

Bei einem Exporteur in Großbritannien haben wir mehrere Speziallacke bestellt. Die Fakturierung erfolgte in GBP und lautet über 3.674,50 GBP. Das Zahlungsziel endet am 10.06.20XX. Der heutige Wechselkurs (Geld) liegt bei 0,8635 GBP/EUR.

Wie Sie wissen, sind Rechnungen in ausländischer Währung mit Wechselkursrisiken verbunden. Unterbreiten Sie doch bitte zwei Vorschläge, begründet mit Vor- und Nachteilen, wie wir in diesem Fall handeln sollten.

Gehen Sie dabei von zwei Szenarien aus:

(1) Der Wechselkurs sinkt bis zum Zahlungstermin auf 0,8475 GBP/EUR.

(2) Der Wechselkurs steigt bis zum Zahlungstermin auf 0,9425 GBP/EUR.

Viel Erfolg bei der Lösung dieser Aufgabe!

Viele Grüße

Roswitha Taubert

1 Verschaffen Sie sich einen Überblick über die Situation.

2 Beschäftigen Sie sich mit der Rechnungsstellung in GBP und finden Sie hierzu zwei mögliche Handlungsempfehlungen.

- **a** Halten Sie Ihre Überlegungen auf dem Arbeitsblatt 39.1 fest.
- **b** Formulieren Sie im Namen von Jenny Liu eine Antwort an Frau Taubert. Nutzen Sie hierzu das Arbeitsblatt 39.2.

3 Führen Sie stellvertretend für Jenny Liu die sachliche und rechnerische Prüfung der beiden vorliegenden Rechnungen durch. Treten Probleme auf, verfassen Sie ein Schreiben an das betreffende Unternehmen und unterbreiten Sie einen praxistauglichen Vorschlag zu deren Beseitigung. Nutzen Sie hierzu die Arbeitsblätter 39.3 und 39.4.
Alternativ stehen Ihnen unter dem Webcode **IKL_Materialien** eine digitale Geschäftsbrief- und E-Mail-Vorlage zur Bearbeitung der Arbeitsaufträge 2b und 3 zur Verfügung.

Kohlor GmbH
Ludwigshafen

Kohlor GmbH, Hafenstr. 125, 67061 Ludwigshafen
Fly Bike Werke GmbH
Rostocker Straße 334
26121 Oldenburg

Kunden-Nr.: 424
Ansprechpartnerin: Frau Reineke
Telefon: 0621 509XX1
Lieferschein: 5935
Lieferdatum: 15.05.20XX
Rechnungsdatum: 15.05.20XX

Rechnungsprüfung
Sachlich richtig
Datum
Nz.
Rechnerisch richtig
Datum
Nz.

Rechnungs-Nr.: 5935

Pos.	Artikel-Nr.	Artikelbezeichnung	Menge	Preis je Einheit	Gesamtpreis
1	701574	Lackfarbe petrol	150 Liter	4,75 €	712,50 €
2	701086	Lackfarbe mint	150 Liter	5,15 €	772,50 €
3	700676	Lackfarbe blue	250 Liter	4,54 €	1.135,00 €

Warenwert	Verpackungs-kosten	Transport-kosten	Nettorechnungs-betrag	Umsatzsteuer 19 %	Bruttorechnungs-betrag
2.620,00 €	45,00 €	0,00 €	2.665,00 €	506,35 €	3.171,35 €

Zahlungsziel 30 Tage, bei Zahlung innerhalb von 8 Tagen 2 % Skonto.

Kohlor GmbH
Ludwigshafen

Kohlor GmbH, Hafenstr. 125, 67061 Ludwigshafen
Fly Bike Werke GmbH
Rostocker Straße 334
26121 Oldenburg

Kunden-Nr.: 424
Ansprechpartnerin: Frau Reineke
Telefon: 0621 509XX1
Lieferschein: 5935
Lieferdatum: 15.05.20XX

Lieferschein-Nr. 5935

Pos.	Artikel-Nr.	Artikelbezeichnung	Menge	Preis je Einheit	Gesamtpreis
1	701574	Lackfarbe petrol	150 Liter	4,75 €	712,50 €
2	701086	Lackfarbe mint	100 Liter	5,15 €	515,00 €
5	700676	Lackfarbe blue	250 Liter	4,45 €	1.112,50 €

Wareneingangskontrolle
durchgeführt am *15.05.20XX*
und [X] keine Mängel festgestellt
[ ] Mängel laut beiliegender Liste festgestellt
Stefan Schneider
Unterschrift

Frikawerke
GmbH & Co. KG

Frikawerke, Gertenstr. 19, 58739 Wickede/Ruhr
Fly Bike Werke GmbH
Rostocker Straße 334
26121 Oldenburg

Kunden-Nr.: 2211
Ansprechpartner: Herr Stoll
Tel.: 02377 75XX563
Ihre Bestellung Nr. 563
Bestelldatum: 20.04.20XX
Lieferschein-Nr.: 3035
Lieferdatum: 05.05.20XX
Rechnungsdatum: 12.05.20XX

Rechnungsprüfung	
Sachlich richtig	Rechnerisch richtig
Datum	Datum
Nz.	Nz.

Rechnungs-Nr.: 3035

Set-Nr.	Artikel-Nr.	Artikelbezeichnung	Menge	Preis je Set	Gesamtpreis
5060	50060	MTB XT Lenkung	250 Stck.	11,25 €	2.812,50 €

Warenwert	Verpackungskosten	Transportkosten	Nettorechnungsbetrag	Umsatzsteuer 19 %	Bruttorechnungsbetrag
2.812,50 €	50,00 €	15,00 €	2.877,50 €	546,73 €	3.424,23 €

Zahlungsziel 14 Tage ohne Abzug

Frikawerke
GmbH & Co. KG

Frikawerke, Gertenstr. 19, 58739 Wickede/Ruhr
Fly Bike Werke GmbH
Rostocker Straße 334
26121 Oldenburg

Kunden-Nr.: 2211
Ansprechpartner: Herr Stoll
Tel.: 02377 75XX563
Ihr Schreiben vom: 15.04.20XX
Ihre Zeichen: nem
Datum: 16.04.20XX

Angebot Nr. A3045

Sehr geehrte Frau Nemitz,

vielen Dank für Ihr Interesse an unseren Produkten.

Für die angefragten MTB XT Lenkungen (Artikel-Nr. 50060) können wir Ihnen einen Stückpreis von 11,25 € (netto) bei einer Abnahmemenge von mindestens 200 Stück anbieten.

Für Verpackung berechnen wir pauschal 50,00 € (netto). Für den Transport fallen zusätzlich 15,00 € (netto) an.

Als langjährigen Stammkunden gewähren wir Ihnen bei Bestellung einen Rabatt in Höhe von 10 % auf den Warenwert.

Dieses Angebot gilt für drei Wochen, beginnend mit Datum dieses Schreibens. Bei Fragen melden Sie sich gerne.

Freundliche Grüße

Frikawerke GmbH & Co. KG

i. A. *Andreas Stoll*
Andreas Stoll
Kundenservice

Arbeitsblatt 39.1 Analyse der Wechselkurssituation

Arbeitsblatt 39.2 Analyse der Wechselkurssituation

An: Roswitha Taubert (Fly Bike Werke GmbH)

Von: Jenny Liu (Fly Bike Werke GmbH)

Betreff:

Arbeitsblatt 39.3 Geschäftsbrief

FLY BIKE
Werke GmbH

FBW GmbH, Rostocker Str. 334, 26121 Oldenburg

....
....
....
....

Ihr Zeichen:
Ihre Nachricht vom:
Unser Zeichen:
Unsere Nachricht vom:

Name:
Telefon: 0441 8XX-XX
E-Mail:

Datum: ....

....

....
....
....
....
....
....
....
....
....
....
....
....
....
....
....
....
....

Arbeitsblatt 39.4 Geschäftsbrief

FLY BIKE
Werke GmbH

FBW GmbH, Rostocker Str. 334, 26121 Oldenburg

....

....

....

....

Ihr Zeichen:
Ihre Nachricht vom:
Unser Zeichen:
Unsere Nachricht vom:

Name:
Telefon: 0441 8XX-XX
E-Mail:

Datum: ....

....

....

....

....

....

....

....

....

....

....

....

....

....

....

....

....

....

....

....

Aufgaben

Aufgabe 1
Bei Erhalt einer Rechnung führen Sie eine (1) sachliche und eine (2) rechnerische Prüfung durch. Entscheiden Sie in den folgenden Fällen, um welche Art von Prüfung es sich jeweils handelt.

Prüfung/Abgleich	Art der Prüfung
Prüfung, ob der Gesamtpreis auf Basis des Einzelpreises und der Bestellmenge stimmt.	
Prüfung, ob die Empfängeradresse mit Ihrem Unternehmen übereinstimmt.	
Abgleich aller aufgelisteten Warenpositionen mit der Bestellung	
Prüfung der Höhe der gewährten Rabatte und der korrekten Verrechnung	
Prüfung des Gesamtrechnungsbetrags	
Prüfung, ob der angegebene Rabattsatz mit dem vereinbarten übereinstimmt.	

Aufgabe 2
In Ihrem Ausbildungsunternehmen sind Sie derzeit mit der Rechnungsprüfung betraut. Bei der Prüfung stellen Sie nachfolgende Probleme fest. Begründen Sie, wie Sie jeweils weiter vorgehen.

a Die Empfängeradresse nennt ein anderes Unternehmen in der Nähe Ihres Ausbildungsunternehmens.

b Der Lieferant hat den vereinbarten Mengenrabatt in der Rechnung vergessen.

c Bei der Berechnung der Umsatzsteuer und des gesamten Rechnungsbetrags hat sich der Lieferant mehrfach verrechnet.

Aufgabe 3
Erläutern Sie, ob es sich bei der Kursangabe von 1,055 US-$/EUR um eine Mengen- oder Preisnotierung handelt.

Aufgabe 4
Recherchieren Sie aktuelle Wechselkurse (Geld und Brief) für die Währungen CAD, GBP, USD, JPY und CHF. Geben Sie auch das jeweilige Land an.

Aufgabe 5
Berechnen Sie anhand der in Aufgabe 4 ermittelten Wechselkurse für die folgenden Situationen, welchen Betrag in Euro ein Unternehmen beim Kauf von Devisen jeweils aufwenden muss bzw. welchen Betrag in Euro es beim Rücktausch der Devisen erhält (siehe Tabelle zu Aufgabe 5).

Aufgabe 6
Beschreiben Sie das Kursrisiko, das Unternehmen bei Fakturierung in ausländischer Währung eingehen.

Aufgabe 7
Die Keller & Kammer GmbH benötigt für einen Kundenauftrag ein besonderes elektronisches Bauteil, das sie von einem Hersteller in Großbritannien beziehen kann. Das Angebot erhält sie am 16.04.20XX mit einem Verkaufspreis von 1.450,00 GBP (gesamt). An diesem Tag steht der Wechselkurs bei 1,05 GBP/EUR (Geld) und 1,15 GBP/EUR (Brief). Am Tag der beabsichtigten Zahlung ist der Geldkurs auf 1,17 GBP/EUR und der Briefkurs auf 1,27 GBP/EUR gestiegen.

a Beschreiben Sie Möglichkeiten, wie sich das Unternehmen gegen das Kursrisiko hätte absichern können.

b Ermitteln Sie den Zahlungsbetrag in Euro bei Erhalt der Rechnung.

c Berechnen Sie den Überweisungsbetrag für das Unternehmen am Fälligkeitstag. Beurteilen Sie, ob die fehlende Kursrisikoabsicherung für das Unternehmen nachteilig war.

Währung	Kauf von Devisen	Gegenwert in €	Rücktausch von Devisen	Gegenwert in €
CAD	2.500,00 CAD		3.000,00 CAD	
GBP	875,00 GBP		2.500,00 GBP	
USD	4.250,00 USD		950,00 USD	
JPY	5.000,00 JPY		2.825,00 JPY	
CHF	1.850,00 CHF		10.750,00 CHF	

Tabelle zu Aufgabe 5

Lernsituation 40

FK → LF 4 Kapitel 3.1

Einen Lieferungsverzug bearbeiten

Nachdem Oliver Thüne heute, am 23.06.20XX, an seinem Arbeitsplatz erschienen ist, nimmt er sich die beiden Auftragsbestätigungen aus der Wiedervorlage und schaltet seinen Computer an ...

An: Ann-Kathrin Nemitz (Fly Bike Werke GmbH)

Von: Oliver Thüne (Bly Bike Werke GmbH)

Betreff: Bestellung Ruhrwerke GmbH vom 16.06.20XX, Auftrags-Nr. 93758

Guten Morgen, Ann-Kathrin,

heute Morgen erhielt ich die unten angefügte Nachricht der Ruhrwerke GmbH, bei der wir eine größere Menge an Lenkern bestellt hatten.

So wie es aussieht, brauchen wir dringend eine Lösung für das sich ergebende Problem. Unser Lagerbestand reicht noch bis Ende Juni; dann ist aber auch die eiserne Reserve weitgehend aufgebraucht. Ein schneller Blick in unsere Lieferantendatei zeigt, dass die Frikawerke ein baugleiches Produkt anbieten, jedoch mit einem Preisunterschied von +20 % im Vergleich zu den Ruhrwerken.

Kannst du dich bitte darum kümmern und mir später eine Rückmeldung über das weitere Vorgehen geben? Vielen Dank!

Viele Grüße

Oliver

> Von: Emre Arhani (Ruhrwerke GmbH)
>
> An: Oliver Thüne (Fly Bike Werke GmbH)
>
> Gesendet: 23.06.20XX, 10:45 Uhr
>
> Betreff: Ihre Bestellung vom 16.06.20XX, Auftrags-Nr. 93758
>
> Sehr geehrter Herr Thüne,
>
> mit oben genannter Auftragsbestätigung haben wir Ihnen die Lieferung der Lenker (Art.-Nr. 847-54), Modell „Mountain“ E47 bis spätestens 29.06.20XX verbindlich zugesagt.
>
> Mit großem Bedauern müssen wir Ihnen leider heute mitteilen, dass wir aufgrund aktuell aufgetretener Produktionsschwierigkeiten und damit einhergehender nicht aufschiebbarer Instandsetzungsarbeiten die Auslieferung Ihrer Bestellung bis voraussichtlich Mitte Juli 20XX nicht leisten können.
>
> Bitte teilen Sie uns daher mit, ob wir Ihre Bestellung weiter aufrechterhalten sollen. Für möglicherweise entstehende Unannehmlichkeiten bitten wir um Entschuldigung.
>
> Für Fragen stehen wir Ihnen gerne zur Verfügung.
>
> Freundliche Grüße
>
> i. A. Emre Arhani
>
> Emre Arhani
>
> Kundenbetreuung

1 Verschaffen Sie sich einen Überblick über die Situation.

2 Analysieren Sie die Liefersituation zu beiden Lieferanten und entscheiden Sie jeweils, ob ein Lieferungsverzug vorliegt. Halten Sie Ihre Überlegungen in Arbeitsblatt 40.1 fest.

3 Ausgehend von Ihren Überlegungen formulieren Sie ein Schreiben an die Ruhrwerke GmbH. Nutzen Sie hierfür die Geschäftsbriefvorlage in Arbeitsblatt 40.2.

4 Formulieren Sie auch an die Union Elektro AG ein passendes Schreiben, um auf die gegenwärtige Liefersituation hinzuweisen. Nutzen Sie hierfür das Arbeitsblatt 40.3. Alternativ steht Ihnen unter dem Webcode **IKL_Materialien** eine digitale Geschäftsbriefvorlage zur Bearbeitung der Arbeitsaufträge 3 und 4 zur Verfügung.

Ruhrwerke GmbH

Ruhrwerke GmbH – Lohrheidestr. 72 – 44866 Bochum
Fly Bike Werke GmbH
Rostocker Straße 334
26121 Oldenburg

Ihr Zeichen: nem
Ihre Nachricht vom: 16.06.20XX
Unser Zeichen: rie
Unsere Nachricht vom:

Telefon: 0237 3XX974
Name: Frau Rieser

Datum: 18.06.20XX

Auftragsbestätigung Nr. 93758

Sehr geehrte Frau Nemitz,

vielen Dank für Ihre Bestellung, die wir Ihnen hiermit zu folgenden Konditionen bestätigen.

Pos.	Art.-Nr.	Beschreibung	Menge	Einzelpreis EUR	Gesamtpreis EUR
1	847-54	Lenker, Modell „Mountain" E47	320 St.	18,50	5.920,00
2	XXX-R	Mengenrabatt	320 St.	–1,85	–592,00
				Rechnungsbetrag (netto)	5.328,00
				+ Transport/Verpackung	200,00
				Zwischensumme	5.528,00
				+ 19 % USt.	1.050,32
				Rechnungsbetrag (brutto)	**6.578,32**

Die Lieferung erfolgt vereinbarungsgemäß bis spätestens zum 29.06.20XX.
Die Rechnung ist fällig innerhalb von 8 Tagen unter Abzug von 2 % Skonto, rein netto innerhalb von 30 Tagen.

Freundliche Grüße

Ruhrwerke GmbH

i. A. *Rieser*
Rieser

UNION ELEKTRO AG

Union Elektro AG
Landsberger Str. 66
12623 Berlin

Union Elektro AG – Landsberger Str. 66 – 12623 Berlin
Fly Bike Werke GmbH
Rostocker Straße 334
26121 Oldenburg

Unser Zeichen: kra
Unsere Nachricht vom:
Ihr Zeichen: nem
Ihre Nachricht vom: 09.06.20XX

Kunden-Nr. 95-5858
Auftrags-Nr. A00014472

Datum: 12.06.20XX

Auftragsbestätigung

Sehr geehrte Frau Nemitz,
gemäß Ihrer Bestellung bestätigen wir folgenden Auftrag:

Art.-Nr.	Beschreibung	Menge	Einzelpreis EUR	Gesamtpreis EUR
03848	Beleuchtungsset, Modell daylight, Ausführung 3	185	28,50	5.272,50
XX920	Verpackung	1	75,00	75,00
XT285	Transportkosten	1	145,00	145,00
			Rechnungsbetrag (netto)	5.492,50
			+ 19 % USt.	1.043,58
			Rechnungsbetrag (brutto)	6.536,08

Als Lieferbedingung bestätigen wir Ihnen die Lieferung ab 20.06.20XX ab Werk.
Die Zahlung ist innerhalb von 30 Tagen ohne Abzug oder innerhalb von 10 Tagen unter Abzug von 3 % Skonto zu zahlen.

Freundliche Grüße

Union Elektro AG

i. A. *Kraprich*
Kraprich

Arbeitsblatt 40.1 Analyse der Liefersituation bei der Fly Bike Werke GmbH

Bestellung — Erhalt Auftragsbestätigung — heute:

Lieferant: ……………………
Liefertermin: ……………………

→

Prüfung auf Lieferungsverzug

1. Voraussetzung: [ ] ja [ ] nein
……………………
……………………

2. Voraussetzung: [ ] ja [ ] nein
……………………
……………………

Ergebnis: ……………………
……………………
……………………

→

Handlungsempfehlung
……………………
……………………
……………………
……………………

Lieferant: ……………………
Liefertermin: ……………………

→

Prüfung auf Lieferungsverzug

1. Voraussetzung: [ ] ja [ ] nein
……………………
……………………

2. Voraussetzung: [ ] ja [ ] nein
……………………
……………………

Ergebnis: ……………………
……………………
……………………

→

Handlungsempfehlung
……………………
……………………
……………………
……………………

Arbeitsblatt 40.2 Schreiben an die Ruhrwerke GmbH

FLY BIKE
Werke GmbH

FBW GmbH, Rostocker Str. 334, 26121 Oldenburg

....

....

....

....

Ihr Zeichen:
Ihre Nachricht vom:
Unser Zeichen:
Unsere Nachricht vom:

Name:
Telefon: 0441 8XX-XX
E-Mail:

Datum: ....

....

....

....

....

....

....

....

....

....

....

....

....

....

....

....

....

....

....

....

Arbeitsblatt 40.3 Schreiben an Union Elektro AG

FLY BIKE
Werke GmbH

FBW GmbH, Rostocker Str. 334, 26121 Oldenburg

....

....

....

....

Ihr Zeichen:
Ihre Nachricht vom:
Unser Zeichen:
Unsere Nachricht vom:

Name:
Telefon: 0441 8XX-XX
E-Mail:

Datum: ....

....

....

....

....

....

....

....

....

....

....

....

....

....

....

....

....

....

....

Aufgaben

Aufgabe 1
Prüfen Sie in den unten aufgeführten Fällen, ob der Käufer eine Mahnung schreiben muss. Gehen Sie davon aus, dass die Lieferung zum vereinbarten Zeitpunkt nicht stattgefunden hat.

Fall		Mahnung erforderlich	Begründung
A	Der Lieferant Walthy AG benachrichtigt seinen Kunden, dass er die bestellte Ware nicht liefern kann.		
B	Im Vertrag steht: „Die Lieferung der Uhren erfolgt frühestens Mitte Februar 20XX.“		
C	Im Vertrag steht: „Die Lieferung der Ware erfolgt am 17. Dezember 20XX.“		
D	Die Fly Bike Werke GmbH bestellt für die Weihnachtsfeier Schokoladenweihnachtsmänner und erwartet diese etwa eine Woche vor dem 6. Dezember 20XX. Die Ware wird nicht geliefert.		
E	Im Vertrag steht: „Die Lieferung erfolgt am 2. April 20XX.“		
F	Die Fly Bike Werke GmbH erwartet die Lieferung von Kopierpapier Anfang März 20XX.		
G	Sie bestellen eine Wasserpumpe, da der Fluss, an dem Sie wohnen, Hochwasser führt. Der Verkäufer verspricht sofortige Lieferung.		

Aufgabe 2
Ein Praktikant ist derzeit bei Frau Nemitz in der Abteilung beschäftigt und sollte für einen Lieferungsverzug ein Mahnschreiben aufsetzen. Beurteilen Sie das Schreiben.

Unsere Bestellung 2847 vom 08.03.20XX

Sehr geehrte Damen und Herren,

am 8. März 20XX haben wir bei Ihnen 6 Dosen Lackfarbe „marine“ (Artikel-Nr. 958309) bestellt. Da es sich um eine dringliche Bestellung handelt, baten wir um unverzügliche Lieferung, spätestens jedoch bis zum 15.03.20XX.

Mit einer Auftragsbestätigung haben Sie unsere Bestellung angenommen und uns eine Lieferung bis zum 15.03.20XX zugesichert.

Wir fordern Sie hiermit auf, die bestellte Ware unverzüglich zu liefern. Sollte die Ware nicht bei uns eintreffen, sehen wir uns gezwungen, unser Recht auf Rücktritt vom Kaufvertrag in Anspruch zu nehmen.

Freundliche Grüße

Aufgabe 3
Begründen Sie für die folgenden Situationen, ob ein Lieferungsverzug vorliegt.

a Ein Stammlieferant der Fly Bike Werke GmbH, mit dem keine festen Liefertermine vereinbart sind, lieferte bisher immer drei Wochen nach Bestelleingang. Neuerdings dauert eine Lieferung immer mindestens fünf Wochen.

b Der Verkäufer Bart stellt Maschinen nach individueller Bestellung her. Aufgrund eines Großbrandes durch Blitzeinschlag in der Fabrikationshalle kann er den letzten Auftrag nicht ausliefern.

c Die Kraxlmeier Automobile AG bezieht ihr Büromaterial von einem Großhändler. Aufgrund eines größeren Verkehrsunfalls auf der Autobahn kann der vereinbarte fixe Liefertermin nicht eingehalten werden.

Aufgabe 4
Die Fly Bike Werke GmbH renoviert einige Büroräume und stattet diese mit neuen Möbeln aus. Diese wurden bei der BüroComfort KG am 20.10.20XX verbindlich mit der Vereinbarung einer schnellstmöglichen Lieferung bestellt. Ende Oktober sollen die Räume wieder bezugsfertig sein. Die Möbel sind allerdings bis Mitte November immer noch nicht geliefert worden. Welche Handlungsmöglichkeiten hat die Fly Bike Werke GmbH, wenn kein alternativer Lieferant gesucht werden soll?

Aufgabe 5
Für die renovierten Räume bei der Fly Bike Werke GmbH wurde auch eine neue IT-Ausstattung bei einem ortsansässigen Händler gekauft. Für die Lieferung der zehn PC-Arbeitsplätze und Drucker wurde kein konkretes Lieferdatum vereinbart. Plötzlich meldet sich der Händler und möchte Vorkasse, ehe er liefert. Ansonsten verweigert er die Lieferung.

a Entscheiden Sie, ob ein Lieferungsverzug vorliegt.
b Begründen Sie, ob die Fly Bike Werke GmbH eine Nachfrist setzen muss.
c Erläutern Sie, welche Rechte die Fly Bike Werke GmbH in Anspruch nehmen kann.

Aufgabe 6
Das Reisebüro Fernweh von Emily Sauter erneuert die IT-Ausstattung und bestellte bei EDV-Handel Günther Bauer e. K. acht Laptops. Im Kaufvertrag wurde die Lieferung bis spätestens zum 19.07.20XX vereinbart. Nachdem bis Ende Juli immer noch keine Lieferung eingetroffen ist, erkundigt sich Emily Sauter nach den Gründen und erfährt, dass ein hoher Krankheitsstand den Betrieb von Günther Bauer lahmgelegt hat. Er verspricht aber eine Lieferung in vier Tagen.

a Entscheiden Sie, ob ein Lieferungsverzug vorliegt.
b Begründen Sie, ob die Kundin eine Nachfrist setzen muss.
c Erläutern Sie, welche Rechte Emily Sauter in Anspruch nehmen kann.

Aufgabe 7
Für den fünften Geburtstag von Paulina hat ihre Mutter bei der örtlichen Konditorei Haselbeck eine Torte bestellt. Es wurde vereinbart, die Torte am Vorabend des Geburtstags bis 18:00 Uhr zu liefern. Die Lieferung der Torte bleibt aus und die Kommunikation mit dem Konditor gestaltet sich schwierig. Die Mutter besorgt daher kurzerhand bei einer anderen Konditorei eine Ersatztorte. Bei Abholung der Ersatztorte gefällt ihr diese viel besser als die andere. Sie teilt daher der Konditorei Haselbeck am Geburtstag zur Mittagszeit mit, dass sie die Torte nicht mehr benötige. Der Konditor ist darüber mehr als verärgert, zumal die Kundin keine Nachfrist gesetzt hatte. Beurteilen Sie die rechtliche Situation und begründen Sie, ob das Vorgehen der Mutter so in Ordnung war.

Aufgabe 8
Die Fly Bike Werke GmbH bestellte bei ihrem Stammlieferanten BPK GmbH eine größere Menge Kopierpapier. Als Liefertermin wurde der 06.10.20XX vereinbart. Mitte Oktober ist die Lieferung immer noch nicht eingetroffen und die Fly Bike Werke GmbH hat inzwischen bei einem preisgünstigeren Lieferanten bestellt. Prüfen Sie, ob

a Fälligkeit der Lieferung und Verschulden des Lieferanten vorliegen,
b eine Nachfrist gesetzt werden muss und
c welche Rechte die Fly Bike Werke GmbH in Anspruch nehmen kann.
d Formulieren Sie ein Schreiben an die BPK GmbH (nur Brieftext).

Aufgabe 9
Die Ellenfeher Manufaktur KG fertigt hochwertige Wohnzimmermöbel. Für einen Werkstoff für eine neue Produktlinie wurde ein neuer Lieferant gesucht. Mit diesem wurde für die künftigen Lieferungen vereinbart, die benötigten Werkstoffe immer zur Monatsmitte zu liefern.

a Heute ist der 16. Juli und bei der Ellenfeher Manufaktur KG ist noch keine Lieferung eingegangen. Prüfen Sie, ob ein Lieferungsverzug vorliegt.
b Damit die eigene Produktion nicht ins Stocken gerät, wird der Lieferant am 20. Juli mit folgendem Schreiben angemahnt. Nehmen Sie Stellung hierzu.

Mahnung zu ausbleibender Lieferung

Sehr geehrte Damen und Herren,

mit der geschlossenen Liefervereinbarung Nr. 3958 vom 2. April 20XX haben Sie uns eine termingerechte Lieferung des Artikels Nr. X948-5 jeweils zur Monatsmitte zugesichert.

Leider ist für Juli noch keine Lieferung bei uns eingetroffen. Wir fordern Sie hiermit auf, Ihre Lieferverpflichtung umgehend nachzuholen.

Freundliche Grüße

c Der Lieferant reagiert auf die versandte Mahnung und teilt mit, dass er aufgrund größerer innerbetrieblicher Probleme in den nächsten Wochen nicht liefern kann. Begründen Sie, welche Rechte die Ellenfeher Manufaktur KG in Anspruch nehmen sollte.

Lernsituation 41

FK → LF 4 Kapitel 3.2

Eine mangelhafte Lieferung bearbeiten

Heute Morgen kamen mehrere Lieferungen in der Warenannahme der Fly Bike Werke GmbH an. Ein Mitarbeiter hat die Ware angenommen und kontrolliert und übergibt die Wareneingangsmeldungen nun Jenny Liu, um alles Weitere zu veranlassen.

Schwalle KG

Schwalle KG – Märkische Str. 36 – 44135 Dortmund
Fly Bike Werke GmbH
Rostocker Straße 334
26121 Oldenburg

Lieferschein Nr. 254820
Auftrags-Nr. A254820

Bestelldatum: 18.05.20XX

Pos.-Nr.	Art.-Nr.	Bezeichnung	Menge	Menge pro Verpackungseinheit
1	947-3857	Schlauch mit Ventil, Typ XR38	300 Stück	100 Stück
2	586-224	Schlauch mit Ventil, Typ 9TR	150 Stück	50 Stück

Versandart	Datum	
Paketdienst GPS	22.05.20XX	Herr Grüner

Wareneingangsmeldung

FLY BIKE Werke GmbH

Lieferant		
Schwalle KG		
Auftrags-Nr.	**Lieferschein-Nr.**	**Datum**
A254820	*254820*	*24.05.20XX*
Äußere Prüfung		
	Die Verpackung weist äußere Beschädigungen auf.	
X	Die Verpackung ist äußerlich unversehrt.	
Anzahl der Packstücke:		
Artikel-Nr.	Soll (Lieferschein)	Ist
947-3857	*3 Pck.*	*3 Pck.*
586-224	*3 Pck.*	*2 Pck.*
Stichprobenprüfung		
Die Prüfung von jeweils einer Packung ergab keine weiteren Beanstandungen.		
Datum	Sachbearbeiter/-in Wareneingang	Sachbearbeiter/-in Einkauf/Logistik
26.05.20XX	*Abulani*	

Fahrradteile International GmbH

Fahrradteile International GmbH – Borgwardstr. 16 – 28309 Bremen
Fly Bike Werke GmbH
Rostocker Straße 334
26121 Oldenburg

Auftrags-Nr.	Lieferschein-Nr.	Datum
98-4502	L98-4502	21.05.20XX

Pos.-Nr.	Lagerplatz	Art.-Nr.	Bezeichnung	Menge
1	RU45	457328	Satteltaschen, Leder, schwarz, Modell TRX	350 St.

Packstückgröße	50 Stück
Packstücke	7

Ihre Ware wurde von Frau Ophen geprüft und gepackt.
Die Lieferung erfolgt frei Haus am 26.05.20XX.

Wareneingangsmeldung

FLY BIKE Werke GmbH

Lieferant		
Fahrradteile International GmbH		
Auftrags-Nr.	**Lieferschein-Nr.**	**Datum**
98-4502	*L98-4502*	*21.05.20XX*
Äußere Prüfung		
☐ Die Verpackung weist äußere Beschädigungen auf.		
X Die Verpackung ist äußerlich unversehrt.		
Anzahl der Packstücke:		
Artikel-Nr.	Soll (Lieferschein)	Ist
457328	*7 Pck.*	*7 Pck.*
Stichprobenprüfung		
Es wurden 5 Packstücke geöffnet und der Inhalt geprüft.		
Dabei wurden bei mindestens 20–30 Satteltaschen je Packung		
Verfärbungen und schlecht verarbeitete Nähte festgestellt.		
Datum	Sachbearbeiter/-in Wareneingang	Sachbearbeiter/-in Einkauf/Logistik
26.05.20XX	*Abulani*	

1 Verschaffen Sie sich einen Überblick über die Situation.

2 Prüfen Sie anhand der Wareneingangsmeldungen, ob es sich um mangelfreie Lieferungen handelt. Halten Sie Ihre Ergebnisse im Arbeitsblatt 41.1 fest.

3 Formulieren Sie im Falle einer mangelhaften Lieferung ein entsprechendes Schreiben an den jeweiligen Lieferanten. Nutzen Sie hierzu die Arbeitsblätter 41.2 und 41.3. Alternativ steht Ihnen unter dem Webcode **IKL_Materialien** eine digitale Geschäftsbriefvorlage zur Verfügung.

Arbeitsblatt 41.1 Analyse der Lieferungen

Voraussetzungen für das Vorliegen eines Sachmangels

1. Voraussetzung		2. Voraussetzung		3. Voraussetzung
	+		+	

Prüfung der Warenlieferungen

Lieferant	
Feststellungen bei der Wareneingangskontrolle	…………………………………
Liegt ein Sachmangel vor?	[ ] ja [ ] nein
Begründung	…………………………………
Handlungsempfehlung mit Begründung	…………………………………

Lieferant	
Feststellungen bei der Wareneingangskontrolle	…………………………………
Liegt ein Sachmangel vor?	[ ] ja [ ] nein
Begründung	…………………………………
Handlungsempfehlung mit Begründung	…………………………………

Arbeitsblatt 41.2 Schreiben an die Schwalle KG

FLY BIKE Werke GmbH

FBW GmbH, Rostocker Str. 334, 26121 Oldenburg

....

....

....

....

Ihr Zeichen:
Ihre Nachricht vom:
Unser Zeichen:
Unsere Nachricht vom:

Name:
Telefon: 0441 8XX-XX
E-Mail:

Datum: ....

....

....

....

....

....

....

....

....

....

....

....

....

....

....

....

....

....

....

....

Arbeitsblatt 41.3 Schreiben an die Fahrradteile International GmbH

FLY BIKE Werke GmbH

FBW GmbH, Rostocker Str. 334, 26121 Oldenburg

Ihr Zeichen:
Ihre Nachricht vom:
Unser Zeichen:
Unsere Nachricht vom:

Name:
Telefon: 0441 8XX-XX
E-Mail:

Datum: ....

Aufgaben

Aufgabe 1

Begründen Sie für die folgenden Situationen, um welche Art von Mangel es sich handelt.

a Bei der Wareneingangskontrolle einer Lieferung wird festgestellt, dass es sich nicht um die bestellten Stahlrohre mit einem Durchmesser von 8 mm, sondern um solche mit 10 mm handelt.

b Der Fly Bike Werke GmbH werden statt zehn Paletten Verpackungsmaterial nur fünf Paletten geliefert.

c Nach dem Entfernen einer Schutzfolie wird festgestellt, dass es sich bei den gelieferten Rohren um Aluminium und nicht wie bestellt um Stahl handelt.

d Eine Mitarbeiterin dokumentiert bei Anlieferung von Schutzblechen, dass viele davon verbeult sind.

e Der Frachtführer liefert mehrere Kartons mit braunen Satteltaschen. Bestellt waren jedoch schwarze Satteltaschen.

f Die Fly Bike Werke GmbH erhält eine Lieferung defekter Dynamos.

Aufgabe 2

An einem sehr hektischen Nachmittag möchte ein Mitarbeiter der Einkaufsabteilung der Fly Bike Werke GmbH noch schnell eine Bestellung für Sattel (Artikel-Nr. 6385, Material Leder) online veranlassen. Hierzu sucht er im Bestellportal das entsprechende Produkt, gibt die Menge ein und bestätigt seine Bestellung. Kurze Zeit später trifft die Lieferung ein. Dabei wird jedoch festgestellt, dass der Artikel 6395 (Material Kunstleder) geliefert wurde. Ein Abgleich mit der Bestellung zeigt, dass dieser auch so bestellt wurde. Begründen Sie, ob es sich in diesem Fall um eine mangelhafte Lieferung handelt.

Aufgabe 3

Denken Sie an Warenlieferungen in Ihrem Ausbildungsunternehmen. Finden Sie dabei mögliche Beispiele für einen Sachmangel, bei dem die Lieferung

a den subjektiven Anforderungen und/oder

b den objektiven Anforderungen nicht entspricht.

Aufgabe 4

Für ein Büro in der Verwaltung der Fly Bike Werke GmbH wurde ein neuer Schreibtisch bei einem Möbelhändler bestellt. Die Montage wird durch einen Mitarbeiter der Fly Bike Werke GmbH gemäß Anleitung durchgeführt. Bereits beim Aufbau ist dieser an einigen Stellen aufgrund der verwirrenden Anleitung ratlos. Zwei Tage später fällt der Schreibtisch in sich zusammen. Beurteilen Sie die Situation aus Sicht der Sachmangelhaftung.

Aufgabe 5

In der Verwaltung der Fly Bike Werke GmbH werden einige Drucker und Kopiergeräte erneuert. Die neuen Geräte werden bei einem ortsansässigen Computerhändler gekauft. Bei Anlieferung bemerkt eine Mitarbeiterin, dass ein Multifunktionsgerät mehrere tiefe und sehr unschöne Kratzer an der Seite hat. Beim Testen zeigt sich, dass das Gerät jedoch einwandfrei funktioniert.

a Begründen Sie, ob es sich dabei um einen Sachmangel handelt.

b Gehen Sie davon aus, es liegt ein Sachmangel vor. Begründen Sie, ob eine Nachbesserung und/oder Ersatzlieferung vom Händler verlangt werden kann.

c Die Mitarbeiterin der Fly Bike GmbH hat sich über das Verhalten des Computerhändlers so geärgert, dass sie wegen des Mangels am liebsten sofort vom Kaufvertrag zurücktreten möchte. Erläutern Sie, inwieweit dieses Vorgehen möglich ist.

Aufgabe 6

In der Fertigung der Fly Bike Werke GmbH wurde vor Kurzem eine neue Maschine zur Herstellung von Fahrradrahmen geliefert und montiert. Nach kurzer Zeit treten die ersten Störungen auf, die direkt beim Hersteller als Sachmangel reklamiert werden. Dieser führt mehrere Reparaturen durch, doch die Maschine fällt immer wieder mit dem gleichen Problem aus. Beim vierten Ausfall möchte die Geschäftsführerin Frau Nowak vom Kaufvertrag zurücktreten. Der Hersteller versucht, eine weitere Chance zur Reparatur der Maschine zu erhalten. Beurteilen Sie die rechtliche Situation.

Aufgabe 7

Die Fly Bike Werke GmbH erwirbt Ende Juni 20XX vom Autohändler Mario Veloce einen neuen Geschäftswagen. Anfang Juli 20XX ist der Abteilungsleiter Einkauf Oliver Thüne damit auf einer Dienstreise. Da eine Hitzeperiode die Temperaturen auf über 30° Celsius hat steigen lassen, schaltet Herr Thüne in der Hoffnung auf baldige Abkühlung die Klimaanlage ein. Vergeblich – denn diese funktioniert nicht.

a Begründen Sie, ob ein Sachmangel vorliegt. Gehen Sie dabei auch auf die Art des Mangels näher ein.

b Entscheiden Sie, ob der Mangel behebbar ist.

c Welche vorrangigen Rechte hat die Fly Bike Werke GmbH? Begründen Sie, für welche Option Sie sich als Vertreter der Fly Bike Werke GmbH hier entscheiden würden?

d Erläutern Sie, ob und welche nachrangigen Rechte die Fly Bike Werke GmbH hier in Anspruch nehmen könnte.

e Begründen Sie, für welche nachrangigen Rechte Sie sich als Vertreter der Fly Bike Werke GmbH entscheiden würden.

Aufgabe 8
Das Unternehmen GreenCar bewirbt ihren neuen Elektrowagen „GreenCityLino“ mit der Werbeaussage: „Unser GreenCityLino braucht im Stadtverkehr pro 100 Kilometer nur 10 KWh – und damit 50 % weniger als Vergleichsfahrzeuge!“. Um einen Umweltbeitrag zu leisten, ersetzt die Fly Bike Werke GmbH ihre bestehenden Dienstwagen nach und nach mit diesen Elektroautos. Im täglichen Einsatz zeigt sich jedoch, dass das Werbeversprechen keineswegs gehalten wird. Der Verbrauch liegt vielmehr bei etwa 15 KWh. Begründen Sie, ob in diesem Fall ein Sachmangel vorliegt.

Aufgabe 9
Für den Mitarbeiterparkplatz der Creative Brainfactory GmbH in München wird eine Zugangsbeschränkung in Form eines elektrischen, im Boden versenkbaren Pollers verbaut. Kurze Zeit nach Inbetriebnahme lässt sich der Poller nicht mehr aus dem Boden fahren. Der Fehler scheint an der verbauten Elektronik zu liegen und bedarf einer größeren Reparatur. Das darauf spezialisierte Unternehmen aus Norddeutschland teilt nach Mängelanzeige mit, dass es derzeit keine Kapazitäten für eine Fahrt nach München hätte und die Reparatur daher mit einem künftigen Kundenauftrag verbinden würde.

a Erläutern Sie, ob für eine Nacherfüllung in diesem Fall eine Nachfrist zu setzen ist.

b Begründen Sie, welche Rechte Sie hier in Anspruch nehmen würden.

c Schlagen Sie eine praxistaugliche Lösung für das Problem vor.

Aufgabe 10
Sie erhalten eine Lieferung von 500 Stück eines bestimmten Produkts, das in Packungsgrößen von 50 Stück verpackt ist. Bei einer stichprobenartigen Wareneingangskontrolle stellen Sie fest, dass in vier Packungen jeweils ca. 70 % defekte Ware enthalten ist.

a Erläutern Sie, weshalb Sie in diesem Zusammenhang die gesamte Warenlieferung an den Lieferanten zurückgeben und eine vollständige Ersatzlieferung verlangen.

b Begründen Sie, ob sich an Ihrer Entscheidung aus a) etwas ändern würde, wenn lediglich 10 – 20 % defekte Ware enthalten wäre.

Aufgabe 11
Der Münchner Fahrradverleih Kroge OHG bestellte 30 Fahrräder bei einem Hersteller. Der Preis für ein Fahrrad beinhaltet auch diverses Zubehör wie z. B. Reparaturmaterial, Smartphone-Halter, usw. Die Räder wurden wie vereinbart Anfang Juni geliefert. Bei der genauen Warenprüfung wurde aber festgestellt, dass bei einem Großteil der Fahrräder das Zubehör nur unvollständig mitgeliefert wurde. Nach einem kurzen Telefonat mit dem Hersteller versprach dieser, das fehlende Zubehör innerhalb weniger Tage nachzuliefern. Zwei Wochen später fehlt dieses immer noch. Beurteilen Sie die rechtliche Situation hinsichtlich einer mangelhaften Sachlieferung und begründen Sie das weitere rechtliche Vorgehen.

Aufgabe 12
Für einen Schulhausneubau mit angeschlossener Turnhalle werden verschiedene Sportgeräte bei einem mittelständischen Unternehmen bestellt und kurze Zeit später geliefert. Für die Nutzung der Geräte sind bestimmte Zertifizierungen nachzuweisen, die der Hersteller trotz vorheriger Vereinbarung noch nicht zur Verfügung gestellt hat. Nach mehrfachen Gesprächen mit ihm stellt sich allerdings heraus, dass er überhaupt keine Zertifizierungen bereitstellen kann. Beurteilen Sie die rechtliche Situation und begründen Sie, welche Rechte in Anspruch genommen werden sollten.

Aufgabe 13
Bei der Mahn GmbH werden mehrere Paletten mit Werkstoffen angeliefert. Da einige Mitarbeiter der Warenannahme krankheitsbedingt ausfallen und gleichzeitig viel zu tun ist, wird die Ware ohne größere Prüfung angenommen. Einige Tage später stellt ein Mitarbeiter dann beim Auspacken und Einlagern fest, dass eine Palette zu wenig geliefert wurde, obwohl diese auf dem Lieferschein vermerkt ist.

a Beurteilen Sie die Situation aus rechtlicher Sicht.

b Welche Empfehlung würden Sie für das weitere Vorgehen in der Praxis geben?

Selbsteinschätzung Lernfeld 4

Ich kann ...		Kann ich	Kann ich nicht
LS 33 Die Materialbeschaffung kostenorientiert analysieren und optimieren			
1 ... verschiedene Kosten im Bereich der Materialbeschaffung benennen und analysieren.	FK Kap. 1.3		
2 ... eine ABC-Analyse durchführen.	FK Kap. 1.3.2		
3 ... aus einer ABC-Analyse Handlungsempfehlungen für das Beschaffungsverhalten von Materialien ableiten.	FK Kap. 1.3.2		
4 ... das Versorgungsrisiko mittels XYZ-Analyse bewerten.	FK Kap. 1.3.3		
LS 34 Die optimale Bestellmenge ermitteln			
1 ... die optimale Bestellmenge tabellarisch und mithilfe der Andler-Formel ermitteln.	FK Kap. 1.4		
2 ... die Lager-, Bestell- und Gesamtkosten grafisch darstellen.	FK Kap. 1.4		
3 ... Handlungsempfehlungen von der optimalen Bestellmenge ableiten.	FK Kap. 1.4		
LS 35 Das Bestellverhalten optimieren			
1 ... das bisherige Bestellverhalten analysieren.	FK Kap. 1.5		
2 ... das Bestellrhythmus- und das Bestellpunktverfahren anwenden.	FK Kap. 1.5		
3 ... das Bestellverhalten grafisch darstellen und Handlungsempfehlungen ableiten.	FK Kap. 1.5		
LS 36 Bezugsquellen ermitteln			
1 ... betriebsinterne und -externe Bezugsquellen zur Lieferantensuche nutzen.	FK Kap. 2.1		
2 ... eine Anfrage im Rahmen der Bezugsquellenermittlung formulieren.	FK Kap. 2.2.2		
LS 37 Writing an enquiry			
1 ... eine Anfrage in englischer Sprache formulieren.	FK Kap. 2.2.2		
2 ... englischsprachige Fachbegriffe zu Beschaffungsvorgängen situationsbezogen anwenden.			
LS 38 Einen Angebotsvergleich durchführen			
1 ... einen qualitativen Angebotsvergleich durchführen.	FK Kap. 2.2.4		
2 ... einen quantitativen Angebotsvergleich durchführen.	FK Kap. 2.2.5		
3 ... einen Lieferanten aufgrund eines Angebotsvergleichs auswählen.	FK Kap. 2.2.5		
LS 39 Rechnungen prüfen und Zahlungen durchführen			
1 ... Eingangsrechnungen sachlich und rechnerisch prüfen.	FK Kap. 2.4		
2 ... den Zahlungsbetrag bei ausländischen Währungen ermitteln und Maßnahmen zur Absicherung von Kursrisiken vorschlagen.	FK Kap. 2.4		
LS 40 Einen Lieferungsverzug bearbeiten			
1 ... die Voraussetzungen für einen Lieferungsverzug prüfen.	FK Kap. 3.1		
2 ... die geltenden Rechte bei Vorliegen eines Lieferungsverzugs geltend machen.	FK Kap. 3.1		
LS 41 Eine mangelhafte Lieferung bearbeiten			
1 ... eine gelieferte Ware auf Vorhandensein von Mängeln überprüfen.	FK Kap. 3.2		
2 ... die geltenden Rechte bei Vorliegen eines Sachmangels geltend machen.	FK Kap. 3.2		

Lernsituation 42

FK → LF 5 Kapitel 1

Aufgaben und Bereiche des Rechnungswesens abgrenzen und rechtliche Grundlagen beachten

Ben Freitag hat sich selbstständig gemacht. Durch gute Kontakte zu verschiedenen Lebensmitteldiscountern und deren Lieferanten ist es ihm gelungen, preisgünstig an Sonderposten aller Art von verschiedenen Filialunternehmen zu gelangen. Diese in Werbeaktionen der Filialisten nicht vollständig abgesetzten Waren übernimmt er in großen Mengen und mit einem kräftigen Preisnachlass zur Weiterveräußerung. Zuerst hat er diese Waren auf Trödelmärkten an Wochenenden angeboten – nebenberuflich. Als weiterer Absatzweg ist dann das Internet hinzugekommen. Ebay-Powerseller mit fast ausschließlich sehr guten Bewertungen zu sein, das lohnt sich – macht aber auch viel Arbeit. Seinen Hauptjob hat Ben Freitag deshalb aufgeben müssen. Für den ganzen „Bürokram" hat er jetzt eine Mitarbeiterin eingestellt. Sein Steuerberater hat ihm erfreut mitgeteilt, dass er in diesem Jahr 720.000,00 € Umsatz erzielt hat und der Gewinn 84.000,00 € betrug.

1 Stellen Sie fest, ob Ben Freitag nach den folgenden Gesetzen buchführungspflichtig ist.

Handelsgesetzbuch

§ 1 HGB

(1) Kaufmann im Sinne dieses Gesetzbuchs ist, wer ein Handelsgewerbe betreibt.

(2) Handelsgewerbe ist jeder Gewerbebetrieb, es sei denn, dass das Unternehmen nach Art oder Umfang einen in kaufmännischer Weise eingerichteten Geschäftsbetrieb nicht erfordert.

§ 238 HGB Buchführungspflicht

(1) Jeder Kaufmann ist verpflichtet, Bücher zu führen. [...]

§ 241a HGB Befreiung von der Pflicht zur Buchführung und Erstellung eines Inventars

Einzelkaufleute, die an den Abschlussstichtagen von zwei aufeinander folgenden Geschäftsjahren nicht mehr als 800.000 Euro Umsatzerlöse und 80.000 Euro Jahresüberschuss aufweisen, brauchen die §§ 238 bis 241 nicht anzuwenden. Im Fall der Neugründung treten die Rechtsfolgen schon ein, wenn die Werte des Satzes 1 am ersten Abschlussstichtag nach der Neugründung nicht überschritten werden.

Abgabenordnung

§ 140 AO Buchführungs- und Aufzeichnungspflichten nach anderen Gesetzen

Wer nach anderen Gesetzen als den Steuergesetzen Bücher und Aufzeichnungen zu führen hat, die für die Besteuerung von Bedeutung sind, hat die Verpflichtungen, die ihm nach den anderen Gesetzen obliegen, auch für die Besteuerung zu erfüllen.

§ 141 AO Buchführungspflicht bestimmter Steuerpflichtiger

(1) Gewerbliche Unternehmer sowie Land- und Forstwirte, die nach den Feststellungen der Finanzbehörde für den einzelnen Betrieb

1. Umsätze einschließlich der steuerfreien Umsätze [...] von mehr als 800.000 Euro im Kalenderjahr oder [...]

4. einen Gewinn aus Gewerbebetrieb von mehr als 80.000 Euro im Wirtschaftsjahr [...] gehabt haben,

sind auch dann verpflichtet, für diesen Betrieb Bücher zu führen und auf Grund jährlicher Bestandsaufnahmen Abschlüsse zu machen, wenn sich eine Buchführungspflicht nicht aus § 140 ergibt. [...]

Arbeitsblatt 42.1 Aufgaben und Bereiche des Rechnungswesens

1 Vervollständigen Sie nachfolgende Übersicht und ermitteln Sie die Wertschöpfung.

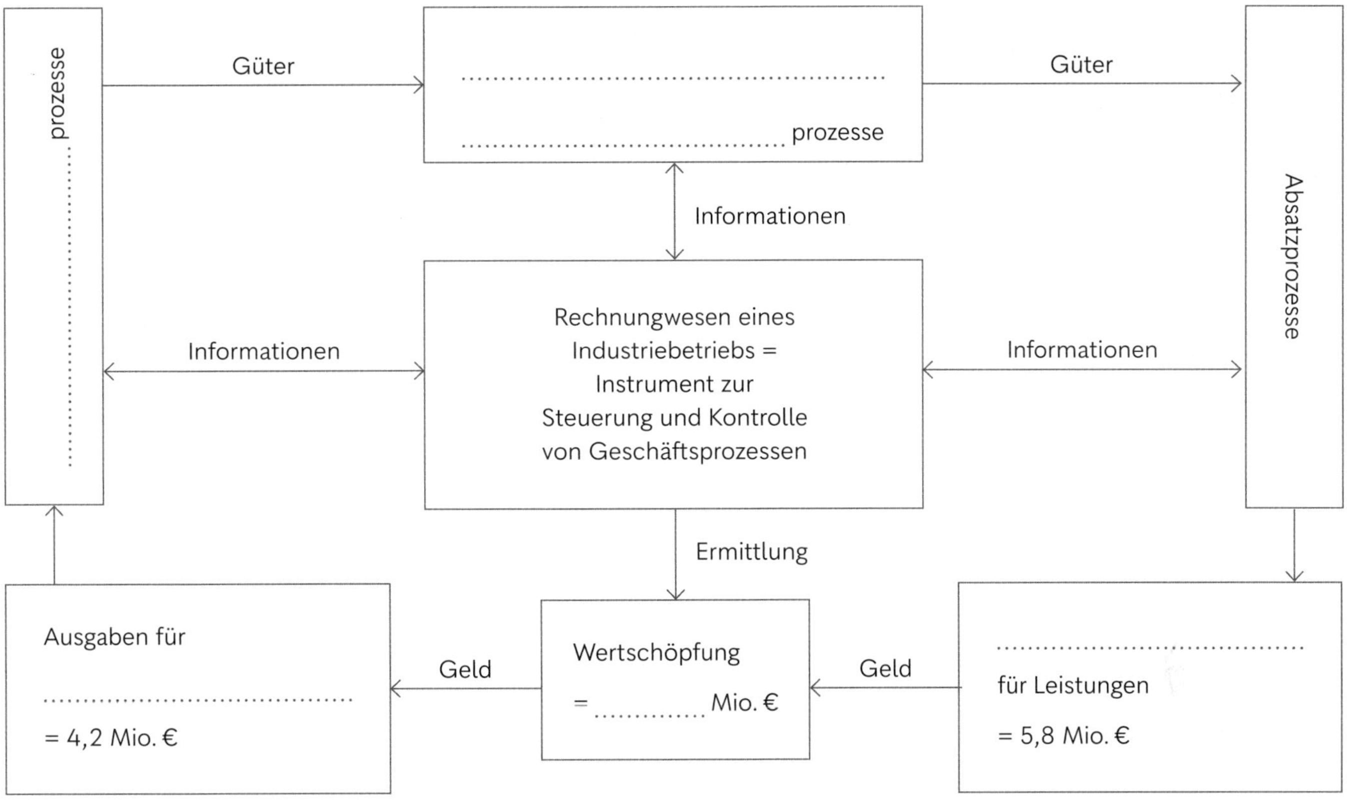

2 Ordnen Sie den Bereichen des Rechnungswesens ausgewählte Aufgaben in Wertschöpfungsprozessen zu, indem Sie den Bereichen **1–6** die richtigen Aufgaben **a–f** zuordnen.

Bereiche des Rechnungswesens	Zuordnung	Ausgewählte Aufgaben (Beispiele)
1. Finanzbuchhaltung		**a** Erstellen eines Produktionsplans
erfasst Basisdaten für		
2. Jahresabschluss		**b** Grafik „Einnahmen je Kunde“ erstellen
und		
3. Kosten- und Leistungsrechnung		**c** Gegenüberstellung von Plan- und Istwerten
und		
4. Planung		**d** Gewinn-und-Verlust-Rechnung aufstellen
und		
5. Controlling		**e** wertmäßige Erfassung der Ein- und Verkäufe
und		
6. Statistik		**f** Kosten für ein Produkt ermitteln
zum Zwecke weiterer betrieblicher Entscheidungen		

Arbeitsblatt 42.2 Buchführungspflicht und GoB

Ein gewerblicher Unternehmer[1] ist gesetzlich buchführungspflichtig nach:

Handels	und/oder	Abgaben ....
wenn er als .... im .... eingetragen ist.	und	wenn sein Jahresumsatz > .... oder sein Gewinn > .... sind.

Die Buchführung muss so beschaffen sein, dass

ein .... in ....

einen Überblick über die .... und einen Überblick

über die .... des Unternehmens erhalten kann.

Ist die Buchführung eines Unternehmens nicht ordnungsgemäß, dann drohen nach § 283 StGB

.... oder ....

[1] Für Einzelkaufleute gelten zusätzlich die Umsatz- und die Gewinngrenze der Abgabenordnung (AO).

Grundsätze ordnungsmäßiger Buchführung (GoB)≠

Die Gebote der .... und .... besagen, dass kein Geschäftsvorfall in der Buchführung unberücksichtigt bleiben darf oder falsch erfasst wird. Dabei muss die Buchführung .... erfolgen. Kasseneinnahmen und -ausgaben sollen .... erfasst werden. Für jede Buchung muss ein .... vorhanden sein.

Eine .... der Belege ist notwendig. Handelsbücher und Aufzeichnungen müssen in einer .... geführt werden.

Die .... der Buchführung in Deutschland ist der ....

Eintragungen oder Aufzeichnungen dürfen nicht in einer Weise verändert werden, dass der .... nicht mehr feststellbar ist. Verboten sind z. B. .... , ... oder Überschreiben. Alle Buchführungsunterlagen müssen nach gesetzlichen Zeitvorgaben .... werden; im Original oder auf ....

Begriffe: aufbewahrt, Beleg, Bild- oder Datenträger, Bleistifteintragungen, Euro, geordnete Ablage, lebenden Sprache, Radieren, Richtigkeit, täglich, ursprünglicher Inhalt, Vollständigkeit, Währung, zeitgerecht

Aufgaben

Aufgabe 1

Wann dürfen nachfolgende Unterlagen der Buchführung vernichtet werden?

Unterlage	Entstehungsdatum	frühestes Vernichtungsdatum	Aufbewahrungsfrist in Jahren
Bilanz zum 31.12.2023	05.03.2024		
Bestellung einer Warenlieferung	17.04.2024		
Ausgangsrechnung an einen Kunden	22.09.2022		
Angebot an einen Kunden	22.09.2024		
Kontoauszug der Bank	22.07.2023		

Aufgabe 2

Beachten Sie den nachfolgend abgebildeten Beleg und beantworten Sie die anschließenden Fragen.

a Wie lange muss die Fly Bike Werke GmbH diesen Beleg aufbewahren?

b Wann kann dieser Beleg frühestens (Datum angeben!) vernichtet werden, wenn er aus dem Jahr 2024 datiert?

c Wie kann die Fly Bike Werke GmbH diesen Beleg aufbewahren?

d Wie könnte der Beleg am Ende der Aufbewahrungsfrist vernichtet werden?

Posteingang: 29.06.2024

Kohlor GmbH
Ludwigshafen

Kohlor GmbH, Hafenstr. 125, 67061 Ludwigshafen
Fly Bike Werke GmbH
Rostocker Straße 334
26121 Oldenburg

Kunden-Nr.: 424
Ansprechpartner: Frau Reineke
Telefon: 0621 509XX1
Lieferschein: 4292
Lieferdatum: 27.06.2024
Rechnungsdatum: 28.06.2024

Rechnungsprüfung:

Sachlich richtig	Rechnerisch richtig
Datum: 29.06.2024	Datum: 29.06.2024
Nz: Ta	Nz: Ta

Rechnung-Nr.: 4292

Pos.	Artikel-Nr.	Artikelbezeichnung	Menge	Preis je Einheit	Gesamtpreis
1	900100	Klarlack	200 Liter	3,45 €	690,00 €
2	800200	Spezialgrundierung für Edelstähle	200 Liter	2,45 €	490,00 €
3	700100	Standardfarbe „gelb“	20 Liter	4,30 €	86,00 €
4	700821	Sonderfarbe „morror-polish“	120 Liter	6,00 €	720,00 €
5	702400	Sonderfarbe „lemon squash“	120 Liter	6,00 €	720,00 €

Warenwert	Verpackungskosten	Transportkosten	Nettorechnungsbetrag	Umsatzsteuer 19 %	Bruttorechnungsbetrag
2.706,00 €	–	–	2.706,00 €	514,14 €	3.220,14 €

Zahlungsziel 30 Tage, bei Zahlung innerhalb von 8 Tagen 2 % Skonto (= 64,40 €).

Lernsituation 43

FK → LF 5 Kapitel 2.1

Inventurwerte ermitteln

Die Praktikantin der Fly Bike Werke GmbH, Mia Klein, hat im Rahmen der Inventur die Aufgabe bekommen, den Bestand an Goretex-Shirts „körperlich" zu überprüfen. Sie hat getrennt nach Artikelnummern gezählt und die Inventurmengen in die Inventurliste eingetragen. Dabei fielen ihr Abweichungen von den Mengen der Lagerbuchführung auf. Einen Wasserschaden hat sie auch auf der Inventurliste vermerkt. Jetzt sitzt sie wieder im Büro und hat eine Liste mit Einstandspreisen der Einkaufsabteilung vor sich. Sie soll einen Gesamtwert für alle Shirts berechnen und kommt damit nicht so richtig klar.

Inventurliste Handelswaren

FLY BIKE Werke GmbH

Warengruppe 701 Shirts *STEFF*, Goretex Aufnahmetag: 03.01.20X1 Jahr 20XX		Lagermenge gem. Lagerbuchhaltung	Inventurmenge	Einstandspreise der Bestände	Einkaufswert der Inventurmenge je Artikel	Wertminderungen je Artikel	Gesamtinventurwert
Artikel Nr.	**Artikelbezeichnung**	**Sollwert/ Stück**	**Istwert/ Stück**	**€/ Stück**	**in €**	**in €**	**in €**
701L	Shirt *STEFF superfast* Größe L	122	120				
701M	Shirt *STEFF superfast* Größe M	146	145				
701S	Shirt *STEFF superfast* Größe S	59	60				
701XL	Shirt *STEFF superfast* Größe XL	212	211[1]				
701XXL	Shirt *STEFF superfast* Größe XXL	22	22				
				Gesamtinventurwert Warengruppe			

Wertminderungen (ohne Daten der Einkaufsabteilung):

[1]*Wasserschaden Artikel 701XL, 20 Stück durchnässt und verschmutzt – Ware unverkäuflich!*

Daten der Einkaufsabteilung am 31.12.20XX (Inventurstichtag): Einstandspreise pro Stück

Artikel-Nr.	Bezeichnung	Einstandspreise der vorhandenen Shirts in €	Einstandspreise gem. aktuellen Preislisten in €
701L	Shirt *STEFF superfast* Größe L	16,95	14,95
701M	Shirt *STEFF superfast* Größe M	14,95	14,95
701S	Shirt *STEFF superfast* Größe S	14,95	14,95
701XL	Shirt *STEFF superfast* Größe XL	16,95	14,95
701XXL	Shirt *STEFF superfast* Größe XXL	17,95	16,95

1 Helfen Sie Frau Klein. Ermitteln Sie den Gesamtwert der tatsächlich vorhandenen einwandfreien Goretex-Shirts unter Berücksichtigung der aktuellen Einstandspreise.

2 Begründen Sie Ihre Bewertungsentscheidungen.

Arbeitsblatt 43.1 Inventur

Inventur ist	

	Unterscheidung der Inventur hinsichtlich der Art ihrer Durchführung		
	Inventurart	**Inventurtätigkeiten**	**Beispiele**
körperliche Gegenstände →			
→	Buchinventur		

Unterscheidung der Inventur hinsichtlich des Zeitpunkts der Durchführung		
Stichtagsinventur	.... **Inventur**	.... **Inventur**
Aufnahmezeiten: Voraussetzungen:	Aufnahmezeiten: Voraussetzungen:	Aufnahmezeiten: Voraussetzungen:

Nachteile der Stichtagsinventur:	
Ziele der Inventur am Geschäftsjahresende:	

Aufgaben

Aufgabe 1

In einem Industrieunternehmen wurden folgende Inventurwerte für Fahrradanhänger aufgenommen. Ermitteln Sie den Gesamtinventurwert der Fahrradanhänger.

Inventurliste Fahrradanhängerprogramm					Aufnahmetag: 30.12.20XX	
					Jahr: 20XX	Seite: 1
Artikel Nr.	**Bezeichnung**	**Menge**	**Einstandspreis in €**	**Wert in €**	**Wertminderung**	**Gesamtwert in €**
601	Modell *Kelly*	6	60,00		keine	
602	Modell *Mini*	1	70,00		keine	
603	Modell *Max*	20	80,00		5 %[1]	
604	Modell *Kids*	14	110,00		keine	
605	Modell *Sven*	2	130,00		50 %[2]	
					Gesamtinventurwert Fahrradanhänger	
Wertminderungen: [1] gesunkener Marktpreis, [2] Beschädigungen						
Aufgenommen: Meier			Geprüft: Gilles			

Aufgabe 2

Bei der Inventur am 31.12. wird im Lager eines Industrieunternehmens ein Bestand von 12 Kartons Kopierpapier zu je 2 500 Blatt aufgenommen. Folgende Lieferungen sind im Geschäftsjahr eingegangen:

Datum	Anzahl Kartons	Einstands-preis in €	Gesamtwert in €
02.02.	40	5,00	
15.04.	20	5,60	
02.06.	30	5,25	
12.08.	45	5,50	
14.10.	32	5,60	
04.12.	16	5,80	
Summen		Ø	
31.12.20XX Endbestand	12		

Aufgabe 3

Ermitteln Sie den Wert des Inventurbestands für einen Hilfsstoff nach dem gewogenen Durchschnitts-Verfahren (keine Wertminderungen!).

Bestände Einkäufe	Menge in Stück	Einstandspreis je Stück in €	Einstandspreis in € (Bestände/ Lieferungen)
01.01.20XX[1]	760	16,80	
02.02.20XX	340	17,40	
16.05.20XX	358	16,90	
01.08.20XX	732	16,92	
30.11.20XX	670	17,10	
Summen		Ø	
31.12.20XX[2]	380		

[1] Anfangsbestand [2] Endbestand

Aufgabe 4

Bearbeiten Sie die nachfolgenden Aufgaben.

a Begründen Sie, warum aufbewahrungspflichtige Unterlagen nach Ablauf der Aufbewahrungsfrist immer erst zu Beginn eines neuen Geschäftsjahres vernichtet werden.

b Beschreiben Sie die Auswirkungen, die eine vorzeitige Vernichtung von aufbewahrungspflichtigen Buchführungsunterlagen für das Unternehmen haben kann.

c Nennen Sie die Gesetze, in denen die Aufbewahrungspflicht festgelegt wird.

d Geben Sie die Aufbewahrungsfristen an.

e Nennen Sie für jede Aufbewahrungsfrist zwei Beispiele.

Aufgabe 5

Das Geschäftsjahr eines Industriebetriebs endet am 30.06.

a In welchem Zeitraum kann die verlegte Inventur durchgeführt werden? (Jeweils das Datum für den Beginn und das Ende des Inventurzeitraumes angeben!)

b Am 07. 07. wird durch körperliche Bestandsaufnahme ein Wert von 52.000,00 € für 130 City-Räder *Surf* festgestellt. Im Zeitraum vom 01. 07. bis zum 06. 07. sind City-Räder *Surf* im Wert von 80.000,00 € (200 Räder) produziert und für 50.000,00 € (125 Räder) verkauft worden (alle Wertangaben = Herstellungskosten). Ermitteln Sie den Wert dieses Erzeugnisses zum Stichtag (30. 06.) und nennen Sie die Vor- und Nachteile der verlegten Inventur.

Aufgabe 6

Beantworten Sie schriftlich die nachfolgenden Fragen zur Inventur.

a Nennen Sie die Anlässe, zu denen eine Inventur erfolgen muss.

b Stellen Sie die Bestandsfortschreibung per EDV für ein fertiges Erzeugnis dar.

c Nennen Sie drei Gründe, warum die Bestandsfortschreibung per EDV (Stückzahl) für ein fertiges Erzeugnis von der Inventurmenge der körperlichen Inventur abweichen könnte.

d Geben Sie fünf Vermögenswerte an, die im Rahmen der Buchinventur erfasst und bewertet werden.

e Was versteht man unter Inventurdifferenzen?

f Begründen Sie, warum in der Inventur für Handelswaren der bezahlte Einstandspreis nicht immer der alleinige Bewertungsmaßstab sein kann.

g Nennen Sie den Wert, mit dem selbst erstellte Erzeugnisse in der Inventur erfasst werden müssen.

h Definieren Sie den Begriff Saldenbestätigungen und geben Sie an, wer Saldenbestätigungen ausstellen kann.

i Beschreiben Sie die Güter, die stets in einer Stichtagsinventur erfasst werden müssen.

j Nennen Sie die Voraussetzungen und die Vor- und Nachteile der permanenten Inventur.

Aufgabe 7

Ermitteln Sie den Inventurwert für den Warengruppenbereich „Shorts" mithilfe der unten abgebildeten Inventurliste.

Inventurliste Handelswaren Warengruppenbereich: Shorts Aufnahmetag: 03.01.20X1 Jahr 20XX	**Seite 1**	Lagermenge gem. Lagerbuchhaltung	Inventurmenge	Einstandspreise der Bestände	Einkaufswert der Inventurmenge je Artikel	Wertminderungen je Artikel	Gesamtinventurwert
Artikel Nr.	**Artikelbezeichnung**	**Sollwert/ Stück**	**Istwert/ Stück**	**€/Stück**	**in €**	**in €**	**in €**
801L	Shorts „*Kenn*" superfast Größe L	212	200				
801M	Shorts „*Kenn*" superfast Größe M	242	244				
801S	Shorts „*Kenn*" superfast Größe S	54	54				
801XL	Shorts „*Kenn*" superfast Größe XL	212	211				
801XXL	Shorts „*Kenn*" superfast Größe XXL	180	176				
Gesamtinventurwert Warengruppe Shorts Modell „*Kenn*"							

Wertminderungen (ohne Daten der Einkaufsabteilung):
Wasserschaden Artikel 801XL, Menge 25 Stück durchnässt und verschmutzt – Ware unverkäuflich!

Artikel Nr.	**Artikelbezeichnung**	**Einstandspreise der vorhandenen Shorts**	**Einstandspreise laut aktuellen Preislisten**
801L	Shorts „*Kenn*" superfast Größe L	18,30 €	18,95 €
801M	Shorts „*Kenn*" superfast Größe M	18,60 €	18,95 €
801S	Shorts „*Kenn*" superfast Größe S	18,00 €	18,95 €
801XL	Shorts „*Kenn*" superfast Größe XL	21,40 €	19,95 €
801XXL	Shorts „*Kenn*" superfast Größe XXL	22,00 €	19,95 €

Lernsituation 44

FK → LF 5 Kapitel 2.2 und 2.3

Inventar und Bilanz erstellen und vergleichen

In der Möbelfabrik Jonas Rolles e. K. sind die Inventurarbeiten schon abgeschlossen. Das Inventar und die Bilanz für das Geschäftsjahr müssen erstellt werden. Dabei sollen in einem Arbeitsgang die aktuellen Werte denen des Vorjahres gegenübergestellt werden. Herr Rolles wartet gespannt auf die Daten. Welche Werte haben sich geändert? Welche Gründe gab es für wichtige Änderungen? Ist sein Eigenkapital gestiegen?

Inventar	Vorjahr	Berichtsjahr
	€	€
Grundstücke und Gebäude		
Westweg 12, Würzburg	140.000,00	140.000,00
Waldstr. 14, Würzburg	92.000,00	92.000,00
Verwaltungsgebäude Westweg 12, Würzburg	285.000,00	265.000,00
Produktions- und Lagerhallen Waldstr. 14, Würzburg	112.000,00	106.000,00
Technische Anlagen und Maschinen lt. Verzeichnis 1	238.000,00	190.000,00
Betriebs- und Geschäftsausstattung lt. Verzeichnis 2	370.000,00	168.000,00
Roh-, Hilfs- und Betriebsstoffe lt. Verzeichnis 3	86.000,00	92.000,00
Unfertige Erzeugnisse lt. Verzeichnis 4	46.000,00	38.000,00
Fertige Erzeugnisse lt. Verzeichnis 5	124.000,00	144.000,00
Forderungen a. L. L.		
Küchenstudio Gerd Roose, Würzburg	34.300,00	25.100,00
Küchen Karl Sommer, Frankfurt	8.100,00	21.100,00
Kasse	12.400,00	3.200,00
Bankguthaben		
Würzburg-Bank, Würzburg	22.000,00	32.500,00
Deutsche Handelsgewerbebank, Würzburg	14.500,00	2.100,00
Langfristige Bankverbindlichkeiten		
Hypothek: Deutsche Handelsgewerbebank, Würzburg	190.000,00	185.000,00
Darlehen: Deutsche Handelsgewerbebank, Würzburg	263.500,00	252.200,00
Verbindlichkeiten a. L. L.		
Spanplattenwerk Weser AG, Bremen	52.800,00	29.600,00
Holzimport Teibel, Emden	48.600,00	42.400,00

Beantworten Sie die Fragen von Herrn Rolles. Verwenden Sie hierfür die Arbeitsblätter 44.1 und 44.2.

1 Erstellen Sie für beide Geschäftsjahre ein Inventar.
2 Erstellen Sie für beide Geschäftsjahre die Bilanz.
3 Ermitteln Sie für beide Geschäftsjahre das Eigenkapital.
4 Ermitteln Sie die Veränderungen zwischen den beiden Geschäftsjahren in € für
- **a** das Anlagevermögen,
- **b** das Umlaufvermögen,
- **c** die lang- und kurzfristigen Schulden,
- **d** das Eigenkapital.

5 Nennen Sie für die Inventarposten Grundstücke und Gebäude, technische Anlagen und Maschinen, fertige Erzeugnisse und langfristige Bankverbindlichkeiten mögliche Gründe für die Werteveränderungen.

Arbeitsblatt 44.1 Inventar der Möbelfabrik Jonas Rolles e. K.

Vermögens- und Schuldenarten, Eigenkapital	Vorjahr 20X1 in €		Berichtsjahr 20X2 in €	
	Einzelwerte	Gesamtwerte	Einzelwerte	Gesamtwerte
A. Vermögen				
I. Anlagevermögen				
1.				
II.				
1.				
Summe des Vermögens				
B.				
I.				
II.				
Summe der Schulden				
C.				
Summe des				
– Summe der				
=				

Hinweis: Die Anzahl der tatsächlich benötigten Zeilen ist auch von der individuellen Schriftgröße abhängig.

Arbeitsblatt 44.2 Bilanz der Möbelfabrik Jonas Rolles e. K.

Aktiva	Bilanzwerte der Möbelfabrik Jonas Rolles e. K.				Passiva
	Vorjahr	Berichtsjahr		Vorjahr	Berichtsjahr
A.			A.		
1.			B.		
2.			1.		
3.					
B.			2.		
1.					
2.					
3.					
4.					
5.					
6.					

Werteveränderungen	Vorjahr	Berichtsjahr	Veränderung	Mögliche Gründe
Anlagevermögen				
Umlaufvermögen				
Langfristige Schulden				
Kurzfristige Schulden				
Eigenkapital				

Arbeitsblatt 44.3 Inventar

Das Inventar ist ein				
Überschrift				
		.... spalte	.... spalte	

A Vermögen	Einzelwerte in €	Gesamtwerte in €	
I. Anlagevermögen (Beispiele siehe unten)			Vermögenswerte, die
1.			
	240.000,00		....
	420.000,00	660.000,00	
2.		80.000,00	....
3.		278.000,00	....
II.			Vermögenswerte, die
1.		72.000,00	
2.		112.000,00	....
3.		46.600,00	
4.		52.000,00	....
5.		34.000,00	....
6.		7.250,00	
7.		80.400,00	....
Summe des			
B			
I.			Schulden mit einer Restlaufzeit von über
1.			
	600.000,00		....
	180.000,00	780.000,00	
II.			Schulden mit einer Restlaufzeit bis zu
1.		64.600,00	
2.		23.900,00	....
Summe der			
C			
Summe des			
– Summe der			
=			

Das Inventar muss .... Jahre aufbewahrt werden.

Begriffe (in alphabetischer Reihenfolge):
Bankdarlehen, Bankguthaben, Betriebs- und Geschäftsausstattung (BGA), Fertige Erzeugnisse, Forderungen aus Lieferungen und Leistungen (a. L. L.), Gebäude, Grundstück, Grundstücke und Bauten, Handelswaren, Hypothekendarlehen, Kassenbestand, Kurzfristige Schulden, Langfristige Bankverbindlichkeiten, Langfristige Schulden, Roh-, Hilfs- und Betriebsstoffe, Schulden (Verbindlichkeiten), Sonstige Verbindlichkeiten, Technische Anlagen (TA) und Maschinen, Umlaufvermögen, Unfertige Erzeugnisse, Verbindlichkeiten aus Lieferungen und Leistungen (a. L. L.)

Arbeitsblatt 44.4 Bilanz

Die Bilanz ist ....

Die Bilanzwerte werden durch eine .... ermittelt.

zeigt:
....
= Vermögen
= ....

Aktiva		....	Passiva
A. Anlagevermögen (Beispiele s. u.)		A.	
1.	660.000,00	B.	
2.		1.	
	80.000,00		780.000,00
3.		2.	64.600,00
	278.000,00	3.	23.900,00
B.			
1.	72.000,00		
2.	112.000,00		
3.	46.600,00		
4.	52.000,00		
5.	34.000,00		
6.	7.250,00		
7.	80.400,00		

zeigt:
....
= Kapital
= ....

....

Summe des ....

Summe des ....

Anlagevermögen + Umlaufvermögen = ...	Eigenkapital + Schulden = ...
Vermögen – Schulden = ...	Gesamtkapital – Umlaufvermögen = ...

Begriffe (in alphabetischer Reihenfolge): Bankguthaben, Betriebs- und Geschäftsausstattung (BGA), Eigenkapital, Fertige Erzeugnisse, Forderungen a. L. L., Grundstücke und Gebäude, Handelswaren, Kassenbestand, Langfristige Bankverbindlichkeiten, Roh-, Hilfs- und Betriebsstoffe, Sonstige Verbindlichkeiten, Technische Anlagen (TA) und Maschinen, Umlaufvermögen, Unfertige Erzeugnisse, Verbindlichkeiten a. L. L., Verbindlichkeiten oder Schulden (Fremdkapital)

Arbeitsblatt 44.5 Vermögen und Schulden

1 Tragen Sie in die zweite Spalte ein **V** ein, wenn der angegebene Wert **Vermögen** darstellt. Tragen Sie in die zweite Spalte ein **S** ein, wenn der angegebene Wert **Schulden** darstellt.

Vermögen und Schulden	V = Vermögen S = Schulden	Vorjahr €	Berichtsjahr €
Bankguthaben		22.000,00	32.000,00
Bargeld		2.300,00	2.500,00
Büromöbel		54.000,00	50.000,00
Darlehensschulden (Restlaufzeit 6 Monate)		50.000,00	70.000,00
Roh-, Hilfs- und Betriebsstoffe		20.000,00	30.000,00
Geschäftsgrundstück		120.000,00	120.000,00
Hypothekenschulden (Restlaufzeit 15 Jahre)		80.000,00	79.000,00
Fremdbauteile		24.000,00	22.000,00
Lagerhalle		120.000,00	118.000,00
Lastkraftwagen		60.000,00	40.000,00
Produktionsmaschinen		20.000,00	110.000,00
Maschinen der Energieerzeugung		14.000,00	32.000,00
Personal Computer		6.000,00	9.000,00
Personenkraftwagen		40.000,00	30.000,00
Fertige und unfertige Erzeugnisse		6.000,00	8.000,00
Schulden bei Materiallieferern (Verbindlichkeiten)		14.000,00	16.000,00
Verpackungsmaschinen		25.000,00	20.000,00
Verwaltungsgebäude		200.000,00	195.000,00
Forderungen gegenüber Kunden		20.000,00	20.000,00

2 Ordnen Sie die oben angegebenen Werte den nachfolgenden Vermögens- und Schuldenposten zu.

Vermögen	Vorjahr	Berichtsjahr
1 Grundstücke		
2 Gebäude		
3 Technische Anlagen und Maschinen		
4 Fuhrpark		
5 Betriebs- und Geschäftsausstattung (ohne Fuhrpark)		
6 Vorräte		
7 Forderungen aus Lieferungen und Leistungen		
8 Kasse		
9 Bankguthaben		
Summe des Vermögens		
Schulden	**Vorjahr**	**Berichtsjahr**
1 Langfristige Bankverbindlichkeiten		
2 Kurzfristige Bankverbindlichkeiten		
3 Verbindlichkeiten aus Lieferungen und Leistungen		
Summe der Schulden		

Aufgaben

Aufgabe 1

Ein Maschinenbauunternehmen ermittelt folgende Werte für seine Inventarposten (ungeordnete Reihenfolge).

a Ordnen Sie die Inventarposten den Spalten 1 bis 4 der nachfolgenden Übersicht zu.

b Ermitteln Sie für jede Spalte (1–4) den Gesamtwert.

c Ermitteln Sie das Gesamtvermögen, die Gesamtschulden und das Eigenkapital in €.

Inventarposten in €		**A. Vermögen**		**B. Schulden**	
		I. Anlagevermögen	**II. Umlaufvermögen**	**I. Langfristige Schulden**	**II. Kurzfristige Schulden**
		1	**2**	**3**	**4**
Bankguthaben	14.600,00		14.600,00		
Kassenbestand	2.000,00				
Darlehensschulden (Restlaufzeit 8 Jahre)	180.000,00				
Forderungen aus Lieferungen und Leistungen	40.000,00				
Fuhrpark	40.000,00				
Gebäude	360.000,00				
Betriebs- und Geschäftsausstattung	110.000,00				
Grundstücke	200.000,00				
Hypothekendarlehen (Restlaufzeit 16 Jahre)	280.000,00				
Maschinen	96.500,00				
Verbindlichkeiten aus Lieferungen und Leistungen	32.000,00				
Rohstoffe	62.000,00				
Wertpapiere als kurzfristige Geldanlage	24.500,00				
Summe					

Aufgabe 2

Ordnen Sie die folgenden Vermögensgegenstände bzw. Schulden den in der Aufgabe 1 genannten Inventarposten zu.

a Lastkraftwagen
b Stahlrohre
c Bargeld
d Schreibtische
e Lagerhalle
f Verpackungsmaschine
g unbezahlte Liefererrechnung
h unbezahlte Rechnung an einen Kunden
i Aktien der Müller AG
j Gutschrift auf dem Bankkonto

Aufgabe 3

Stellen Sie fest, ob nachfolgende Aussagen für die Inventur und/oder das Inventar und/oder die Bilanz eines Unternehmens zutreffend sind.

	Inventur		Inventar		Bilanz	
	zutreffend	nicht zutreffend	zutreffend	nicht zutreffend	zutreffend	nicht zutreffend
a Aufnahme aller Vermögenswerte und Schulden, z. B. durch Messen, Zählen, Wiegen, Schätzen mit anschließender Bewertung						
b Muss zehn Jahre aufbewahrt werden.						
c Das Eigenkapital des Unternehmens wird ausgewiesen.						
d Darstellung in Kontoform						
e Gliederung der Vermögenswerte in Anlage- und Umlaufvermögen						
f Jeder Vermögenswert wird nach Art, Menge und Wert beschrieben.						
g Die Staffelform wird zur Wertedarstellung genutzt.						
h Auch ohne Unterschrift(en) des/der Inhaber(s) gültig.						
i Die Werte sind für einen bestimmten Tag (Datum) anzugeben.						
j Ist bei einer GmbH von allen Geschäftsführern zu unterschreiben.						

Aufgabe 4

Tragen Sie die gesuchten Begriffe ein.

a Die Seiten der Bilanz heißen .... und ....

b Die Vermögenswerte stehen auf der .... der Bilanz.

c Die Passiva-Seite beginnt mit der Position ....

d Die Mittelherkunft zeigt die .... der Bilanz.

e Die Aktiva-Seite der Bilanz zeigt die ....

f Summe des Vermögens – Summe der Schulden = ...

g Anlagevermögen + Umlaufvermögen – Eigenkapital = ...

h Eigenkapital + Fremdkapital – Anlagevermögen = ...

i Die Mittelverwendung zeigt die .... der Bilanz.

j Die Summe der Aktiva entspricht der ....

k Andere Begriffe für Schulden: .... oder ....

Aufgabe 5

Die Maschinenfabrik Wolfgang Huber e. K., Köln, hat für zwei aufeinanderfolgende Geschäftsjahre folgende Inventurwerte ermittelt.

Inventurwerte	20X1	20X2
	€	€
Grundstücke und Bauten		
– unbebautes Grundstück, Porzer Str. 211	200.000,00	0,00
– bebautes Grundstück, Porzer Str. 218	325.000,00	325.000,00
– Fabrik- und Verwaltungsgebäude, Porzer Str. 218	650.000,00	610.000,00
– Lagerhalle, Porzer Str. 218	350.000,00	330.000,00
Technische Anlagen und Maschinen lt. Anlagenverzeichnis, Anlage Nr. 1	614.000,00	780.000,00
Betriebs- und Geschäftsausstattung lt. Ausstattungsverzeichnissen (AV) gemäß Anlagen:		
– Werkzeuge, AV Nr. 1, Anlage Nr. 2	60.000,00	40.000,00
– Lager- und Transporteinrichtungen, AV Nr. 2, Anlage Nr. 3	120.000,00	80.000,00
– Fuhrpark, AV Nr. 3, Anlage Nr. 4	45.000,00	180.000,00
– Betriebsausstattung, AV Nr. 4, Anlage Nr. 5	82.000,00	143.000,00
– Geschäftsausstattung, AV Nr. 5, Anlage Nr. 6	240.000,00	230.000,00
Roh-, Hilfs- und Betriebsstoffe, VV (Vorratsverzeichnis) Nr. 1, Anlage Nr. 7	220.000,00	235.000,00
Unfertige Erzeugnisse, VV Nr. 2, Anlage Nr. 8	26.000,00	32.000,00
Fertige Erzeugnisse, VV Nr. 3, Anlage Nr. 9	64.000,00	134.000,00
Handelswaren, VV Nr. 4, Anlage Nr. 10	12.600,00	8.500,00
Forderungen aus Lieferungen und Leistungen lt. Forderungsverzeichnis, Anlage Nr. 11	265.000,00	396.000,00
Kassenbestand (Bargeld)	22.000,00	18.400,00
Bankguthaben		
– Bankguthaben bei der Deutsche Handelsgewerbebank AG, Köln	84.000,00	32.000,00
– Bankguthaben bei der Kölnbank, Köln/Bonn	24.800,00	42.300,00
– Bankguthaben bei der Bank 3000, Köln	12.600,00	18.800,00
Langfristige Bankverbindlichkeiten		
– Hypothek der Deutsche Handelsgewerbebank AG, Köln	400.000,00	380.000,00
– Darlehen der Kölnbank, Köln/Bonn	200.000,00	100.000,00
Verbindlichkeiten aus Lieferungen und Leistungen lt. Verbindlichkeitenverzeichnis, Anlage Nr. 12	356.000,00	372.000,00
Sonstige Verbindlichkeiten gegenüber Finanzbehörden	36.000,00	42.000,00

a Erstellen Sie für jedes Geschäftsjahr ein Inventar und eine Bilanz.

b Ermitteln Sie die Veränderungen zwischen den beiden Geschäftsjahren in € für das Anlagevermögen, das Umlaufvermögen, die lang- und kurzfristigen Schulden sowie für das Eigenkapital.

c Nennen Sie für die Inventarposten Grundstücke und Bauten, Technische Anlagen und Maschinen, Forderungen aus Lieferungen und Leistungen und Langfristige Bankverbindlichkeiten mögliche Gründe für die jeweilige Werteveränderung.

Lernsituation 45

FK ▯ → LF 5 Kapitel 3.1

Erste Geschäftsvorfälle buchen

Werteveränderungen von Bilanzposten: Hier sollen Sie erste Geschäftsvorfälle der Fly Bike Werke GmbH kennenlernen und feststellen, welche Auswirkungen sie auf einzelne Bilanzposten haben.

Aktiva	Bilanzposten (vor Werteveränderung)		Passiva
Betriebs- und Geschäftsausstattung (BGA)	70.000,00	Eigenkapital (EK)	108.000,00
Rohstoffe (Ro)	40.000,00	Langfristige Bankverbindlichkeiten (LB)	17.000,00
Forderungen a. L. L. (Fo)	5.000,00	Verbindlichkeiten a. L. L. (Vbk)	15.000,00
Bankguthaben (Ba)	25.000,00		
	140.000,00		140.000,00

Geschäftsvorfall 1) der Fly Bike Werke GmbH
Die Fly Bike Werke GmbH kauft für 5.000,00 € Rohstoffe ein und bezahlt die Lieferung per Banklastschrift.

1 Wie verändert sich die Bilanz durch diesen Geschäftsvorfall? Tragen Sie Ihr Ergebnis in die nachfolgende Bilanz ein.

Aktiva	Bilanzposten (nach 1. Geschäftsvorfall)		Passiva
BGA		Eigenkapital	
Rohstoffe		Langfr. Bankverbindlichkeiten	
Forderungen a. L. L.		Verbindlichkeiten a. L. L.	
Bankguthaben			

2 Überlegen Sie nun, wie Sie einem Freund, der keine Ahnung von Buchführung hat, erklären könnten, wie Sie auf diese Lösung gekommen sind. Versuchen Sie, Ihren Lösungsweg Schritt für Schritt zu formulieren.

Zuerst muss ich mir anschauen, welche .... der Bilanz durch den Geschäftsvorfall betroffen sind.

Dann überlege ich mir, welche .... der Bilanz durch den Geschäftsvorfall berührt werden.

Wenn ich das geklärt habe, schaue ich mir den Geschäftsvorfall nochmals an und überlege, wie sich der Wert der einzelnen Posten der Bilanz ändert. Er wird entweder ....

oder ....

Begriffe: größer, kleiner, Posten, Seiten

3 Das, was Sie gerade richtig erklärt haben, kann Ihnen helfen, alle Auswirkungen von Geschäftsvorfällen der Fly Bike Werke GmbH auf ihre Bilanzposten darzustellen. Um die ganze Sache einfacher zu machen, formulieren Sie nun drei Leitfragen, deren Antworten Ihnen bei allen Aufgaben zu diesem Thema helfen werden. Tragen Sie Ihre Leitfragen auf der nachfolgenden Seite ein.

Leitfragen

1. ....

2. ....

3. ....

Geschäftsvorfall 2) der Fly Bike Werke GmbH
Die Fly Bike Werke GmbH wandelt eine kurzfristige Verbindlichkeit in Höhe von 10.000,00 € in eine Darlehensschuld um.

4 Beantworten Sie zunächst die aufgestellten Leitfragen und tragen Sie erst dann die Veränderungen der einzelnen Posten in die Bilanz ein, die Sie nach dem ersten Geschäftsvorfall aufgestellt haben.

Antwort **1. Leitfrage:** ....

Antwort **2. Leitfrage:** ....

Antwort **3. Leitfrage:** ....

Aktiva	**Bilanzposten (nach 2. Geschäftsvorfall)**		**Passiva**
BGA		Eigenkapital	
Rohstoffe		Langfr. Bankverbindlichkeiten	
Forderungen a. L. L.		Verbindlichkeiten a. L. L.	
Bankguthaben			

Geschäftsvorfälle 3)–5) der Fly Bike Werke GmbH
- Kauf eines Schreibtisches gegen Banklastschrift für 2.000,00 €.
- Ein Kunde bezahlt eine offene Rechnung durch eine Banküberweisung in Höhe von 1.500,00 €.
- Die Fly Bike Werke GmbH bezahlt eine Verbindlichkeit in Höhe von 4.000,00 € per Banküberweisung.

5 Beantworten Sie für sich erneut die obigen Leitfragen und erstellen Sie die Bilanz nach allen fünf Geschäftsvorfällen.

Aktiva	**Bilanzposten (nach 5. Geschäftsvorfall)**		**Passiva**
BGA		Eigenkapital	
Rohstoffe		Langfr. Bankverbindlichkeiten	
Forderungen a. L. L.		Verbindlichkeiten a. L. L.	
Bankguthaben			

Arbeitsblatt 45.1 Die vier Werteveränderungen

Jeder Geschäftsvorfall verändert mindestens zwei Bilanzposten.

Geschäftsvorfall
Kauf von Bürostühlen gegen Barzahlung, 900,00 €

Aktiva	Bilanz	Passiva
BGA		
Kasse		

= ....

Geschäftsvorfall
Umwandlung einer kurzfristigen Verbindlichkeit in ein langfristiges Darlehen, 50.000,00 €

Aktiva	Bilanz	Passiva
		Langfr. Bankvbk. ....
		Verbindl. a. L. L. ....

= ....

Bilanzsumme bleibt ....

....tausch

oder ....tausch

Geschäftsvorfall
Ausgleich einer Lieferantenrechnung durch Banküberweisung, 9.500,00 €

Aktiva	Bilanz	Passiva
Bankguthaben		Verbindl. a. L. L. ....

= ....

Geschäftsvorfall
Kauf eines Lieferwagens auf Ziel, 48.000,00 €

Aktiva	Bilanz	Passiva
Fuhrpark		Verbindl. a. L. L. ....

= ....

Bilanzsumme .... oder ....

Vermögens- und Kapital .... oder

Vermögens- und Kapital ....

Arbeitsblatt 45.2 Werteveränderungen – ein Beispiel

	Aktiva							Bilanzwaage		Passiva		
								Summe	Summe			
Geschäftsvorfälle in €	Grundstücke u. Gebäude	Maschinen	BGA	Rohstoffe	Forderungen	Kasse	Bankguthaben	Aktiva	Passiva	Eigenkapital	Langfr. Bankverbindlichk.	Verbindlichkeiten
Bilanz 1	650.000,00	20.000,00	120.000,00	380.000,00	160.000,00	24.000,00	82.000,00	1.436.000,00	1.436.000,00	382.000,00	800.000,00	254.000,00
1)				+ 20.000,00		- 20.000,00						
2)												
3)												
4)												
5)												
6)												
7)												
8)												
Bilanz 2												

Geschäftsvorfälle	€	Art der Werteveränderung
1) Rohstoffeinkauf gegen Barzahlung	20.000,00	Aktivtausch
2) Kauf einer Maschine gegen Banküberweisung	14.000,00	
3) Rohstoffeinkauf auf Ziel	40.000,00	
4) Barkauf eines Schreibtisches	2.000,00	
5) Banküberweisungen von Kunden	60.000,00	
6) Banküberweisungen an Lieferer	30.000,00	
7) Darlehensaufnahme gegen Bankgutschrift	50.000,00	
8) Kauf eines Grundstücks gegen Banklastschrift	50.000,00	

1 Tragen Sie die Werteveränderung der Bilanzposten aufgrund der nebenstehenden Geschäftsvorfälle in die jeweilige Spalte mit Vorzeichen (+ oder –) ein.

2 Geben Sie für jeden Geschäftsvorfall die Art der Werteveränderung in der Bilanz an.

3 Berechnen Sie für jeden Bilanzposten die Summe der Spalte (Bilanz 2).

4 Erstellen Sie aus den Summen der Bilanzposten eine Bilanz in Kontoform.

Arbeitsblatt 45.3 Buchen auf Bestandskonten

Buchungsregeln für Bestandskonten:

Anfangsbestand (AB):	wird aus der Eröffnungsbilanz übernommen
Mehrungen (Me):	erhöhen den Wert des Bestandskontos
Minderungen (Mi):	verringern den Wert des Bestandskontos
Schlussbestand (SB):	wird in die Schlussbilanz übernommen, wenn er den Inventurwerten entspricht

Soll	Aktivkonto	Haben
Anfangsbestand		....
....		....

Soll	Passivkonto	Haben
....		....
Schlussbestand		....

Geschäftsvorfall: Rohstoffeinkauf auf Ziel, 5.000,00 €
Um einen Geschäftsvorfall richtig zu buchen, helfen folgende vier Vorüberlegungen:

1

2

3

4

Grundbuch:

an

Nr.	Soll	€	Haben	€
1)				

Hauptbuch:

Soll		Haben
AB	42.000,00	

Soll	AB	14.200,00 Haben
	AB	14.200,00

Arbeitsblatt 45.4 Buchen im Grund- und Hauptbuch

Geschäftsvorfall	Welche Konten werden berührt?	Aktiv- (A) oder Passivkonto (P)?	Mehrung (Me) oder Minderung (Mi)?	Auf welcher Kontoseite (Soll oder Haben) ist zu buchen?
1) Barkauf eines neuen Schreibtisches, 900,00 €				
2) Umwandlung einer kurzfristigen Verbindlichkeit in ein langfristiges Darlehen, 2.000,00 €				
3) Kauf von Rohstoffen auf Ziel, 3.000,00 €				
4) Rückzahlung eines Darlehens durch Barzahlung, 1.000,00 €				

Soll .... Haben

Soll .... Haben

Soll Kasse Haben

Bilanz vor der Buchung

Aktiva		Passiva	
BGA	12.000,00	Eigenkapital (EK)	9.000,00
Rohstoffe (Ro)	8.000,00	Darlehenssch. (LB)	10.000,00
Kasse (Ka)	4.000,00	Verbindl. a. L. L. (Vbk)	5.000,00
	24.000,00		24.000,00

Bilanz nach der Buchung

Aktiva		Passiva	
BGA		Eigenkapital (EK)	
Rohstoffe (Ro)		Darlehenssch. (LB)	
Kasse (Ka)		Verbindl. a. L. L. (Vbk)	

Soll Eigenkapital Haben

Soll .... Haben

Soll .... Haben

Arbeitsblatt 45.5 Geschäftsgang mit Grund- und Hauptbuch (Blatt 1)

a Erstellen Sie auf der nachfolgenden Seite eine Eröffnungsbilanz gemäß den nachfolgenden Angaben.
b Übertragen Sie die Anfangsbestände auf die Konten auf der nachfolgenden Seite.
c Geben Sie für jeden Geschäftsvorfall die Konten, die Werteveränderung und die Buchung in der nachstehenden Tabelle und im Grundbuch an.
d Übertragen Sie die Buchungen auf Konten und schließen Sie alle Konten auf der nachfolgenden Seite ab.
e Erstellen Sie die Schlussbilanz auf der nachfolgenden Seite.

Vermögenswerte	**€**	**Kapitalwerte**	**€**
Grundstücke und Gebäude (GuG)	400.000,00	Eigenkapital (EK)	?
Maschinen (Ma)	120.000,00	langfristige Bankverbindlichkeiten (LB)	150.000,00
Geschäftsausstattung (GA)	80.000,00		
Rohstoffe (Ro)	60.000,00	Verbindlichkeiten a. L. L. (Vbk)	40.000,00
Forderungen a. L. L. (Fo)	45.000,00		
Bankguthaben (Ba)	32.000,00		

Geschäftsvorfälle	**Konten** **Aktiva (A)** **Passiva (P)**	**Werteveränderung** **Mehrung (Me)** **Minderung (Mi)**	**Buchung** **S (Soll)** **H (Haben)**
1) Rohstoffeinkauf auf Ziel, 22.000,00 €			
2) Verkauf einer gebrauchten Maschine auf Ziel, 5.000,00 €			
3) Banküberweisung an einen Lieferanten, 12.000,00 €			
4) Ein Kunde überweist auf unser Bankkonto 30.000,00 €			
5) Kauf eines Computers gegen Banküberweisung für 5.000,00 €			
6) Verkauf einer gebrauchten Büroeinrichtung auf Ziel, 36.000,00 €			
7) Tilgung einer langfr. Bankverbindlichkeit gegen Banküberweisung, 20.000,00 €			

Grundbuch:

Nr.	**Soll**	**€**	**Haben**	**€**
1)				
2)				
3)				
4)				
5)				
6)				
7)				

Arbeitsblatt 45.5 Hauptbuch (Blatt 2)

Aktiva	Eröffnungsbilanz	Passiva

Soll	Grundstücke, Gebäude (GuG)	Haben

Soll	Maschinen (Ma)	Haben

Soll	BGA	Haben

Soll	Rohstoffe (Ro)	Haben

Soll	Forderungen a. L. L. (Fo)	Haben

Soll	Bankguthaben (Ba)	Haben

Soll	Eigenkapital (EK)	Haben

Soll	Langfr. Bankverb. (LB)	Haben

Soll	Verbindlichk. a. L. L. (Vbk)	Haben

Aktiva	Schlussbilanz	Passiva

Aufgaben

Aufgabe 1

Aktiva	Bilanz (vor Werteveränderungen)		Passiva
Grundstücke und Gebäude (GuG)	600.000,00	Eigenkapital (EK)	
Technische Anlagen und Maschinen (TAM)	50.000,00	Langfr. Bankvbk., Darlehen (LB)	500.000,00
Betriebs- und Geschäftsausstattung (BGA)	150.000,00	Verbindlichkeiten a. L. L. (Vbk)	216.000,00
Rohstoffe (Ro)	420.000,00		
Forderungen a. L. L. (Fo)	120.000,00		
Kasse (Ka)	12.000,00		
Bankguthaben (Ba)	64.000,00		

Geschäftsvorfälle	€
1) Verkauf eines ungenutzten Grundstücks gegen Banküberweisung	40.000,00
2) Umwandlung einer kurzfristigen Verbindlichkeit in ein langfristiges Darlehen	66.000,00
3) Banküberweisungen an verschiedene Lieferer	16.000,00
4) Kauf einer Verpackungsmaschine auf Ziel	25.000,00
5) Darlehensaufnahme per Bankgutschrift	100.000,00
6) Kauf einer Lagerhalle auf Ziel	100.000,00
7) Banküberweisung an den Verkäufer der Lagerhalle	100.000,00
8) Verkauf einer gebrauchten Maschine auf Ziel	10.000,00

a Berechnen Sie für die Bilanz die Bilanzsumme und das Eigenkapital.

b Stellen Sie fest, welche Auswirkungen die Geschäftsvorfälle auf die oben genannten Bilanzposten haben. Nutzen Sie dazu die folgende Tabelle.

Nr.	Bilanzposten	Aktiva (A) oder Passiva (P)	Mehrung (Me) oder Minderung (Mi)	Buchung Soll/Haben	Werteveränderung in der Bilanz
1)	Bankguthaben	A	Me	Soll	Aktivtausch
	Grundstücke und Gebäude	A	Mi	Haben	
2)					
3)					
4)					
5)					
6)					
7)					
8)					

c Erstellen Sie einen vollständigen Geschäftsgang mit Eröffnungs- und Schlussbilanz.

Aufgabe 2

Geben Sie die Art der Werteveränderung von Bilanzposten der Fly Bike Werke GmbH für nachfolgende Geschäftsvorfälle an.

Geschäftsvorfälle	€
1) Einkauf von Handelswaren auf Ziel	20.000,00
2) Zielkauf einer Schweißmaschine	40.000,00
3) Verkauf eines gebrauchten Dienstwagens auf Ziel	14.000,00
4) Kauf einer PC-Einheit auf Ziel	6.000,00
5) Teilweise Tilgung eines Darlehens per Banküberweisung	10.000,00
6) Barabhebung vom Bankkonto für die Portokasse	200,00
7) Banküberweisung an einen Lieferer	20.000,00
8) Kundenüberweisung auf das Bankkonto	6.000,00
9) Kauf eines Lkw auf Ziel	60.000,00
10) Verkauf eines ungenutzten Grundstückes gegen Banküberweisung	12.500,00

Aufgabe 3

Folgende Eröffnungsbilanz ist vorgegeben.

Aktiva	Eröffnungsbilanz		Passiva
Maschinen (Ma)	30.000,00	Eigenkapital (Ek)	140.000,00
Rohstoffe (Ro)	150.000,00	Langfr. Bankverbindl. (LB)	40.000,00
Bankguthaben (Ba)	22.000,00	Verbindlichkeiten a. L. L. (Vbk)	22.000,00
	202.000,00		202.000,00

Beachten Sie die Reihenfolge der Arbeitsschritte in der Fachkunde (Erfassung eines Geschäftsganges von der Eröffnungs- bis zur Schlussbilanz in sieben Arbeitsschritten, Kapitel 3.2.2).

Geschäftsvorfälle	Aufgabe **a** €	Aufgabe **b** €
1) Einkauf von Rohstoffen auf Ziel	4.500,00	3.200,00
2) Verkauf einer gebrauchten Maschine gegen Banküberweisung	900,00	1.200,00
3) Teilrückzahlung eines Bankdarlehens per Banküberweisung	5.000,00	6.000,00
4) Banküberweisung an einen Lieferer zum Ausgleich einer Verbindlichkeit	3.200,00	1.900,00

Aufgabe 4

Folgende Anfangsbestände liegen vor; beginnen Sie mit der Erstellung der Eröffnungsbilanz.

Aktive Bestandskonten	€	Passive Bestandskonten	€
Grundstücke u. Gebäude (GuG)	380.000,00	Eigenkapital (EK)	359.700,00
Maschinen (Ma)	145.000,00	Langfristige Bankverbindlichkeiten (LB)	310.000,00
Rohstoffe (Ro)	162.500,00		
Forderungen a. L. L. (Fo)	23.800,00	Verbindlichkeiten a. L. L. (Vbk)	56.800,00
Kasse (Ka)	2.500,00		
Bankguthaben (Ba)	12.700,00		

Geschäftsvorfälle	Aufgabe **a** €	Aufgabe **b** €
1) Verkauf einer gebrauchten Maschine auf Ziel	34.500,00	22.700,00
2) Banküberweisung eines Kunden zum Forderungsausgleich	3.800,00	7.200,00
3) Verkauf eines Grundstückes gegen Banküberweisung	30.000,00	12.500,00
4) Einkauf von Rohstoffen auf Ziel	11.500,00	9.700,00
5) Banküberweisung an einen Lieferer zum Ausgleich einer Verbindlichkeit	5.700,00	3.800,00
6) Einkauf einer Maschine auf Ziel	24.500,00	16.300,00
7) Teilrückzahlung eines Darlehens per Banküberweisung	6.000,00	8.000,00

Aufgabe 5

Erstellen Sie einen Geschäftsgang von der Eröffnungs- bis zur Schlussbilanz.

Aktive Bestandskonten	€	Passive Bestandskonten	€
Grundstücke u. Gebäude (GuG)	200.000,00	Eigenkapital (EK)	?
Maschinen (Ma)	100.000,00	Langfristige Bankverbindlichkeiten (LB)	210.000,00
Fuhrpark (Fu)	80.000,00		
Betriebs- u. Geschäftsausstattung (BGA)	45.000,00	Verbindlichkeiten a. L. L. (Vbk)	69.500,00
Rohstoffe (Ro)	90.000,00		
Forderungen a. L. L. (Fo)	65.000,00		
Bankguthaben (Ba)	25.000,00		
Kasse (Ka)	5.500,00		

Geschäftsvorfälle	€
1) Aufnahme eines Darlehens gegen Bankgutschrift	250.000,00
2) Kauf eines Grundstücks gegen Banküberweisung	200.000,00
3) Kauf einer Lagerhalle gegen Banküberweisung	50.000,00
4) Kauf eines neuen Lkw auf Ziel	120.000,00
5) Einkauf von Rohstoffen auf Ziel	45.000,00
6) Verkauf eines gebrauchten Lkw gegen Banküberweisung	20.000,00
7) Verkauf gebrauchter PC-Einheiten auf Ziel	10.000,00
8) Kundenüberweisung auf das Bankkonto	65.000,00
9) Banküberweisung an Lieferer	45.000,00
10) Barkauf eines Büroschreibtisches	2.500,00

Aufgabe 6

a Bilden Sie die einfachen Buchungssätze für nachfolgende Geschäftsvorfälle.

b Geben Sie für die Geschäftsvorfälle jeweils die Art der Werteveränderung von Bilanzposten an.

Geschäftsvorfälle	€
1) Zielkauf eines Kopiergerätes	6.000,00
2) Ausgleich einer Verbindlichkeit durch Banküberweisung	12.000,00
3) Darlehenstilgung per Banküberweisung	30.000,00
4) Verkauf einer gebrauchten Maschine auf Ziel	4.000,00
5) Bankgutschriften für Überweisungen von Kunden	8.800,00
6) Handelswareneinkauf auf Ziel	6.200,00
7) Kauf einer Sitzgruppe für das Geschäftsführerzimmer auf Ziel	14.200,00
8) Darlehensaufnahme gegen Bankgutschrift	80.000,00
9) Umwandlung einer kurzfristigen Bankverbindlichkeit in ein langfristiges Darlehen	20.000,00
10) Überweisung vom Bankkonto auf das Postbankkonto	10.000,00
11) Barkauf einer Telefonanlage	1.200,00
12) Barabhebung vom Bankkonto	500,00

Aufgabe 7

Bilden Sie die zusammengesetzten Buchungssätze:

Geschäftsvorfälle	€
1) Kauf eines Pkw, Kaufpreis 30.000,00 € Barzahlung bei Übernahme Restbetrag zahlbar innerhalb von 30 Tagen	 2.500,00 27.500,00
2) Darlehenstilgung 20.000,00 € durch Banküberweisung und durch Postbanküberweisung	 14.000,00 6.000,00
3) Rechnungsausgleich durch Kundenzahlungen 11.600,00 € Barzahlung Bankgutschrift	 1.600,00 10.000,00

Lernsituation 46

FK → LF 5 Kapitel 3.3

Nach Belegen buchen

Eines Morgens findet Jenny Liu, Auszubildende bei der Fly Bike Werke GmbH, verschiedene Belege auf ihrem Schreibtisch, die sie buchen soll. „Belege buchen?“, fragt sie Frau Taubert. „Na klar, Belege sind die Grundlage jeder Buchung, den Geschäftsvorfall müssen Sie daraus ableiten!“, antwortet Frau Taubert.

Beleg Nr. 1

Kontoauszug

IBAN		Auszug	Blatt
DE86 2804 0114 0112 3264 44	Oldenburg-Bank	30	1

Buchungstag	Wert	Vorgang/Erläuterungen	Beträge in EUR
		Kontostand am 02.07.20XX	12.200,00 +
03.07.20XX	03.07.20XX	S-Geldautomat	200,00 –
03.07.20XX	03.07.20XX	Tilgungsrate für Darlehen Nr. 863377	1.000,00 –
03.07.20XX	03.07.20XX	Hans Köller e.K., Rostock Re.-Nr. 124 vom 30.06.20XX	4.640,00 –
		Kontostand am 03.07.20XX	6.360,00 +

Fly Bike Werke GmbH, Oldenburg

Beleg Nr. 2

Alu-Werke Bonn AG

Posteingang: 20.08.20XX

Alu-Werke Bonn AG, Sankt-Augustiner Straße 30, 53225 Bonn

Fly Bike Werke GmbH
Rostocker Straße 334
26121 Oldenburg

Rechnungsprüfung
Sachlich richtig — Datum 20.08.20XX — Nz. Ta
Rechnerisch richtig — Datum 20.08.20XX — Nz. Ta

Name: Herr Köllen
Straße: Sankt-Augustiner-Straße 30
Ort: 53225 Bonn

Telefon: 0228-464XX0
Fax: 0228-464XX11
E-Mail: awb-mail@aluminiumwerke.dex

Lieferdatum: 19.08.20XX
Rechnungsdatum: 19.08.20XX

Rechnung-Nr. 511

Artikel-Nr.	Artikelbezeichnung	Menge in Metern	Einzelpreis in €	Gesamtpreis in €
40045225	Aluminiumrohre, Rundrohr 45 x 2,25	500	10,11	5.055,00
40045200	Aluminiumrohre, Rundrohr 45 x 2,00	500	4,49	2.245,00
			Rechnungsbetrag	7.300,00

Bankverbindung: CVB, IBAN: DE87 5400 7638 0077 9982 46,
BIC: CVERDEELXXX
Lieferung ab Lager Bonn, Zahlung innerhalb von 30 Tagen ohne Abzug.

Beleg Nr. 3

Werner Lippert Bürosysteme

Werner Lippert • Buchenstr. 3 • 40221 Düsseldorf
Fly Bike Werke GmbH
Rostocker Straße 334
26121 Oldenburg

RECHNUNG-NR.: 12
Rechnungs-Datum: 01.07.20XX
Bankverbindung: Rhein-Bank Essen
IBAN DE14 7889 6740 3709 7899 10

Rechnungsprüfung
Sachlich richtig Datum 04.07.20XX Nz. Ta
Rechnerisch richtig Datum 04.07.20XX Nz. Ta

Posteingang: 03.07.20XX

Artikel-Nr.	Menge	Artikelbezeichnung	Einzelpreis/€	Gesamtpreis/€
1256	10	PC-Office-Tische, grau	750,00	7.500,00
1259	10	Erweiterungen für PC-Office-Tische für Drucker, grau	60,00	600,00
		Rechnungsbetrag		**8.100,00**

Zahlungsbedingungen: Zahlung sofort ohne Abzug. Die Lieferung und Aufstellung erfolgt durch die Spedition Herget gegen gesonderte Rechnung.

Hinweise: Die Rechnungsbeträge sind umsatzsteuerpflichtig – siehe Fachkunde, Lernfeld 5, Kapitel 5 und Lernsituation 51.

1 Schauen Sie sich die Belege genau an. Welche Art von Belegen erkennen Sie? Welche Geschäftsvorfälle der Fly Bike Werke GmbH können Sie daraus ableiten? (Kontoauszug = 3 Geschäftsvorfälle)

2 Tragen Sie die notwendigen Buchungen in das Grundbuch ein.

Nr.	Soll	€	Haben	€
1)	Kasse	200,00	Bankguthaben	200,00
2)				
3)				
4)				
5)				

Hinweis: Ab 01.01.2025 sollen alle Unternehmen in der Lage sein, bei B2B-Umsätzen (Umsätze zwischen Unternehmen im Inland) elektronische Rechnungen zu empfangen. Dabei versteht man unter einer elektronischen Rechnung (§ 14 Abs.1 Satz 3 UStG n.F.) eine Rechnung, die in einem strukturierten elektronischen Format ausgestellt, übermittelt und empfangen wird und eine elektronische Verarbeitung ermöglicht. Bis 2028 gibt es für die Erstellung von elektronischen Rechnungen verschiedene Übergangsregelungen für bestimmte Unternehmen. Das gilt dauerhaft nicht für Kleinbetragsrechnungen bis 250,00 Euro.

Arbeitsblatt 46.1 Buchen nach Belegen

Vervollständigen Sie die unten stehende Übersicht mit den folgenden Belegarten, Geschäftsvorfällen und Konten der Fly Bike Werke GmbH. (Mehrfachverwendungen bei Belegarten und Konten sind zulässig.) Beachten Sie auch die Unternehmensbeschreibung auf Seite 6 ff.

Ausgangsrechnung, Bankguthaben, Barabhebung vom Bankkonto, Betriebsstoffe, Eingangsrechnung, ein Kunde der Fly Bike Werke GmbH überweist auf das Bankkonto, Forderungen a. L. L., Fremdbauteile, Handelswaren, Hilfsstoffe, Kasse, Kassenbeleg, Kontoauszug, Langfristige Bankverbindlichkeiten, Rohstoffe, TA und Maschinen, Verbindlichkeiten a. L. L., Verkauf einer gebrauchten PC-Einheit auf Ziel, Verkauf von gebrauchten Büromöbeln gegen Barzahlung, Verkauf von gebrauchten Maschinen auf Ziel

Nr.	Belegart	Geschäftsvorfall	Konto der Sollbuchung	Konto der Habenbuchung
1)		Einkauf von Lacken auf Ziel		
2)	Ausgangsrechnung			TA und Maschinen
3)		Barkauf von Schmierfetten für die Stanzmaschine		Kasse
4)			Forderungen a. L. L.	Betriebs- und Geschäftsausstattung
5)	Kontoauszug		Bankguthaben	
6)		Kauf von Stahlrohren auf Ziel		Verbindlichkeiten a. L. L.
7)		Kauf einer Rohrtrennanlage auf Ziel		
8)	Kassenbeleg			Betriebs- und Geschäftsausstattung
9)		Tilgung einer Darlehensschuld durch Banküberweisung		
10)		Überweisung an den Rohstofflieferer Mannes AG		Bankguthaben
11)	Eingangsrechnung	Kauf von Brems- und Schaltungskomponenten auf Ziel		Verbindlichkeiten a. L. L.
12)	Kontoauszug		Kasse	Bankguthaben
13)		Kauf von Fahrradbekleidung auf Ziel		

Aufgaben

Aufgabe 1

Bringen Sie die nachfolgenden Tätigkeiten der Belegbearbeitung in eine sinnvolle Reihenfolge (1–9).

- ☐ Buchung in chronologischer (zeitlicher) Reihenfolge (Grundbuch)
- ☐ Belege sortieren
- ☐ Vernichtung der Belege
- ☐ Kontierung des Beleges
- ☐ Buchung in sachlicher Ordnung auf Konten (Hauptbuch)
- ☐ Posteingangsstempel auf den Beleg
- ☐ Ablage der Belege
- ☐ Belegprüfung (ggf. sachliche und rechnerische Prüfung)
- ☐ Vergabe einer internen Belegnummer, ggf. Kunden- oder Lieferantennummer vermerken

Aufgabe 2

Die Fly Bike Werke GmbH erhält am 13. 07. 20XX nachfolgend abgebildeten Kontoauszug. Der Kontoauszug (Buchungsbeleg) ist die Grundlage für die Kontierung und die Buchung von drei Geschäftsvorfällen.

a Formulieren Sie für die drei Geschäftsvorfälle einen eindeutigen Text. Beachten Sie dabei, dass die Hofkauf AG ein Kunde und die Alu-Werke Bonn AG ein Rohstofflieferer der Fly Bike Werke GmbH ist.

b Geben Sie für die drei Geschäftsvorfälle die jeweilige Kontierung und den Buchungssatz an.

Kontoauszug

IBAN		Bank		Auszug	Blatt
DE86 2804 0114 0112 3264 44		Oldenburg-Bank		126	1

Buchungstag	Wert	Vorgang/Erläuterungen	Beträge in EUR
		Kontostand am 12. 07. 20XX	32.430,00 +
13. 07. 20XX	13. 07. 20XX	Barauszahlung	1.000,00 –
13. 07. 20XX	13. 07. 20XX	Hofkauf AG, Köln Rechnung 312 vom 01. 07. 20XX	23.800,00 +
13. 07. 20XX	13. 07. 20XX	Alu-Werke Bonn AG Rechnung 398 vom 20. 06. 20XX	11.900,00–
		Kontostand am 13. 07. 20XX	43.330,00 +

Fly Bike Werke GmbH, Oldenburg

Aufgabe 3

Geben Sie für nachfolgende Kontierungen jeweils den zutreffenden Beleg und den jeweiligen Buchungssatz an.

Kontierung Nr. 1

Konto	Soll	Haben
Bankguthaben	23.800,00	
Forderungen a.L.L.		23.800,00
Gebucht: 01.08.20XX G120 Ta/La		

Kontierung Nr. 2

Konto	Soll	Haben
Fuhrpark	59.500,00	
Verbindlichkeiten a.L.L.		59.500,00
Gebucht: 01.08.20XX G120 Ta/La		

Kontierung Nr. 3

Konto	Soll	Haben
Kasse	1.785,00	
Geschäftsausstattung		1.785,00
Gebucht: 01.08.20XX G121 Ta/La		

Aufgabe 4
Erstellen Sie einen Geschäftsgang im Grund- und Hauptbuch.

Anfangsbestände der Bestandskonten	€
Grundstücke und Gebäude (GuG)	400.000,00
Technische Anlagen und Maschinen (TAM)	150.000,00
Fuhrpark (Fu)	30.000,00
Betriebs- und Geschäftsausstattung (BGA)	900.000,00
Rohstoffe (Ro)	60.000,00
Hilfsstoffe (Hi)	20.000,00
Forderungen a. L. L. (Fo)	35.000,00
Kasse (Ka)	5.000,00
Bankguthaben (Ba)	52.000,00
Eigenkapital (EK)	?
Langfristige Bankverbindlichkeiten (LB)	500.000,00
Verbindlichkeiten a. L. L. (Vbk)	252.000,00

Nr.	Belegart	Geschäftsvorfälle	€
1)	Grundbuchauszug, Kontoauszug	Bankgutschrift für den Verkauf eines ungenutzten Grundstücks	50.000,00
2)	Kontoauszug	Bankgutschriften für Kundenüberweisungen	25.000,00
3)	Eingangsrechnung	Kauf eines Pkw für den Geschäftsführer auf Ziel	60.000,00
4)	Eingangsrechnungen	Zielkauf von Rohstoffen und Hilfsstoffen	25.000,00 10.000,00
5)	Ausgangsrechnung	Verkauf einer gebrauchten Maschine auf Ziel	22.000,00
6)	Kontoauszug	Banklastschrift für die Überweisung einer Darlehensrate	20.000,00
7)	Eingangsrechnung	Zielkauf einer Büroeinrichtung für den Geschäftsführer	32.000,00
8)	Kontoauszug	Banklastschriften für Überweisungen an Lieferer	45.000,00
9)	Quittung	Kauf eines Mobiltelefons gegen Barzahlung	900,00
10)	Quittung	Verkauf eines gebrauchten Büroschreibtisches (Barzahlung)	700,00

Aufgabe 5
Bilden Sie die Buchungssätze für die folgenden Geschäftsvorfälle:

Nr.	Belegart	Geschäftsvorfälle	€
1)	Eingangsrechnung	Hilfsstoffeinkauf auf Ziel	2.000,00
2)	Ausgangsrechnung	Verkauf eines gebrauchten Handys (Barzahlung)	50,00
3)	Kontoauszug	Bankgutschrift: Kundenüberweisung	2.700,00
4)	Eingangsrechnung	Kauf einer Telefonanlage auf Ziel	3.400,00
5)	Quittung	Barkauf eines Handys	900,00
6)	Quittung	Barkauf von Werkzeugen	2.500,00
7)	Kontoauszug	Banklastschrift: Überweisung an einen Lieferer	2.700,00
8)	Kassenbeleg	Barkauf eines gebrauchten Lkws	48.000,00
9)	Vertrag, Kontoauszug	Aufnahme eines Darlehens bei einer Bank mit Gutschrift auf dem Bankkonto	60.000,00
10)	Eingangsrechnung	Kauf einer Verpackungsmaschine für das Lager auf Ziel	14.500,00
11)	Ausgangsrechnung	Verkauf gebrauchter Büromöbel auf Ziel	6.000,00

Lernsituation 47

FK → LF 5 Kapitel 3.4

Bilanzen und Bilanzkonten unterscheiden

Herr Stein, Geschäftsführer der Stein GmbH in Bonn, hat für das Geschäftsjahresende 20X1 die nachfolgende Bilanz aufgestellt. Für den Beginn des Geschäftsjahres 20X2 müssen die Anfangsbestände auf die Bestandskonten übertragen und das Eröffnungsbilanzkonto erstellt werden.

Aktiva	Bilanz der Stein GmbH zum 31. 12. 20X1		Passiva
A. Anlagevermögen		**A. Eigenkapital (EK)**	661.550,00
1. Gründstücke und Gebäude (GuG)	520.000,00	**B. Verbindlichkeiten**	
2. Techn. Anlagen u. Maschinen (TAM)	125.000,00	1. Langfristige Bankverbindlichkeiten (LB)	780.000,00
3. Betriebs- und Geschäftsausstattung (BGA)	337.000,00	2. Verbindlichkeiten a. L. L. (Vbk)	64.600,00
B. Umlaufvermögen			
1. Rohstoffe (Ro)	312.000,00		
2. Forderungen a. L. L. (Fo)	124.000,00		
3. Kasse (Ka)	5.260,00		
4. Bankguthaben (Ba)	82.890,00		
	1.506.150,00		1.506.150,00
			Bonn, 04. 03. 20X2 Klaus Stein

1 Tragen Sie die Eröffnungsbuchungen in das Grundbuch ein und erstellen Sie danach im Hauptbuch die Eröffnungsbilanz für das neue Geschäftsjahr.

Grundbuch: Eröffnungsbuchungen

Nr.	Soll	€	Haben	€
1)				
2)				
3)				
4)				
5)				
6)				
7)				
8)				
9)				
10)				

Hauptbuch:

Soll	Eröffnungsbilanzkonto	Haben

Arbeitsblatt 47.1 Bilanzen und Bilanzkonten

Ende des vorigen Geschäftsjahres:

Inventur

↓

Inventar

↓

....	Schlussbilanz	....
.... Bestandskonten		.... Bestandskonten

↓

Basis für das neue Berichtsjahr

Beginn des Berichtsjahres:

....	Eröffnungsbilanz	....
.... Bestandskonten		.... Bestandskonten

↓

....	Eröffnungsbilanzkonto (EBK)	....
.... Bestandskonten		.... Bestandskonten

Grundbuch: Eröffnungsbuchungen

.... Bestandskonten	an	EBK
EBK	an	.... Bestandskonten

Grundbuch: alle Geschäftsvorfälle des Berichtsjahres

Grundbuch: Abschlussbuchungen

SBK	an	.... Bestandskonten
.... Bestandskonten	an	SBK

Ende des Berichtsjahres: Vorläufiger Abschluss im Hauptbuch; Abgleich der Sollwerte (Buchhaltung) mit den Istwerten (Inventur); ggf. Korrekturbuchungen im Grund- und Hauptbuch

....	Schlussbilanzkonto (SBK)	....
.... Bestandskonten		.... Bestandskonten

↓

Inventur

↓

Inventar

↓

....	Schlussbilanz	....
.... Bestandskonten		.... Bestandskonten

Aufgaben

Aufgabe 1

a Beschreiben Sie die Geschäftsvorfälle, die zu den nachfolgenden Buchungen auf dem Konto Kasse geführt haben.

S	Kasse		H
EBK	4.560,00	2) Verbindlichkeiten a. L. L. (Vbk)	2.300,00
1) Bankguthaben (Ba)	24.500,00	3) Techn. Anlagen und Maschinen (TAM)	5.000,00
5) Fuhrpark (Fu)	3.000,00	4) Rohstoffe (Ro)	7.200,00
6) Betriebs- u. Geschäftsausst. (BGA)	1.200,00	7) Postbankguthaben (PBG)	2.000,00
8) Forderungen a. L. L. (Fo)	5.000,00	SBK	21.760,00
	38.260,00		38.260,00

b Bilden Sie die Buchungssätze:

ba Eröffnung Konto Kasse mit einem Anfangsbestand von 6.000,00 €

bb Eröffnung Konto Darlehen mit einem Anfangsbestand von 200.000,00 €

bc Abschluss Konto Verbindlichkeiten a. L. L. mit einem Endbestand von 64.000,00 €

bd Abschluss Konto Fuhrpark mit einem Endbestand von 34.000,00 €

be Einkauf eines neuen Lkw auf Ziel 75.000,00 €

bf Verkauf eines gebrauchten Lkw auf Ziel 12.000,00 €

Aufgabe 2

Vervollständigen Sie die nachfolgenden Aussagen durch Zuordnung der richtigen Begriffe.

a Sollbuchungen bewirken eine Mehrung des Wertes auf ....

b Die Eröffnungsbuchungen lauten immer EBK an ....

c Schlussbilanzwerte werden immer durch eine .... ermittelt.

d Das Eröffnungsbilanzkonto enthält dieselben Posten und Werte wie die ....

e Minderungen auf einem passiven Bestandskonto werden als .... erfasst.

f Verluste bewirken in der Bilanz eine ....

g Der Endbestand des Kontos Eigenkapital steht im SBK im ....

h Der Anfangsbestand des Kontos Forderungen steht im ....

i Die Aktiva einer Eröffnungsbilanz stehen im EBK im ....

j Die Passiva einer Schlussbilanz stehen im SBK im ....

k Die erste Angabe in einem Buchungssatz ist die ....

l Aktiva und Passiva sind Bezeichnungen für eine ....

m Inventurwerte des letzten Geschäftsjahres finden wir in der ....

Begriffe: aktive Bestandskonten, Eigenkapitalminderung, Eroffnungsbilanz, Haben, Inventur, passive Bestandskonten, Sollbuchung, Soll (Mehrfachnennungen sind moglich!)

Aufgabe 4
Folgendes Eröffnungsbilanzkonto ist vorgegeben.

Soll		Eröffnungsbilanzkonto	Haben
Eigenkapital (EK)	300.000,00	Grundstücke und Gebäude (GuG)	290.000,00
Langfristige Bankverbindlichkeiten (LB)	160.000,00	Technische Anlagen und Maschinen (TAM)	60.000,00
Verbindlichkeiten a. L. L. (Vbk)	120.500,00	Betriebs- und Geschäftsausstattung (BGA)	45.000,00
		Rohstoffe (Ro)	90.000,00
		Forderungen a. L. L. (Fo)	65.000,00
		Kasse (Ka)	5.500,00
		Bankguthaben (Ba)	25.000,00
	580.500,00		580.500,00

Nr.	Belegart	Geschäftsvorfälle	€
1)	Eingangsrechnung	Einkauf von Rohstoffen auf Ziel	85.000,00
2)	Vertrag, Kontoauszug	Aufnahme eines Darlehens gegen Banküberweisung	300.000,00
3)	Vertrag, Kontoauszug	Kauf eines Grundstückes gegen Banküberweisung	200.000,00
4)	Eingangsrechnung, Kontoauszug	Kauf einer Maschine gegen Banküberweisung	50.000,00
5)	Eingangsrechnung	Kauf von Büroeinrichtungen auf Ziel	20.000,00
6)	Ausgangsrechnung	Verkauf einer gebrauchten Maschine auf Ziel	20.000,00
7)	Kassenbeleg, Kontoauszug	Barabhebung vom Bankkonto	5.000,00
8)	Kontoauszug	Banküberweisung von Kunden	65.000,00
9)	Kontoauszug	Banküberweisung an Lieferer	55.000,00
10)	Quittung	Barkauf eines Bürodrehstuhls	1.500,00
11)	Eingangsrechnung, Kontoauszug	Banküberweisung nach Fertigstellung einer neuen Lagerhalle	50.000,00

Erstellen Sie das Grundbuch mit allen Eröffnungsbuchungen (über EBK), Buchungen der Geschäftsvorfälle und allen Abschlussbuchungen (über SBK). Erstellen Sie anschließend das Hauptbuch (EBK bis SBK).

Lernsituation 48

FK → LF 5 Kapitel 3.5

Erfolge ermitteln

In der Buchhaltung der Fly Bike Werke GmbH werden wöchentlich die Aufwendungen und Erträge erfasst, um kontinuierlich den Erfolg des Geschäftsbetriebs zu ermitteln. Für die 23. Kalenderwoche liegen die nachfolgenden Aufwands- und Ertragspositionen vor.

Frau Taubert aus der Buchhaltung bereitet für die wöchentliche Dienstbesprechung mit der Geschäftsführerin, Frau Nowak, eine übersichtliche Gegenüberstellung der Aufwendungen und Erträge vor.

1 Ordnen Sie die Beträge in der ersten Spalte der Tabelle den Spalten für die Aufwendungen und Erträge zu.

Aufwands- und Ertragspositionen der Fly Bike Werke, 23. Kalenderwoche	**Wert der Aufwendungen in €**	**Wert der Erträge in €**
Aufwendungen für Rohstoffe: 24.000,00 €		
Aufwendungen für Vorprodukte/Fremdbauteile: 62.000,00 €		
Aufwendungen für Hilfsstoffe: 12.000,00 €		
Aufwendungen für Betriebsstoffe: 6.000,00 €		
Aufwendungen für Waren: 24.000,00 €		
Verpackungsmaterial: 2.300,00 €		
Energie: 2.600,00 €		
Löhne: 44.000,00 €		
Gehälter: 38.000,00 €		
Mieten/Pachten: 5.000,00 €		
Büromaterial: 600,00 €		
Postgebühren/Telefon: 400,00 €		
Werbung: 5.000,00 €		
Versicherungsbeiträge: 2.100,00 €		
Kfz-Steuer: 600,00 €		
Zinsaufwendungen: 2.300,00 €		
Umsatzerlöse für eigene Erzeugnisse: 98.000,00 €		
Umsatzerlöse für Waren: 12.000,00 €		
Zinserträge: 520,00 €		
Summen		

2 Ermitteln Sie anschließend in der letzten Zeile der Tabelle den Gesamtwert der Aufwendungen und der Erträge der Fly Bike Werke GmbH in der 23. Kalenderwoche.

3 Tragen Sie Ihre Ergebnisse in die nachfolgenden Tabelle ein und ermitteln Sie dann den Erfolg der Fly Bike Werke GmbH in der 23. Kalenderwoche.

Summe der Erträge	– Summe der Aufwendungen	= Erfolg

Aufwendungen > Erträge = Verlust

Aufwendungen < Erträge = Gewinn

4 Stellen Sie fest, ob die Fly Bike Werke GmbH in der 23. Kalenderwoche einen Verlust oder einen Gewinn erzielt hat.

Arbeitsblatt 48.1 Materialverbrauch 1: Inventurmethode (Bestandsvergleich)

Ablauf:

1 Der Anfangsbestand des Materialkontos wird auf das Bestandskonto übertragen.
2 Alle Einkäufe werden auf dem Bestandskonto im Soll gebucht.
Hinweis: Während der Abrechnungsperiode wird kein Materialverbrauch gebucht.
3 Der Endbestand für die Bestandskonten wird als Inventurwert vorgegeben.
4 Die Materialverbräuche werden rechnerisch als Differenz zwischen Anfangsbestand + Einkäufe – Endbestand auf den Bestandskonten ermittelt und auf die Aufwandskonten umgebucht.
5 Die Aufwandskonten werden abgeschlossen.

Grundbuch:

	€		€
1a) Eröffnung Rohstoffe (AB)	5.000,00	1b) Eröffnung Hilfsstoffe (AB)	2.000,00
2a) Einkauf Rohstoffe auf Ziel	10.000,00	2b) Einkauf Hilfsstoffe auf Ziel	5.000,00
3a) Inventurbestand Rohstoffe	2.000,00	3b) Inventurbestand Hilfsstoffe	2.500,00

Nr.	Soll	€	Haben	€
1a) 1b)				
2a) 2b)				
3a) 3b)				

Hauptbuch:

Bestandskonten

S	Rohstoffe	H

S	Hilfsstoffe	H

Aufwandskonten

S	Aufw. f. Rohstoffe	H

S	Aufw. f. Hilfsstoffe	H

Zu 4) Ermitteln Sie auf den Bestandskonten den jeweiligen Materialverbrauch und buchen Sie diesen um.
Zu 5) Schließen Sie die Aufwandskonten ab.

Grundbuch:

4a) Umbuchung Materialverbrauch Rohstoffe
5a) Abschluss Aufwendungen für Rohstoffe
4b) Umbuchung Materialverbrauch Hilfsstoffe
5b) Abschluss Aufwendungen für Hilfsstoffe

Nr.	Soll	€	Haben	€
4a) 4b)				
5a) 5b)				

Hauptbuch:

S	SBK	H

S	GuV-Konto	H

Arbeitsblatt 48.2 Materialverbrauch 2: Skontrationsmethode (Bestandsfortschreibung)

Ablauf:

1 Der Anfangsbestand des Materialkontos wird auf das Bestandskonto übertragen.
2 Alle Einkäufe werden auf dem Bestandskonto im Soll gebucht.
3 Materialverbräuche werden durch Materialentnahmescheine (MES) erfasst.
Buchung: Aufwandskonto an Bestandskonto
4 Der Endbestand wird auf dem Bestandskonto rechnerisch ermittelt (und in der Inventur überprüft).
5 Der Materialverbrauch ergibt sich als Saldo auf dem Aufwandskonto.

Grundbuch:

	€		€
1a) Eröffnung Rohstoffe (AB)	50.000,00	1b) Eröffnung Hilfsstoffe (AB)	20.000,00
2a) Einkauf Rohstoffe auf Ziel	100.000,00	2b) Einkauf Hilfsstoffe auf Ziel	100.000,00
3a) MES Rohstoffe	130.000,00	3b) MES Hilfsstoffe	40.000,00

Nr.	Soll	€	Haben	€
1a) 1b)				
2a) 2b)				
3a) 3b)				

Hauptbuch:

Bestandskonten

S	Rohstoffe	H

S	Hilfsstoffe	H

Aufwandskonten

S	Aufw. f. Rohstoffe	H

S	Aufw. f. Hilfsstoffe	H

Zu 4) Ermitteln Sie auf den Bestandskonten die Endbestände und schließen Sie die Konten ab.
Zu 5) Ermitteln Sie auf den Erfolgskonten den Materialverbrauch und schließen Sie die Konten ab.

Grundbuch:

4a) Abschluss Rohstoffe
5a) Abschluss Aufwendungen für Rohstoffe
4b) Abschluss Hilfsstoffe
5b) Abschluss Aufwendungen für Hilfsstoffe

Nr.	Soll	€	Haben	€
4a) 4b)				
5a) 5b)				

Hauptbuch:

S	SBK	H

S	GuV-Konto	H

Arbeitsblatt 48.3 Materialverbrauch 3: aufwandsorientierte Buchungstechnik (Just-in-time-Verfahren)

Ablauf:

1 Der Anfangsbestand des Materialkontos wird auf das Bestandskonto übertragen.
2 Alle Einkäufe werden auf dem Aufwandskonto im Soll gebucht.
Hinweis: Während der Abrechnungsperiode werden Einkäufe als Aufwand erfasst.
3 Der Endbestand für die Bestandskonten wird als Inventurwert vorgegeben.
4 Die Materialbestandsveränderungen werden rechnerisch als Differenz zwischen Anfangsbestand – Endbestand auf den Bestandskonten ermittelt und auf die Aufwandskonten umgebucht.
AB > EB = Aufwandsmehrung; AB < EB = Aufwandsminderung
5 Die Aufwandskonten werden abgeschlossen.

Grundbuch:

	€		€
1a) Eröffnung Rohstoffe (AB)	2.000,00	1b) Eröffnung Hilfsstoffe (AB)	1.000,00
2a) Einkauf Rohstoffe auf Ziel	15.000,00	2b) Einkauf Hilfsstoffe auf Ziel	7.500,00
3a) Inventurbestand Rohstoffe	1.200,00	3b) Inventurbestand Hilfsstoffe	500,00

Nr.	Soll	€	Haben	€
1a) 1b)				
2a) 2b)				
3a) 3b)				

Hauptbuch:

Bestandskonten

S	Rohstoffe	H

S	Hilfsstoffe	H

Aufwandskonten

S	Aufw. f. Rohstoffe	H

S	Aufw. f. Hilfsstoffe	H

Zu 4) Ermitteln Sie auf den Bestandskonten die Bestandsveränderungen und buchen Sie diese um.
Zu 5) Schließen Sie die Aufwandskonten ab.

Grundbuch:

4a) Umbuchung Bestandsveränderung Rohstoffe
5a) Abschluss Aufwendungen für Rohstoffe
4b) Umbuchung Bestandsveränderung Hilfsstoffe
5b) Abschluss Aufwendungen für Hilfsstoffe

Nr.	Soll	€	Haben	€
4a) 4b)				
5a) 5b)				

Hauptbuch:

S	SBK	H

S	GuV-Konto	H

Arbeitsblatt 48.4 Erfolg mit Handelswaren

Die Fly Bike Werke GmbH hat im Rahmen eines Streckengeschäftes 150 Fahrradanhänger an die MaHro AG in Essen liefern lassen. Der Verkäufer, die Fahrradteile International GmbH, hat die Transport- und Verpackungskosten übernommen.

Beleg Nr. 1

Fahrradteile International GmbH

Posteingang: *21. 08. 20XX*

Fahrradteile International GmbH, Borgwardstr. 16 28309 Bremen
Fly Bike Werke GmbH
Rostocker Straße 334
26121 Oldenburg

Kundennummer:	10112
Ihre Bestellung Nr.:	76
Ihr Bestell-Datum:	09.07.20XX
Unsere Lieferschein-Nr.:	102
Unser Lieferdatum:	20.08.20XX

Ihr Ansprechpartner: Herr Itze
Tel. 0421 83XX567

Rechnungsprüfung	
Sachlich richtig	Rechnerisch richtig
Datum *21.08.20XX*	Datum *21.08.20XX*
Nz. *Taubert*	Nz. *Taubert*

Rechnung-Nr .: 102		Rechnungs-Datum: 20.08.20XX			
Artikel-Nr.	Artikelbezeichnung	Stückzahl	Einzelpreis €	Rabatt %	Gesamtpreis €
10100	Fahrradanhänger WXP-100 Ihre Modellbezeichnung „Kelly"	100	45,00	0,00	4.500,00
10300	Fahrradanhänger WXO-300 Ihre Modellbezeichnung „Max"	50	75,00	0,00	3.750,00
		Rechnungsbetrag[1]			8.250,00

Versandart: Lieferung frei Lager Mühlheim per Lkw.
Wir liefern direkt in Ihrem Auftrag an die MaHro AG
Zwischenlager Mühlheim, Kruppstr. 60,
45472 Mühlheim a.d.R.

Beleg Nr. 2

FLY BIKE Werke GmbH

FBW GmbH, Rostocker Str. 334, 26121 Oldenburg
MaHro AG
Zentraleinkauf
Altenessener Straße 661
45472 Essen

Kundennummer: 40022
Ihre Bestellung Nr.: 5982
Ihr Bestelldatum: 15.08.20XX
Unsere Lieferschein-Nr.: 336
Unser Lieferdatum: 22.08.20XX

Name: Frau Dioli
Telefon: 0441 8XX-12
E-Mail: soave.dioli@flybike-werke.dex

Rechnungsdatum: 22.08.20XX

Rechnung-Nr. 612

Pos-Nr.	Artikel-Nr.	Artikelbezeichnung	Menge	Einzelpreis in €	Rabatt in %	Gesamtpreis in €
01	601	Fahrradanhänger *Kelly*	100	110,00	20,00	8.800,00
02	603	Fahrradanhänger *Max*	50	270,00	20,00	10.800,00
			Nettorechnungsbetrag in €[1]			19.600,00

[1] Der Rechnungsbetrag ist umsatzsteuerpflichtig – siehe Fachkunde, Lernfeld 5, Kapitel 5 und Lernsituation 50.

1 Buchen Sie den Ein- und Verkauf der Handelsware.

2 Ermitteln Sie den Rohgewinn aus diesem Geschäft.

Nr.	Soll	€	Haben	€
1)				
2)				

Arbeitsblatt 48.5 Bestands- oder Erfolgskonto – Gewinn oder Verlust?

Ein Industrieunternehmen ermittelt folgende Kontenabschlussbeträge am Jahresende.

a Ordnen Sie die Beträge den Abschlusskonten zu.

b Erstellen Sie das GuV-Konto und ermitteln Sie den Gewinn.

c Vervollständigen Sie das Eigenkapitalkonto und erstellen Sie danach das Schlussbilanzkonto.

Konten (mit Abkürzungen für die Abschlusskonten)		Beträge in €	Aktives Bestandskonto	Passives Bestandskonto	Aufwandskonto	Ertragskonto
			Abschluss SBK im Soll	Abschluss SBK im Haben	Abschluss GuV im Soll	Abschluss GuV im Haben
Aufwendungen für Rohstoffe	AfR	40.000,00			40.000,00	
Bankguthaben	Ba	43.000,00				
Büromaterial	Bü	750,00				
Darlehen (langfristige Bankverbindlichkeiten)	Da	60.000,00				
Eigenkapital	EK	?				
Forderungen a. L. L.	Fo	25.000,00				
Fuhrpark	Fu	30.000,00				
Fremdinstandhaltung	Fr	1.200,00				
Grundstücke u. Gebäude	GuG	90.000,00				
Geschäftsausstattung	GA	25.000,00				
Gehälter	Ge	32.000,00				
Kasse	Ka	5.200,00				
Löhne	Lö	44.000,00				
Mieten/Pachten	MuP	36.000,00				
Mieterträge	ME	5.000,00				
Postgebühren/Telefon	PuT	500,00				
Provisionserträge	PrE	1.200,00				
Umsatzerlöse für eigene Erzeugnisse	UfE	180.000,00				
Rohstoffe	Ro	4.000,00				
Verbindlichkeiten a. L. L.	Vbk	44.000,00				
Zinserträge	ZE	2.400,00				

S	GuV-Konto H
AfR	

S	Schlussbilanzkonto (SBK) H

S	Eigenkapital (EK) H
	EBK 84.050,00

Arbeitsblatt 48.6 Abschluss von Erfolgs- und Bestandskonten

Ertragskonten	an	....
....	an	Aufwandskonten
GuV-Konto (bei Gewinn)	an	....
SBK	an	....
....	an	SBK

Schließen Sie die Konten ab: GuV-Konto oder SBK?

S — BGA — H

S		H	
EBK	50.000,00		
5) Ba	6.000,00		

S — Eigenkapital (EK) — H

S		H	
		EBK	44.000,00

S — Rohstoffe (Ro) — H

S		H	
EBK	7.000,00	SBK	6000,00
1) Vbk	30.000,00		
2) Ba	2.000,00		

S — langfr. Bankverbindlichkeiten (LB) — H

S		H	
4) Ba	10.000,00	EBK	30.000,00

S — Bankguthaben (Ba) — H

S		H	
EBK	23.000,00	2) Ro	2.000,00
3) UfE	52.000,00	4) LB	10.000,00
7) ZE	500,00	5) BGA	6.000,00
8) UfE	6.000,00	6) Ge	20.000,00

S — Verbindlichkeiten a. L. L. (Vbk) — H

S		H	
		EBK	6.000,00
		1) Ro	30.000,00

S — Aufwendungen f. Rohstoffe (AfR) — H

S		H	

S — Umsatzerlöse f. eigene Erzeugnisse (UfE) — H

S		H	
		3) Ba	52.000,00
		8) Ba	6.000,00

S — Gehälter (Ge) — H

S		H	
6) Ba	20.000,00		

S — Zinserträge (ZE) — H

S		H	
		7) Ba	500,00

S — SBK — H

S		H	

S — GuV-Konto — H

S		H	

Arbeitsblatt 48.7 Das Bestandsveränderungskonto BVÄ – „das etwas andere Konto“

Buchungstechnik:
- Die Bestandskonten „Unfertige Erzeugnisse“ und „Fertige Erzeugnisse“ werden nur am Anfang und am Ende eines Geschäftsjahres gebucht (Gegenbuchung EBK bzw. SBK).
- Die Differenzen zwischen Anfangs- und Endbeständen sind die hier relevanten Bestandsveränderungen.
- Diese Bestandsveränderungen werden am Ende eines Geschäftsjahres auf das Erfolgskonto BVÄ umgebucht.

Aufwands- oder Ertragskonto?
- Die Bestandsmehrungen überwiegen → Ertragskonto
- Die Bestandsminderungen überwiegen → Aufwandskonto

Steckbrief BVÄ
Kontenart: Erfolgskonto
Abschluss: über das GuV-Konto
Besonderheit: Aufwands- ODER Ertragskonto

Beispiel: Bestandsmehrungen überwiegen

S	Unfertige Erzeugnisse (UE)		H
EBK	50.000,00	SBK	40.000,00

S	Fertige Erzeugnisse (FE)		H
EBK	20.000,00	SBK	60.000,00

Grundbuch:

1) Bestandsminderung Unfertige Erzeugnisse: .... €

2) Bestandsmehrung Fertige Erzeugnisse: .... €

Nr.	Soll	€	Haben	€
1)				
2)				

Hauptbuch:

S	Bestandsveränderungen (BVÄ)	H

Grundbuch:

3) Abschluss BVÄ über GuV: .... €

Nr.	Soll	€	Haben	€
3)				

Hauptbuch:

S	GuV-Konto (GuV)	H

Das Bestandsveränderungskonto verändert in diesem Beispiel den Gewinn um .... €.

Aufgaben

Aufgabe 1

Bilden Sie die Buchungssätze für die nachfolgenden erfolgswirksamen Geschäftsvorfälle unter Beachtung der folgenden Erfolgskonten: Aufwendungen für Fremdbauteile, Aufwendungen für Rohstoffe, Büromaterial, Fremdinstandhaltung, Gehälter, Kfz-Steuer, Löhne, Mieten/Pachten, Mieterträge, Postgebühren/Telefon, Provisionserträge, Umsatzerlöse für eigene Erzeugnisse, Versicherungsbeiträge, Werbung, Zinsaufwendungen, Zinserträge

Geschäftsvorfälle		€
1)	Gehaltszahlung per Banküberweisung	6.200,00
2)	Banklastschrift für Zinsen	510,00
3)	Barkauf von Büromaterial	120,00
4)	Banküberweisung an das Finanzamt für Kfz-Steuer	245,00
5)	Eingangsrechnung für die Gestaltung einer Werbeanzeige für eine Fachzeitschrift	1.900,00
6)	Reparatur eines Personalcomputers gegen Barzahlung	460,00
7)	Banküberweisung der Kfz-Haftpflichtversicherung	650,00
8)	Banküberweisung eines Lagerhallenmieters	2.000,00
9)	Barkauf von Briefmarken	50,00
10)	Bankgutschrift für Provisionen	2.300,00
11)	Banklastschrift für Telefongebühren	430,00
12)	Lohnzahlung, bar	14.200,00
13)	Kfz-Reparatur gegen Barzahlung	600,00
14)	Zinsgutschrift der Bank	500,00
15)	Banküberweisung an Vermieter	3.000,00
16)	Verbrauch von Fremdbauteilen in der Produktion	26.000,00
17)	Verkauf von eigenen Erzeugnissen gegen Banküberweisung	52.000,00
18)	Entnahme von Rohstoffen für die Produktion aus dem Lager	16.000,00

Aufgabe 2

Buchen Sie die Eröffnung, die Geschäftsvorfälle, die Ermittlung des Werkstoffverbrauchs sowie den Einsatz von Handelswaren und die Abschlussbuchungen im Grund- und Hauptbuch. Alle Ein- und Verkäufe werden über das Bankkonto (Anfangsbestand 600.000,00 €) bezahlt. Der Anfangsbestand für das Eigenkapital beträgt 762.800,00 €.

Bestandskonten: Rohstoffe, Hilfsstoffe, Betriebsstoffe, Handelswaren, Bankguthaben, Eigenkapital
Erfolgskonten: Aufwendungen für Rohstoffe (Fertigungsmaterial), Aufwendungen für Hilfsstoffe, Aufwendungen für Betriebsstoffe, Aufwendungen für Handelswaren, Umsatzerlöse für eigene Erzeugnisse, Umsatzerlöse für Handelswaren
Abschlusskonten: GuV-Konto, SBK

Werkstoffe und Handelswaren	Anfangsbestände	Einkäufe	Endbestände
Rohstoffe	86.000,00 €	240.000,00 €	64.000,00 €
Hilfsstoffe	48.000,00 €	122.000,00 €	52.000,00 €
Betriebsstoffe	9.600,00 €	92.000,00 €	6.200,00 €
Handelswaren	19.200,00 €	62.000,00 €	16.800,00 €

Der Verkaufswert aller produzierten und verkauften Erzeugnisse beträgt 700.000,00 €. Der Verkaufswert der Handelsware beträgt 74.000,00 €.

Aufgabe 3

Erstellen Sie einen vollständigen Geschäftsgang. Anfangsbestände der Bestandskonten:

Aktive Bestandskonten	€	Passive Bestandskonten	€
Grundstücke und Gebäude	360.000,00	Eigenkapital	600.000,00
Maschinen	250.000,00	Langfristige Bankverbindlichkeiten	250.000,00
Geschäftsausstattung	85.000,00		
Rohstoffe	35.000,00	Verbindlichkeiten a. L. L.	56.000,00
Hilfsstoffe	25.000,00		
Betriebsstoffe	12.500,00		
Forderungen a. L. L.	42.000,00		
Kasse	8.500,00		
Bankguthaben	88.000,00		

Hinweis: bestandsorientierter Materialeinkauf für das Lager.

Erfolgskonten: Aufwendungen für Rohstoffe (Fertigungsmaterial), Aufwendungen für Hilfsstoffe, Aufwendungen für Betriebsstoffe, Fremdinstandhaltung, Mieten, Löhne und Gehälter, Umsatzerlöse für eigene Erzeugnisse, Provisionserträge
Eröffnungs- und Abschlusskonten: EBK, GuV-Konto, SBK

Nr.	Belegart	Geschäftsvorfälle	€
1)	Eingangsrechnungen	Zieleinkauf von Rohstoffen, Hilfsstoffen und Betriebsstoffen	92.000,00 34.500,00 12.600,00
2)	Kontoauszug mit Lastschrift	Tilgung eines Darlehens durch Banküberweisung	10.000,00
3)	Kontoauszug mit Gutschrift	Banküberweisungen von Kunden	38.000,00
4)	Eingangsrechnung	Reparatur einer Verpackungsmaschine auf Ziel	14.000,00
5)	Kontoauszug mit Lastschrift	Lohn- und Gehaltsauszahlungen	65.000,00
6)	Kontoauszug mit Lastschriften	Überweisungen an Lieferer Überweisung an Lagerhallenvermieter	26.500,00 12.000,00
7)	Ausgangsrechnungen	Verkauf aller produzierten Erzeugnisse auf Ziel	252.000.00
8)	Kassenbeleg	Verkauf eines gebrauchten Schreibtisches gegen Barzahlung	200,00
9)	Kassenbeleg	Für die Vermittlung eines Warengeschäftes erhalten wir eine Provision bar.	2.500,00

Inventurbestände:
Rohstoffe: 15.000,00 €; Hilfsstoffe: 37.000,00 €; Betriebsstoffe: 8.400 €

Aufgabe 4

a Ermitteln Sie den Materialverbrauch und den Wert des Wareneinsatzes (WE).

	Anfangsbestände in €	Endbestände in €	Einkäufe in €	Verbräuche (WE) in €
1) Rohstoffe	40.000,00	60.000,00	120.000,00	
2) Hilfsstoffe	2.000,00	1.500,00	40.000,00	
3) Betriebsstoffe	1.200,00	1.000,00	16.000,00	
4) Fremdbauteile	8.000,00	12.500,00	240.000,00	
5) Handelswaren	4.200,00	6.000,00	41.800,00	

b Ermitteln Sie den Reingewinn, wenn weitere Aufwendungen in Höhe von 86.000,00 € gebucht worden sind. Die Umsatzerlöse für eigene Erzeugnisse betragen 612.500,00 €, die für Handelswaren 60.000,00 €.

c Berechnen Sie den Rohgewinn für Handelswaren in Euro und in Prozent.

Aufgabe 5

Erstellen Sie einen vollständigen Geschäftsgang im Grund- und Hauptbuch für ein Einzelunternehmen. Der Materialverbrauch von Roh- und Hilfsstoffen wird durch Materialentnahmescheine ermittelt. Die Verbrauchsermittlung der Betriebsstoffe erfolgt nach der Inventurmethode.

Anfangsbestände der Bestandskonten:

Aktive Bestandskonten	€	Passive Bestandskonten	€
Grundstücke und Bauten	360.000,00	Eigenkapital	604.000,00
Maschinen	250.000,00	Langfristige Bankverbindlichkeiten	250.000,00
Betriebs- und Geschäftsausstattung	81.000,00	Verbindlichkeiten a. L. L.	56.000,00
Rohstoffe	35.000,00		
Hilfsstoffe	25.000,00		
Betriebsstoffe	12.500,00		
Forderungen a. L. L.	42.000,00		
Bankguthaben	88.000,00		
Kasse	16.500,00		

Erfolgskonten: Aufwendungen für Rohstoffe (Fertigungsmaterial), Aufwendungen für Hilfsstoffe, Aufwendungen für Betriebsstoffe, Fremdinstandhaltung, Mieten/Pachten, Löhne, Umsatzerlöse für eigene Erzeugnisse, Provisionserträge
Eröffnungs- und Abschlusskonten: EBK, GuV-Konto, SBK

Nr.	Belegart	Geschäftsvorfälle	€
1)	Eingangsrechnungen	Einkauf von Rohstoffen, Hilfsstoffen und Betriebsstoffen auf Ziel	84.000,00 36.500,00 14.600,00
2)	Kontoauszug mit Lastschrift	Tilgung eines Darlehens durch Banküberweisung	15.000,00
3)	Kontoauszug mit Gutschrift	Banküberweisungen von Kunden	36.000,00
4)	Materialentnahmescheine	Verbrauch von Rohstoffen und Verbrauch von Hilfsstoffen	92.000,00 28.500,00
5)	Eingangsrechnung	Reparatur einer Verpackungsmaschine auf Ziel	6.000,00
6)	Kontoauszug mit Lastschriften	Überweisungen an Lieferer Überweisung an Lagerhallenvermieter	34.500,00 5.000,00
7)	Ausgangsrechnungen	Verkauf aller Erzeugnisse auf Ziel	246.000,00
8)	Kassenbeleg	Verkauf eines gebrauchten Schreibtisches gegen Barzahlung	800,00
9)	Kassenbeleg	Für die Vermittlung eines Warengeschäftes erhalten wir eine Provision in Höhe von	6.500,00
10)	Kontoauszug mit Lastschrift	Lohnauszahlungen	48.000,00

Abschlussangaben:
A 1 Inventurbestand der Betriebsstoffe: 8.400,00 €
A 2 Die Buchbestände der Roh- und Hilfsstoffe stimmen mit den entsprechenden Inventurbeständen überein.

Aufgabe 6

Ermitteln Sie den Erfolg:
Absatzleistung: 2 000 Erzeugnisse zu je 200,00 €
Lagerleistung: 500 Erzeugnisse zu je 120,00 €
Gesamtaufwand: 2 500 Erzeugnisse zu je 120,00 €

Aufgabe 7

In der Inventur werden 214 Komponenten des Typs MTB LX (Räder und Schaltungen) gezählt. In der Lagerbuchführung sind ebenfalls diese 214 Komponenten mit einem Einstandspreis von 60,78 € je Komponente verzeichnet. Die Wiederbeschaffungskosten gemäß aktueller Preisliste des Lieferers Tamino Deutschland GmbH betragen aufgrund einer Preissenkung wegen eines zukünftigen Modellwechsels zurzeit noch 51,66 €.

a Berechnen Sie die Wertminderung bei dieser Komponente.

b Buchen Sie diese übliche Wertminderung.

Aufgabe 8

Erstellen Sie einen Geschäftsgang im Grund- und Hauptbuch.

Hinweise:
- Der Rohstoffeinkauf wird aufwandsorientiert gebucht.
- Hilfs- und Betriebsstoffeinkäufe werden bestandsorientiert erfasst.
- Der Hilfsstoffverbrauch wird durch Materialentnahmescheine ermittelt.
- Der Betriebsstoffverbrauch wird im Rahmen der Inventur errechnet und gebucht.

Anfangsbestände der Bestandskonten:

Aktive Bestandskonten	€	Passive Bestandskonten	€
Maschinen	120.000,00	Eigenkapital	200.000,00
Geschäftsausstattung	60.000,00	Langfristige Bankverbindlichkeiten	100.000,00
Rohstoffe	1.000,00		
Hilfsstoffe	12.000,00	Verbindlichkeiten a. L. L.	18.000,00
Betriebsstoffe	2.000,00		
Forderungen	44.000,00		
Bankguthaben	65.000,00		
Kasse	14.000,00		

Weitere einzurichtende Konten: EBK, Aufwendungen für Rohstoffe (Fertigungsmaterial), Aufwendungen für Hilfsstoffe, Aufwendungen für Betriebsstoffe, Löhne, Gehälter, Umsatzerlöse für eigene Erzeugnisse, Zinserträge, GuV-Konto, SBK

Nr.	Belegart	Geschäftsvorfälle	€
1)	Eingangsrechnung	Einkauf von Rohstoffen auf Ziel	60.000,00
2)	Ausgangsrechnung, Kassenbeleg	Verkauf einer gebrauchten Maschine gegen Barzahlung	20.000,00
3)	Eingangsrechnung, Kontoauszug	Einkauf von Hilfsstoffen gegen Banküberweisung	24.000,00
4)	Materialentnahmescheine	Hilfsstoffverbrauch	28.000,00
5)	Kontoauszug	Banküberweisungen für Löhne und Gehälter	14.000,00 8.500,00
6)	Kontoauszug	Bankgutschrift für Zinsen	2.500,00
7)	Eingangsrechnung	Zielkauf von Betriebsstoffen	6.000,00
8)	Ausgangsrechnung	Verkauf von eigenen Erzeugnissen auf Ziel	124.000,00
9)	Vertrag, Kontoauszug	Aufnahme eines Darlehens gegen Bankgutschrift	52.000,00
10)	Eingangsrechnung, Kontoauszug	Kauf einer neuen Büroeinrichtung gegen Banküberweisung	48.000,00

Abschlussangaben: Inventurbestand Rohstoffe 2.500,00 €; der Buchwert des Hilfsstoffbestandes stimmt mit dem Inventurwert überein; der Inventurwert der Betriebsstoffe beträgt 1.200,00 €.

Aufgabe 9

In einem Unternehmen, das nur ein Erzeugnis herstellt, betragen die Herstellungskosten je produziertes Erzeugnis 50,00 €. Die Nettoverkaufserlöse je verkauftes Erzeugnis betragen 80,00 €. Weitere Angaben:

– Anfangsbestände:	50 Stück	fertige Erzeugnisse
	100 Stück	unfertige Erzeugnisse, der Fertigungsgrad beträgt 50 %
– Produktion:	1 100 Stück	fertige Erzeugnisse
	200 Stück	unfertige Erzeugnisse, der Fertigungsgrad beträgt 50 %
– Absatz:	950 Stück	fertige Erzeugnisse
– Endbestände:	200 Stück	fertige Erzeugnisse
	300 Stück	unfertige Erzeugnisse, der Fertigungsgrad beträgt 50 %

Ermitteln Sie

a den Wert der Bestandsveränderungen für fertige und unfertige Erzeugnisse,

b den Erfolg in der Gewinn- und Verlustrechnung.

Aufgabe 10

Erstellen Sie einen Geschäftsgang im Grund- und Hauptbuch. Der Materialeinkauf soll bestandsorientiert erfasst werden.

Anfangsbestände der Bestandskonten in €:

Maschinen	55.000,00	Unfertige Erzeugnisse	2.000,00
Betriebs- und Geschäftsausstattung	62.000,00	Fertige Erzeugnisse	4.000,00
Forderungen a. L. L.	24.000,00	Bankguthaben	62.000,00
Rohstoffe	4.000,00	Kasse	2.300,00
Hilfsstoffe	3.500,00	Eigenkapital	?
Betriebsstoffe	4.200,00	Langfr. Bankverbindlichkeiten	45.000,00
		Verbindlichkeiten a. L. L.	87.000,00

Weitere einzurichtende Konten: Aufwendungen für Rohstoffe, Aufwendungen für Hilfsstoffe, Aufwendungen für Betriebsstoffe, Löhne und Gehälter, Mietaufwendungen, Bestandsveränderungen (BVÄ), Zinsaufwendungen, Umsatzerlöse für eigene Erzeugnisse, EBK, GuV-Konto, SBK

Nr.	Geschäftsvorfälle	€
1)	Rohstoffeinkauf auf Ziel	44.000,00
2)	Banküberweisung an den Vermieter der Produktionsstätte	16.000,00
3)	Hilfsstoffeinkauf gegen Banküberweisung	8.700,00
4)	Kauf einer neuen Maschine auf Ziel	14.600,00
5)	Materialentnahmeschein für Hilfsstoffe	9.800,00
6)	Betriebsstoffeinkauf auf Ziel	4.600,00
7)	Verkauf eigener Erzeugnisse gegen Banküberweisung	162.000,00
8)	Verkauf einer gebrauchten Büroeinrichtung gegen Banküberweisung	2.500,00
9)	Banküberweisung für Löhne und Gehälter	42.000,00
10)	Banküberweisung an Lieferer	38.000,00
11)	Banküberweisung: – Zinszahlungen und – Tilgungszahlungen für ein Bankdarlehen	500,00 1.500,00
12)	Bankgutschrift für Kundenüberweisungen	12.500,00
13)	Verkauf einer gebrauchten Maschine auf Ziel	6.000,00
14)	Barabhebung vom Bankkonto	700,00

Abschlussangaben: Inventurbestand Rohstoffe 4.600,00 €; Inventurbestand Betriebsstoffe 2.800,00 €; Inventurbestand Unfertige Erzeugnisse 650,00 €; Inventurbestand Fertige Erzeugnisse 5.200,00 €.

Aufgabe 11

Bilden Sie die Buchungssätze:

		€
1)	Bestandsminderung: Konto unfertige Erzeugnisse	22.000,00
2)	Bestandsmehrung: Konto fertige Erzeugnisse	32.000,00
3)	Auf dem Konto Bestandsveränderungen überwiegen die Bestandsminderungen.	114.000,00
4)	Auf dem Konto Bestandsveränderungen überwiegen die Bestandsmehrungen.	62.000,00
5)	Buchung der Bestandsveränderung unfertige Erzeugnisse: – Anfangsbestand – Endbestand	 6.000,00 20.000,00
6)	Buchung der Bestandsveränderung fertige Erzeugnisse: – Anfangsbestand – Endbestand	 36.000,00 18.000,00

Aufgabe 12

Ermitteln Sie die Unternehmensdaten eines kleinen Fahrradherstellers:

a die gesamten Aufwendungen (= Kosten) der Produktion,
b die Kosten je Stück,
c den Gewinnzuschlag in Euro, bezogen auf die Kosten,
d den Umsatzerlös (Verkaufspreis) je Stück,
e die gesamten Umsatzerlöse für die verkauften Fahrräder,
f die Bestandsminderung in Stück,
g die Bestandsminderung in Euro,
h den Gesamtgewinn der verkauften Fahrräder.

Berücksichtigen Sie die folgenden Angaben:
- gesamte Produktionsmenge: 2 400 Fahrräder,
- gesamte Absatzmenge: 2 450 Fahrräder (keine unfertigen Erzeugnisse),
- Gewinnzuschlag auf die Kosten = 30 %,
- Kosten des Lagerbestandes: 450,00 € je Stück

Soll	Gewinn- und Verlustkonto		Haben
Aufwendungen für Rohstoffe	92.600,00	Umsatzerlöse für eigene Erzeugnisse	
Aufwendungen für Fremdbauteile	186.000,00		
Aufwendungen für Hilfsstoffe	53.600,00		
Aufwendungen für Betriebsstoffe	51.200,00		
Löhne	348.600,00		
Gehälter	124.000,00		
Weitere Aufwendungen	224.000,00		
Bestandsveränderungen			
Eigenkapital (Gewinn)			

Aufgabe 13

Bei der Inventur im Handelswarenlager wurden nachfolgende – als üblich zu betrachtende – Inventurdifferenzen bei Fahrradanhängern festgestellt. Wertminderungen durch Beschädigungen oder Preisminderungen der Lieferanten sind nicht festgestellt worden.

Fahrradanhänger/Einstandspreise		Lagerbestandsliste	Inventurliste
601 Modell *Kelly*	60,00 €	4 Stück	4 Stück
602 Modell *Mini*	70,00 €	12 Stück	13 Stück
603 Modell *Max*	80,00 €	6 Stück	5 Stück
604 Modell *Kids*	110,00 €	16 Stück	15 Stück
605 Modell *Sven*	130,00 €	24 Stück	22 Stück

Ermitteln Sie für diese Handelswaren

a den Wert gemäß Lagerbuchführung,
b den Wert gemäß Inventur,
c den Wert der Inventurdifferenz.

Buchen Sie

d die Inventurdifferenz,
e den Abschluss des Kontos Handelswaren, wenn keine weiteren Handelswaren vorrätig sind.

Lernsituation 49

FK → LF 5 Kapitel 4.2

Auf Basis eines Kontenplans buchen

Herr Freitag ist zurzeit sehr zufrieden – sein Unternehmen wächst ständig (siehe Lernsituation 42). Sehr hilfreich dabei war seine eigene Webseite, über die er jetzt Sonderposten nur an Gewerbetreibende vertreibt. Darüber hinaus ist er auch Produzent geworden. Die Preise auf dem Weltmarkt für Computer-Bauteile sind so stark gesunken, dass es sich für ihn lohnt, Desktop-PCs zu produzieren. Natürlich „schrauben“ seine neuen Mitarbeiterinnen und Mitarbeiter nur Fremdbauteile zusammen. Er beschäftigt jetzt drei Angestellte und drei Arbeiter – alle in Vollzeit und unbefristet!

Außer einem Firmenwagen, vier PC-Einheiten (selbst hergestellt!), einigen Büromöbeln und einer kleinen Werkstatteinrichtung (Tische, Werkzeuge, Testgeräte) besitzt er immer noch kein „hochwertiges“ Anlagevermögen – die Lagerhalle mit Werkstatt und Bürotrakt ist nur gemietet. Natürlich hat Herr Freitag ein Bankkonto und kauft Handelswaren, Fremdbauteile, Hilfsstoffe und Betriebsstoffe „auf Rechnung“. Verkäufe auf Ziel macht er zwar nicht gerne, das ist jetzt aber nicht mehr zu vermeiden. Da die Expansion viel Geld gekostet hat, ist er jetzt auch Kunde bei der ortsansässigen Sparkasse in deren Darlehensgeschäft.

1 Erstellen Sie für Herrn Freitag einen Kontenplan, der für seine derzeitige Unternehmenssituation die wahrscheinlich notwendigen Konten auflistet. Es genügt die Angabe der Kontennummer.

Kontenplan Ben Freitag e. K.

Kontenklasse		Wahrscheinlich notwendige Konten
0	Sachanlagen	
1	Finanzanlagen	
2	Umlaufvermögen	
3	Eigenkapital	
4	Verbindlichkeiten	
5	Erträge	
6	Betriebliche Aufwendungen	
7	Weitere Aufwendungen	
8	Ergebnisrechnungen	

Arbeitsblatt 49.1 Wichtige Konten im Überblick

Erste Stelle = Kontenklasse

Zweite Stelle = ...

Dritte Stelle = ...

Vierte Stelle = ...

Konto-Nr.				Kontenbezeichnung
0	5	1	0	Bebaute Grundstücke
0	7	2	0	
0	8	2	0	
0	8	4	0	
0	8	6	0	
0	8	7	0	
2	0	0	0	
2	0	1	0	
2	0	2	0	
2	0	3	0	
2	1	0	0	
2	2	0	0	
2	4	0	0	
				Bankguthaben
				Kasse
3	0	0	0	
				Langfristige Bankverbindlichkeiten (Darlehen, Hypotheken)
4	4	0	0	
5	0	0	0	
				Bestandsveränderungen
				Nebenerlöse (z. B. Mieterträge)
5	7	1	0	
6	0	0	0	
6	0	1	0	
6	0	2	0	
6	0	3	0	
6	2	0	0	
6	3	0	0	
				Mieten, Pachten
6	8	0	0	
7	5	1	0	
				Eröffnungsbilanzkonto
8	0	1	0	
8	0	2	0	

Aufgaben

Aufgabe 1

Erläutern Sie die Geschäftsvorfälle, deren Buchungen Sie auf dem nachfolgenden Konto verfolgen können.

S	2800		H
1) 8000	24.000,00	3) 4400	4.600,00
2) 2400	2.300,00	4) 2880	500,00
6) 5100	6.900,00	5) 6880	200,00
		7) 8010	27.900,00
	33.200,00		33.200,00

Aufgabe 2

Folgendes Eröffnungsbilanzkonto ist vorgegeben:

S	8000		H
3000	116.500,00	0720	114.000,00
4250	84.000,00	0860	42.000,00
4400	25.700,00	0870	22.300,00
		2000	10.000,00
		2400	11.500,00
		2800	25.500,00
		2880	900,00
	226.200,00		226.200,00

Tragen Sie die Gegenbuchungen auf den Bestandskonten ein und buchen Sie die folgenden Geschäftsvorfälle unter Berücksichtigung des nachfolgenden Kontenplans mit **Kontennummern:** 0720, 0860, 0870, 2000, 2400, 2800, 2880, 3000, 4250, 4400, 5000, 5410, 6000, 6160, 6300, 6700, 8000, 8010, 8020.
Hinweis: bestandsorientierte Buchung des Rohstoffeinkaufs.

Nr.	Belegart	Geschäftsvorfälle	€
1)	Ausgangsrechnungen	Zielverkauf von eigenen Erzeugnissen	86.250,00
2)	Kontoauszug der Bank mit Lastschriften	Mietzahlung Gehaltsauszahlung	5.400,00 12.500,00
3)	Quittung	Reparatur einer Hebebühne gegen Barzahlung	690,00
4)	Eingangsrechnungen	Rohstoffeinkäufe auf Ziel	39.675,00
5)	Kontoauszug mit Gutschriften	Überweisungen von Kunden Provisionszahlungen	53.000,00 14.375,00
6)	Kontoauszug mit Lastschrift	Tilgung eines langfristigen Darlehens	10.000,00
7)	Eingangsrechnung	Kauf eines Personal Computers auf Ziel	3.680,00

Abschlussangabe: Endbestand (Inventurbestand) Rohstoffe beträgt 8.000,00 €.
Alle produzierten Erzeugnisse werden in dieser Abrechnungsperiode verkauft (keine Bestandsveränderungen).

a Bilden Sie die Buchungssätze mit Kontennummern.
b Buchen Sie die Geschäftsvorfälle auf den Konten.
c Schließen Sie alle Konten ab und erstellen Sie das GuV-Konto und das SBK.

Aufgabe 3
Erstellen Sie einen Geschäftsgang im Grund- und Hauptbuch.

Anfangsbestände der Bestandskonten	€
0800 Betriebs- u. Geschäftsausstattung[1]	100.000,00
2000 Rohstoffe[2]	50.000,00
2400 Forderungen a. L. L.	40.000,00
2800 Bankguthaben	60.000,00
3000 Eigenkapital	105.000,00
4250 Langfristige Bankverbindlichkeiten	120.000,00
4400 Verbindlichkeiten a. L. L.	25.000,00

[1] Sammelkonto
[2] Der Rohstoffeinkauf wird bestandsorientiert erfasst.

Weitere einzurichtende Konten: 5000 Umsatzerlöse für eigene Erzeugnisse, 6000 Aufwendungen für Rohstoffe, 6200 Löhne, 6300 Gehälter, 6800 Büromaterial, 6870 Werbung, 7510 Zinsaufwendungen, 8020 GuV-Konto, 8010 Schlussbilanzkonto.

Nr.	Belegart	Geschäftsvorfälle	€
1)	Eingangsrechnung	Rohstoffeinkauf auf Ziel	120.000,00
2)	Ausgangsrechnung, Kontoauszug	Erzeugnisverkauf gegen Banküberweisung	230.000,00
3)	Kontoauszug	Banklastschrift für Büromaterialeinkauf	500,00
4)	Eingangsrechnung	Kauf neuer Büromöbel auf Ziel	4.500,00
5)	Kontoauszug	Banklastschrift für Überweisungen an Lieferer	20.000,00
6)	Kontoauszug	Banklastschrift für Gehaltszahlungen 40.000,00 Banklastschrift für Lohnzahlungen 20.000,00	60.000,00
7)	Eingangsrechnung	Werbeanzeige in einer Fachzeitschrift	1.000,00
8)	Kontoauszug	Lastschrift für Darlehenstilgungsrate 5.000,00 Lastschrift für Darlehenszinsen 500,00	5.500,00
9)	Kontoauszug	Gutschrift für Überweisungen von Kunden	15.000,00

Abschlussangabe: Der Inventurbestand der Rohstoffe beträgt 40.000,00 €.

Aufgabe 4
Bilden Sie die Buchungssätze mit Kontennummern.

Nr.	Belegart	Geschäftsvorfälle	€
1)	Kontoauszug der Bank mit Lastschriften	Lagerhallenmiete Zinszahlungen Telefongebühren des Festnetzanbieters Löhne Gehälter Gesamtlastschrift	6.000,00 1.100,00 600,00 24.000,00 32.000,00 63.700,00
2)	Kontoauszug der Bank mit Gutschriften	Überweisungen von Kunden Zinsgutschrift der Bank Provisionszahlungen Gesamtgutschrift	34.000,00 600,00 12.600,00 47.200,00
3)	Abschluss der Konten	Rohstoffe Umsatzerlöse für eigene Erzeugnisse Zinsaufwendungen Provisionserträge GuV-Konto (bei Gewinn) GuV-Konto (bei Verlust) Fuhrpark Verbindlichkeiten a. L. L. Eigenkapital	134.000,00 262.000,00 3.600,00 9.600,00 66.000,00 12.300,00 122.000,00 98.000,00 334.000,00
4)	Eingangsrechnung	Wareneinkauf auf Ziel	44.000,00
5)	Ausgangsrechnung	Warenverkauf auf Ziel	86.000,00

Lernsituation 50

FK → LF 5 Kapitel 4.3

Nebenbücher führen

Während Ihrer Ausbildung in der Verwaltung der Fly Bike Werke GmbH erhalten Sie folgenden Brief zur Bearbeitung.

Frikawerke
GmbH & Co. KG

Frikawerke, Gertenstr. 19, 58739 Wickede/Ruhr
Fly Bike Werke GmbH
Rostocker Str. 334
426121 Oldenburg

Kunden-Nr.: 2211
Ansprechpartner: Herr Stoll
Tel.: 02377 5XX124

Ihre Bestellung Nr.: 234
Bestellungsdatum: 19.11.20X1
Lieferschein-Nr.: 1611
Lieferdatum: 28.12.20X1

Rechnungsdatum: 28.12.20X1

Sehr geehrte Damen und Herren,

bitte lassen Sie uns schnellstmöglich eine Saldenliste Ihrer Verbindlichkeiten gegenüber unserem Hause zukommen, da wir diese zur Vervollständigung unserer Jahresabschlussunterlagen benötigen.

Mit freundlichen Grüßen

1 Vervollständigen Sie das vorliegende Kreditorenkonto. Welche Bedeutung hat der Saldo am 16.12.20XX
  a für die Fly Bike Werke GmbH,
  b für die Frikawerke GmbH & Co. KG, wenn im Jahr 20XX keine Buchungen mehr erfolgen?

2 Begründen Sie, warum auf diesem Konto Fremdbauteileeingänge im Haben und Gutschriften sowie Zahlungsausgänge im Soll gebucht werden.

3 Unterscheiden Sie Kreditoren- und Debitorenkonten. Warum werden diese Konten geführt?

4 Aus welchem Grund könnte die Frikawerke GmbH & Co. KG die Bestätigung der Saldenliste von der Fly Bike Werke GmbH benötigen?

Konto-Nr.					Bezeichnung des Kreditorenkontos					Seite
4	4	0	1	5	Kreditor: Frikawerke GmbH & Co. KG					1

Nr.	Buchungsdatum	Beleg	Buchungstext	Betrag in €		Saldo in €	
				Soll	Haben	Soll	Haben
1)	20.10.20XX	ER 723	Fremdbauteileeinkauf		10.710,00		10.710,00
2)	25.10.20XX	GS 27	Gutschrift	220,15			10.489,85
3)	16.11.20XX	ER 815	Fremdbauteileeinkauf		15.660,40		
4)	25.11.20XX	BA 615	Zahlungsausgang	10.489,85			
5)	10.12.20XX	ER 908	Fremdbauteileeinkauf		12.524,75		
6)	15.12.20XX	GS 31	Gutschrift	321,30			
7)	16.12.20XX	BA 688	Zahlungsausgang	15.660,40			

Arbeitsblatt 50.1 Grundbuch, Hauptbuch und Kontokorrentbuch

Geschäftsvorfall 1)
Die Fly Bike Werke GmbH kauft Rohstoffe im Wert von 17.500,00 € bei der Mannes AG; Rechnungseingang (Buchungsdatum) am 17.09.20XX, Rechnungsnummer 412.

Grundbuch (bestandsorientierte Buchung):

Nr.	Soll	€	Haben	€
1)				

Hauptbuch:

S	2000 Rohstoffe	H

S	4400 Verbindlichkeiten a. L. L.	H

Buchung im Kreditorenkonto

Konto-Nr.					Bezeichnung des Kreditorenkontos					Seite
4	4	0	0	2	Kreditor: Mannes AG					1

Nr.	Buchungsdatum	Beleg	Buchungstext	Betrag in €		Saldo in €	
				Soll	Haben	Soll	Haben
1)							

Geschäftsvorfall 2)
Die Fly Bike Werke GmbH liefert der Sachsenrad GmbH Handelswaren im Warenwert von 3.000,00 €; Rechnungsausgang (Buchungsdatum) am 17.05.20XX, Rechnungsnummer 12319.

Grundbuch:

Nr.	Soll	€	Haben	€
2)				

Hauptbuch:

S	2400 Forderungen a. L. L.	H

S	5100 Umsatzerlöse für Waren	H

Buchung im Debitorenkonto

Konto-Nr.					Bezeichnung des Debitorenkontos					Seite
2	4	0	0	9	Debitor: Sachsenrad GmbH					1

Nr.	Buchungsdatum	Beleg	Buchungstext	Betrag in €		Saldo in €	
				Soll	Haben	Soll	Haben
2)							

Aufgaben

Aufgabe 1

Erstellen Sie einen Geschäftsgang im Grund- und Hauptbuch.

Hinweise:
- Der Rohstoffeinkauf soll aufwandsorientiert erfasst werden.
- Der Hilfsstoffeinkauf soll bestandsorientiert erfasst werden.

Anfangsbestände in €			
0700 Maschinen	100.000,00	3000 Eigenkapital	195.000,00
2000 Rohstoffe	5.000,00	4400 Verbindlichkeiten a. L. L. (siehe Kreditorenkonten)	23.000,00
2020 Hilfsstoffe	12.000,00		
2100 Unfertige Erzeugnisse	1.000,00		
2200 Fertige Erzeugnisse	2.000,00		
2400 Forderungen a. L. L. (siehe Debitorenkonto)	48.000,00		
2800 Bank	50.000,00		
	218.000,00		218.000,00

Debitoren- und Kreditorenkonten	Offene Posten in €
Erzeugniskäufer: Debitor 24006, Bike GmbH	48.000,00
Rohstofflieferer: Kreditor 44001, Stahlwerke Krahler AG	11.000,00
Hilfsstofflieferer: Kreditor 44007, Farbenfabrik AG	12.000,00

Weitere einzurichtende Konten:
5000 Umsatzerlöse für eigene Erzeugnisse, 5200 Bestandsveränderungskonto, 6000 Aufwendungen für Rohstoffe, 6020 Aufwendungen für Hilfsstoffe, 6200 Löhne, 8010 SBK, 8020 GuV-Konto

Nr.	Geschäftsvorfälle	€
1)	Eingangsrechnung: Rohstoffeinkauf auf Ziel bei der Stahlwerke Krahler AG	43.000,00
2)	Eingangsrechnung: Hilfsstoffeinkauf auf Ziel bei der Farbenfabrik AG	20.000,00
3)	Hilfsstoffverbrauch gemäß Materialentnahmescheinen	28.000,00
4)	Ausgangsrechnung: Verkauf von Erzeugnissen auf Ziel an die Bike GmbH	116.000,00
5)	Kontoauszug: Lohnzahlung an Arbeitnehmer	22.000,00
6)	Kontoauszug: Die Bike GmbH überweist auf unser Bankkonto	98.000,00
7)	Kontoauszug: Banküberweisungen an die Stahlwerke Krahler AG für ER 35 und an die Farbenfabrik AG	11.000,00 30.000,00

Abschlussangaben:
Inventurbestände: Rohstoffe 2.500,00 €, Unfertige Erzeugnisse 500,00 €, Fertige Erzeugnisse 3.500,00 €

Aufgabe 2

Ermitteln Sie für obigen Geschäftsgang die noch offenen Posten am Jahresende:

Debitoren- und Kreditorenkonten	Offene Posten in €
Erzeugniskäufer: Debitor 24006, Bike GmbH	
Rohstofflieferer: Kreditor 44001, Stahlwerke Krahler AG	
Hilfsstofflieferer: Kreditor 44007, Farbenfabrik AG	

Lernsituation 51

FK → LF 5 Kapitel 5

Die Umsatzsteuer in der Buchhaltung berücksichtigen

Sie arbeiten zurzeit im Rechnungswesen der Fly Bike Werke GmbH und haben die Aufgabe erhalten, für den internen Gebrauch die Umsatzsteuerzahllast auf Grundlage der vorliegenden Belege zu ermitteln.

Beleg Nr. 1

Tamino Deutschland GmbH

Posteingang: *28.12.20X1*

Tamino Deutschland GmbH, Immenstr. 24, 40210 Düsseldorf
Fly Bike Werke GmbH
Rostocker Straße 334
26121 Oldenburg

Kunden-Nr.: 44001
Ihre Bestellung Nr.: 216
Ihr Bestelldatum: 04.11.20X1

Lieferdatum: 27.12.20X1
Versandart/Freivermerk: per Lkw frei Haus
Verpackungsart: Kartons/Palette
Rechnungsdatum: 27.12.20X1

Bearbeiter: Herr Freundlich
Telefon: 0211 162XX0

Rechnungsprüfung	
Sachlich richtig	Rechnerisch richtig
Datum *28.12.20X1*	Datum *28.12.20X1*
Nz. *Ta*	Nz. *Ta*

Rechnungs-Nr.: 416

Artikel-Nr.	Warenbezeichnung	Menge	Preis	Einheit	Gesamtpreis
2060	MTB XT Räder u. Schaltungen	50	55,56 €	Set	2.778,00 €
2260	MTB XT Antrieb	50	17,05 €	Set	852,50 €
		Nettorechnungsbetrag			3.630,50 €
		+ 19% Umsatzsteuer			689,80 €
		Rechnungssumme			**4.320,30 €**

Bitte überweisen Sie unter Angabe der Rechnungsnummer auf das unten angegebene Konto.
€ 4.320,30 bis: 26.01.20X2 oder € 4.190,69 bis: 04.01.20X2

Beleg Nr. 2

Kohlor GmbH
Ludwigshafen

Rechnungsprüfung	
Sachlich richtig	Rechnerisch richtig
Datum *29.12.20X1*	Datum *29.12.20X1*
Nz. *Ta*	Nz. *Ta*

Posteingang: *29.12.20X1*

Kohlor GmbH, Hafenstr. 125, 67061 Ludwigshafen
Fly Bike Werke GmbH
Rostocker Straße 334
26121 Oldenburg

Kunden-Nr.: 424
Ansprechpartner: Frau Reineke
Telefon: 0621 509XX1
Lieferschein: 4292
Lieferdatum: 25.12.20X1
Rechnungsdatum: 28.12.20X1

Rechnungs-Nr.: 4292

Pos.	Artikel-Nr.	Artikelbezeichnung	Menge	Preis je Einheit	Gesamtpreis
1	900100	Klarlack	200 Liter	3,45 €	690,00 €
2	800200	Spezialgrundierung für Edelstahle	200 Liter	2,45 €	490,00 €
3	700100	Standardfarbe „gelb"	20 Liter	4,30 €	86,00 €
4	700821	Sonderfarbe „morror-polish"	120 Liter	6,00 €	720,00 €
5	702400	Sonderfarbe „lemon squash"	120 Liter	6,00 €	720,00 €

Warenwert	Verpackungskosten	Transportkosten	Nettorechnungsbetrag	Umsatzsteuer 19 %	Bruttorechnungsbetrag
2.706,00 €	–	–	2.706,00 €	514,14 €	3.220,14 €

Zahlungsziel 30 Tage, bei Zahlung innerhalb von 8 Tagen 2 % Skonto.

Beleg Nr. 3

FLY BIKE Werke GmbH

FBW GmbH, Rostocker Str. 334, 26121 Oldenburg
Sachsenrad GmbH
Bayreuther Str. 20
01277 Dresden

Kundennummer: 10009
Ihre Bestellung Nr.: 133
Ihr Bestelldatum: 15.12.20X1
Unsere Lieferschein-Nr.: 123
Unser Lieferdatum: 27.12.20X1

Name: Herr Baumann
Telefon: 0441 8XX-10
E-Mail: lars.baumann@flybike-werke.dex

Rechnungsdatum: 27.12.20X1

Rechnungs-Nr. 968

Pos.-Nr.	Artikel-Nr.	Artikelbezeichnung	Menge	Einzelpreis in €	Rabatt in %	Gesamtpreis in €
01	201	Trekking *Light*	25	598,50	29,00	10.623,38
02	202	Trekking *Free*	5	700,00	27,50	2.537,50
Versandart/Freivermerk: Lkw/frei Haus Verpackungsart: Kartonage			Nettorechnungsbetrag			13.160,88
			19% Umsatzsteuer			2.500,57
			Bruttorechnungsbetrag			15.661,45

Bitte überweisen Sie unter Angabe der Rechnungsnummer.

	Datum	Skonto	Skonto in €	Betrag in €
Innerhalb der Skontofrist bis:	04.01.20X2	2 %	313,23	15.348,22
Innerhalb der Zahlungsfrist bis:	26.01.20X2	–	–	15.661,45

Beleg Nr. 4

FBW GmbH, Rostocker Str. 334, 26121 Oldenburg
Fahrrad & Motorrad GmbH
Alter Hellweg 46
44379 Dortmund

Rechnungs-Nr. 969

Pos.-Nr.	Artikel-Nr.	Artikelbezeichnung	Menge	Einzelpreis in €	Rabatt in %	Gesamtpreis in €
01	401	Renn *Fast*	12	2.520,00	29,00	21.470,40
02	402	Renn *Superfast*	5	4.410,00	27,50	15.986,25
Versandart/Freivermerk: Lkw/frei Haus Verpackungsart: Kartonage			Nettorechnungsbetrag			37.456,65
			19% Umsatzsteuer			7.116,76
			Bruttorechnungsbetrag			44.573,41

Bitte überweisen Sie unter Angabe der Rechnungsnummer.

	Datum	Skonto	Skonto in €	Betrag in €
Innerhalb der Skontofrist bis:	06.01.20X2	2 %	891,47	43.681,95
Innerhalb der Zahlungsfrist bis:	28.01.20X2	–	–	44.573,41

1 Ermitteln Sie anhand der vorliegenden Belege 1 bis 4 die Umsatzsteuerzahllast.

Eingangsrechnungen	
Beleg	gezahlte Vorsteuer
Summe	

Ausgangsrechnungen	
Beleg	erhaltene Umsatzsteuer
Summe	

Ermittlung der Zahllast	
erhaltene Umsatzsteuer	
– gezahlte Vorsteuer	
= Zahllast	

Arbeitsblatt 51.1 Umsatzsteuer

1 Vervollständigen Sie die vorliegende Ausgangsrechnung der Fly Bike Werke GmbH.

2 Tragen Sie seitlich neben der Rechnung entsprechend den Pfeilen in die Kästchen ein:

a den Nettorechnungsbetrag.

b den Bruttorechnungsbetrag.

c den Betrag, den die Fly Bike Werke GmbH an das Finanzamt weiterleiten muss.

d den Skontobetrag (2 %).

e den Betrag, den der Kunde an die Fly Bike Werke GmbH bei Abzug von 2 % Skonto bezahlen muss.

FLY BIKE Werke GmbH

FBW GmbH, Rostocker Str. 334, 26121 Oldenburg
Zweirad Ritter GmbH
Herzogstraße 70
40251 Düsseldorf

Kundennummer: 10004
Ihre Bestellung Nr.: 138
Ihr Bestelldatum: 26.09.20XX
Unsere Lieferschein-Nr.: 110
Unser Lieferdatum: 30.09.20XX

Name: Frau Ganser
Telefon: 0441 8XX-15
E-Mail: sabine.ganser@flybike-werke.dex

Rechnungsdatum: 30.09.20XX

Rechnungs-Nr. 921

Pos.-Nr.	Artikel-Nr.	Artikelbezeichnung	Menge	Einzelpreis in €	Rabatt in %	Gesamtpreis in €
01	201	Trekking *Light*	20	598,50	29,00	8.498,70
02	202	Trekking *Free*	15	700,00	29,00	7.455,00
03	302	Mountain *Constitution*	51	1.197,00	30,00	42.732,90
04	303	Mountain *Unlimited*	11	1.995,00	29,00	15.580,95
05	401	Renn *Fast*	3	2.520,00	27,50	5.481,00
06	402	Renn *Superfast*	1	4.410,00	27,50	3.197,25
07		Fracht *Lkw*				581,91
Versandart/Freivermerk: Lkw/ab Werk Verpackungsart: Kartonage			Nettorechnungsbetrag			a)
			19% Umsatzsteuer			c)
			Bruttorechnungsbetrag			b)

Bitte überweisen Sie unter Angabe der Rechnungsnummer.

	Datum	Skonto	Skonto in €	Betrag in €
Innerhalb der Skontofrist bis:	08.10.20XX	2 %	d)	e)
Innerhalb der Zahlungsfrist bis:	29.10.20XX	–	–	b)

a ....

b ....

c ....

d ....

e ....

Rechnungsbegriffe		Prozentzahlen im Verhältnis zueinander
Nettorechnungsbetrag	≙	
	≙	+ 19 % (bzw. +7 %)
	≙	

3 Ermitteln Sie die Umsatzsteuerbeträge und die Brutto- bzw. Nettorechnungsbeträge in €.

Nettorechnungsbetrag in €	Umsatzsteuersatz	Umsatzsteuerbetrag in €	Bruttorechnungsbetrag in €
400,00	19 %		
5.000,00	19 %		
3.000,00	7 %		
6.300,00	7 %		

Bruttorechnungsbetrag in €	Umsatzsteuersatz	Umsatzsteuerbetrag in €	Nettorechnungsbetrag in €
5.950,00	19 %		
952,00	19 %		
4.280,00	7 %		
599,20	7 %		

Arbeitsblatt 51.2 Abschluss der Umsatzsteuerkonten, Teil I Umsatzsteuer > Vorsteuer

Größere Unternehmen müssen monatlich die gebuchten Beträge auf ihren Umsatzsteuerkonten ermitteln und verrechnen. Im Normalfall übersteigt die von Kunden gezahlte Umsatzsteuer wertmäßig die an Lieferanten gezahlte Vorsteuer. Es entsteht eine Zahllast, die an das Finanzamt abgeführt (überwiesen) werden muss.

Im Ausnahmefall ist allerdings auch ein Vorsteuerüberhang zu buchen.

- Aktives Bestandskonto Vorsteuer = Forderung an das Finanzamt
- Passives Bestandskonto Umsatzsteuer = Verbindlichkeit gegenüber dem Finanzamt

Fall 1: Die in einem Monat erhaltene Umsatzsteuer ist größer als die gezahlte Vorsteuer.
Abschlussangabe: Die Zahllast ist an das Finanzamt zu überweisen.
Hinweis: Die Zahllast wird für die Monate Januar bis November jeweils am 10. des Folgemonats an das Finanzamt überwiesen.

S	2600 Vorsteuer		H
2800	12.500,00		

S	4800 Umsatzsteuer		H
		2800	21.500,00

S	2800 Bankguthaben		H
8000	39.000,00		

Buchungen:
1) Verrechnung der Umsatzsteuerkonten
2) Banküberweisung der Zahllast

	Konto der Sollbuchung	€	an	Konto der Habenbuchung	€
1)					
2)					

Fall 2: Die im Monat Dezember erhaltene Umsatzsteuer ist größer als die gezahlte Vorsteuer.
Abschlussangabe: Die Zahllast ist zu passivieren.
Hinweis: Die Zahllast des Monats Dezember wird erst am 10. Januar des Folgejahres an das Finanzamt überwiesen. Am 31.12. wird das passive Bestandskonto Umsatzsteuer (Verbindlichkeit gegenüber dem Finanzamt) in der Bilanz bei den Verbindlichkeiten ausgewiesen.

S	2600 Vorsteuer		H
2800	21.000,00		

S	4800 Umsatzsteuer		H
		2800	26.500,00

S	8010 SBK		H

Buchungen:
1) Verrechnung der Umsatzsteuerkonten
2) Passivierung der Zahllast

	Konto der Sollbuchung	€	an	Konto der Habenbuchung	€
1)					
2)					

Arbeitsblatt 51.3 Abschluss der Umsatzsteuerkonten, Teil II Vorsteuer > Umsatzsteuer

Fall 3: Die Summe der Vorsteuer ist größer als die Summe der Umsatzsteuer.
Abschlussangabe: Der Vorsteuerüberhang wird vom Finanzamt überwiesen.
Hinweis: Ein Vorsteuerüberhang in den Monaten Januar bis November wird jeweils am 10. des Folgemonats vom Finanzamt auf das Bankkonto des Betriebes überwiesen.

S	2600 Vorsteuer		H
2800	14.500,00		

S	4800 Umsatzsteuer		H
		2800	9.500,00

S	2800 Bankguthaben		H
8000	19.000,00		

Buchungen:
1) Verrechnung der Umsatzsteuerkonten
2) Banküberweisung des Vorsteuerüberhangs

	Konto der Sollbuchung	€	an	Konto der Habenbuchung	€
1)					
2)					

Fall 4: Die Summe der Vorsteuer ist größer als die Summe der Umsatzsteuer.
Abschlussangabe: Der Vorsteuerüberhang ist zu aktivieren.
Hinweis: Der Vorsteuerüberhang im Monat Dezember wird erst am 10. Januar vom Finanzamt überwiesen. Am 31.12. wird das aktive Bestandskonto Vorsteuer (Forderung gegenüber dem Finanzamt) in der Bilanz bei den Forderungen ausgewiesen.

S	2600 Vorsteuer		H
2800	19.500,00		

S	4800 Umsatzsteuer		H
		2800	16.500,00

S	8010 SBK		H

Buchungen:
1) Verrechnung der Umsatzsteuerkonten
2) Aktivierung des Vorsteuerüberhangs

	Konto der Sollbuchung	€	an	Konto der Habenbuchung	€
1)					
2)					

Folgesituation: Vorsteuer abziehbar?

Im Materialeinkauf der Fly Bike Werke GmbH ist die unten stehende Rechnung eingegangen. Sie soll nach den formalen Anforderungen des Umsatzsteuerrechts ausgewertet und rechnerisch überprüft werden – die sachliche Prüfung hat die Rechnung schon bestanden. Für die Auswertung liegt das folgende Merkblatt vor.

Merkblatt: Rechnungen müssen folgende Angaben enthalten (§ 14 Abs. 4 Satz 1 UStG)

1. den vollständigen Namen und die vollständige Anschrift des leistenden Unternehmers, inklusive der im Handelsregister eingetragenen Rechtsform,
2. die Steuernummer oder die vom Bundeszentralamt für Steuern erteilte Umsatzsteuer-Identifikationsnummer des leistenden Unternehmers,
3. den vollständigen Namen und die vollständige Anschrift des Leistungsempfängers,
4. die fortlaufende Rechnungsnummer mit einer oder mehreren Zahlenreihen, die der Rechnungsaussteller zur Identifizierung der Rechnung einmalig vergibt,
5. das Ausstellungsdatum,
6. die Menge und Art (handelsübliche Bezeichnung) des Gegenstandes der Lieferung oder die Art und den Umfang der sonstigen Leistung,
7. den Zeitpunkt der Lieferung oder sonstigen Leistung; im Falle von Anzahlungen, die in der Endrechnung abgezogen werden, den Zeitpunkt der Vereinnahmung des Entgelts, sofern dieser feststeht und nicht mit dem Rechnungsdatum übereinstimmt,
8. das nach den Steuersätzen und einzelnen Steuerbefreiungen aufgeschlüsselte Entgelt für die Lieferung oder sonstige Leistung sowie jede im Voraus vereinbarte Minderung des Entgelts, sofern diese nicht bereits im Entgelt berücksichtigt ist,
9. den anzuwendenden Steuersatz sowie den auf das Entgelt entfallenden Steuerbetrag oder im Fall einer Steuerbefreiung einen Hinweis darauf ...

Hinweis: Kleinbetragsrechnungen
Rechnungen über Kleinbeträge bis zu 250,00 € müssen nicht sämtliche Pflichtangaben für eine Rechnung enthalten. Der Name und die Adresse des Rechnungsausstellers, das Datum, die Auflistung der Ware oder Leistung sowie der Rechnungsbetrag mit Umsatzsteuersatz oder Steuerbetrag reichen auf Kleinbetragsrechnungen aus.

Alu-Werke Bonn AG

Alu-Werke Bonn AG, Sankt-Augustiner Straße 30, 53225 Bonn
Fly Bike Werke GmbH
Rostocker Straße 334
26121 Oldenburg

Name: Herr Köllen
Straße: Sankt-Augustiner-Straße 30
Ort: 53225 Bonn

Telefon: 0228-464XX0
Fax: 0228-464XX11
E-Mail: awb-mail@aluminiumwerke.dex

Lieferdatum: 12.08.20XX
Rechnungsdatum: 14.08.20XX

Rechnungs-Nr. 444

Artikel-Nr.	Artikelbezeichnung	Menge in Metern	Einzelpreis in €	Gesamtpreis in €
40045225	Aluminiumrohre, Rundrohr 45 x 2,25	1 200	10,11	12.132,00
		–	12,5 % Rabatt	1.455,84
		=	Nettowarenwert	10.676,16
		+	Umsatzsteuer	2.028,47
		=	**Bruttorechnungsbetrag**	**12.704,63**

Lieferung ab Lager Bonn, Zahlung innerhalb von 30 Tagen ohne Abzug.
Skontofrist 8 Tage, Skontosatz 2 % auf den Nettowarenwert.

Bankverbindung: CVB, IBAN: DE87 5400 7638 0077 9982 46,
BIC: CVERDEELXXX

1 Prüfen Sie die oben abgebildete Eingangsrechnung rechnerisch, korrigieren Sie ggf. festgestellte Fehler und ermitteln Sie den richtigen Überweisungsbetrag.

2 Unterscheiden Sie die rechnerische von der sachlichen Rechnungsprüfung.

3 Prüfen Sie, ob diese Rechnung alle Erfordernisse des Umsatzsteuerrechts erfüllt, die zum Vorsteuerabzug berechtigen, und geben Sie ggf. an, welche Angabe/n fehlt/fehlen.

Aufgaben

Aufgabe 1

Ein Forstbetrieb verkauft Holz für netto 100,00 € an eine Tischlerei. Diese stellt daraus einen Tisch her und verkauft diesen zum Nettowarenwert von 400,00 € an einen Möbelgroßhändler. Ein Einrichtungshaus erwirbt von diesem Händler den Tisch für netto 600,00 € und verkauft ihn für netto 1.000,00 € an einen Endverbraucher. Auf jeder Stufe ist mit Umsatzsteuer in Höhe von 19 % zu rechnen.

a Berechnen Sie mithilfe der Tabellen für jede Wirtschaftsstufe die abzuführende Zahllast.

	Forstbetrieb	Tischlerei	Möbelgroß-händler	Fachgeschäft für Möbel	Endverbraucher
Nettoverkaufspreis (= Warenwert)					Bruttopreis:
+ Umsatzsteuer					USt:
= Bruttoverkaufspreis (= Ladenverkaufspreis)					Nettopreis:
erhaltene Umsatzsteuer					
– gezahlte Umsatzsteuer (= Vorsteuer)					
= abzuführende Zahllast					Σ Zahllast aller Unternehmen:

b Warum heißt die Umsatzsteuer auch Mehrwertsteuer?

c Berechnen Sie den Mehrwert und die Besteuerung des Mehrwerts.

	Forstbetrieb	Tischlerei	Möbelgroß-händler	Fachgeschäft für Möbel	Endverbraucher
erarbeiteter Mehrwert je Wirtschaftsstufe (= Nettoverkaufspreis – Nettoeinkaufspreis)					Summe:
Besteuerung des Mehrwerts mit 19 % (= Zahllast)					Summe:

Aufgabe 2

Erläutern Sie in eigenen Worten, wieso die Umsatzsteuer aus Unternehmersicht ein durchlaufender Posten ist und keinen Einfluss auf den Erfolg des Unternehmens hat.

Aufgabe 3

An der Kasse vieler Geschäfte sieht man das nebenstehende Logo. Was bedeutet es? Erläutern Sie den Hintergrund.

Shop Tax Free
Global Blue

Aufgabe 4

Ein Industrieunternehmen hat im Monat Dezember eines Geschäftsjahres Vorsteuern in Höhe von 232.000,00 € gebucht. Auf dem Konto Umsatzsteuer sind 312.000,00 € erfasst worden. Geben Sie die Buchungssätze zum Abschluss beider Konten an.

Aufgabe 5

Ermitteln Sie die Höhe der Umsatzsteuer der Geschäftsvorfälle und buchen Sie die Geschäftsvorfälle im Grundbuch (Buchungssätze). Richten Sie außerdem im Hauptbuch (Ausschnitt) Konten für Vorsteuer und Umsatzsteuer ein, buchen Sie auf diesen Konten die Umsatzsteuer beim Ein- und Verkauf und schließen Sie diese Konten ab.

	€
1) **Eingangsrechnung:**	
Rohstoffeinkauf auf Ziel	42.000,00
+ 19 % Umsatzsteuer	
= Bruttorechnungsbetrag	
2) **Eingangsrechnung:**	
Hilfsstoffeinkauf und	15.000,00
Betriebsstoffeinkauf	20.000,00
+ Umsatzsteuer	
= Bruttorechnungsbetrag	
Hinweis: Hilfsstoffe 19 % USt, Betriebsstoffe 7 % USt	
3) **Ausgangsrechnung:**	
Verkauf von eigenen Erzeugnissen auf Ziel	
+ 19 % Umsatzsteuer	
= Bruttorechnungsbetrag	142.800,00

Aufgabe 6

Ermitteln Sie die Umsatzsteuer und bilden Sie die Buchungssätze für die nachfolgenden Geschäftsvorfälle:

		€
1) Eingangsrechnung: Zielkauf einer Maschine		
Nettowert		4.200,00
+ 19 % Umsatzsteuer		
= Bruttowert		
2) Eingangsrechnung: Erstellung		
eines Werbekatalogs, Nettorechnungsbetrag		2.600,00
+ 19 % Umsatzsteuer		
= Bruttorechnungsbetrag		
3) Kontoauszug mit Lastschrift: Banküberweisung der		
Lagerhallenmiete		1.200,00
4) Kontoauszug mit Gutschrift: Gutschrift der Bank für Zinsen		840,00
5) Eingangsrechnung: Provisionsabrechnung eines		
Handelsvertreters, Nettovertriebsprovision		1.800,00
+ 19 % Umsatzsteuer		
= Bruttovertriebsprovision		
6) Kontoauszug mit Lastschrift: Abbuchung der		
Telefonrechnung durch die Telefongesellschaft		
Unternehmensflatrate	870,00 €	
Telefonanlage	80,00 €	950,00
+ 19 % Umsatzsteuer		
= Abbuchungsbetrag		

Aufgabe 7

Erstellen Sie einen vollständigen Geschäftsgang im Grund- und Hauptbuch.

Anfangsbestände:

Aktive Bestandskonten	€	Passive Bestandskonten	€
0700 Maschinen	60.000,00	3000 Eigenkapital	243.200,00
0800 Betriebs- und Geschäftsausstattung (Sammelkonto)	120.000,00	4250 Langfristige Bankverbindlichkeiten	20.000,00
2000 Rohstoffe	4.600,00	4400 Verbindlichkeiten a. L. L.	26.000,00
2010 Fremdbauteile	43.400,00	4800 Umsatzsteuer	8.000,00
2400 Forderungen a. L. L.	32.000,00		
2800 Bankguthaben	34.000,00		
2880 Kasse	3.200,00		

Weitere einzurichtende Konten: 2600 Vorsteuer, 5000 Umsatzerlöse für eigene Erzeugnisse, 5400 Nebenerlöse (Mieterträge), 5710 Zinserträge, 6000 Aufwendungen für Rohstoffe, 6010 Aufwendungen für Fremdbauteile, 6160 Fremdinstandhaltung, 6800 Büromaterial, 8010 SBK, 8020 GuV-Konto

Hinweis: Der Materialeinkauf wird aufwandsorientiert erfasst.

Nr.	Belegart	Geschäftsvorfälle	€
1)	Kontoauszug mit Lastschrift	Überweisung der Zahllast des Vormonats	8.000,00
2)	Eingangsrechnung	Rohstoffeinkauf auf Ziel + 19 % Umsatzsteuer = Rechnungsbetrag	60.000,00 11.400,00 71.400,00
3)	Eingangsrechnung	Fremdbauteileeinkauf auf Ziel + 19 % Umsatzsteuer = Rechnungsbetrag	20.000,00 3.800,00 23.800,00
4)	Ausgangsrechnung	Verkauf von Erzeugnissen auf Ziel, netto + 19 % Umsatzsteuer = Rechnungsbetrag	134.000,00 25.460,00 159.460,00
5)	Kontoauszug mit Bankgutschrift	Zinszahlung	500,00
6)	Eingangsrechnung	Reparatur einer Produktionsmaschine + 19 % Umsatzsteuer = Rechnungsbetrag	2.200,00 418,00 2.618,00
7)	Quittung	Barkauf von Büromaterial + 19 % Umsatzsteuer = Rechnungsbetrag	200,00 38,00 238,00
8)	Kontoauszug mit Bankgutschrift	Mietzahlung für die Untervermietung ungenutzter Büroräume	1.000,00
9)	Kontoauszug mit Banklastschrift	Darlehenstilgung	2.500,00

Abschlussangaben:
- Der Inventurbestand der Rohstoffe beträgt 2.500,00 €; der Inventurbestand der Fremdbauteile beträgt 27.400,00 €.
- Die Zahllast ist zu passivieren.

Lernsituation 52

FK → LF 5 Kapitel 6

Beschaffungsprozesse buchen

In der Buchhaltung der Fly Bike Werke GmbH liegen folgende Belege zur Bearbeitung vor.

Kohlor GmbH
Ludwigshafen

Kohlor GmbH, Hafenstr. 125, 67061 Ludwigshafen
Fly Bike Werke GmbH
Rostocker Straße 334
26121 Oldenburg

Kunden-Nr.: 424
Ansprechpartner: Frau Reineke
Telefon: 0621 509XX1
Lieferschein: 3615
Lieferdatum: 24.06.20XX
Rechnungsdatum: 28.06.2024

Rechnungs-Nr.: 3615

Pos.	Artikel-Nr.	Artikelbezeichnung	Menge	Preis je Einheit	Gesamtpreis
1	900100	Klarlack	400 Liter	3,45 €	1.380,00 €
2	800200	Spezialgrundierung für Edelstähle	400 Liter	2,45 €	980,00 €
3	700100	Standardfarbe „gelb"	75 Liter	4,30 €	322,50 €

Warenwert	Verpackungskosten	Transportkosten	Nettorechnungsbetrag	Umsatzsteuer 19 %	Bruttorechnungsbetrag
2.682,50 €	50,00 €	200,00 €	2.932,50 €	557,18 €	3.489,68 €

Zahlungsziel 30 Tage, bei Zahlung innerhalb von 8 Tagen 2 % Skonto.

r GmbH
igshafen

26121 Oldenburg

Kunden-Nr.: 424
Ansprechpartner: Frau Reineke
Telefon: 0621 509XX1
Lieferschein: 3615
Lieferdatum: 24.06.20XX
Rechnungsdatum: 28.06.20XX
Gutschriftdatum: 01.07.20XX

Gutschrift zu Rechnungs-Nr. 3615

Sehr geehrter Herr Thüne,

aufgrund Ihrer Mängelrüge nehmen wir unseren Artikel 700100 Standardfarbe „gelb" vollständig zurück und werden Ihnen in den nächsten Tagen den Artikel nach Ihrem Farbmuster auf neue Rechnung zusenden. Auf unseren Artikel 900100 Klarlack gewähren wir Ihnen einen Preisnachlass in Höhe von 10 % (siehe angehängte Gutschrift). Unsere Transport- und Verpackungskosten können Sie ebenfalls um 10 % kürzen.

Ermittlung der Nettogutschriftsbeträge	
Rücksendung	.... €
Preisnachlass	.... €
Kürzung Transport- und Verpackungskosten	.... €
Summe	.... €

Kontoauszug

IBAN		Auszug	Blatt
DE86 2804 0114 0112 3264 44	Oldenburg-Bank	67	1

Buchungstag	Wert	Vorgang/Erläuterungen	Beträge in EUR
		Kontostand am 12.01.20XX	32.430,00 +
06.07.20XX	06.07.20XX	Kohlor GmbH, Ludwigshafen Rechnung 3615 vom 28.06.20XX abzüglich Gutschrift vom 01.07.20XX und 2% Skonto	2.853,69 –
		Kontostand am 06.07.20XX	29.576,31 +

Fly Bike Werke GmbH, Oldenburg

1 Buchen Sie die Belege im Grund- und Hauptbuch. Verwenden Sie dafür Arbeitsblatt 52.1.

2 Ermitteln Sie den Nettowert dieser Hilfsstoffe nach Rechnungsausgleich.

3 Wie hoch ist der Vorsteuerabzug, den die Fly Bike Werke GmbH durch diesen Einkauf geltend machen kann?

Arbeitsblatt 52.1 Werkstoffeinkauf mit Bezugskosten und Nachlässen

Grundbuch:

1) Hilfsstoffeinkauf auf Ziel (aufwandsorientiert)
2) Gutschrift des Hilfsstofflieferanten
3) Banküberweisung an den Hilfsstofflieferanten unter Ausnutzung von 2 % Skonto
4) Umbuchung Bezugskosten
5) Umbuchung Nachlässe

Nr.	Soll	€	Haben	€
1)				
2)				
3)				
4)				
5)				

Hauptbuch:

S	6020 Aufwendungen für Hilfsstoffe	H

S	2600 Vorsteuer	H

S	6021 Bezugskosten für Hilfsstoffe	H

S	2800 Bankguthaben	H
SV	32.430,00	

S	6022 Nachlässe für Hilfsstoffe	H

S	4400 Verbindlichkeiten a. L. L.	H

Berechnungen	Nettobetrag = 100 %	Umsatzsteuer = 19 %	Bruttobetrag = 119 %
Rechnungseingang			
– Gutschrift Hilfsstoffe			
= Rechnungsbetrag nach Gutschrift			
– 2 % Skonto			
= Zahlungsbetrag			

Arbeitsblatt 52.2 Bestandsorientierte Buchungstechnik

Grundbuch (bestandsorientierte Buchung) am Beispiel Rohstoffe:

	Sollbuchungen	an Habenbuchungen
Anfangsbestand Rohstoffe		
Eingangsrechnungen:		
Einkauf von Rohstoffen auf Ziel (nach Abzug von Sofortrabatten)		
Einkauf von Rohstoffen mit Bezugskosten (Lieferant stellt Ware und Bezugskosten gleichzeitig in Rechnung)		
Bezugskosten beim Rohstoffeinkauf		
Gutschriften und Zahlungsausgänge:		
Rücksendung an den Lieferanten (Menge und Wert des Materials sinkt)		
Preisminderungen (Mängelrüge, Lieferanten-boni: Menge konstant, Wert des Materials sinkt)		
Zahlung unter Abzug von Skonto an einen Rohstofflieferanten		
Umbuchungen und Abschlussbuchung:		
Umbuchung Konto 2001 Bezugskosten		
Umbuchung Konto 2002 Nachlässe		
Umbuchung Rohstoffverbrauch		
Abschlussbuchung Inventurbestand Rohstoffe		

Hauptbuch (bestandsorientierte Buchung) am Beispiel Rohstoffe:

S	2000 Rohstoffe	H

S	2001 Bezugskosten	H

S	6000 Aufwendungen für Rohstoffe	H

S	2002 Nachlässe	H

Arbeitsblatt 52.3 Aufwandsorientierte Buchungstechnik

Grundbuch (aufwandsorientierte Buchung) am Beispiel Rohstoffe:

	Sollbuchungen an	Habenbuchungen
Anfangsbestand Rohstoffe		
Eingangsrechnungen:		
Einkauf von Rohstoffen auf Ziel (nach Abzug von Sofortrabatten)		
Einkauf von Rohstoffen mit Bezugskosten (Lieferant stellt Ware und Bezugskosten gleichzeitig in Rechnung)		
Bezugskosten beim Rohstoffeinkauf		
Gutschriften und Zahlungsausgänge:		
Rücksendung an den Lieferanten (Menge und Wert des Materials sinkt)		
Preisminderungen (Mängelrüge, Lieferantenboni: Menge konstant, Wert des Materials sinkt)		
Zahlung unter Abzug von Skonto an einen Rohstofflieferanten		
Umbuchungen und Abschlussbuchungen:		
Umbuchung Konto 6001 Bezugskosten		
Umbuchung Konto 6002 Nachlässe		
Abschlussbuchung Inventurbestand Rohstoffe		
Bestandsmehrung Rohstoffe		

Hauptbuch (aufwandsorientierte Buchung) am Beispiel Rohstoffe mit Bestandsmehrung:

S	6000 Aufwendungen für Rohstoffe	H

S	6001 Bezugskosten	H

S	2000 Rohstoffe	H

S	6002 Nachlässe	H

Aufgaben

Aufgabe 1

Buchen Sie nachfolgende Eingangsrechnungen für die Fly Bike Werke GmbH bestands- und aufwandsorientiert.

a Eingangsrechnung für Speziallacke von der Farbenfabrik AG, Kreditor 44007

Eingangsrechnung für Hilfstoffe

		€
	Nettorechnungsbetrag	12.600,00
+	19 % Umsatzsteuer	2.394,00
=	Bruttorechnungsbetrag	14.994,00

b Eingangsrechnung für Aluminiumrohre von der Alu-Werke Bonn AG, Kreditor 44003

Eingangsrechnung mit Sofortrabatt

		€
	Listeneinkaufspreis	15.200,00
-	10 % Rabatt	1.520,00
=	Nettorechnungsbetrag	13.680,00
+	19 % Umsatzsteuer	2.599,20
=	Bruttorechnungsbetrag	16.279,20

c Eingangsrechnung für Stülpkartons von der apv GmbH, Kreditor 44030

Eingangsrechnung mit Sofortrabatt und Bezugskosten

		€
	Listeneinkaufspreis	5.600,00
-	5 % Rabatt	280,00
+	Transport- und Verpackungskosten	360,00
=	Nettorechnungsbetrag	5.680,00
+	19 % Umsatzsteuer	1.079,20
=	Bruttorechnungsbetrag	6.759,20

Aufgabe 2

Buchen Sie die Eingangsrechnung der Stahlwerke Krahler AG, Kreditor 44001, für die Fly Bike Werke GmbH bestands- und aufwandsorientiert.

Eingangsrechnung mit Sofortrabatt und Bezugskosten

Rechnungsauszug (Rechnung Nr. 2124)

Artikel-Nr.	Artikelbezeichnung	Menge in Meter	Preis je lfm	Gesamtpreis
1034020	Stahlrohr 34 x 2 mm	1000	4,00 €	4.000,00 €
			– 15% Rabatt	600,00€
			+ Transportkostenanteil	300,00€
			= Nettorechnungsbetrag	3.700,00€
			+ 19% Umsatzsteuer	703,00€
			= Bruttorechnungsbetrag	4.403,00€

Aufgabe 3

Einkauf von Hilfsstoffen, die auf Lager genommen werden, auf Ziel, Kreditor 44288, Nettowert 2.500,00 € zzgl. 19 % Umsatzsteuer. Bei der Hilfsstoffprüfung wird festgestellt, dass die Qualität der Hilfsstoffe nicht vollständig der vertraglich vereinbarten Qualität entspricht, jedoch noch innerhalb der von der Produktion geforderten Toleranzgrenzen liegt. Nach einer Mängelrüge gewährt der Hilfsstofflieferer 15 % Preisminderung und erstellt eine entsprechende Gutschrift. Der Restbetrag wird unter Abzug von 3 % Skonto per Bank überwiesen.

Hilfsstoffeinkauf mit Gutschrift nach Mängelrüge und Lieferantenskonto

Buchen Sie

a den Hilfsstoffeinkauf auf Ziel,

b die Gutschrift des Lieferers und

c den Rechnungsausgleich per Banküberweisung.

Aufgabe 4

Einkauf von Rohstoffen auf Ziel mit Anlieferung in der Produktion, Kreditor 44122, Nettowert 4.600,00 € zzgl. 19 % Umsatzsteuer. Bei der Rohstoffprüfung wird festgestellt, dass 50 % der Rohstoffe unbrauchbar sind. Der Mangel wird unverzüglich gerügt und vom Lieferer anerkannt. Der Lieferer lässt die Rohstoffe sofort abholen und erstellt eine entsprechende Gutschrift. Der Restbetrag wird unter Abzug von 2 % Skonto an den Lieferer per Bank überwiesen.

Rohstoffeinkauf mit Rücksendung und Lieferantenskonto

Buchen Sie
- **a** den Rohstoffeinkauf auf Ziel,
- **b** die Gutschrift des Lieferers und
- **c** den Rechnungsausgleich per Banküberweisung.

Aufgabe 5

Buchen Sie den Bonus des Kreditors 44366 für aufwandsorientiert gebuchte Betriebsstoffeinkäufe im 1. Quartal 20XX.

Liefererbonus

Bonusabrechnung (Auszug)

Bonus 1. Quartal 20XX

Nettoumsätze vom 01.01.20XX bis zum 31.03.20XX	22.600,00 €
Bonussatz 1,5 %	339,00 €
+ 19 % Umsatzsteuer	64,41 €
= Gutschriftbetrag 1. Quartal 20XX	403,41 €

Aufgabe 6

Buchen Sie die nachfolgenden Geschäftsvorfälle bestandsorientiert.
Kreditoren-Nr. des Rohstofflieferers: 44117, Kreditoren-Nr. des Hilfsstofflieferers: 44312.

Geschäftsvorfälle	Nettowert (€)	19 % USt	Bruttowert (€)
1) Rohstoffeinkauf auf Ziel	22.000,00	4.180,00	26.180,00
2) Hilfsstoffeinkauf auf Ziel Listenpreis 20.000,00 € abzüglich 10 % Rabatt	18.000,00	3.420,00	21.420,00
3) Barzahlung der Frachtkosten für Hilfsstoffeinkauf	500,00	95,00	595,00
4) Gutschrift für Rücksendung an den Rohstofflieferer (Fall 1)	11.000,00	2.090,00	13.090,00
5) Bonusgutschrift des Rohstofflieferers	1.000,00	190,00	1.190,00
6) Preisnachlass: Gutschrift wegen Qualitätsmangels des Hilfsstofflieferers (Fall 2)	2.200,00	418,00	2.618,00
7) Kontoauszug: Überweisung an den Rohstofflieferer, Rechnungsbetrag 5.950,00 €, Skonto 3 %	Überweisungsbetrag inkl. USt 5.771,50 €		

Aufgabe 7

Ermitteln Sie den Rohstoffeinsatz auf den nachfolgenden Konten, wenn der Inventurstand der Rohstoffe bei bestandsorientierter Buchungstechnik am Jahresende 20.000,00 € beträgt.

Soll — 2000 Rohstoffe — Haben

Soll		Haben	
8000	40.000,00		
4400	60.000,00		
4400	180.000,00		

Soll — 2001 Bezugskosten — Haben

Soll		Haben	
4400	8.000,00		
2800	800,00		

Soll — 2002 Nachlässe — Haben

Soll		Haben	
		4400	600,00
		4400	1.200,00

Soll — 6000 Aufwendungen für Rohstoffe — Haben

Soll		Haben	

Lernsituation 53

Absatzprozesse buchen

In der Buchhaltung der Fly Bike Werke GmbH sind nachfolgende Belege zu buchen.

Beleg Nr. 1

FLY BIKE
Werke GmbH

FBW GmbH, Rostocker Str. 334, 26121 Oldenburg
Sachsenrad GmbH
Bayreuther Str. 20
01277 Dresden

Kundennummer: 10009
Ihre Bestellung Nr.: 144
Ihr Bestelldatum: 17.09.20XX
Unsere Lieferschein-Nr.: 114
Unser Lieferdatum: 21.09.20XX

Name: Herr Baumann
Telefon: 0441 8XX-10
E-Mail: lars.baumann@flybike-werke.dex

Rechnungsdatum: 21.09.20XX

Rechnungs-Nr. 765

Pos-Nr.	Artikel-Nr.	Artikelbezeichnung	Menge	Einzelpreis in €	Rabatt in %	Gesamtpreis in €
01	201	Trekking *Light*	25	598,50	29,00	10.623,38
02	202	Trekking *Free*	21	700,00	29,00	10.437,00
03	10	Verpackungskosten				335,00
04	20	Transportkosten				500,00
Versandart/Freivermerk: Lkw/ab Werk Verpackungsart: Stülpkartons auf Palette			Nettorechnungsbetrag			21.895,38
			19% Umsatzsteuer			4.160,12
			Bruttorechnungsbetrag			26.055,50

Bitte überweisen Sie unter Angabe der Rechnungsnummer.

	Datum	Skonto	Skonto in €	Betrag in €
Innerhalb der Skontofrist bis:	29.09.20XX	2 %	521,11	25.534,39
Innerhalb der Zahlungsfrist bis:	20.10.20XX	–	–	26.055,50

Beleg Nr. 2

Kontoauszug

IBAN			Auszug	Blatt
DE86 2804 0114 0112 3264 44		Oldenburg-Bank	156	1

Buchungstag	Wert in EUR	Vorgang/Erläuterungen	Beträge in EUR
		Kontostand am 29.09.20XX	34.670,00 +
29.09.20XX	29.09.20XX	Sachsenrad GmbH, Rechnung 765 abzüglich 2 % Skonto	25.534,39 +
		Kontostand am 29.09.20XX	60.204,39 +

Fly Bike Werke GmbH, Oldenburg

1 Buchen Sie die Belege im Grund- und Hauptbuch. Verwenden Sie dafür Arbeitsblatt 53.1.
2 Ermitteln Sie die Erhöhung der Nettoumsatzerlöse durch diesen Erzeugnisverkauf.
3 Wie hoch ist der Umsatzsteuerbetrag, den die Fly Bike Werke GmbH vom Käufer erhält?

Arbeitsblatt 53.1 Verkauf von Erzeugnissen

Grundbuch:

1) Erzeugnisverkauf mit Sofortrabatten und Vertriebskosten auf Ziel
2) Zahlungseingang unter Abzug von Skonto
3) Umbuchung Erlösberichtigungen

Nr.	Soll	€	Haben	€
1)				
2)				
3)				

Hauptbuch:

S	2400 Forderungen a. L. L.	H

S	5000 Umsatzerlöse f. e. Erz.	H

S	5001 Erlösberichtigungen	H

S	4800 Umsatzsteuer	H

S	2800 Bankguthaben	H
SV	34.670,00	

Berechnungen	Nettobetrag = 100 %	Umsatzsteuer = 19 %	Bruttobetrag = 119 %
Ausgangsrechnung			
- 2 % Skonto			
= Zahlungseingang			

Arbeitsblatt 53.2 Verkauf eigener Erzeugnisse und Handelswaren buchen

Grundbuch für Verkäufe auf Ziel, Gutschriften und Zahlungseingänge

	Sollbuchungen an	Habenbuchungen
Ausgangsrechnungen:		
Ausgangsrechnung für eigene Erzeugnisse		
Ausgangsrechnung für Waren		
Gutschriften:		
Gutschrift für Rücksendungen von Erzeugnissen		
Gutschrift für Rücksendungen von Waren		
Gutschrift für Mängelrügen und Boni bei eigenen Erzeugnissen		
Gutschrift für Mängelrügen und Boni bei Waren		
Zahlungseingänge:		
Kontoauszug: Zahlungseingang unter Abzug von Skonto für eigene Erzeugnisse		
Kontoauszug: Zahlungseingang unter Abzug von Skonto für Waren		
Umbuchungen:		
Umbuchung Konto Erlösberichtigungen für eigene Erzeugnisse		
Umbuchung Konto Erlösberichtigungen für Waren		

Hauptbuch:

S	5001 Erlösberichtigungen	H

S	5000 Umsatzerlöse f. e. Erz.	H

S	5101 Erlösberichtigungen	H

S	5100 Umsatzerlöse f. Waren	H

Arbeitsblatt 53.3 Korrekturbuchungen in der Beschaffungs- und Absatzwirtschaft: Berechnungen

Bei allen Geschäftsvorfällen ist ein Umsatzsteuersatz von 19 % zu berücksichtigen!

Korrekturen	Beschaffungswirtschaft Konto der Erfassung (aufwandsorientiert)	Absatzwirtschaft Konto der Erfassung
Sofortrabatte		
Rücksendungen		
Preisnachlässe ohne Rücksendungen		
Boni		
Skonti		

Fall 1 (Beschaffungswirtschaft): Rohstoffeinkauf und Korrekturbuchungen nach dem Rohstoffeinkauf

1) Rohstoffeinkauf auf Ziel, Rohstoffwert 400.000,00 € abzüglich 10 % Sofortrabatt 40.000,00 €
2) Rücksendung von Rohstoffen an den Lieferer, Liefergutschrift: 10 % des Rechnungsbetrages aus Geschäftsvorfall 1)
3) Mängelrüge mit Preisnachlass ohne Rohstoffrücksendung, Liefergutschrift: 10 % auf den Restbetrag nach Rücksendungsgutschrift
4) Banküberweisung der Restschuld an den Rohstofflieferer unter Abzug von 2 % Skonto
5) Bonusgutschrift des Rohstofflieferers: 1,0 % auf diesen Nettoumsatz, zzgl. 19 % Umsatzsteuer

Fall 2 (Absatzwirtschaft): Erzeugnisverkauf und Korrekturbuchungen nach dem Erzeugnisverkauf mit 19 % Umsatzsteuer

1) Erzeugnisverkauf auf Ziel, Erzeugniswert 400.000,00 € abzüglich 10 % Sofortrabatt 40.000,00 €
2) Rücksendung von Erzeugnissen vom Kunden, Gutschrift: 10 % des Rechnungsbetrages aus Geschäftsvorfall 1)
3) Mängelrüge des Kunden ohne Erzeugnisrücklieferung, Gutschrift: 10 % auf den Restbetrag nach Rücksendungsgutschrift
4) Banküberweisung der Restschuld vom Kunden unter Abzug von 2 % Skonto
5) Bonusgutschrift an den Kunden: 1,0 % auf den Nettoumsatz zzgl. 19 % Umsatzsteuer

Berechnungen	Nettowert	Umsatzsteuer 19 %	Bruttowert
Ursprungsrechnung nach Sofortrabatt			
– Rücksendung (10 %)			
= Wert nach Rücksendung			
– Preisnachlass (10 %)			
= Wert nach Preisnachlass			
– Skonto (2 %)			
= Wert nach Skonto			
– Bonus (1,0 %)			
= Wert nach Bonus			

Arbeitsblatt 53.4 Korrekturbuchungen in der Beschaffungs- und Absatzwirtschaft: Buchungen

Fall 1 (Beschaffungswirtschaft): Rohstoffeinkauf und Korrekturbuchungen nach dem Rohstoffeinkauf (aufwandsorientiert)

Grundbuch:

Buchung	Soll	€	Haben	€
Rohstoffeinkauf				
Rücksendung				
Preisnachlass				
Skonto bei Zahlung				
Bonus				

Fall 2 (Absatzwirtschaft): Erzeugnisverkauf und Korrekturbuchungen nach dem Erzeugnisverkauf

Grundbuch:

Buchung	Soll	€	Haben	€
Erzeugnisverkauf				
Rücksendung				
Preisnachlass				
Skonto bei Zahlung				
Bonus				

Aufgaben

Aufgabe 1

Ermitteln Sie die fehlenden Beträge und buchen Sie anschließend nachfolgende Rechnungen für die Fly Bike Werke GmbH.

a Ausgangsrechnung für Fahrräder an die Multirad e. G. — *Erzeugnisverkauf*

		€
	Nettorechnungsbetrag	24.315,00
+	19 % Umsatzsteuer	
=	Bruttorechnungsbetrag	

b Ausgangsrechnung für Fahrradanhänger an die Radplus GmbH — *Handelswarenverkauf mit Transport- und Verpackungskosten*

		€
	Warenwert	11.835,00
+	Transportkostenanteil	300,00
+	Verpackungskostenpauschale	250,00
=	Nettorechnungsbetrag	
+	19 % Umsatzsteuer	
=	Bruttorechnungsbetrag	

c Ausgangsrechnung für Fahrräder an die Bayernrad e. G. — *Erzeugnisverkauf mit Sofortrabatt*

		€
	Listenverkaufspreis	86.200,00
–	31 % Wiederverkäuferrabatt	
=	Nettorechnungsbetrag	
+	19 % Umsatzsteuer	
=	Bruttorechnungsbetrag	

d Gutschrift an die Bayernrad e. G. — *nachträglicher Preisnachlass nach erfolgreicher Mängelrüge, keine Erzeugnisrücknahme*

		€
	Nettogutschriftsbetrag	2.200,00
+	19 % Umsatzsteuer	
=	Bruttorechnungsbetrag	

e Kontoauszug mit Gutschrift der Multirad e. G. 15.172,50 € — *Die Multirad e. G. überweist unter Abzug von 2 % Skonto.*

100 % = Bruttorechnungsbetrag (inkl. 19 % USt)
98 % = Überweisungsbetrag (inkl. 19 % USt)
2 % = Bruttoskonto (inkl. 19 % USt)
2 % = Nettoskonto = Bruttoskonto/119 · 100

Aufgabe 2

Berechnen und buchen Sie den Jahresbonus, die Umsatzsteuer und den Bruttobonus für die EGZ Einkaufsgenossenschaft. — *Kundenbonus*

Jahresbonus für EGZ Einkaufsgenossenschaft
Absatzmenge: 5606 Fahrräder

Nettoumsatz vor Skontoabzug	1.220.048,90 €
1 % Jahresbonus (netto)	? €
+ 19 % Umsatzsteuer	? €
Bruttobonus	? €

Aufgabe 3

Buchen Sie für die Fly Bike Werke GmbH die Zahlung der Sachsenrad GmbH für die Ausgangsrechnung Nr. 319, Verkauf von Fahrrädern.

Kontoauszug

IBAN DE86 2804 0114 0112 3264 44		Oldenburg-Bank	Auszug 153	Blatt 1
Buchungstag	Wert in EUR	Vorgang/Erläuterungen	Beträge in EUR	
		Kontostand am 19.06.20XX	102.132,60 +	
20.06.20XX	20.06.20XX	Sachsenrad GmbH, Rechnung 319 vom 12.06.20XX, 38.080,00 EUR abzüglich 2 % Skonto	37.318,40 +	
		Kontostand am 20.06.20XX	139.451,00 +	
Fly Bike Werke GmbH, Oldenburg				

Aufgabe 4

Buchen Sie die nachfolgenden Geschäftsvorfälle (Debitorenkonto 24099, Kreditorenkonto 44099).

Geschäftsvorfälle	Nettowert in €	19 % USt	Bruttowert in €
1) Erzeugnisverkauf auf Ziel	40.000,00	7.600,00	47.600,00
2) Erzeugnisverkauf auf Ziel Listenpreis 60.000,00 € abzüglich 20 % Rabatt	48.000,00	9.120,00	57.120,00
3) Einkauf von Verpackungsmaterial für die Versandabteilung auf Ziel	6.000,00	1.140,00	7.140,00
4) Eingangsrechnung einer Spedition für den Transport von Erzeugnissen an einen Kunden	1.200,00	228,00	1.428,00
5) Eingangsrechnung eines Vertreters für die Vermittlung von Erzeugnisverkäufen an neue Kunden	700,00	133,00	833,00
6) Gutschrift an einen neuen Kunden für die Rücksendung von Erzeugnissen	1.500,00	285,00	1.785,00
7) Bonusgutschrift an einen Kunden für Erzeugnisse	900,00	171,00	1.071,00
8) Gutschrift für mangelhafte Erzeugnisse an einen Kunden (keine Rücksendung)	1.800,00	342,00	2.142,00

Aufgabe 5

Die Bike GmbH hat 51 Fahrräder des Modells Mountain *Constitution* zum empfohlenen Endverbraucherpreis von 1.197,00 € zzgl. 19 % Umsatzsteuer gekauft. Als Fahrradhändler erhält sie bei dieser Einkaufsmenge 30 % Wiederverkäuferrabatt. In der Ausgangsrechnung der Fly Bike Werke GmbH wird ein Transportkostenanteil in Höhe von 600,00 € zzgl. 19 % Umsatzsteuer berechnet. Nach einer erfolgreichen Mängelrüge des Kunden gewährt die Fly Bike Werke GmbH einen Preisnachlass in Höhe von 5 % auf den Nettowert der Fahrräder zzgl. 19 % Umsatzsteuer. Der Kunde überweist innerhalb der Skontofrist den Restbetrag einschließlich skontierbarer Transportkostenpauschale unter Abzug von 3 % Skonto.

Buchen Sie

a die Ausgangsrechnung einschließlich Transportkostenanteil,

b die Gutschrift,

c den Zahlungseingang auf dem Bankkonto der Fly Bike Werke GmbH.

Lernsituation 54

FK → LF 5 Kapitel 8

Abschreibungen im Anlagevermögen berechnen und buchen

Die Fly Bike Werke GmbH kauft eine neue Verpackungsmaschine.

Beleg Nr. 1

Maschinenbau Olbe GmbH – wir produzieren Werte

Maschinenbau Olbe GmbH, Leimer Weg 27, 26121 Oldenburg,
Fly Bike Werke GmbH
Rostocker Straße 334
26121 Oldenburg

Auftrags-Nr.: 412
Ansprechpartner: Herr Olbe
Telefon: 0441 60X-0
Telefax: 0441 60X-12
E-Mail: maschinenbau@olbe.dex

Datum: 01.04.20X1
Rechnungsnummer: 412
Lieferdatum: 01.04.20X1

RECHNUNG

Produkte/Leistungen	Anzahl	Einzelpreis in €	Betrag in €
Verpackungsmaschine xp412 (Warenwert)	1,00	112.000,00	112.000,00
Lieferung	1,00	2.200,00	2.200,00
Montage	1,00	1.400,00	1.400,00
Steuereinheit zu xp412 mit Einbau	1,00	4.500,00	4.500,00
Bei Zahlung innerhalb von 10 Tagen gewähren wir 3 % Skonto auf den Warenwert der Maschine. Die Zahlungsfrist beträgt 30 Tage.		Zwischensumme	120.100,00 €
		Steuersatz	19,00 %
		Umsatzsteuer	22.819,00 €
		Rechnungsbetrag	142.919,00 €

Zahlungsempfänger: Maschinenbau Olbe GmbH
Konto-Daten: Oldenburg-Bank, BIC OLBADEH58

Beleg Nr. 2

Maschinenbau Olbe GmbH – wir produzieren Werte

Maschinenbau Olbe GmbH, Leimer Weg 27, 26121 Oldenburg,
Fly Bike Werke GmbH
Rostocker Straße 334
26121 Oldenburg

Rechnungs-Nr.: 412
Ansprechpartner: Herr Olbe
Telefon: 0441 60X-0
Telefax: 0441 60X-12
E-Mail: maschinenbau@olbe.dex

Datum: 03.04.20X1
Gutschriftnummer: 12
Lieferdatum: 01.04.20X1

GUTSCHRIFT

Produkte/Leistungen	%	Einzelpreis in €	Betrag in €
Gutschrift zur Verpackungsmaschine xp412	10,00	112.000,00	11.200,00
Gemäß Ihrer Mängelrüge gewähren wir einen Preisnachlass in Höhe von 10 % auf den Warenwert der Maschine.		Zwischensumme	11.200,00 €
		Steuersatz	19,00 %
		Umsatzsteuer	2.128,00 €
		Rechnungsbetrag	13.328,00 €

1 Buchen Sie die Anschaffung der Maschine im Grund- und Hauptbuch (nachfolgende Seite; planmäßige lineare Abschreibung, betriebsgewöhnliche Nutzungsdauer 13 Jahre).

Kontoauszug

IBAN			Auszug	Blatt
DE86 2804 0114 0112 3264 44		Oldenburg-Bank	112	1
Buchungstag	**Wert in EUR**	**Vorgang/Erläuterungen**	**Beträge in EUR**	
		Kontostand am 10.04.20X1	214.000,00 +	
10.04.20X1	10.04.20X1	Überweisung Maschinenbau Olbe GmbH Rechnungs-Nr. 412, abzüglich Gutschrift-Nr. 12 und 3 % Skonto Abzug auf dem Maschinenwert	125.992,44 –	
		Kontostand am 10.04.20X1	88.007,56 +	

Fly Bike Werke GmbH, Oldenburg

Beleg Nr. 3

Grundbuch:

1) Eingangsrechnung der Maschinenbau Olbe GmbH
2) Gutschrift der Maschinenbau Olbe GmbH
3) Rechnungsausgleich unter Abzug von 3 % Skonto vom Warenwert nach der Gutschrift

Nr.	Soll	€	Haben	€
1)				
2)				
3)				

Hauptbuch (Auszug, nur Anlagenkonto):

S	0760 Verpackungsmaschinen	H

Berechnungen

Anschaffungskosten: .... €

Folgesituation 1: Abschreibung im Jahr der Stilllegung
Die Verpackungsmaschine ist bis zum 30.06.20X9 in Betrieb. Aufgrund des technischen Fortschritts und eines überdurchschnittlichen Verschleißes kann die Maschine nicht mehr wirtschaftlich genutzt werden. Die Maschine wird stillgelegt und anschließend ausgebaut. Die Maschine muss auf ihren Schrottwert in Höhe von 500,00 € außerplanmäßig abgeschrieben werden.

Buchen Sie im Grundbuch:
1) die planmäßige Abschreibung im Geschäftsjahr 20X9,
2) die außerplanmäßige Abschreibung im Geschäftsjahr 20X9.
3) den Barverkauf der Verpackungsmaschine zum Schrottwert zzgl. 19 % Umsatzsteuer.

Nr.	Soll	€	Haben	€
1)				
2)				
3)				

Berechnungen

Arbeitsblatt 54.1 Lineare Abschreibung

Berechnungen und Buchungen der Abschreibungen eines Pkws
Anschaffungskosten für den Pkw am 03.01.20XX = 36.000,00 €
Betriebsgewöhnliche Nutzungsdauer für den Pkw = 6 Jahre

$$\text{Jährlicher Abschreibungsbetrag} = \frac{\text{Anschaffungskosten}}{\text{Betriebsgewöhnliche Nutzungsjahre}}$$

Abschreibungsbetrag = ______________________ = ____________________ €

Berechnen Sie den Abschreibungsbetrag in %.

$$\text{Abschreibungssatz in Prozent} = \frac{100}{\text{Nutzungsdauer}} = \_\_\_\_\_\_\_\_\_\_ \%$$

Abschreibungstabelle lineare Abschreibung:

Anschaffungskosten	€
– Abschreibungsbetrag 1. Jahr	€
= Buchwert Ende 1. Nutzungsjahr	€
– Abschreibungsbetrag 2. Jahr	€
= Buchwert Ende 2. Nutzungsjahr	€
– Abschreibungsbetrag 3. Jahr	€
= Buchwert Ende 3. Nutzungsjahr	€
– Abschreibungsbetrag 4. Jahr	€
= Buchwert Ende 4. Nutzungsjahr	€
– Abschreibungsbetrag 5. Jahr	€
= Buchwert Ende 5. Nutzungsjahr	€
– Abschreibungsbetrag 6. Jahr	€
= Buchwert Ende 6. Nutzungsjahr	€

Buchen Sie
1) die Anschaffung des Pkws zzgl. 19 % USt gegen Banküberweisung.
2) die Abschreibung am Ende des ersten Nutzungsjahres.
3) den Abschluss des Kontos 0840 Fuhrpark (ein Pkw) am Geschäftsjahresende.
4) den Abschluss des Kontos 6520 Abschreibungen auf Sachanlagen am Jahresende.

Nr.	Soll	€	Haben	€
1)				
2)				
3)				
4)				

Folgesituation2: Abschreibung auf Sachanlagen

Für den Jahresabschluss müssen einige Abschreibungsbeträge auf Sachanlagen ermittelt werden.

An: Roswitha Taubert (Fly Bike Werke GmbH)

Von: Sabrina Steffes (Fly Bike Werke GmbH)

Betreff: Buchungen von Abschreibungen auf Sachanlagen

Liebe Roswitha,

einige diesjährige Anschaffungen müssen gebucht werden (siehe beigefügte Belege Nr. 1 bis 3).

Für den Jahresabschluss sind vorab die Abschreibungsbeträge zu ermitteln. Vielen Dank!

Viele Grüße
Sabrina

Auszug aus der amtlichen AfA-Tabelle für Anlagegüter

Fundstelle	Anlagegüter	Nutzungsdauer in Jahren
3.5	Hochregallager	15
4.2.1	Personenkraftwagen und Kombiwagen	6
4.2.2	Motorräder, Motorroller, Fahrräder u. Ä.	7
4.2.3	Lastkraftwagen, Sattelschlepper, Kipper	9
5.23	Verpackungsmaschinen, Folienschweißgeräte	13
6.1	Wirtschaftsgüter der Werkstätten-, Labor- und Lagereinrichtungen	14
6.13.2.2	Mobilfunkendgeräte	5
6.14.3.1	Großrechner	7
6.14.3.2	Workstations, Personal Computer, Notebooks und deren Peripheriegeräte (Drucker, Scanner, Bildschirme u. Ä.)[1]	1 oder 3
6.14.4	Foto-, Film-, Video- und Audiogeräte (Fernseher, CD-Player, Rekorder, Lautsprecher, Radios, Verstärker, Kameras, Monitore u. Ä.)	7
6.15	Büromöbel	13

[1] Mit BMF Schreiben vom 26. Februar 2021 hat das Bundesministerium für Finanzen an die obersten Finanzbehörden der Länder die Nutzungsdauer von Computerhardware (einschließlich der dazu gehörenden Peripheriegeräte) sowie die für die Dateneingabe und -verarbeitung erforderliche Betriebs- und Anwendungssoftware eine betriebsgewöhnliche Nutzungsdauer von einem Jahr zugrunde gelegt. Dies gilt für Gewinnermittlungen für Wirtschaftsjahre, die nach dem 31. Dezember 2020 enden. Eine vollständige Abschreibung im Anschaffungsjahr ist ebenfalls möglich. Eine Beibehaltung der dreijährigen Abschreibung ist handelsrechtlich aber notwendig.

1 Ermitteln Sie für die nachfolgenden drei Belege die Abschreibungsbeträge und führen Sie die Buchungen durch. Alle Anlagegüter werden handels- und steuerrechtlich linear nach der AfA-Tabelle abgeschrieben.

Beleg Nr. 1

Bürowelt Baum GmbH

Bürowelt Baum GmbH • Hochstraße 86 • 42327 Wuppertal
Fly Bike Werke GmbH
Rostocker Str. 334
26121 Oldenburg

Kunden-Nr.: 49630
Rechnungs-Nr.: A+239
Bitte bei Zahlung angeben.

Liefer-/Rechnungsdatum:
03.01.20XX

Rechnung

Anzahl	Artikel Nr.	Artikelbezeichnung	Stückpreis	Netto-Betrag
2	B-75/BS	Büroschrank	5.200,00 €	10.400,00 €

Fällig am	Versandkosten	MWSt 19 %	Skontoabzug	Rechnungsbetrag
25. 01. 20XX	200,00 €	2.014,00 €	ohne	12.614,00 €

Berechnung der Anschaffungskosten und des Abschreibungsbetrages

Anschaffungskosten:	Abschreibungsbetrag im Anschaffungsjahr:

Grundbuch:

1) Buchung bei Rechnungseingang
2) Buchung bei Rechnungsausgleich per Banküberweisung
3) Buchung der Abschreibung im Anschaffungsjahr

Nr.	Soll	€	Haben	€
1)				
2)				
3)				

Beleg Nr. 2

BM-AG

BM-AG · Nordstr.86 · 39130 Magdeburg
Fly Bike Werke GmbH
Rostocker Str. 334
26121 Oldenburg

Kunden-Nr.: 4920
Rechnungs-Nr.: 7465
Bitte bei Zahlung angeben.

Liefer-/Rechnungsdatum
08.02.20XX

Rechnung

Anzahl	Artikel Nr.	Artikelbezeichnung	Stückpreis	Netto-Betrag
1	4938	Lagerregal BM 416	7.600,00 €	7.600,00 €

Fällig am	Versandkosten	MWSt 19 %	Skontoabzug	Rechnungsbetrag
08.03.20XX	240,00€	1.489,60€	ohne	9.329,60€

Berechnung der Anschaffungskosten und des Abschreibungsbetrages

Anschaffungskosten:	Abschreibungsbetrag im Anschaffungsjahr:

Grundbuch:

1) Buchung bei Rechnungseingang
2) Buchung bei Rechnungsausgleich per Banküberweisung
3) Buchung der Abschreibung im Anschaffungsjahr

Nr.	Soll	€	Haben	€
1)				
2)				
3)				

Beleg Nr. 3

PACKGUT AG

Packgut AG – Karlstraße 8 – 58134 Hagen
Fly Bike Werke GmbH
Rostocker Str. 334
26121 Oldenburg

Kunden-Nr.: 211833
Bestell-Nr.: 64711
Bitte bei Zahlung angeben.

Rechnungs- und Lieferdatum:
10.04.20XX

Rechnung 2387/02

1 Verpackungsmaschine MLD 21	15.850,00 €
abzüglich 5 % Rabatt	792,50 €
	15.057,50 €
Folgende Leistungen werden von uns wie folgt berechnet:	
Fracht	495,00 €
Transportversicherung	180,00 €
Montage	520,00 €
Nettowert	1.195,00 €
Gesetzliche Umsatzsteuer 19 %	3.087,98 €
Rechnungsbetrag	**19.340,48 €**

Bei Rechnungsausgleich innerhalb von 8 Tagen gewähren wir auf den Nettowert der Maschine einen Skonto in Höhe von 3 %.

Berechnung der Anschaffungskosten und des Abschreibungsbetrages

Anschaffungskosten:	Abschreibungsbetrag im Anschaffungsjahr:

Grundbuch:

1) Buchung bei Rechnungseingang
2) Buchung bei Rechnungsausgleich per Banküberweisung
3) Buchung der Abschreibung im Anschaffungsjahr

Nr.	Soll	€	Haben	€
1)				
2)				
3)				

Arbeitsblatt 54.2 Kauf (auch) von Anlagegütern

Büroausstattung Scholle GmbH **RECHNUNG**

Büroausstattung Scholle GmbH, Weltweg 3, 26121 Oldenburg
Fly Bike Werke GmbH
Rostocker Straße 334
26121 Oldenburg

Datum:	01.09.20XX
Rechnungs-Nr.	1212
Lieferdatum	01.09.20XX
Kunden-Nr.	4223

RECHNUNG NR. 1212

Artikel	Produkte/Leistungen	Anzahl	Einzelpreis in €	Gesamt in €
44002	Kopiergerät Capon X-2020	2	5.800,00	11.600,00
44202	Sortiereinheit Capon X-2020	2	600,00	1.200,00
44402	Ersatztoner für Capon X-2020	10	85,00	850,00
24100	Kopierpapier weiß, 500 Blatt	50	3,20	160,00
			Rechnungsbetrag netto	13.810,00
			19 %Umsatzsteuer	2.623,90
			Rechnungsbetrag brutto	16.433,90

Die Ware wurde frei Haus geliefert. Wir gewähren 2 % Skonto bei Zahlung innerhalb von 8 Tagen. Zahlungsziel 30 Tage.

VIELEN DANK FÜR IHREN AUFTRAG!

a Buchen Sie den Einkauf bei:
1) Rechnungseingang und bei
2) Rechnungsausgleich (unter Abzug von Skonto auf den Rechnungsbetrag) durch Banküberweisung.

Nr.	Soll	€	Haben	€
1)				
2)				

b Ermitteln Sie die Anschaffungskosten für **ein** vollständiges Kopiergerät (mit Sortiereinheit).

Berechnungen:

Anschaffungskosten je Kopiergerät mit Sortiereinheit: .... €

Arbeitsblatt 54.3 Bestandteile der Anschaffungskosten

Ordnen Sie die nachfolgenden Begriffe den Bestandteilen der Anschaffungskosten für ausgewählte Anlagegüter zu (Mehrfachnennungen sind möglich).

1. Einbauteile und Einbaukosten (nachträglich)	12. Preisnachlässe nach Mängelrügen
2. Einbauten (nachträglich)	13. Rabatt
3. Fundamentierungskosten	14. Renovierungskosten
4. Grunderwerbsteuer	15. Skonto
5. Kosten der Anlieferung (z.B. Fracht, Be- und Entladekosten, Anfuhr, Abfuhr, Transportversicherung)	16. Überführungskosten
6. Kreditfinanzierungskosten	17. Umbauten (nach dem Erwerb)
7. Listenpreis	18. Gezahlte Vorsteuer
8. Maklergebühr	19. Zoll
9. Montagekosten	20. Zubehörteile (beim Kauf)
10. Notarieller Kaufpreis	21. Zulassungskosten
11. Notarkosten (Eigentumsübertragung)	22. Notarkosten (Grundschuldeintragung)

Bestandteile des Anschaffungspreises	Anschaffungsnebenkosten	Anschaffungspreisminderungen	Nachträgliche Anschaffungskosten
Ermittlung der Anschaffungskosten für ein Grundstück mit bestehendem Gebäude			
Ermittlung der Anschaffungskosten für eine importierte Maschine			
Ermittlung der Anschaffungskosten für ein Fahrzeug (kein Import)			
Ermittlung der Anschaffungskosten für einen Büroschrank (kein Import)			
nicht zu den Anschaffungskosten gehören:			

Arbeitsblatt 54.4 Abschreibungsmethoden

1 Ermitteln Sie die Abschreibungsbeträge und die Buchwerte für einen Lkw manuell oder mit einem Tabellenkalkulationsprogramm (kein Erinnerungswert!) und schließen Sie diese Konten per Banküberweisung ab.

2 Stellen Sie die Entwicklung der Abschreibungsbeträge des Lkw bei der linearen Abschreibungsmethode in einem Diagramm dar.

Abschreibungsmethoden	Lineare Abschreibung	Leistungsabschreibung	km
Anschaffungskosten	112.500,00 €	112.500,00 €	300 000 km
– Abschreibung 1. Jahr			40 000 km
= Buchwert Ende 1. Jahr			
– Abschreibung 2. Jahr			50 000 km
= Buchwert Ende 2. Jahr			
– Abschreibung 3. Jahr			50 000 km
= Buchwert Ende 3. Jahr			
– Abschreibung 4. Jahr			40 000 km
= Buchwert Ende 4. Jahr			
– Abschreibung 5. Jahr			40 000 km
= Buchwert Ende 5. Jahr			
– Abschreibung 6. Jahr			30 000 km
= Buchwert Ende 6. Jahr			
– Abschreibung 7. Jahr			20 000 km
= Buchwert Ende 7. Jahr			
– Abschreibung 8. Jahr			15 000 km
= Buchwert Ende 8. Jahr			
– Abschreibung 9. Jahr			15 000 km
= Buchwert Ende 9. Jahr	0,00 €	0,00 €	

Entwicklung der Abschreibungsbeträge

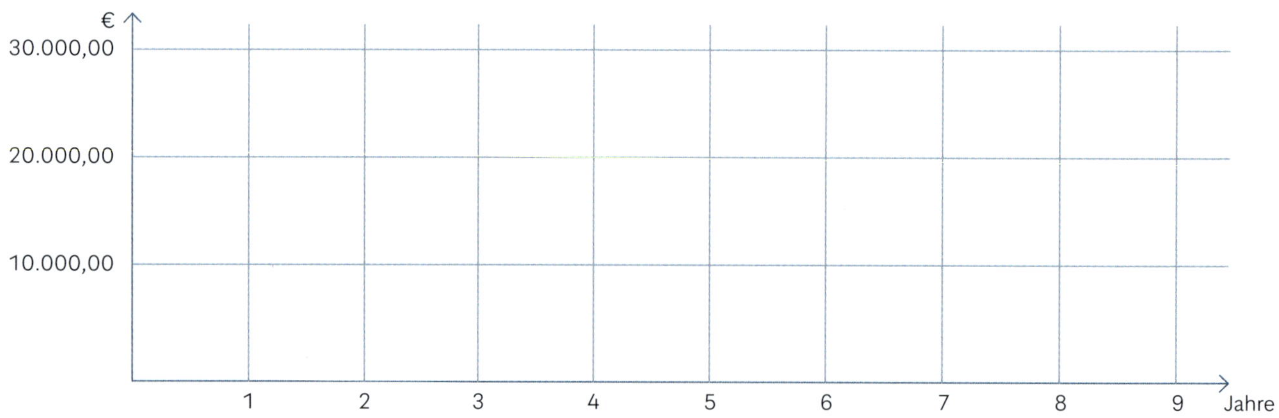

Arbeitsblatt 54.5 Bewertungen im Anlagevermögen

Anlagevermögen = ...

....

....

Bewertung beim Kauf:

Anschaffungspreis	Beispiele:
+	....
–	....
+	....
= Anschaffungskosten	

Abschreibungen:

..........:	Außerplanmäßige Abschreibung:
Nur für Wirtschaftsgüter, deren Nutzung	Für alle Wirtschaftsgüter, ...
....	....
= .... Anschaffungskosten	= ....

Abschreibungsregeln im Anlagevermögen (Beispiele):

Linearer Abschreibungsbetrag	Anschaffungskosten / ....
Linearer Abschreibungssatz	100 / ....
Abschreibungsbetrag bei Leistungsabschreibung	Anschaffungskosten · .... / Gesamtleistung
Zeitanteilige Abschreibungen	Im Jahr der Anschaffung und im Jahr des ....: Jahresabschreibung · .... / ....

Auswirkungen von Abschreibungen:

In der Erfolgsrechnung:	In der Bilanz:
.... erhöhung und	Vermögens .... und
Gewinn	Eigenkapital ....

Aufgaben

Aufgabe 1

a Buchen Sie die drei Belege und die Überweisung an den Büroausstatter Werner Kleppert e. K. unter Abzug von 2 % Skonto auf dessen Forderungsbetrag.

b Ermitteln Sie

ba die Anschaffungskosten je PC-Office-Tisch einschließlich Erweiterung,

bb die Höhe der Abschreibung für alle PC-Office-Tische mit Erweiterungen im Anschaffungsjahr (lineare Abschreibung, Nutzungsdauer 13 Jahre),

bc den Bilanzwert.

KLEPPERT E.K.
BÜROAUSSTATTUNGEN

Name: Werner Kleppert
Tel.: 0211 2356XX-01
E-Mail: wk@buero.dex

Werner Kleppert • Buchenstraße 3 • 40221 Düsseldorf
Fly Bike Werke GmbH
Rostocker Str. 334
26121 Oldenburg

Lieferdatum: 12.04.20XX
Rechnungsdatum: 12.04.20XX
Bankverbindung: Bank 3000
BIC: 3000DENW891
IBAN: DE17 3467 8375 2140 0226 79

Rechnung Nr.: 12

Artikel Nr.	Menge	Artikelbezeichnung	Einzelpreis	Gesamtpreis
1256	2	PC-Office-Tische, grau	6.800,00 €	13.600,00 €
1259	2	Erweiterungen für PC-Office-Tische für Drucker, grau	1.300,00 €	2.600,00 €
		Zwischensumme		16.200,00 €
		– 10 % Jubiläumsrabatt		1.620,00 €
		Nettopreis		14.580,00 €
		+ 19 % Umsatzsteuer		2.770,20 €
		Bruttopreis		17.350,20 €

Lieferung und Aufstellung erfolgen am 12.04.20XX durch die Spedition Herket gegen gesonderte Rechnung.

Spedition Herket GmbH

Name: Sabine Herket
Tel.: 0211 5544XX-03
E-Mail: SH@Herket.dex

HerketGmbH I ColmarStr.9 I 40221 Düsseldorf
Fly Bike Werke GmbH
Rostocker Str. 334
26121 Oldenburg

Bankverbindung: Essener Stadtbank
BIC: SBESDE8E3XXX
IBAN: DE94 7823 9475 0012 0003 99

Rechnung Nr.: 123

Rechnungsdatum: 13.04.20XX

Wir lieferten und montierten am 12 .04.20XX im Auftrag der Firma Werner Kleppert Büroausstattungen, Düsseldorf, 2 PC-Office-Tische mit Erweiterungen für Drucker.

Gesamtpreis für den Transport einschließlich Transportversicherung und Montage	450,00 €
zzgl. 19 % Umsatzsteuer	85,50 €
Bruttorechnungsbetrag	535,50 €

KLEPPERT E.K.
BÜROAUSSTATTUNGEN

Name: Werner Kleppert
Tel.: 0211 2356XX-01
E-Mail: wk@buero.dex

Werner Kleppert • Buchenstraße 3 • 40221 Düsseldorf
Fly Bike Werke GmbH
Rostocker Str. 334
26121 Oldenburg

Information zur Gutschrift Nr. 02
Gutschrift-Datum: 14.04.20XX
Bankverbindung: Bank 3000
BIC: 3000DENW891
IBAN: DE17 3467 8375 2140 0226 79

Informationen zur Gutschrift Nr. 02

Ihre Mängelrüge vom 13.04.20XX

Wir möchten uns für die von Ihnen reklamierten Farbabweichungen entschuldigen. Ihre Mängelrüge haben wir sofort an unseren Hersteller weitergeleitet. Selbstverständlich sind wir bereit, Ihnen einen Preisnachlass in Höhe von 20 % auf den Bruttorechnungsbetrag zu gewähren. Bitte kürzen Sie den Bruttorechnungsbetrag unserer Rechnung Nr. 12 vom 12.04.20XX entsprechend.

Mit freundlichen Grüßen

Anlage
Gutschrift Nr. 02

Aufgabe 2

Ein Industrieunternehmen erwirbt eine neu erstellte Lagerhalle mit Grundstück. Der (umsatzsteuerfreie) Kaufpreis beträgt 650.000,00 €. Vom Kaufpreis entfallen 130.000,00 € auf das Grundstück.
Die Grunderwerbsteuer beträgt 3,5 % vom Gesamtkaufpreis. Die Maklergebühr für die Vermittlung der Lagerhalle mit Grundstück beträgt 3 % vom Kaufpreis zzgl. 19 % Umsatzsteuer. Ein Notar berechnet für die Aufstellung und die Beurkundung des Kaufvertrags und die Eintragung des neuen Eigentümers in das Grundbuch 3 % des Kaufpreises zzgl. 19 % Umsatzsteuer. Das Grundbuchamt berechnet für die Eintragung des Eigentümerwechsels Gebühren in Höhe von 1.200,00 € (umsatzsteuerfrei).

Für die Finanzierung der Lagerhalle wird eine Grundschuld im Grundbuch eingetragen. Der Notar berechnet für die Beurkundung der Finanzierung und die Eintragung der Grundschuld im Grundbuch 2 % des Grundschuldbetrages in Höhe von 600.000,00 € zzgl. 19 % Umsatzsteuer. Das Grundbuchamt berechnet für den Eintrag der Grundschuld Gebühren in Höhe von 800,00 € (umsatzsteuerfrei).
Nach der Eigentumsübertragung lässt das Unternehmen einen Aufenthaltsraum mit Toilettenanlage nachträglich in die Lagerhalle einbauen. Der Gesamtpreis für diesen Umbau beträgt 12.000,00 € zzgl. 19 % Umsatzsteuer.

a Ermitteln Sie die Anschaffungskosten für das Grundstück und das Gebäude.

Anschaffungskosten (in €)	Grundstück (in €)	Gebäude (in €)
Kaufpreis		
Grunderwerbsteuer		
Maklergebühr		
Notargebühren		
Grundbuchamt		
Umbaukosten	kein Anteil	
Summen		

b Ermitteln und buchen Sie die Abschreibungen im ersten Nutzungsjahr. Die Nutzungsdauer der Lagerhalle beträgt 25 Jahre, der Eigentümerwechsel erfolgt im September.

c Wie hoch ist der Buchwert des Grundstücks und des Gebäudes am Ende des nachfolgenden vollständigen Geschäftsjahres?

Aufgabe 3

Für folgende Anlagegüter sind im Jahr 20XX die Abschreibungsbeträge zu ermitteln und zu buchen.

Anlagegut/ Abschreibungsmethode	Anschaffungsjahr 20XX	Nutzungsdauer	Anschaffungskosten
Drehbank lineare Abschreibung	01.03.20XX	16 Jahre	20.000,00 €
Personal Computer[1] lineare Abschreibung	01.06.20XX	1 Jahr	3.000,00 €
Pkw lineare Abschreibung	01.09.20XX	6 Jahre	30.000,00 €

[1] Personal Computer Nutzungsdauer 3 Jahre bei Anschaffung vor dem 01.01.2021, bei späterer Anschaffung nur 1 Jahr Nutzungsdauer, wobei eine Sofortabschreibung im Anschaffungsjahr steuerrechtlich dann auch möglich wäre.

Aufgabe 4
Im Zusammenhang mit der Anschaffung eines Pkws wird folgende Aufstellung erstellt:

Autokauf im Autohaus	
Listenpreis (netto)	38.000,00 €
Sonderausstattungen (netto)	2.000,00 €
Sonderrabatt	10 %
Rechnungsbetrag des Autohauses (ohne Umsatzsteuer = netto)	
Skonto (in Anspruch genommen)	2 %
Banküberweisungsbetrag an das Autohaus (inkl. 19 % Umsatzsteuer = brutto)	
Überführungskosten (das Auto wird im Auftrag des Importeurs kostenpflichtig für den Käufer geliefert)	
Eingangsrechnung einer Spedition (netto)	500,00 €
Eigene Zulassungskosten (Barzahlungen)	
Gebühren (umsatzsteuerfrei)	30,00 €
Nummernschilder (brutto)	35,70 €
Tag der Zulassung	01.02.20XX
Erste Tankfüllung	
Barzahlung inkl. Umsatzsteuer	59,50 €
Banklastschriften	
Kfz-Steuer (für ein Jahr im Voraus)	600,00 €
Kfz-Versicherung (für ein Jahr im Voraus)	900,00 €
Nachträglicher Einbau eines Navigationssystems (Rechnungseingang ohne Skontoabzugsmöglichkeit)	
Gerätekosten (netto)	400,00 €
Einbaukosten (netto)	100,00 €
Betriebsgewöhnliche Nutzungsdauer	
Zeitraum	6 Jahre

a Buchen Sie die Rechnung des Autohändlers zzgl. 19 % Umsatzsteuer (Zielkauf).
b Wie hoch ist der Überweisungsbetrag an den Autohändler?
c Buchen Sie den Rechnungsausgleich per Banküberweisung.
d Buchen Sie die Rechnung der Spedition zzgl. 19 % Umsatzsteuer für die Überführung bei Zahlung gegen Bankscheck.
e Buchen Sie die Barzahlung der Zulassungskosten.
f Buchen Sie die Zahlung für die erste Tankfüllung.
g Buchen Sie die Banklastschriften für die Kfz-Steuer und die Kfz-Versicherung.
h Buchen Sie den Rechnungseingang für den Einbau des Navigationsgerätes.
i Mit welchem Wert muss der Pkw auf dem Anlagekonto aktiviert werden?
j Wie hoch wäre der lineare Abschreibungsbetrag im Jahr 20XX (Nutzungsdauer 6 Jahre)?
k Wie hoch wäre der Buchwert des Pkws am Ende des Jahres 20XX nach planmäßiger Abschreibung?
l Wie wäre im Jahresabschluss für das Jahr 20XX zu buchen, wenn der Zeitwert des Fahrzeugs laut Sachverständigengutachten am 31.12.20XX aufgrund einer dauerhaften Wertminderung nur noch 22.500,00 € betrüge?

Aufgabe 5

a Betrachten Sie den unten stehenden Auszug aus einer Eingangsrechnung über zwei Büroschreibtische. Wie ist die Eingangsrechnung zu buchen?
b Die Rechnung wird innerhalb der Skontofrist ausgeglichen. Wie hoch ist der Überweisungsbetrag?
c Wie hoch sind die Anschaffungskosten je Schreibtisch?
d Buchen Sie den Rechnungsausgleich per Banküberweisung.
e Welche Abschreibungsbuchung ist am Jahresende 20XX vorzunehmen, wenn der Kauf am 19.09.20XX erfolgte?

	2 Büroschreibtische Modell „Rex“, Einzelpreis 7.200,00 €	14.400,00 €
–	20 % Rabatt	2.880,00 €
=	Nettorechnungsbetrag	11.520,00 €
+	19 % Umsatzsteuer	2.188,80 €
=	Bruttorechnungsbetrag	13.708,80 €

Zahlungsbedingung: 3 % Skonto bei Zahlung innerhalb von 8 Tagen, Zahlungsziel 30 Tage

Aufgabe 6

Anfang Januar 20XX wird eine neue Verpackungsmaschine angeschafft:

Anschaffungspreis	120.000,00 € zzgl. 19 % USt
Bezugs- und Montagekosten	20.000,00 € zzgl. 19 % USt
Gutschrift des Maschinenherstellers	12.000,00 € zzgl. 19 % USt
Finanzierungskosten (Bankkredit) im Anschaffungsjahr	2.000,00 €

Welche der nachfolgenden Aussagen ist richtig?
Die Anschaffungskosten

a setzen sich aus dem Anschaffungspreis, den Bezugs- und den Montagekosten zusammen und betragen 140.000,00 €.
b sind die Bezugs- und Montagekosten; sie betragen 20.000,00 €.
c sind die Summe aller Zahlungen, die im Zusammenhang mit der Anschaffung eines Anlagegutes im Anschaffungsjahr entstehen; sie betragen 130.000,00 €.
d ergeben sich aus dem Anschaffungspreis zuzüglich der Anschaffungsnebenkosten und abzüglich der Anschaffungspreisminderungen und erhöhen sich bei nachträglichen Anschaffungskosten; sie betragen 128.000,00 €.
e setzen sich zusammen aus dem Anschaffungspreis, den Bezugs- und Montagekosten und den Finanzierungskosten; sie betragen einschließlich Umsatzsteuer 154.320,00 €.

Aufgabe 7

Ein Kleinlaster mit einer betriebsgewöhnlichen Nutzungsdauer von 9 Jahren, der linear abgeschrieben wird, wurde am 17.04.20X1 mit Anschaffungskosten von 54.000,00 € erworben. Am 04.02.20X4 soll der Kleinlaster für 40.000,00 € zzgl. 19 % USt verkauft werden.
Ermitteln Sie unter Berücksichtigung der zeitanteiligen Abschreibung im Kauf- und Verkaufsjahr

a die Gesamtabschreibung.
b den Wertverlust in %.
c den Buchwert zum Verkaufszeitpunkt.
d den möglichen Verkaufserfolg.

Aufgabe 8

Ein Unternehmen kauft ein Regal für die Rechnungsprüfung auf Ziel, der Listenpreis beträgt 8.200,00 € abzüglich 10 % Rabatt. Bei Zahlung innerhalb von 8 Tagen gewährt der Verkäufer auf diesen Betrag 2 % Skonto. Für die Lieferung (Verpackungskosten, Anlieferung und Aufstellung mit Entsorgung des Verpackungsmaterials) berechnet der Verkäufer einen Pauschalbetrag von 200,00 € zzgl. 19 % USt, der nicht skontierfähig ist und bei Lieferung bar bezahlt werden muss.

a Ermitteln Sie die Anschaffungskosten bei Rechnungseingang.
b Buchen Sie den Rechnungseingang der Regallieferung.
c Buchen Sie die Barzahlung der Lieferung.
d Buchen Sie den Rechnungsausgleich innerhalb der Skontofrist per Banküberweisung.
e Nach Anerkennung einer Mängelrüge überweist der Verkäufer 261,80 €. Buchen Sie den Zahlungseingang.
f Ermitteln Sie die endgültigen Anschaffungskosten.

Lernsituation 55

Einen Beleggeschäftsgang buchen

Das neue Geschäftsjahr hat gerade erst begonnen. Ewa Nowak, die Geschäftsführerin der Fly Bike Werke GmbH, erwartet die Ergebnisse des vorangegangenen Jahres. Eine Saldenliste zum 26.12. liegt bereits für alle Konten vor. In der Buchhaltung sind aber noch einige noch nicht gebuchte Belege des alten Geschäftsjahres liegen geblieben. Viele Kontensalden werden sich also noch ändern! Der Materialeinkauf wird bestandsorientiert erfasst.

FLY BIKE Werke GmbH

Kontenplan (Hauptbuchkonten) mit Saldenliste zum 26.12.20X1

Kto-Nr.	Kontenbezeichnungen	Saldo/ Soll €	Saldo/ Haben €	Kto-Nr.	Kontenbezeichnungen	Saldo/ Soll €
0500	Grundstücke u. Bauten	612.850,00		6000	Aufw. für Rohstoffe	718.260,00
0700	TA u. Maschinen	131.870,00		6010	Aufw. für Fremdbauteile	2.241.434,00
0800	Betriebs- und G.-Ausst.	95.807,50		6020	Aufw. für Hilfsstoffe	181.988,00
2000	Rohstoffe	32.000,00		6030	Aufw. für Betriebsstoffe	175.000,00
2010	Fremdbauteile	182.911,00		6050	Energie	24.744,45
2020	Hilfsstoffe	14.089,00		6080	Aufw. für Waren	188.000,00
2030	Betriebsstoffe	2.500,00		6160	Fremdinstandhaltung	40.112,00
2100	unfertige Erzeugnisse	40.000,00		6200	Löhne	688.900,00
2200	fertige Erzeugnisse	46.500,00		6300	Gehälter	1.561.100,00
2400	Forderungen a. L. L.	764.001,00		6520	Abschreibungen	565.412,35
2600	Vorsteuer	10.071,92		6700	Mieten/Pachten	82.400,00
2800	Bankguthaben	307.963,22		6800	Büromaterial	21.973,02
2880	Kasse	3.986,20		6820	Postgebühren	13.792,66
3000	Eigenkapital		700.000,00	6870	Werbung	215.450,00
4250	langfr. Bankvbk.		602.000,00	7000	Betriebliche Steuern	2.500,00
4400	Verbindlichkeiten a. L. L.		905.166,32	7510	Zinsaufwendungen	47.628,00
4800	Umsatzsteuer		36.508,25	7700	Steuern v. E. u. E.	82.115,50
5000	Umsatzerlöse f. e. E		6.844.085,26			
5200	Bestandsveränderungen		–			
5300	Aktivierte Eigenleistungen		3.600,00			
5700	Mieterträge		4.000,00			

Fly Bike Werke GmbH

Offene-Posten-Liste Debitoren 26.12.20X1

Konto	Debitoren	Belege	Soll €	Haben €
24001	Radbauer GmbH			
24005	Fahrrad & Motorrad GmbH			
24009	Sachsenrad GmbH			
24010	EGZ Einkaufsgenossenschaft	AR 973	85.891,00	
24021	Hofkauf AG	AR 972	16.980,00	
24099	Sonstige Debitoren [1]	div.	661.130,00	
Saldo Sachkonto Forderungen a. L. L.			764.001,00	

[1] Für alle Debitorenkonten, die im Beleggeschäftsgang nicht gebucht werden.

Fly Bike Werke GmbH

Offene-Posten-Liste Kreditoren 26.12.20X1

Konto	Kreditoren	Belege	Soll €	Haben €
44008	Kohlor GmbH	ER 4211		2.460,00
44009	Tamino Dtld. GmbH			
44015	Frikawerke GmbH & Co. KG			
44024	Druckerei & Design W. Krause			14.640,00
44030	apv GmbH	ER 3211		34.316,49
44099	Sonstige Kreditoren [2]	div.		853.749,83
Saldo Sachkonto Verbindlichkeiten a. L. L.				905.166,32

[2] Für Kreditorenkonten, die im Beleggeschäftsgang nicht gebucht werden, oder für Einkäufe des Beleggeschäftsganges, denen kein Kreditorenkonto zugeordnet ist.

1 Buchen Sie die Belege auf den nachfolgenden Seiten im Grund- und Hauptbuch unter Beachtung der Saldenliste vom 26.12.20X1 und ermitteln Sie den vorläufigen Gewinn für die Fly Bike Werke GmbH.

Hinweis: Sie können den Beleggeschäftsgang manuell oder mit dem Finanzbuchhaltungsprogramm Ihrer Schule bearbeiten. Debitoren- und Kreditorenkonten können, müssen jedoch nicht geführt werden, falls Ihr Finanzbuchhaltungsprogramm dies zulässt.

Beleg Nr. 1

FLY BIKE Werke GmbH

FBW GmbH, Rostocker Str. 334, 26121 Oldenburg
Radbauer GmbH
Augsburger Str. 21
80335 München

Kundennummer: 10001
Ihre Bestellung Nr.: 248
Ihr Bestelldatum: 15.12.20X1
Unsere Lieferschein-Nr.: 957
Unser Lieferdatum: 19.12.20X1

Name: Herr Baumann
Telefon: 0441 8XX-10
E-Mail: lars.baumann@flybike-werke.dex

Rechnungsdatum: 19.12.20X1

Rechnungs-Nr. 957

Pos.-Nr.	Artikel-Nr.	Artikelbezeichnung	Menge	Einzelpreis in €	Rabatt in %	Gesamtpreis in €
01	101	City *Glide*	20	490,00	29,00	6.958,00
02	302	Mountain *Constitution*	12	1.197,00	29,00	10.198,44
Versandart/Freivermerk: Lkw/frei Lager Verpackungsart: Kartonage			Nettorechnungsbetrag			17.156,44
			19% Umsatzsteuer			3.259,72
			Bruttorechnungsbetrag			20.416,16

Bitte überweisen Sie unter Angabe der Rechnungsnummer.

	Datum	Skonto	Skonto in €	Betrag in €
Innerhalb der Skontofrist bis:	27.12.20X1	2 %	408,32	20.007,84
Innerhalb der Zahlungsfrist bis:	18.01.20X2	–	–	20.416,16

Beleg Nr. 2

FLY BIKE Werke GmbH

FBW GmbH, Rostocker Str. 334, 26121 Oldenburg
Sachsenrad GmbH
Bayreuther Str. 20
01277 Dresden

Kundennummer: 10009
Ihre Bestellung Nr.: 633
Ihr Bestelldatum: 15.12.20X1
Unsere Lieferschein-Nr.: 958
Unser Lieferdatum: 19.12.20X1

Name: Herr Baumann
Telefon: 0441 8XX-10
E-Mail: lars.baumann@flybike-werke.dex

Rechnungsdatum: 19.12.20X1

Rechnungs-Nr. 958

Pos.-Nr.	Artikel-Nr.	Artikelbezeichnung	Menge	Einzelpreis in €	Rabatt in %	Gesamtpreis in €
01	201	Trekking *Light*	25	598,50	29,00	10.623,38
02	202	Trekking *Free*	5	700,00	27,50	2.537,50
Versandart/Freivermerk: Lkw/frei Lager Verpackungsart: Kartonage			Nettorechnungsbetrag			13.160,88
			19% Umsatzsteuer			2.500,57
			Bruttorechnungsbetrag			15.661,45

Bitte überweisen Sie unter Angabe der Rechnungsnummer.

	Datum	Skonto	Skonto in €	Betrag in €
Innerhalb der Skontofrist bis:	27.12.20X1	2 %	313,23	15.348,22
Innerhalb der Zahlungsfrist bis:	18.01.20X2	–	–	15.661,45

Beleg Nr. 3

FBW GmbH, Rostocker Str. 334, 26121 Oldenburg
Fahrrad & Motorrad GmbH
Alter Hellweg 46
44379 Dortmund

Kundennummer: 10005
Ihre Bestellung Nr.: 166
Ihr Bestelldatum: 16.12.20X1
Unsere Lieferschein-Nr.: 959
Unser Lieferdatum: 19.12.20X1

Name: Herr Baumann
Telefon: 0441 8XX-10
E-Mail: lars.baumann@flybike-werke.dex

Rechnungsdatum: 19.12.20X1

Rechnungs-Nr. 959

Pos.-Nr.	Artikel-Nr.	Artikelbezeichnung	Menge	Einzelpreis in €	Rabatt in %	Gesamtpreis in €
01	401	Renn *Fast*	6	2.520,00	27,50	10.962,00
02	402	Renn *Superfast*	5	4.410,00	27,50	15.986,25
Versandart/Freivermerk: Lkw/frei Lager Verpackungsart: Kartonage			Nettorechnungsbetrag			26.948,25
			19% Umsatzsteuer			5.120,17
			Bruttorechnungsbetrag			32.068,42

Bitte überweisen Sie unter Angabe der Rechnungsnummer.

	Datum	Skonto	Skonto in €	Betrag in €
Innerhalb der Skontofrist bis:	27.12.20X1	2 %	641,37	31.427,05
Innerhalb der Zahlungsfrist bis:	18.01.20X2	–	–	32.068,42

Beleg Nr. 4

Tamino Deutschland GmbH

Posteingang: *28.12.20X1*

Tamino Deutschland GmbH, Immenstr. 24, 40210 Düsseldorf
Fly Bike Werke GmbH
Rostocker Straße 334
26121 Oldenburg

Kunden-Nr.: 44001
Ihre Bestellung Nr.: 216
Ihr Bestelldatum: 04.11.20X1

Lieferdatum: 27.12.20X1
Versandart/Freivermerk: per Lkw frei Haus
Verpackungsart: Kartons/Palette
Rechnungsdatum: 27.12.20X1

Bearbeiter: Herr Freundlich
Telefon: 0211 162XX0

Rechnungsprüfung	
Sachlich richtig	Rechnerisch richtig
Datum *28.12.20X1*	Datum *28.12.20X1*
Nz. *Ta*	Nz. *Ta*

Rechnung-Nr.: 416

Artikel-Nr.	Warenbezeichnung	Menge	Preis	Einheit	Gesamtpreis
2060	MTB XT Räder u. Schaltungen	500	55,56 €	Set	27.780,00 €
2260	MTB XT Antrieb	500	17,05 €	Set	8.525,00 €
		Nettorechnungsbetrag			36.305,00 €
		+ 19% Umsatzsteuer			6.897,95 €
		Rechnungssumme			**43.202,95 €**

Bitte überweisen Sie unter Angabe der Rechnungsnummer auf das unten angegebene Konto.
€ 43.202,95 bis: 26.01.20X2 oder € 41.906,86 bis: 04.01.20X2

Beleg Nr. 5

…hlor GmbH
Ludwigshafen

Kohlor GmbH, Hafenstr. 125, 67061 Ludwigshafen
Fly Bike Werke GmbH
Rostocker Straße 334
26121 Oldenburg

Kunden-Nr.: 424
Ansprechpartner: Frau Reineke
Telefon: 0621 509XX1
Lieferschein: 4292
Lieferdatum: 25.12.20X1
Rechnungsdatum: 28.12.20X1

Rechnungsprüfung:	
Sachlich richtig	Rechnerisch richtig
Datum: *29.12.20X1*	Datum: *29.12.20X1*
Nz: Ta	Nz: Ta

Rechnung-Nr.: 4292

Pos.	Artikel-Nr.	Artikelbezeichnung	Menge	Preis je Einheit	Gesamtpreis
1	900100	Klarlack	200 Liter	3,45 €	690,00 €
2	800200	Spezialgrundierung für Edelstähle	200 Liter	2,45 €	490,00 €
3	700100	Standardfarbe „gelb“	20 Liter	4,30 €	86,00 €
4	700821	Sonderfarbe „morror-polish“	120 Liter	6,00 €	720,00 €
5	702400	Sonderfarbe „lemon squash“	120 Liter	6,00 €	720,00 €

Warenwert	Verpackungskosten	Transportkosten	Nettorechnungsbetrag	Umsatzsteuer 19 %	Bruttorechnungsbetrag
2.706,00 €	–	–	2.706,00 €	514,14 €	3.220,14 €

Zahlungsziel 30 Tage, bei Zahlung innerhalb von 8 Tagen 2 % Skonto.

Beleg Nr. 6

Brieffix Shopconcept
26121 Oldenburg
2977499 3899 28.12.20X1

* 150,00€

Postwertzeichen ohne Zuschlag

Vielen Dank für Ihren Besuch.

Ihre Filiale für Versendungen

Unsere Mitarbeiter beraten Sie gern.

Beleg Nr. 7

Mandorf Tank GmbH
Reiner Mandorf
Rostocker Str. 102
Tel.: 0441 88XX59

*37,20 Liter SÄULE Nr. 10	
*Super Blfr. A	66,10€
TOTAL	66,10€
MWST 19,00 %	10,55€
NETTO	55,55€
Gegeben	70,00€
Zurück	3,90€

29.12.20XX *12:03 *A10 *K29

VIELEN DANK
GUTE FAHRT

Beleg Nr. 8

Frikawerke
GmbH & Co. KG

Posteingang: *29.12.20X1*

Frikawerke, Gertenstr. 19, 58739 Wickede/Ruhr
Fly Bike Werke GmbH
Rostocker Straße 334
26121 Oldenburg

Kunden-Nr.: 2211
Ansprechpartner: Herr Stoll
Tel.: 02377 5XX124

Ihre Bestellung Nr.: 234
Bestellungsdatum: 19.11.20X1
Lieferschein-Nr.: 1611
Lieferdatum: 28.12.20X1

Rechnungsdatum: 28.12.20X1

Rechnungsprüfung	
Sachlich richtig	Rechnerisch richtig
Datum *29.12.20X1*	Datum *29.12.20X1*
Nz. *Ta*	Nz. *Ta*

Rechnung-Nr.: 1611

Set-Nr.	Artikel-Nr.	Artikelbezeichnung	Menge	Preis je Set	Gesamtpreis
5060	50060	MTB XT Lenkung	500	11,09 €	5.545,00 €
5070	50070	MTB XS Lenkung	500	14,30 €	7.150,00 €

Warenwert	Verpackungskosten	Transportkosten	Nettorechnungsbetrag	Umsatzsteuer 19 %	Bruttorechnungsbetrag
12.695,00 €	–	–	12.695,00 €	2.412,05 €	15.107,05 €

Zahlungsziel 14 Tage ohne Abzug

Beleg Nr. 9

WERBEAGENTUR **BDBOP** DÜSSELDORF

Werbeagentur BDBOP, Rheinstr. 14, 40221 Düsseldorf
Fly Bike Werke GmbH
Rostocker Straße 334
26121 Oldenburg

Posteingang: 28.12.20X1

RECHNUNG-NR.: 221 RECHNUNGSDATUM: 27.12. 20X1

Sehr geehrte Frau Nowak!

Für unsere Bemühungen bei der Gestaltung Ihres Verkaufskataloges berechnen wir Ihnen wie vereinbart:

Beratungshonorar	7.500,00 €
+ 19 % Umsatzsteuer	1.425,00 €
Rechnungsbetrag	8.925,00 €

Wir erwarten die Überweisung auf unser Konto bei der Düsseldorf-Bank, IBAN DE53 3005 0110 0067 0706 86.

Mit freundlichen Grüßen
Werbeagentur BDBOP
i.A. Reisert
(Reisert)

Rechnungsprüfung	
Sachlich richtig	Rechnerisch richtig
Datum 29.12.20X1	Datum 29.12.20X1
Nz. Ta	Nz. Ta

Beleg Nr. 10

Wolfgang Kleist
Büromaterial Geschenkartikel
Eberfelder Str. 105
26121 Oldenburg
Tel.: 0441 126XX01

Käufer: Fly Bike Werke GmbH Datum: 28.12.20X1

Anz.	Artikel	Preis	€	Cent
10	Schnellhefter	1,00	10	00
2	Heftklammern (100 Stück)	2,50	5	00
Nebenstehenden Betrag dankend erhalten			15	00

Im Betrag sind 19 % = 2,39 € USt enthalten.

Verk.		
Kl	37547-17	Bei Irrtum oder Umtausch bitte diesen Kassenzettel vorlegen

Beleg Nr. 11

Role – ColorCopy und Printshop
Rostocker Str. 196
26121 Oldenburg · Tel.: 0441 73XX40

Quittung für Fly Bike Werke GmbH

Datum: 28.12.20X1 16:08

Pos	Menge	Bezeichnung	Vk-Preis	Ges.-Preis	USt
1	114	s/w Fotokopien	0,15	17,10	1
		Endsumme	€	17,10	
		Gegeben (bar)	€	20,00	
		Zurück	€	2,90	

Umsatzsteueranteil:
USt = 1 = 19,00 % = 2,73 €

Betrag dankend erhalten

Krause

Beleg Nr. 12

Quittung € 238 Ct 00

Nr. einschl. 19 %USt/€ 38,00

zweihundertachtunddreißig Cent wie oben
€ in Worten

von Fly Bike Werke

für Reparatur Personalcomputer

Nowak
dankend erhalten

Oldenburg den 28.12.20X1

Unterschrift des Empfängers PC Schnelldienst Wagner

Beleg Nr. 13

Tele++ AG
26121 Oldenburg
42 428561-112 12.20X1
044188510

FLY BIKE WERKE GMBH
ROSTOCKER STR. 334
26121 OLDEBURG

Rechnungsdatum	28.12.20X1
Rechnungsmonat	Dezember 20X1
Rechnungsnr.	T1234.
Bitte immer angeben	
Buchungskonto	044188510
Seite	
Bei Rückfragen Telefon	0441 13XX-222
Telefax	0441 13XX-4562

	Artikel oder Leistung	Menge bzw. Einheit	Nettoeinzelbetrag €	Nettogesamtbetrag €	USt in %
	Monatliche Beträge				
10110	Miete LTE Telefonanlage	1	112,34	112,34	19
	Hybrid LTE Flatrates	10	99,50	995,00	19
	Zusammenstellung der Beträge				
	Nettobetrag			1.107,34	
	Umsatzsteuer 19 %			210,39	
	Rechnungsbetrag			1.317,73	

Der Betrag von € 1.317,73 wird von Ihrem Konto bei der Oldenburg-Bank, DE86 2804 0114 0112 3264 44 abgebucht.

Beleg Nr. 14

Fly Bike Werke GmbH

Materialentnahmeschein für Fremdbauteile

Lagerbuchhaltung
Kostenstelle: 23
Gebucht: Schneider
Datum: 28.12.20X1

Nr. 1212 — Datum: 28.12.20X1 — Montageband: 2

Art-Nr.	Komponentenbezeichnung	Menge	Auftrags-Nr.	Kunde	Preis	Wert
2010	City SX-Räder, City SX-Kettenschaltung	100	123	Zweirad Ritter GmbH	40,71 €	4.071,00 €
210	City SX-Antrieb	100	123	Zweirad Ritter GmbH	8,40 €	840,00 €

Entnahme durch: *Ludwig* — Summe: 4.911,00 €

Beleg Nr. 15

Fly Bike Werke GmbH

Materialentnahmeschein für Lacke

Lagerbuchhaltung
Kostenstelle: 12
Gebucht: Schneider
Datum: 28.12.20X1

Nr. 512 — Datum: 28.12.20X1 — Lackierautomat

Art-Nr.	Komponentenbezeichnung	Menge	Auftrags-Nr.	Kunde	Preis	Wert
900100	Klarlack	50			3,45 €	172,50 €
2210	Spezialgrundierung	50			2,45 €	122,50 €

Entnahme durch: *Larsen* — Summe: 295,00 €

Beleg Nr. 16

Posteingang: *28.12.20X1*

Computer GmbH Kahr-Str. 42 26121 Oldenburg
Fly Bike Werke GmbH
Rostocker Straße 334
26121 Oldenburg

Ihr Zeichen: th
Ihre Nachricht vom: 20.12.20X1
Unser Zeichen: pe-we
Unsere Nachricht vom: 23.12.20X1

Name: Herr Peter
Telefon: 0441 86XX3
Lieferdatum: 27.12.20X1
Rechnungsdatum: 27.12.20X1

Rechnungsprüfung	
Sachlich richtig	Rechnerisch richtig
Datum *28.12.20X1*	Datum *28.12.20X1*
Nz. *Ta*	Nz. *Ta*

Rechnung-Nr. 233

Sehr geehrte Damen und Herren,

aufgrund Ihrer Bestellung Nr. 413 lieferten wir Ihnen am 23.12.20X1 folgende Artikel:

Artikel-Nr.	Menge	Artikelbezeichnung	Einzelpreis in €	Gesamtpreis in €
1000	1	Proxon PC-Ultra	1.200,00	1.200,00
2300	1	2. Festplatte, Aufpreis	200,00	200,00
4100	1	LED Monitor Ultra	450,00	450,00
		Zwischensumme		1.850,00
		−15 % Firmenrabatt		277,50
		Zwischensumme		1.572,50
0100		Lieferungs- und Aufstellkosten		100,00
0200		Installation des Betriebssystems		25,00
		Nettopreis für das Gesamtsystem		1.697,50
		+ 19 % Umsatzsteuer		322,53
		Bruttopreis		2.020,03

Hinweis: Die Computer-Hardware wird handelsrechtlich 3 Jahre abgeschrieben.

Beleg Nr. 17

Kontoauszug

IBAN		Oldenburg-Bank	Auszug	Blatt
DE86 2804 0114 0112 3264 44			211	1

Buchungstag	Wert in EUR	Vorgang/Erläuterungen	Beträge in EUR
		Kontostand am 28.12.20X1	307.963,22 +
29.12.20X1	29.12.20X1	Barauszahlung	1.000,00 –
29.12.20X1	29.12.20X1	Hofkauf AG, Köln, Rechnung 972 vom 28.11.20X1	16.980,00 +
29.12.20X1	29.12.20X1	Tele++ AG Telefonrechnung 12.X1	1.317,73 –
29.12.20X1	29.12.20X1	Kohlor GmbH, Rechnung 4211 vom 30.11.20X1	2.460,00 –
29.12.20X1	29.12.20X1	Lagerhallenmiete Dezember 20X1	1.600,00 –
		Kontostand am 29.12.20X1	318.565,49 +

Fly Bike Werke GmbH, Oldenburg

Beleg Nr. 18

Kontoauszug

IBAN		Oldenburg-Bank	Auszug	Blatt
DE86 2804 0114 0112 3264 44			212	1

Buchungstag	Wert in EUR	Vorgang/Erläuterungen	Beträge in EUR
		Kontostand am 29.12.20X1	318.565,49 +
30.12.20X1	30.12.20X1	apv Augsburg, Rechnung 3211 vom 28.11.20X1	34.316,49 –
30.12.20X1	30.12.20X1	Druckerei & Design Wolfgang Krause, Rechnung 412 vom 14.12.20X1	14.640,00 –
30.12.20X1	30.12.20X1	EGZ Einkaufsgenossenschaft Rechnung 973 vom 30.11.20X1	85.891,00 +
		Kontostand am 30.12.20X1	355.500,00 +

Fly Bike Werke GmbH, Oldenburg

Beleg Nr. 19

Fly Bike Werke GmbH

Endbestände der Vorräte gemäß Lagerbuchhaltung

Vorratskonten		**€**
2000	Rohstoffe	56.000,00
2010	Vorprodukte Fremdbauteile	217.000,00
2020	Hilfsstoffe	12.500,00
2030	Betriebsstoffe	2.500,00
2100	unfertige Erzeugnisse	48.000,00
2200	fertige Erzeugnisse	144.000,00
	Summe Vorratskonten	480.000,00

Werte geprüft: *Schneider*

Beleg Nr. 20

Fly Bike Werke GmbH

Buchungsanweisung Nr. 22: Die Zahllast ist zu passivieren.

Werte geprüft: *Taubert* 31.12.20X1

Selbsteinschätzung Lernfeld 5

Ich kann ...		Kann ich	Kann ich nicht
LS 42 Aufgaben und Bereiche des Rechnungswesens abgrenzen und rechtliche Grundlagen beachten			
1 ... die Aufgaben des Rechnungswesens nennen.	FK Kap. 1		
2 ... Gesetze angeben, die die Dokumentation der Geschäftsvorfälle beeinflussen.	FK Kap. 1.2		
3 ... die Grundsätze ordnungsmäßiger Buchführung beachten.	FK Kap. 1.2		
4 ... die Bereiche des Rechnungswesen beschreiben.	FK Kap. 1.3		
LS 43 Inventurwerte ermitteln			
1 ... die Notwendigkeit und den Ablauf einer Inventur erklären.	FK Kap. 2.1		
2 ... Inventurarten beschreiben.	FK Kap. 2.1.4		
3 ... Inventurmengen bewerten.	FK Kap. 2.1.5		
LS 44 Inventar und Bilanz erstellen und vergleichen			
1 ... ein Inventar in Staffelform aufstellen.	FK Kap. 2.2		
2 ... eine Bilanz in Kontoform aufstellen.	FK Kap. 2.3		
3 ... Unterschiede zwischen einem Inventar und einer Bilanz angeben.	FK Kap. 2.2 und 2.3		
LS 45 Erste Geschäftsvorfälle buchen			
1 ... die vier Werteveränderungen der Bilanzposten erklären.	FK Kap. 3.1		
2 ... Buchungsregeln für Bestandskonten beschreiben.	FK Kap. 3.2.1		
3 ... auf Bestandskonten buchen und diese abschließen.	FK Kap. 3.2.2		
4 ... einfache und zusammengesetzte Buchungssätze erstellen.	FK Kap. 3.2.3		
LS 46 Nach Belegen buchen			
1 ... Geschäftsvorfälle anhand von Belegen beschreiben.	FK Kap. 3.3.1		
2 ... Belege kontieren und buchen.	FK Kap. 3.3.1		
3 ... Belege im Grund- und Hauptbuch buchen.	FK Kap. 3.3.2		
4 ... die Belegbearbeitung beschreiben.	FK Kap. 3.3.2		
LS 47 Bilanzen und Bilanzkonten unterscheiden			
1 ... Bestandskonten über das Eröffnungsbilanzkonto eröffnen.	FK Kap. 3.4		
2 ... Bestandskonten über das Schlussbilanzkonto abschließen.	FK Kap. 3.4		
3 ... Bilanzen und Bilanzkonten unterscheiden.	FK Kap. 3.4		
LS 48 Erfolge ermitteln			
1 ... eine Eigenkapitalveränderung ermitteln und buchen.	FK Kap. 3.5.1		
2 ... Aufwendungen und Erträge unterscheiden und buchen.	FK Kap. 3.5.1–3.5.2		
3 ... eine Gewinn- und Verlust-Rechnung aufstellen.	FK Kap. 3.5.3		
4 ... das Gewinn- und Verlust-Konto abschließen.	FK Kap. 3.5.3		
5 ... den Materialverbrauch bestands- und aufwandsorientiert erfassen.	FK Kap. 3.6		
6 ... Erfolgsbuchungen mit Handelswaren durchführen.	FK Kap 3.7		
7 ... Bestandsveränderungen und Inventurdifferenzen berechnen und buchen.	FK Kap 3.8		

Ich kann ...		Kann ich	Kann ich nicht
LS 49 Auf Basis eines Kontenplans buchen			
1 ... die Systematisierung der Konten durch einen Kontenrahmen beschreiben.	FK Kap. 4		
2 ... den Aufbau des Industriekontenrahmens angeben.	FK Kap. 4.1		
3 ... Kontenpläne und Kontenrahmen unterscheiden.	FK Kap. 4.2		
LS 50 Nebenbücher führen			
1 ... verschiedene mögliche Nebenbücher benennen.	FK Kap. 4.3		
2 ... Sachkonten und Personenkonten unterscheiden.	FK Kap. 4.3		
3 ... mit Kreditoren- und Debitorenkonten buchen.	FK Kap. 4.3		
LS 51 Die Umsatzsteuer in der Buchhaltung berücksichtigen			
1 ... den Umsatzsteuersätzen Beispiele (z. B. für Zeitschriften) zuordnen.	FK Kap. 5		
2 ... eine Zahllast und einen Vorsteuerüberhang ermitteln und buchen.	FK Kap. 5.1–5.2		
3 ... mit Vorsteuer und Umsatzsteuer buchen.	FK Kap. 5.4–5.5		
LS 52 Beschaffungsprozesse buchen			
1 ... die Anschaffungskosten beim Materialeinkauf berechnen.	FK Kap. 6		
2 ... Sofortrabatte in Eingangsrechnungen berücksichtigen.	FK Kap. 6.1		
3 ... Rücksendungen an Lieferanten buchen.	FK Kap. 6.2		
4 ... den Materialeinkauf mit Bezugskosten buchen.	FK Kap. 6.3		
5 ... nachträgliche Anschaffungspreisminderungen berechnen und buchen.	FK Kap. 6.4		
LS 53 Absatzprozesse buchen			
1 ... Ausgangsrechnungen für die Fly Bike Werke GmbH erstellen und mit Sofortrabatten buchen.	FK Kap. 7.–7.1		
2 ... Vertriebskosten buchen und ggf. dem Kunden weiterbelasten.	FK Kap. 7.2		
3 ... Rücksendungen von Kunden buchen.	FK Kap. 7.3		
4 ... nachträgliche Preisnachlässe an Kunden berechnen und buchen.	FK Kap. 7.4		
LS 54 Abschreibungen im Anlagevermögen berechnen und buchen			
1 ... die Notwendigkeit von Abschreibungen im Anlagevermögen begründen.	FK Kap. 8.1		
2 ... die Anschaffungskosten von Anlagegütern berechnen und buchen.	FK Kap. 8.2		
3 ... lineare und Leistungsabschreibungsbeträge berechnen.	FK Kap. 8.3		
4 ... Abschreibungen von Anlagegütern buchen.	FK Kap. 8.4		
5 ... den Sonderfall „Digitale Wirtschaftsgüter“ beschreiben.	FK Kap. 8.5		
LS 55 Einen Beleggeschäftsgang buchen			
1 ... Belege der Fly Bike Werke GmbH buchen.	FK Kap. 3.3.1–3.3.2		
2 ... nach Belegbuchungen eine GuV-Rechnung und eine Bilanz für die Fly Bike Werke GmbH aufstellen.	FK Kap. 3.4		

Bildquellenverzeichnis

Cornelsen/PER Medien und Marketing GmbH: 348–349
Cornelsen/Sofarobotnik GbR: S. 80
Cornelsen/Vitale Design: S. 12, 279, 281, 321–322, 328, 346, 349–351
Cornelsen/zweiband.media: S. 11, 41, 55, 60–61, 63, 65–66, 68–69, 71, 74, 145, 159–160, 164, 174, 177–178, 180, 186–189, 253–254, 278–279, 281, 291, 305, 308–310, 313, 317, 321–323, 329–331, 335–338, 342, 346–351

Cover: stock.adobe.com/xiaoliangge **| S. 5 (Foto):** stock.adobe.com/ industrieblick **| S. 5 (Unternehmens-Logo):** Cornelsen/VDL **| S. 9 (1):** Shutterstock.com/Vladyslav Starozhylov **| S. 9 (2):** Shutterstock.com/steamroller_blues **| S. 9 (3):** Shutterstock.com/ stockphotograf **| S. 9 (4):** Shutterstock.com/Gena73 **| S. 10:** Shutterstock.com/Eshma **| S. 15 (1 + 2):** Imago Stock & People GmbH/imago/Westend61 **| S. 20:** Shutterstock.com/ PeopleImages.com – Yuri A **| S. 32:** Depositphotos/Liudmyla Chernetska **| S. 38:** Depositphotos/Bongkarn Thanyakij **| S. 41:** stock.adobe.com/kelifamily **| S. 45 (Foto):** Shutterstock.com/Roman Samborskyi **| S. 47:** Gewerkschaft Nahrung-Genuss-Gaststätten / jungeNGG **| S. 48 (li.):** Shutterstock.com/Dragana Gordic **| S. 48 (re.):** Shutterstock.com/ Nomad_Soul **| S. 52:** Shutterstock.com/PeopleImages.com – Yuri A **| S. 59 (ob. li.):** stock. adobe.com/Man888 **| S. 59 (ob. re.):** Shutterstock.com/miha de **| S. 59 (un. li.):** stock. adobe.com/ARochau **| S. 59 (un. re.):** Shutterstock.com/PeopleImages.com – Yuri A **| S. 74:** Imago Stock & People GmbH/imago images/CHROMORANGE **| S. 75:** Shutterstock.com/ LightField Studios **| S. 78:** Roland Regge-Schulz (Mario Lars) **| S. 81 (Gebäude):** Shutterstock.com/mentalmind **| S. 81 (Auto):** Shutterstock.com/Christian Nastase **| S. 85 (Gebäude):** Shutterstock.com/mentalmind **| S. 89 (ob.):** stock.adobe.com/ NDABCREATIVITY **| S. 89 (un.):** stock.adobe.com/anakondasp **| S. 90:** Shutterstock.com/ Srdjan Randjelovic **| S. 94:** stock.adobe.com/Prostock-studio **| S. 99 (ob.):** Shutterstock. com/Kaspars Grinvalds **| S. 99 (un.):** Shutterstock.com/paulaphoto **| S. 103:** stock.adobe. com/amenic181 **| S. 107:** dpa Picture-Alliance/dpa-infografik **| S. 108:** Shutterstock.com/ Pixel-Shot **| S. 111:** irlcartoons/toonpool.com **| S. 113:** stock.adobe.de/あんみつ姫 **| S. 118:** Shutterstock.com/romakoma **| S. 122 (ob.):** Shutterstock.com/Robert Kneschke **| S. 122 (un.):** Shutterstock.com/UfaBizPhoto **| S. 124:** Shutterstock.com/Roman Samborskyi **| S. 149:** Shutterstock.com/PeopleImages.com – Yuri A **| S. 152 (ob.):** stock.adobe.com/ Alexander Raths **| S. 152 (un.):** Shutterstock.com/FOTOGRIN **| S. 155:** Shutterstock.com/ Vladyslav Starozhylov **| S. 159:** stock.adobe.com/Moon Safari **| S. 160:** Shutterstock.com/ Ilin Sergey **| S. 163:** Shutterstock.com/fizkes **| S. 165:** SCHUFA Holding AG **| S. 167:** Shutterstock.com/sylv1rob1 **| S. 181:** Shutterstock.com/Milat_oo **| S. 214:** Depositphotos/ Svitlana Varfolomieieva **| S. 250:** Joachim Gottwald **| S. 314:** Global Blue Deutschland GmbH

Textquellen
S. 20: SPIEGEL-Verlag Rudolf Augstein / Sven Böll, 21.06.2017 **| S. 41:** Marc Strucken, Adrian Kaether, Sebastian Brust, Immer mehr Firmen insolvent – was ist da los? https://www.bike-magazin.de/magazin/hintergruende/fahrradindustrie-volle-lager-und-massenentlassungen-was-ist-da-los/ **| S. 66:** HENKEL + ROTH GmbH **| S. 69:** Bertelsmann SE & Co. KGaA

Industriekontenrahmen (IKR) | **Basis: gekürzte Fassung für Aus- und Weiterbildung des BDI (1987)**

Aktiva

Anlagevermögen

Kontenklasse 0

0 Immaterielle Vermögensgegenstände und Sachanlagen

00 Ausstehende Einlagen

0000 Ausstehende Einlagen

Immaterielle Vermögensgegenstände

02 Konzessionen, gewerbliche Schutzrechte und ähnliche Rechte und Werte sowie Lizenzen an solchen Rechten und Werten

0200 Konzessionen und Lizenzen

03 Geschäfts- oder Firmenwert

0300 Geschäfts- oder Firmenwert

Sachanlagen

05 Grundstücke, grundstücksgleiche Rechte und Bauten einschließlich der Bauten auf fremden Grundstücken

0500 Unbebaute Grundstücke
0510 Bebaute Grundstücke
0530 Betriebsgebäude
0540 Verwaltungsgebäude
0550 Andere Bauten
0560 Grundstückseinrichtungen
0570 Gebäudeeinrichtungen
0590 Wohngebäude

07 Technische Anlagen und Maschinen

0700 Anlagen und Maschinen der Energieversorgung
0710 Anlagen der Materiallagerung und -bereitstellung
0720 Anlagen und Maschinen der mechanischen Materialbearbeitung, -verarbeitung und -umwandlung
0730 Anlagen für Wärme-, Kälte- und chemische Prozesse sowie ähnliche Anlagen
0740 Anlagen für Arbeitssicherheit und Umweltschutz
0750 Transportanlagen und ähnliche Betriebsvorrichtungen
0760 Verpackungsanlagen und -maschinen
0770 Sonstige Anlagen und Maschinen
0780 Reservemaschinen und -anlageteile
0790 GWG Anlagen und Maschinen
0791– 0795 GWG-Sammelposten Anlagen und Maschinen, Jahr 1 bis 5

08 Andere Anlagen, Betriebs- und Geschäftsausstattung

0800 Andere Anlagen
0810 Werkstätteneinrichtung
0820 Werkzeuge, Werksgeräte und Modelle, Prüf- und Messmittel
0830 Lager- und Transporteinrichtungen
0840 Fuhrpark
0850 Sonstige Betriebsausstattung
0860 Büromaschinen, Organisationsmittel und Kommunikationsanlagen
0870 Büromöbel und sonstige Geschäftsausstattung
0880 Reserveteile für Betriebs- und Geschäftsausstattung
0890 GWG Betriebs- und Geschäftsausstattung
0891– 0895 GWG-Sammelposten Betriebs- und Geschäftsausstattung, Jahr 1 bis 5

09 Geleistete Anzahlungen und Anlagen im Bau

0900 Geleistete Anzahlungen auf Sachanlagen
0950 Anlagen im Bau

Kontenklasse 1

1 Finanzanlagen

13 Beteiligungen

1300 Beteiligungen

15 Wertpapiere des Anlagevermögens

1500 Wertpapiere des Anlagevermögens

16 Sonstige Finanzanlagen

1600 Sonstige Finanzanlagen

Umlaufvermögen

Kontenklasse 2

2 Umlaufvermögen und aktive Rechnungsabgrenzung

Vorräte

20 Roh-, Hilfs- und Betriebsstoffe

2000 Rohstoffe
2001 Bezugskosten
2002 Nachlässe
2010 Vorprodukte/Fremdbauteile
2011 Bezugskosten
2012 Nachlässe
2020 Hilfsstoffe
2021 Bezugskosten
2022 Nachlässe
2030 Betriebsstoffe
2031 Bezugskosten
2032 Nachlässe
2040 Verpackungsmaterial
2041 Bezugskosten
2042 Nachlässe
2070 Sonstiges Material
2071 Bezugskosten
2072 Nachlässe

21 Unfertige Erzeugnisse, unfertige Leistungen

2100 Unfertige Erzeugnisse
2190 Unfertige Leistungen

22 Fertige Erzeugnisse und Waren

2200 Fertige Erzeugnisse
2280 Waren (Handelswaren)
2281 Bezugskosten
2282 Nachlässe

23 Geleistete Anzahlungen auf Vorräte

2300 Geleistete Anzahlungen auf Vorräte

Forderungen und sonstige Vermögensgegenstände

24 Forderungen aus Lieferungen und Leistungen

2400 Forderungen aus Lieferungen und Leistungen
2470 Zweifelhafte Forderungen

26 Sonstige Vermögensgegenstände

2600 Vorsteuer (voller Steuersatz)
2601 Vorsteuer (ermäßigter Steuersatz)
2627 Vorsteuer aus ig-Erwerb
2628 Einfuhrumsatzsteuer
2630 sonstige Forderungen an Finanzbehörden
2640 Sozialversicherungs-Vorauszahlung
2650 Forderungen an Mitarbeiter
2690 Übrige sonstige Forderungen

27 Wertpapiere des Umlaufvermögens

2700 Wertpapiere des Umlaufvermögens

28 Flüssige Mittel

2800 Guthaben bei Kreditinstituten (Bankguthaben)
2850 Postbank
2860 Schecks
2870 Bundesbank
2880 Kasse
2890 Nebenkassen

29 Aktive Rechnungsabgrenzung (und Bilanzfehlbetrag)

2900 Aktive Jahresabgrenzung
2920 Umsatzsteuer auf erhaltene Anzahlungen
2990 Nicht durch Eigenkapital gedeckter Fehlbetrag

Passiva

Kontenklasse 3

3 Eigenkapital und Rückstellungen

Eigenkapital

30 Eigenkapital/Gezeichnetes Kapital

Bei Einzelkaufleuten
3000 Eigenkapital
3001 Privatkonto

Bei Personengesellschaften
3000 Kapital Gesellschafter A
3001 Privatkonto A
3010 Kapital Gesellschafter B
3011 Privatkonto B
3070 Kommanditkapital Gesellschafter C
3080 Kommanditkapital Gesellschafter D

Bei Kapitalgesellschaften
3000 gezeichnetes Kapital (Grundkapital/ Stammkapital)

31 Kapitalrücklagen

3100 Kapitalrücklage

32 Gewinnrücklagen

3210 Gesetzliche Rücklagen
3230 Satzungsmäßige Rücklagen
3240 Andere Gewinnrücklagen

33 Ergebnisverwendung

3310 Jahresergebnis des Vorjahres
3320 Ergebnisvortrag aus früheren Perioden
3340 Veränderungen der Rücklagen
3350 Bilanzgewinn/Bilanzverlust
3360 Ergebnisausschüttung
3390 Ergebnisvortrag auf neue Rechnung

34 Jahresüberschuss/Jahresfehlbetrag

3400 Jahresüberschuss/Jahresfehlbetrag

35 Sonderposten mit Rücklagenanteil

3500 Sonderposten mit Rücklageanteil

Rückstellungen

37 Rückstellungen für Pensionen und ähnliche Verpflichtungen

3700 Rückstellungen für Pensionen und ähnliche Verpflichtungen

38 Steuerrückstellungen

3800 Steuerrückstellungen

39 Sonstige Rückstellungen

3910 – für Gewährleistung
3930 – für andere ungewisse Verbindlichkeiten
3970 – für drohende Verluste aus schwebenden Geschäften
3990 – für Aufwendungen

Kontenklasse 4

4 Verbindlichkeiten und passive Rechnungsabgrenzung

41 Anleihen

4100 Anleihen

42 Verbindlichkeiten gegenüber Kreditinstituten

4200 Kurzfristige Bankverbindlichkeiten
4250 Langfristige Bankverbindlichkeiten

43 Erhaltene Anzahlungen auf Bestellungen

4300 Erhaltene Anzahlungen

44 Verbindlichkeiten aus Lieferungen und Leistungen

4400 Verbindlichkeiten aus Lieferungen und Leistungen

48 Sonstige Verbindlichkeiten

4800 Umsatzsteuer (voller Steuersatz)
4810 Umsatzsteuer (ermäßigter Steuersatz)
4829 Umsatzsteuer aus ig-Erwerb
4830 Sonstige Verbindlichkeiten gegenüber Finanzbehörden
4840 Verbindlichkeiten gegenüber Sozialversicherungsträgern
4850 Verbindlichkeiten gegenüber Mitarbeitern
4860 Verbindlichkeiten aus vermögenswirksamen Leistungen
4870 Verbindlichkeiten gegenüber Gesellschaftern
4890 Übrige sonstige Verbindlichkeiten

49 Passive Rechnungsabgrenzung

4900 Passive Jahresabgrenzung
4920 Vorsteuer auf geleistete Anzahlungen